城市轨道交通规划与设计

马超群　王玉萍　主　编
陈宽民　李文博　主　审

人民交通出版社股份有限公司
北　京

内 容 提 要

本书主要内容包括：城市轨道交通系统规划与设计基础、客流预测、线网规划、特殊功能线路的规划布设、综合选线、线路设计、车站设计、运营规划、车辆段规划与设计、线网规划案例、线路设计案例、车站设计案例、换乘站设计案例等。本书内容丰富、系统，结合了我国城市轨道交通规划与设计实践工作中的具体问题，较全面地反映了国内外最新理论研究成果。本书注重理论联系实践，附有相关算例与实践案例。

本书可作为交通工程、城市轨道交通及交通运输相关专业的本科生、研究生教材或教学参考资料，同时也可供城市轨道交通决策与管理、规划、设计与咨询人员，以及城市规划、城市交通管理等相关人员参考。

图书在版编目(CIP)数据

城市轨道交通规划与设计/马超群,王玉萍主编. — 北京：
人民交通出版社股份有限公司,2021.12
ISBN 978-7-114-17295-3

Ⅰ.①城… Ⅱ.①马…②王… Ⅲ.①城市铁路—交通规划—
高等学校—教材②城市铁路—设计—高等学校—教材
Ⅳ.①U239.5

中国版本图书馆 CIP 数据核字(2021)第 090436 号

Chengshi Guidao Jiaotong Guihua yu Sheji

书　　名：	城市轨道交通规划与设计
著 作 者：	马超群　王玉萍
责任编辑：	李学会
责任校对：	孙国靖　龙　雪
责任印制：	刘高彤
出版发行：	人民交通出版社股份有限公司
地　　址：	(100011)北京市朝阳区安定门外外馆斜街 3 号
网　　址：	http://www.ccpcl.com.cn
销售电话：	(010)59757973
总 经 销：	人民交通出版社股份有限公司发行部
经　　销：	各地新华书店
印　　刷：	北京虎彩文化传播有限公司
开　　本：	787×1092　1/16
印　　张：	23.5
字　　数：	545 千
版　　次：	2021 年 12 月　第 1 版
印　　次：	2022 年 8 月　第 2 次印刷
书　　号：	ISBN 978-7-114-17295-3
定　　价：	59.00 元

(有印刷、装订质量问题的图书由本公司负责调换)

前 言

随着城市化进程的快速发展,城市人口和居民出行与日俱增。居民出行需求的日益上升与城市交通供给之间难免产生巨大的矛盾。

与其他交通方式相比,城市轨道交通具有载客量大、速度快、可靠性高、可持续性强和受其他交通影响低等特点,能够安全、高效、便捷、舒适地运送乘客,从而能极大地满足城市居民的出行需求。另外,经济发展与人口增长导致城市空间扩展发生变化,而城市轨道交通在引导城市空间结构演化方面也能起到重要作用。

目前,我国城市轨道交通正处于快速发展时期,城市轨道交通科学、合理的规划与设计显得尤为重要。本书参考了国内外大量相关文献及国内城市轨道交通规划、设计、运营的实际资料,介绍了城市轨道交通规划、设计的理论与方法。具体内容涵盖了:城市轨道交通系统规划与设计基础、客流预测、线网规划、特殊功能线路的规划布设、综合选线、线路设计、车站设计、运营规划、车辆段规划与设计、线网规划案例、线路设计案例、车站设计案例、换乘站设计案例等。本书注重理论联系实践,附有相关算例与实践案例。同时,附有课后思考题,以加强读者对理论知识的理解和消化。

本书共分14章,由长安大学马超群、西安建筑科技大学王玉萍主编,由长安大学陈宽民、中铁第一勘察设计院集团有限公司李文博主审。参加编写的人员有中铁第一勘察设计院集团有限公司张新广、张建平、张苗苗,兰州理工大学张红英。其中,第1章由马超群、张红英编写,第2、3、4章由马超群编写,第5、6章由王玉萍编写,第7章由王玉萍、马超群编写,第8章由张新广、张建平编写,第9章由张红英编写,第10章由王玉萍编写,第11章由马超群、王玉萍编写,第12章由张新广编写,第13章由张建平编写,第14章由张苗苗编写。

本书参阅了大量国内外文献资料,未能一一列出,借此向这些文献资料的原作者表示衷心感谢!研究生王云、陈伏、陈权、宁静、曹夏玲、李培坤为本书的文字编辑和插图绘制做了大量工作,在此也表示衷心感谢!

鉴于城市轨道交通规划、设计的各种技术和方法正处于不断完善和发展之中,加之编写时间仓促和编写人员水平所限,书中错误和不当之处在所难免,敬请读者批评、指正(作者电子邮箱:machaoqun@chd.edu.cn)。

编 者
2021年1月

目 录

第1章 绪论 ··· 1
  1.1 城市轨道交通的分类 ·· 1
  1.2 国内外城市轨道交通发展概况 ·· 8
  1.3 城市轨道交通规划与设计工作体系 ·· 21
  思考题 ·· 22

第2章 城市轨道交通系统规划与设计基础 ··· 23
  2.1 城市轨道交通与城市发展 ·· 23
  2.2 城市轨道交通系统构成 ·· 29
  2.3 城市轨道交通列车牵引计算 ·· 37
  思考题 ·· 53

第3章 城市轨道交通客流预测 ·· 54
  3.1 城市轨道交通客流特征 ·· 54
  3.2 城市轨道交通客流预测基本规定 ··· 63
  3.3 城市轨道交通客流预测基本原则与思路 ·· 73
  3.4 出行生成预测 ·· 75
  3.5 出行分布预测 ·· 78
  3.6 出行方式划分预测 ··· 83
  3.7 客流分配预测 ·· 91
  思考题 ·· 96

第4章 城市轨道交通线网规划 ·· 97
  4.1 城市轨道交通线网规划技术原则与技术路线 ·· 97
  4.2 城市轨道交通线网规模匡算 ·· 99
  4.3 城市轨道交通网络基本形态 ·· 111
  4.4 城市轨道交通线网构架 ·· 117
  4.5 城市轨道交通线网方案评价 ·· 122
  思考题 ··· 129

第5章 特殊功能线路的规划布设 ·· 130

1

 5.1 环线 ········· 130
 5.2 主—支组合线 ········· 135
 5.3 半径线 ········· 143
 5.4 市域快速轨道交通 ········· 146
 5.5 轨道交通机场线 ········· 154
 5.6 超长线路 ········· 160
 思考题 ········· 166

第6章 城市轨道交通综合选线 ········· 167
 6.1 城市轨道交通选线概述 ········· 167
 6.2 线路走向与路由 ········· 171
 6.3 敷设方式选择 ········· 173
 6.4 线路平面位置选择 ········· 178
 6.5 车站分布及站位选择 ········· 180
 6.6 选线方案比选 ········· 184
 思考题 ········· 185

第7章 城市轨道交通线路设计 ········· 186
 7.1 线路设计内容与设计原则 ········· 186
 7.2 线路平面设计 ········· 189
 7.3 线路纵断面设计 ········· 207
 7.4 配线设计 ········· 220
 思考题 ········· 230

第8章 城市轨道交通车站设计 ········· 231
 8.1 车站设计概述 ········· 231
 8.2 车站总平面布局设计 ········· 233
 8.3 车站结构形式选择与设计 ········· 236
 8.4 车站设施选择与设计 ········· 243
 8.5 换乘站设计 ········· 251
 8.6 车站流线设计与容量校核 ········· 257
 思考题 ········· 262

第9章 城市轨道交通运营规划 ········· 263
 9.1 车辆选型与列车编组 ········· 263
 9.2 区间运行时间计算与停站时间的确定 ········· 264
 9.3 列车运行交路设计 ········· 265
 9.4 运输能力的综合设计 ········· 267
 9.5 全日行车计划 ········· 274
 9.6 全日列车运行图的编制 ········· 275
 思考题 ········· 279

第10章 车辆段规划与设计 ········· 280

10.1　概述 ………………………………………………………………… 280
　10.2　车辆段的选址 ……………………………………………………… 282
　10.3　车辆段的规模确定 ………………………………………………… 283
　10.4　车辆段的基本图式 ………………………………………………… 287
　10.5　车辆段线路设计 …………………………………………………… 288
　10.6　车辆段上盖物业 …………………………………………………… 293
　思考题 …………………………………………………………………… 294

第11章　城市轨道交通线网规划案例 ……………………………………… 295
　11.1　研究目标 …………………………………………………………… 295
　11.2　城市背景研究 ……………………………………………………… 296
　11.3　线网功能定位及结构形态研究 …………………………………… 299
　11.4　线网合理规模匡算 ………………………………………………… 300
　11.5　线网构架研究 ……………………………………………………… 301
　11.6　轨道线网方案客流测试 …………………………………………… 308
　11.7　线网方案的综合评价 ……………………………………………… 312
　11.8　修建顺序规划研究 ………………………………………………… 315
　11.9　车辆基地的选址与规模研究 ……………………………………… 317
　11.10　线路敷设方式及主要换乘节点方案研究 ………………………… 318
　11.11　运营管理规划 ……………………………………………………… 320
　11.12　联络线规划 ………………………………………………………… 321

第12章　城市轨道交通线路设计案例 ……………………………………… 322
　12.1　设计原则与技术标准 ……………………………………………… 322
　12.2　边界条件 …………………………………………………………… 325
　12.3　线路走向及线路平面方案 ………………………………………… 325
　12.4　线路平面设计 ……………………………………………………… 329
　12.5　线路纵断面设计 …………………………………………………… 331

第13章　城市轨道交通车站设计案例 ……………………………………… 333
　13.1　边界条件 …………………………………………………………… 333
　13.2　车站建筑方案设计 ………………………………………………… 335
　13.3　车站规模确定 ……………………………………………………… 337
　13.4　车站建筑设计 ……………………………………………………… 338

第14章　城市轨道交通换乘站设计案例 …………………………………… 343
　14.1　控制因素及设计思路 ……………………………………………… 343
　14.2　车站总平面布置 …………………………………………………… 346
　14.3　车站建筑设计 ……………………………………………………… 348
　14.4　站台宽度、设施通行能力、紧急疏散时间计算 …………………… 354

参考文献 ……………………………………………………………………… 363

第1章 绪　　论

1.1 城市轨道交通的分类

1.1.1 城市轨道交通的定义

广义的城市轨道交通是指以轨道承载列车运行和导向,以信号系统为控制手段,集中、快速输送乘客的轮轨交通系统(有别于道路交通),主要指为城市内(有别于城际铁路,但可涵盖郊区以及大都市圈范围)公共客运服务的现代化立体交通系统。

《城市轨道交通技术规范》(GB 50490—2009)中,城市轨道交通是指采用专用轨道导向运行的城市公共客运交通系统,包括地铁系统、轻轨系统、单轨系统、有轨电车、磁浮系统、自动导向轨道系统、市域快速轨道系统。

城市轨道交通系统作为城市客运交通系统的重要组成部分,拥有专用或半专用路权,在特定轨道上编组运行,具有运量大、全天候、环保、节约能源和用地等特点,属绿色环保交通体系,符合可持续发展的原则,特别适用于大城市。此外,城市轨道交通作为城市的骨架,对城市空间发展和土地利用都起到了引导作用。

1.1.2 城市轨道交通的类型

目前,世界上城市轨道交通的种类很多,各国对城市轨道交通的分类方法也不一致,同一轨道交通类型也存在不同的称谓。城市轨道交通一般可按以下几个方面进行分类:

1)按照运营范围分类

城市轨道交通按照在城市不同区域的运营范围划分,主要可以分为市区和市域轨道交通两类。

(1)市区轨道交通:服务范围以城区为主的城市轨道交通系统。

(2)市域轨道交通:服务范围覆盖城市市域范围的城市轨道交通系统。

除了上述两类以外,还有一类轨道交通系统,主要服务于城市市域和邻近地区,服务区域涉及两个或多个行政区。这类轨道交通有些主要服务于大城市郊区,习惯称为市郊铁路(Suburban Railway);有些则主要服务于大城市周围的卫星城与中心城之间,也称为通勤铁路(Commuter Railway)。这一类轨道交通在技术特性上接近于铁路或城市轨道交通。因此,可以把与铁路系统在技术特性上基本一致的这一类轨道交通划归到铁路范畴,与城市轨道交通在技术特性上基本一致的划归到市域轨道交通范畴。

2)按照运输能力分类

运输能力是指城市轨道交通系统单位时间内的单向输送能力,通常以单向小时断面运输量表示。《城市轨道交通工程项目建设标准》(建标 104—2008)和《城市公共交通分类标准》(CJJ/T 114—2007)把城市轨道交通按系统运输能力划分为高运量、大运量、中运量和低运量 4 个量级。

(1)高运量系统:单向运输能力为 4.5 万~7 万人次/h。
(2)大运量系统:单向运输能力为 2.5 万~5 万人次/h。
(3)中运量系统:单向运输能力为 1 万~3 万人次/h。
(4)低运量系统:单向运输能力小于 1 万人次/h。

对于不同运能等级的城市轨道交通系统,需要在线路的路权、敷设方式、车辆选型和编组、信号等机电设备配置方面与之匹配,见表 1-1 和表 1-2。

城市轨道交通线路运能等级分类　　　　　表 1-1

线路运能分类	Ⅰ	Ⅱ	Ⅲ	Ⅳ
	高运量	大运量	中运量	
	钢轮钢轨		钢轮钢轨/单轨	
线路形式	全封闭型			设置部分平交道口
单向运能(万人次/h)	4.5~7	2.5~5.0	1.5~3.0	1~2
列车最大长度(m)	185	140	100	60
适用车型	A	B 或 L_b	B、C、L_b 或单轨	C 或 D
最高速度(km/h)	80~100			60~80
平均站间距(km)	1.2~2			0.8~1.5
旅行速度(km/h)	35~40			20~30
适用城市城区人口规模(万人)	≥300		≥150	

注:1. Ⅰ、Ⅱ、Ⅲ级线路是全封闭快速系统,采用独立的专用轨道和信号,高密度运行。Ⅳ级线路是具有专用轨道和部分信号的中低运量系统,但部分路段设置平交道口。

2. "适用城市城区人口规模"系指人口规模能达到或超过此限的城市轨道交通线网中的主干线等级,其余线路可根据运量选用较低等级。

3. 旅行速度指一般情况下的特征数据。当车辆最高速度大于 100km/h 时,有关技术标准应另行研究确定。

分车型列车运能　　　　　表 1-2

车　型		列车编组					
		2 辆	3 辆	4 辆	5 辆	6 辆	7 辆	8 辆
A	长度(m)		69.2	92.0	114.8	137.60	160.4	183.2
	定员(人/列)		930	1240	1550	1860	2170	2480
	运能(人次/h)		27900	37200	46500	55800	65100	74400
B	长度(m)		58.10	77.65	97.20	116.75	136.30	155.85
	定员(人/列)		710	940	1210	1460	1710	1960
	运能(人次/h)		21300	28200	36300	43800	51300	58800

续上表

车型		列车编组						
		2 辆	3 辆	4 辆	5 辆	6 辆	7 辆	8 辆
L_b	长度(m)	34.04	50.88	67.72	84.56	101.40		
	定员(人/列)	459	701	943	1185	1427		
	运能(人次/h)	13770	21030	28290	35550	42810		
单轨	长度(m)	28.7	42.6	56.5	70.4	84.3		
	定员(人/列)	459	467	632	797	962		
	运能(人次/h)	7584	11208	15168	19128	23088		

3) 按照路权分类

城市轨道交通按照路权可分为全封闭系统、不封闭系统和部分封闭系统 3 种类型。

(1) 全封闭系统：与其他交通方式完全隔离，不受其他交通方式的干扰，具有独立路权。

(2) 不封闭系统：也称开放式系统，不实行物理上的封闭，城市轨道交通与路面交通混合行驶，在交叉口遵循道路交通信号或享有一定的优先权。

(3) 部分封闭系统：一般在线路区间采用物理措施与其他交通方式隔离，在全部交叉口或部分交叉口与其他交通方式混行，在交叉口设置城市轨道交通优先信号。

4) 按照敷设方式分类

城市轨道交通按照线路的敷设方式可以划分为地下线、地面线和高架线 3 种类型。

(1) 地下线：线路设置于地下隧道内。

(2) 地面线：线路设置在地面上。

(3) 高架线：线路设置在高架桥上。

在城市轨道交通的实际工程项目中，同一条线路可能会同时存在不同的敷设方式，也可能只有一种敷设方式。如北京地铁 13 号线，存在地下、地面和高架 3 种敷设方式；北京地铁 2 号线全为地下线。

5) 按照支撑和导向方式分类

城市轨道交通按照支撑和导向方式可以划分为钢轮钢轨系统、胶轮导轨系统和磁浮系统 3 种类型。

(1) 钢轮钢轨系统：导向轮与支承轮合一。车辆为电力牵引的钢轮走行系统，轨道采用钢轨为车辆支承和导向，能敷设在地面、隧道、高架桥上，承载能力大，适用范围广。如北京地铁 1 号线、2 号线等。

(2) 胶轮导轨系统：导向轮与支承轮分设，线路一般设置在高架桥上。胶轮导轨系统的走行轮为胶轮，走行在轨道梁面上，起支承作用；导向轮也是胶轮，依靠导向板或导向槽对车辆起导向和稳定作用。如重庆的跨座式单轨系统、广州珠江新城的旅客捷运系统(APM)。

(3) 磁浮系统：无接触的电磁悬浮(支撑)、导向。磁浮系统与传统的钢轮钢轨系统有着本质的区别，是一种新兴的交通系统。磁浮系统又分为高速磁浮与中低速磁浮两类。

6) 按照牵引方式分类

城市轨道交通按照牵引方式可分为旋转电机牵引系统和直线电机牵引系统两类。

(1) 旋转电机牵引系统：采用旋转电机作为车辆的驱动装置，利用轮轨之间的黏着力

(摩擦力)驱动车辆行驶。

(2)直线电机牵引系统:采用直线电机作为车辆的驱动装置,利用磁场的作用驱动车辆运行,属于非黏着驱动系统。

直线电机可以认为是旋转电机在结构上的一种变形,相当于将一台旋转电机沿其径向刨开,然后拉平演变而成。直线电机改变了传统电机的旋转运动方式。直线电机牵引系统不再依靠轮轨之间的黏着力驱动,与旋转电机牵引系统相比,具有较大的爬坡能力。

1.1.3 城市轨道交通的技术特征

虽然城市轨道交通可以从专业技术角度按照运营范围、运输能力、路权、敷设方式、支撑和导向方式、牵引(驱动)方式等多个方面进行较为细致的分类,但这对于不熟悉城市轨道交通专业的决策者和使用者来说,不容易理解和交流。此外,由于各种原因,有些名称在不同的国家形成了不同的含义。

我国《城市公共交通分类标准》(CJJ/T 114—2007)将城市轨道交通划分为7种类型。下面根据我国城市轨道交通分类,简述各个类别的城市轨道交通的主要特性。

1)地铁系统

地下铁道简称地铁。国际隧道协会将地铁定义为轴重较大、单向每小时输送能力在2.5万人次以上的城市轨道交通系统。地铁是采用全封闭线路、专用轨道、专用信号、独立运营的大运量或高运量城市轨道交通系统,其线路通常敷设在地下隧道内,有的在城市中心以外,敷设方式从地下转到地面或高架桥上。

地铁系统的主要特点归纳如下:

(1)主要服务于城区,一般适用于骨干线路。

(2)单向运输能力在2.5万人次/h以上。按照运输能力不同,又可分为高运量地铁和大运量地铁。高运量地铁的单向运输能力为4.5万~7万人次/h,大运量地铁的单向运输能力为2.5万~5万人次/h。

(3)采用全封闭线路,独立专用路权。一般设置在地下隧道内,条件允许时,有时也在地面或高架桥上设置。

(4)采用钢轮钢轨支撑和导向,旋转电机或直线电机牵引。我国内地采用旋转电机牵引的地铁车辆有A型车和B型车两种;采用直线电机牵引的地铁车辆只有L_B型车一种。

关于地铁的建设条件,国务院办公厅《关于进一步加强城市轨道交通规划建设管理的意见》(国办发[2018]52号)中明确规定:地铁主要服务于城市中心城区和城市总体规划确定的重点地区,申报建设地铁的城市一般公共财政预算收入应在300亿元以上,地区生产总值在3000亿元以上,市区常住人口在300万以上。拟建地铁线路初期客流强度不低于每日每公里0.7万人次,远期客流规模达到单向高峰小时3万人次以上。

2)轻轨系统

轻轨是采用全封闭或部分封闭的线路、专用的轨道,以独立运营为主的中运量城市轨道交通系统。在部分封闭线路的平交路口采用轻轨列车优先信号,单向高峰小时最大运输能力为1万~3万人次,线路一般以地面、高架为主,以地下隧道方式为辅。

轻轨系统是城市轨道交通中最难定义的系统之一。顾名思义,轻轨通常是从车辆对轨道施加的荷载而言,因为轻轨车辆与地铁车辆比较相对较轻。一般认为,轻轨系统是在传统的有轨电车系统基础上,利用现代技术进行改造后形成的轨道交通系统,英文名称为 Light Rail Transit(LRT)。

轻轨系统的主要技术特征如下:

(1)主要服务于市区,一般适用于特大城市的辅助线路或大城市的骨干线路。

(2)单向运输能力一般为 1 万~3 万人次/h。

(3)采用全封闭线路或部分封闭线路,基本为独立路权。一般设置在地面或高架桥上,有时也设置在地下隧道内。

(4)采用钢轮钢轨支撑和导向,旋转电机或直线电机牵引。我国内地采用旋转电机牵引的轻轨车辆为 C 型车,采用直线电机牵引的轻轨车辆为 L_c 型车。

部分封闭型的轻轨交通线路敷设更加灵活,设置专用道的比例很高,基本实现路权专用。全线设独立信号系统,统一指挥列车运行;在横向通过城市道路的平面交叉处,如道路交通量较大,可设置立体交叉;如道路交通流量较小,可设置平交道口,并增加道口防护信号,使轻轨列车按设定的条件优先通过。

全封闭型的轻轨交通线路,全线随地形条件敷设,有地面、高架、地下几种形式,空间位置选择十分灵活,与所有道路交叉口全部立交,完全实现路权专用。全线设独立信号系统,统一指挥列车运行。

关于轻轨的建设条件,国务院办公厅《关于进一步加强城市轨道交通规划建设管理的意见》(国办发〔2018〕52 号)中明确规定:引导轻轨有序发展,申报建设轻轨的城市一般公共财政预算收入应在 150 亿元以上,地区生产总值在 1500 亿元以上,市区常住人口在 150 万人以上。拟建轻轨线路初期客流强度不低于每日每公里 0.4 万人次,远期客流规模达到单向高峰小时 1 万人次以上。

3)单轨系统

单轨系统是一种车辆与特制的轨道梁组合成一体运行的中低运量胶轮导轨系统。轨道梁不仅是车辆的承重结构,同时也是车辆运行的导向轨道。单轨系统的类型主要有两种:一种是车辆骑跨在轨道梁上运行,称为跨座式单轨系统;一种是车辆悬挂在轨道梁下运行,称为悬挂式单轨系统。胶轮导轨系统中,无论是哪种车型,其相同的特点是车辆分设走行轮和导向轮。

单轨系统的主要技术特征如下:

(1)单向运输能力为 1 万~3 万人次/h。车辆因采用胶轮,车轮的承载能力受到限制,橡胶轮的轴载仅是钢轮的 40%~50%,载客能力低。

(2)采用全封闭线路,与其他交通方式完全隔离,独立路权。单轨以高架结构为主,一般使用道路上部空间设高架桥,土地占用较少,轨道梁宽度窄,占用空间小。胶轮的黏着性能好,有利于在大坡道、小半径曲线上运行,可以适应急转弯及大坡度,对复杂地形有较好的适应性,选线容易。

(3)车体在走行轨上面(跨座式)或下面(悬挂式),通过主轮支承,水平导向轮起导向和稳定作用,车辆分设走行轮、导向轮,并采用胶轮,受力分散,走行噪声低。它主要采用旋转电机牵引,目前也出现了由直线电机牵引的单轨系统(如莫斯科单轨系统)。

单轨主要适用于：
(1)城市道路高差较大,道路曲线半径小,线路地形条件较差的地区。
(2)旧城改造已基本完成,而该地区的城市道路又比较窄时。
(3)大量客流集散点的接驳线路。
(4)市郊居民区与市区之间的联络线。
(5)旅游区域内景点之间的联络线、旅游观光线路等。

4)有轨电车

有轨电车是一种低运量的城市轨道交通,轨道主要铺设在城市道路路面上,车辆与其他地面交通混合运行,遵守道路交通法规。有时也有隔离的专用路基和轨道,隧道或高架区间一般仅在城市中心交通拥挤的地段采用。根据道路条件,有轨电车又可分为以下两种情况：

(1)混合车道、全开放型的路面有轨电车

路面有轨电车是低运量、低速度、短运距、无专用信号、无专用隔离道路权,采用钢轮钢轨体系的城市轨道交通系统。轨道全部敷设在路面,与路面平齐。该轨道虽然由有轨电车专用,但无专用路权,因此其他车辆可进其道而行驶,故被称为混合道,车辆运行可能受到一定干扰。无专用信号系统,列车运行随城市道路交通信号管制行驶,属地面公共交通层次的交通系统。旅行速度与城市公共汽车运行速度相当。

(2)局部隔离的新型有轨电车

新型有轨电车是在路面有轨电车的基础上发展起来的,车辆新颖,性能得到改进,对轨道结构进行了改良。有条件的地段,可在局部路段封闭隔离,实现局部路权专用,但占全线比例较小。在横向通过城市道路的平面交叉处,仍设置平交道口,但采用优先通行信号,旅行速度有提高。

5)磁悬浮系统

磁悬浮轨道交通系统是根据电磁学原理,利用电磁铁产生的电磁力将列车浮起,并推动列车前进的高速交通工具。它利用电导磁力悬浮技术使列车上浮,车辆不需要设车轮、车轴、齿轮传动机构等,列车运行方式为悬浮状态,采用直线电机驱动行驶,主要在高架桥上运行,特殊地段也可在地面或地下隧道中运行。由于其运行时悬浮于轨道上,因而没有轮轨的摩擦,突破了轮轨黏着极限速度的限制,成为人们理想的现代化高速交通工具。

目前,磁悬浮系统主要有两种基本类型,一种是高速磁悬浮系统,另一种是中低速磁悬浮系统。高速磁悬浮一般采用长定子磁浮列车,采用直线同步电机,电机的电枢(定子)铺设在轨道全线,而励磁磁极设置在车上,驱动功率直接由地面供给,真正做到无机械接触。中低速磁浮一般采用短定子磁浮列车,采用直线感应电机,电机电枢定子装在车上,反应板(转子)铺设在轨道全线,牵引电功率由供电轨和接触滑块输入车上的定子,因而其运行速度不能太高。

高速磁悬浮系统由于行车速度很高,通常用于城市之间的远程客运。

中低速磁悬浮系统由于行车速度相对较低,对于城市区域内站间距大于1km的中短程客运交通线路较为适宜。

中低速磁悬浮系统的主要特征包括：
(1)曲线和道岔性能与单轨等轨道交通系统相近。

(2) 噪声小,轨道的维护费用少。

(3) 车辆载荷平均分布、车身较轻,桥梁等构造建筑的费用相应减少。

(4) 车辆费用较高。

(5) 属于中运量系统,我国《城市公共交通分类标准》(CJJ/T 114—2007)中,中低速磁悬浮系统的运输能力为 1.5 万~3.0 万人次/h。

磁悬浮系统在世界上还处于新兴技术发展阶段,在城市轨道交通领域的应用经验还有待不断总结。

6) 自动导向轨道系统

自动导向轨道系统,国际上称为 Automatic Guideway Transit(AGT),亦称为 Automated People Mover Systems(APM)。

自动导向轨道系统属于胶轮—导轨系统,一般用在高架线上。走行轮为胶轮,走行在桥梁面上,起支承作用;导向轮也是胶轮,依靠导向板或导向槽对车辆起导向和稳定作用。为了控制车辆轴重,保证胶轮运行安全,故采用小车辆、短列车,自动导向。

按照专用导向轨的位置,AGT 系统可以分为三种形式:一是轨道中央导向方式,二是侧向导向方式,三是中央沟导向方式。

自动导向轨道系统的特点是:

(1) 使用橡胶轮胎,噪声小,爬坡能力强;但运行阻力比钢轮钢轨系统大(能耗高),橡胶车轮的寿命较短。

(2) 可以通过小半径曲线。

(3) 混凝土轨道梁容易发生波形磨耗,使舒适度恶化,维修困难。

(4) 受橡胶轮胎影响,载荷能力受到限制。

(5) 多采用无人驾驶。

自动导向轨道系统的适用范围主要包括:

(1) 机场、港口、高速铁路车站的客运专用通道。

(2) 中小城市的主要客运通道。

(3) 城市郊区、大型住宅区和新城镇内部的客运通道。

(4) 在城市外围与城市主要客运系统(如地铁)的接驳联系。

世界范围内,日本有较多的用于公共交通的自导向轨道系统,其他国家或地区大多将此系统用于机场内部的交通联系。用于公共交通的自导向轨道系统以接驳系统为主,系统运输能力多在 1 万人次/h 以下,属于低运量轨道系统范畴。

7) 市域快速轨道系统

市域快速轨道系统是相对于市区轨道交通而言,从运营范围的角度划分的。市域快速轨道系统适用于城市区域内重大经济区之间中长距离的客运交通,如法国巴黎的 RER(Regional Express Railway)、德国的 S-Bahn(Stadt Bahn)、美国的区域快速轨道交通(Regional Rapid Rail Transit)等。

市域快速轨道系统主要在地面或高架桥上运行,必要时也可设置在地下隧道内。市域快速轨道系统的制式并没有特别的限定,可以根据线路的功能定位、沿线的土地利用规划、自然条件、环境保护等综合确定。市域快速轨道系统可以采用钢轮钢轨系统,也可以采用磁浮系统;可以采用地铁或轻轨车辆,也可以根据速度或运营的要求采用专用车辆。

1.2 国内外城市轨道交通发展概况

1.2.1 世界城市轨道交通发展历程

城市轨道交通的历史比汽车还悠久,其发展历经了一个曲折的过程,大致可以分为以下几个阶段:

1)诞生和初步发展阶段(1860—1924 年)

1863 年 1 月 10 日,采用明挖法施工的世界上第一条地铁在伦敦建成通车,标志着城市轨道交通作为一种新的交通工具进入城市交通系统。特别是到 1879 年电力驱动机车的研究成功,大大改善了地下铁道的环境,免除了污染环境的顾虑。事实上,城市轨道交通由此步入连续发展时期。在这一阶段,欧美的城市轨道交通发展较快。其间,共有 13 个城市建设了地铁,还有很多城市建设了有轨电车。

2)停滞萎缩阶段(1924—1949 年)

1924—1949 年间受战争和汽车工业快速发展的影响,城市轨道交通的发展在世界范围内一度出现停滞,甚至萎缩。汽车的灵活性、便捷性及可达性,使其一开始就受到了用户的欢迎。于是汽车交通迅速发展,在发达国家的大城市中,汽车运输很快成了交通的主角。相反,尚未成熟的城市轨道交通因为投资大、建设周期长,一度失宠。这一阶段只有 5 个城市发展了城市地铁,有轨电车则停滞不前,不少有轨电车线路甚至还被拆除了。1912 年美国已有 370 个城市建有有轨电车,到 1970 年只剩下 8 个城市保留了有轨电车。

由于地下铁道在战争中对战火的防护作用,这个时期一些处于战争状态中的国家反而加速了对重要城市的地铁建设,如东京、大阪、莫斯科等。

3)再度发展阶段(1949—1970 年)

汽车的过度增加,使城市道路经常堵塞,加之汽车对空气的污染、嘈杂的噪声、石油资源的大量消耗,人们重新认识到,解决城市客运交通必须依靠公共交通。这一阶段城市轨道交通又得到重视,而且城市轨道交通从欧美扩展到了中国、朝鲜、韩国、巴西、伊朗、埃及等国家,这期间共有 17 个城市新建了地铁。

4)高速发展阶段(1970 年至今)

世界各国城镇化的趋势,导致人口高度集中,要求城市轨道交通高速发展以适应日益增加的客流运输,科学技术的进步也为城市轨道交通奠定了良好的发展基础。很多国家都确立了发展城市轨道交通的方针,立法解决建设城市轨道交通的资金来源。城市轨道交通从欧洲、美洲、亚洲又扩展到大洋洲的澳大利亚。

1.2.2 国外主要城市轨道交通发展概况

1)莫斯科

莫斯科,全市面积 2510km^2,常住人口约 1154 万(2012 年)。市区基本上位于长 109km 的公路环以内,其环内面积约为 875km^2。其城市规划结构属于单中心结构,不同历史时期的建设范围构成了城市的几个圈层,形成了环状和轴线辐射的城市空间结构。

近年来,城市基本上是依靠开发边缘来发展的,居住在地铁环线以外的人口约占全市人口的75%,而就业岗位依旧集中在中心区和中间地带,向心客流巨大。

莫斯科的轨道交通网络是典型的放射加环线式线网,其线路布局与城市规划单中心结构吻合,其中7条辐射线和1条环线将莫斯科的部分住宅区、展览中心、十几个广场、公园、体育场馆等公共设施及附近码头、机场和火车站串联在一起。莫斯科轨道交通的主要结构为中心向四周辐射状,如图1-1所示,截至2019年2月其全长为440km,拥有16条线路以及261座车站,内密外疏,均衡覆盖全市。新近的规划中计划建设几个层次上的新型城市地铁:

(1)新型高速地铁(即市域快线),承担城市中心区与城市外围区域之间的交通,连接市中心区与外环公路以外居住区,保障高速快捷交通。

(2)地上轻型地铁(即郊区轻轨),承担城市中心区与远郊区的交通联系,将远郊居民送到城市地铁站。

(3)微型地铁(即市区地下小断面地铁),在历史核心区,与地铁共同承担地下交通,缓解地面交通压力。

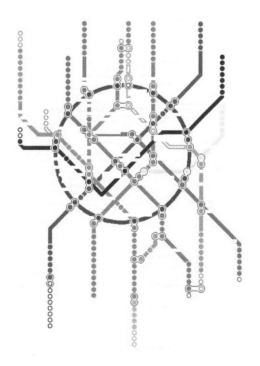

图1-1 莫斯科轨道交通线网

2)伦敦

伦敦,是英国的政治、经济、文化和金融中心,是英国最大的海港和首要的工业城市,为世界十大都市之一。整个大伦敦都会区人口约1400万;大伦敦面积1587km²,总人口890万(2016年)。其中,中央伦敦面积27km²,居民20万人;内伦敦其他地区面积293km²,居民

320万人;外伦敦1259km²,居民510万人。

伦敦的公共交通系统十分发达,融合了公共汽车、有轨电车、地铁、道克兰轻轨及泰晤士河水上交通在内的多种交通方式。伦敦轨道交通采用多层次、多类型的交通模式,分为地铁、轻轨(以地面或高架形式为主)以及高架独轨等类型,形成了一个综合的轨道交通系统。其轨道交通系统由11条地铁线、3条机场轨道快线、1条轻轨线和26条城市铁路线组成(图1-2)。

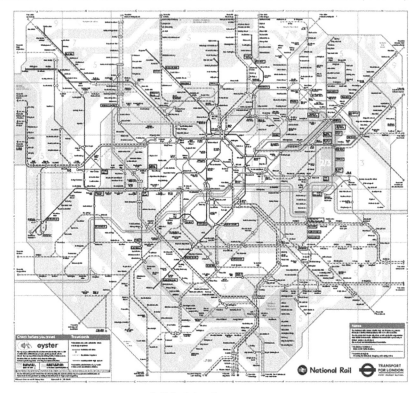

图1-2　伦敦轨道交通线网

在伦敦,地铁与市郊铁路共轨也是一种广泛应用的模式,既能起到共享线路资源的作用,使铁路潜储运能得到充分发挥,又有利于提高城市周边乘客进入市区的换乘方便度。铁路系统由城市中心区向外辐射,主要服务于城市间以及伦敦西南部区域,城市内部有超过40个能与地铁换乘的车站。英国最繁忙的铁路车站有17个站台,高峰时段每站台每2min就有一列火车到站。

伦敦每天有大量的客流自郊区和东南部地区到市中心上班,客流大致分布在三片地区:

(1)离市中心25km左右的地区,即大伦敦范围内的地区。

(2)离市中心65km左右的地区,该地区有大量新建住宅区。

(3)离市中心65km到100多公里的地区(英国东南部地区)。

3)巴黎

巴黎分为"大巴黎"和"小巴黎"。其中,"小巴黎"是指环状公路以内的市区部分,面积约105km²,人口约225万;"大巴黎"则包括周围的7个省,面积约1.2万 km²,人口约1100万(2016年),占法国人口的20%。在城市空间结构上,"小巴黎"即巴黎市下辖20个区可划分为中心区、内环区和外环区3个圈层(表1-3)。

巴黎市3个圈层的人口密度与就业密度　　　　　表1-3

圈　层	面积(km^2)	人口(万)	人口密度(人/km^2)	就业密度(人/km^2)
中心4区	9	13	14625	48875
内环7区	19	46	24441	18754
外环9区	79	153	19357	8885

注：表中数据为2002年统计数据。

巴黎轨道交通系统包括4个层次，即普通地铁、区域快线（Regional Express，简称RER）、市郊铁路和城市轻轨。巴黎共拥有14条城市地铁线路和2条支线(3号线和7号线)，如图1-3所示，线路总长度约214km，年客运量达12亿人次。巴黎地区共有5条RER线，如图1-4所示，线路总长度约624km，最高行驶速度为100km/h，具有一线多支、车站外密内疏、穿越市中心三大特点。

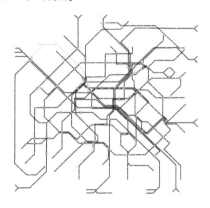

图1-3　巴黎轨道交通线网

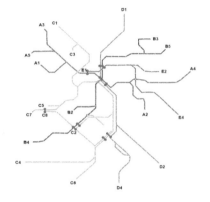

图1-4　巴黎RER线

通过对"大巴黎"轨道交通的分析，可以得出其特点：

(1) 层次分明，系统功能明确，对于市区和市域分别构筑了低速、高密度的城市地铁线网和高速、低密度的市域RER线网，以适应不同区域的空间尺度。

(2) 重视多方式衔接与综合换乘，不仅同种交通方式间可以方便换乘，地铁、轻轨、市郊铁路、地面电车等之间也可以方便换乘。

巴黎大区1998—2003年的客运量及份额统计见表1-4。

巴黎大区1998—2003年的客运量及份额统计　　　　　表1-4

年份		1998年	1999年	2000年	2001年	2002年	2003年
地铁	客运量(百万人次)	1157	1190	1247	1266	1283	1248
	份额(%)	39.8	39.8	39.7	40.0	39.7	39.2
RER及市郊铁路	客运量(百万人次)	858	890	945	950	985	972
	份额(%)	29.5	29.7	30	30.0	30.4	30.6
巴黎市区公共汽车	客运量(百万人次)	350	353	358	316	356	346
	份额(%)	12.1	11.8	11.4	10.0	11.0	10.9
郊区公共汽车	客运量(百万人次)	540	560	594	552	560	563
	份额(%)	18.6	18.7	18.9	17.4	17.3	17.7

续上表

年份		1998年	1999年	2000年	2001年	2002年	2003年
轻轨和TVM	客运量(百万人次)	—	—	—	84	52	52
	份额(%)	—	—	—	2.6	1.6	1.6
合计客运量(百万人次)		2905	2993	3144	3168	3236	3181

注：TVM为巴黎一条有轨橡胶轮胎公交线路的名称。

4）东京

大东京地区是世界著名的大都市区之一，包括以下4个部分。

（1）核心区，为"都心3区"（千代田区、中央区和港区）。

（2）中心区，也称为东京区部，由东京23个市区组成，是东京的历史文化中心，也是整个大城市地区的商业、金融、办公及就业中心，总面积612km²，人口896.8万（2016年）。

（3）区部外围，也称为东京都，包括东京区部及其相邻的26个卫星城、7个町与8个村，总面积为2059km²，人口1378万（2018年）。

（4）从中心区外延半径50km的区域为东京圈，包括东京都及其周边的埼玉县、千叶县、神奈川县和茨城县南部，总面积约1.5万km²，人口约3700万（2016年）。

目前，东京已经形成了以铁路及城市轨道网络所支撑的多中心城市结构，主要分为"一核七心"的东京区部和以轨道网络为骨架的多中心都市区城镇体系。东京区部以城市轨道为骨架形成了"一核七心"的城市结构，即以东京站附近为核心，在铁路山手线上及其外围建立了上野、池袋、新宿、涩谷、大崎、锦丝町和临海7个副中心，如图1-5所示。密集的轨道交通网托起了整个东京都市区，地铁和电气列车是绝大多数人每天要依赖的交通工具。

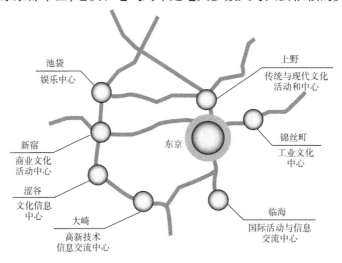

图1-5 东京都市区多中心结构示意

东京轨道交通网络由13条地铁线路、17条国铁线路和13条民营铁路构成，总的轨道交通线路长度从1965年的1567km，发展到了1995年的2122km。其中，地铁总长度286.2km，各条线路最长30.8km，最短11.9km，共有车站217座；市域铁路1846km，以"山手环线"为换乘关键，其内为地铁，外为私铁，如图1-6所示。东京市中心与郊区间的各个方向上都有市域铁路相连，在历史上促成了东京圈的形成，并且目前在通勤交通方面仍发挥重要作用。

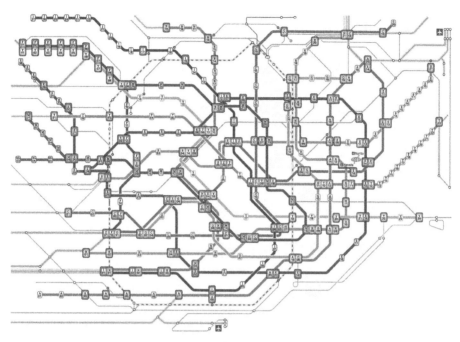

图1-6 东京地铁线网

作为较大区域范围的东京圈,主要依赖小汽车作为出行的交通工具,其次是轨道交通和步行;而在中心区,轨道交通是其处于第一位的出行交通工具,其次是步行、摩托车及小汽车。东京不同区域内各交通方式分担率见表1-5、表1-6。

日本东京都区部交通方式分担率(%)　　　　表1-5

年　份	交通方式					
	轨道交通	公共汽车	小汽车	摩托车	自行车	步行
2008年	48	3	11	1	14	23
1998年	41	3	15	2	15	24
1988年	40	3	16	2	13	26
1978年	34	3	18	2	10	33

日本东京都市区交通方式分担率(%)　　　　表1-6

年　份	交通方式					
	轨道交通	公共汽车	小汽车	摩托车	自行车	步行
2008年	30	3	29	2	14	22
1998年	25	2	33	2	15	23
1988年	25	3	28	3	15	26
1978年	23	4	25	2	13	33

东京地铁年均日客运量为684.93万人次,某些方向拥挤度很高,满载率达到200%(即车厢站立密度达到6人/m²)以上。这种高分担率和拥挤度由两方面因素导致,其一是东京土地利用开发强度过高而导致的道路交通通行能力不足;其二是东京严重的职住分离现象所引起的大规模通勤出行,整个东京圈总的就业岗位为1521万个,而中心区(23区)就有职

位数605万个,占39.78%,以山手线内为界的东京核心区职位数就达420万个,占27.61%,从而产生了极大的向心通勤客流。如东京圈的轨道交通承担了46%的通勤出行,而中心区74%的通勤出行通过轨道交通实现。

5) 纽约

纽约市处于纽约州东南部,是美国人口最多的城市。纽约市与其周边地区的交通流量十分庞大,源于纽约州、新泽西州以及康涅狄格州的通勤客流量较大,形成了发展大纽约地区发达公共交通体系的客观需求。纽约地铁于1904年10月通车,现已过百年。纽约市轨道交通系统包括地铁、通勤铁路、城际铁路3种形式。其中纽约地铁包括27条线路(图1-7),线路总长度443km(其中地下线258km),共设车站504座。纽约地铁许多线路建设成3轨或者4轨模式,以同向不共线的方式同时运行着快速列车和普通列车,以适应客流潮汐现象,减少短途乘客对中长途乘客的干扰,提高旅行速度和服务水平。纽约443km地铁线路中,有171km的线路为并列4线(其中两条线路为快车服务专用),95km的线路为并列3线。

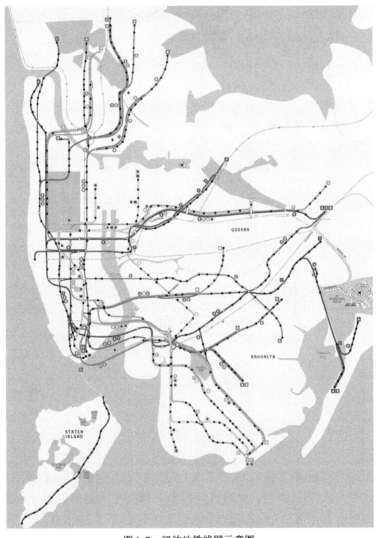

图1-7 纽约地铁线网示意图

纽约的轨道交通按功能分为两个系统：

(1) 服务于市区(830万人口，780km^2范围)，承担市区出行及上下班的地铁系统(Heavy Rail)。

(2) 服务于大都市区(1861万人口，19740km^2范围)，承担外围区和临近地区居民至市中心区上下班的通勤铁路(Commuter Rail)。

两种不同功能的系统其运营管理和线路结构亦有所不同，通勤铁路以放射线形式终止于中心区，地铁线路则穿越中心区，这与不同系统服务的客流特征有关。

其中，通勤铁路客流以上下班的通勤客流为主，其主要流向是从中心区往外围区(郊区)，因此，通勤铁路多终止于中心区；地铁服务客流是市区客流，包括市区的上下班客流和其他客流，因此，地铁线路多以直径线形式穿越中心区，以减少换乘。

另外，通勤铁路线路长，站距大，速度快，可保证远郊居民能快速到达中心区；地铁线路相对较短，站距小，速度较慢，主要保证中心区居民的出行。纽约地铁运营管理也分为两个层次，即快速线(Express Service)和普通线(Local Service)。

整体上来看，纽约地铁线网呈现棋盘放射状结构。为了适应不同尺度下空间联系的效率需求，纽约地铁广泛采用了多条线路共同设置的规划方案，兼顾了大区域、高连通性的快速线路和小范围、高可达性的普速线路，并且通过两套系统之间方便的换乘来达到高效率和高服务水平的统一。

1.2.3 我国城市轨道交通发展历程

我国城市轨道交通的发展伴随着城镇化进程，经历了从无到有，从"战备为主、交通为辅"到"交通为主"的发展历程。目前，我国城市轨道交通的建设规模和建设速度史无前例。回顾我国城市轨道交通的发展历程，可以分为以下三个阶段：

1) 第一阶段：20世纪50年代至80年代

我国城市轨道交通的起步，是从北京地铁的建设开始的。20世纪50年代，北京首次进行了地铁建设的规划，1965年7月1日我国第一条地铁在北京开工建设，1969年10月1日建成通车，线路长23.6km。1971年，北京地铁开始售票试运营，1981年9月15日经国家验收正式交付运营。北京地铁二期工程1971年3月开工，1984年9开通试运营，线路全长16.1km。1970年6月5日天津地铁一期工程开工建设，1984年12月28日竣工通车，线路全长7.4km。

新中国刚成立时，经济正处在恢复和建设的初期阶段，城市交通机动化的压力并不突出，对城市轨道交通的需求尚不迫切。从新中国成立到20世纪80年代中期的30多年时间里，全国只有2个城市建设了47km的城市轨道交通[1]。这一阶段以"战备为主，交通为辅"作为城市轨道交通建设的指导思想，立足于自力更生，所有车辆和机电设备均为国产设备，总体技术水平较低，建设规模小，建设速度慢，基本采用政府计划投资，运营依靠政府财政补贴。

2) 第二阶段：20世纪80年代至20世纪末

随着改革开放的深入，我国国民经济开始以较快速度发展，城镇化及城市机动化也开始进入快速发展时期。在城镇化和机动化的双重作用下，大城市普遍开始陷入难以摆脱的交

---

[1] 本书中我国城市轨道交通统计数据均未包括香港、澳门、台湾。

通困境。

20世纪80年代后期至90年代初,以北京地铁复八线、上海地铁1号线、广州地铁1号线的建设为标志,我国真正开始了以缓解城市交通为目的的轨道交通建设历程。北京地铁复八线于1988年开工建设,1999年全线通车,线路全长13.5km。1990年1月,上海地铁1号线正式开工建设,1993—1997年陆续分段建成通车,线路全长21km。广州地铁1号线于1993年开工建设,1999年6月开通运营,全长18.5km。

进入20世纪90年代,随着北京、上海、广州地铁项目的建设,大批城市(包括沈阳、天津、南京、重庆、武汉、深圳、成都、青岛等)开始上报建设城市轨道交通项目。这一时期,由于资金短缺,上海、广州等城市多利用国外贷款。由于贷款需购买贷款国的车辆和机电设备,其价格又远高于国际市场价格,致使城市轨道交通造价居高不下。同时,由于大批量引进国外设备,又缺乏统一标准,致使同一设备出现多种制式和规格,给后期运营带来很大隐患。

1995年国务院办公厅发出《关于暂停审批城市地下快速轨道交通项目的通知》(国办发〔1995〕60号),暂停了城市轨道交通项目的审批。文件提出:根据我国城市现有经济发展水平和国家财力状况,当前必须严格控制城市快速轨道交通的发展,并对在建项目加强管理。这一控制措施虽然时间不长,却给城市轨道交通的发展带来较大影响,使很多城市的技术力量流失,在一定程度上也使城市失去了建设城市轨道交通缓解城市交通问题的较佳时机。这一阶段,新建完成的城市轨道交通项目只有北京地铁复八线、上海地铁1号线和广州地铁1号线3条线路,线路总长度约54km。

3)第三阶段:20世纪末至现在

进入21世纪,我国城镇化和城市交通机动化速度加快,交通拥堵、行车困难、环境恶化等问题十分严重,交通需求总量的增长与交通设施供给不足的矛盾已十分突出。在这一背景下,各城市对城市轨道交通的需求也进入了膨胀阶段。

1998年底,我国开始研究城市轨道交通设备国产化政策,先后提出以深圳地铁一期工程、上海轨道交通明珠线、广州地铁2号线等项目作为国产化依托项目,并先后批复3个项目,城市轨道交通建设又开始启动。随着实施积极的财政政策,进一步扩大内需,我国于1999年陆续批准一批城市轨道交通建设项目,并投入40亿元国债资金予以支持。

2003年,我国出台了《关于加强城市快速轨道交通建设管理的通知》(国办发〔2003〕81号),针对一些地方出现不顾自身财力、盲目要求建设城市轨道交通项目的现象,提出了坚持量力而行、有序发展的方针,并设置了城市轨道交通的准入条件。城市轨道交通建设项目的审批也从单一审批项目转变为首先审批建设规划。

从2003年开始至2005年,我国陆续批准了上海、北京、天津、重庆、广州、深圳、南京、杭州、武汉、成都、哈尔滨、长春、沈阳、西安、苏州15个城市的城市轨道交通建设规划。在10年左右时间里,15个城市提出规划建设62条线路,总长约1700km,总投资在6200亿元左右。15个城市规划的62条城市轨道交通线路,以缓解城市交通拥堵为主,以引导并支持城市发展为辅,城市轨道交通承担起了城市发展和城市交通的骨架作用,项目建成后对缓解城市交通拥堵、改善居民出行条件起到了积极作用。

至2009年底,我国又陆续批准了宁波、无锡、长沙、郑州、东莞、大连、青岛、昆明、南昌、福州10个城市的城市轨道交通建设规划。

在国家政策的指导下,城市轨道交通开始进入高速、有序发展阶段。截至2018年底,我国共有35个城市开通城市轨道交通运营线路185条,运营线路总长度5761.4km。按线路敷设方式来分,地下线3639.8km,占比63.2%;地面线833.6km,占比14.4%;高架线1288km,占比22.4%。我国2018年城市轨道交通运营线路基础数据见表1-7。

我国2018年城市轨道交通运营线路规模统计汇总表　　　表1-7

序号	城市	线路长度(km)	各系统制式线路长度(km)							各敷设方式线路长度(km)			场站(座)		
			地铁	轻轨	单轨	市域快轨	现代有轨电车	磁浮交通	APM	地下线	地面线	高架线	车站	换乘站	停车场/车辆段
1	北京	713.0	617.0	—	—	77.0	8.9	10.2	—	434.7	132.8	145.5	347	59	31
2	上海	784.6	669.5	—	—	56.0	23.7	29.1	6.3	430.5	96.1	258.1	386	59	31
3	天津	226.8	166.7	52.3	—	—	7.9	—	—	149.5	15.9	61.5	163	7	13
4	重庆	313.4	214.9	—	98.5	—	—	—	—	183.2	2.1	128.1	160	19	16
5	广州	463.9	452.3	—	—	—	7.7	—	3.9	383.9	11.4	68.5	227	28	17
6	深圳	297.6	285.9	—	—	—	11.7	—	—	240.6	17.4	39.6	186	29	16
7	武汉	348.0	263.7	37.8	—	—	46.4	—	—	229.1	41.8	77.1	233	27	22
8	南京	394.3	176.8	—	—	200.8	16.7	—	—	198.2	28.0	168.2	187	13	15
9	沈阳	128.4	59.0	—	—	—	69.4	—	—	59.0	69.4	—	119	4	4
10	长春	117.7	38.6	61.5	—	—	17.5	—	—	42.9	55.0	19.8	119	8	7
11	大连	181.3	54.1	103.8	—	—	23.4	—	—	55.2	55.3	70.8	106	3	7
12	成都	329.8	222.1	—	—	94.2	13.5	—	—	204.3	111.0	14.5	190	14	11
13	西安	123.4	123.4	—	—	—	—	—	—	112.0	—	11.4	89	6	8
14	哈尔滨	21.8	21.8	—	—	—	—	—	—	21.8	—	—	22	1	1
15	苏州	164.9	120.7	—	—	—	44.2	—	—	112.8	45.0	7.1	120	6	8
16	郑州	136.6	93.6	—	—	43.0	—	—	—	76.3	44.3	16.0	64	2	4
17	昆明	88.7	88.7	—	—	—	—	—	—	63.7	3.3	21.7	57	4	4
18	杭州	114.7	114.7	—	—	—	—	—	—	108.1	0.5	6.1	80	5	5
19	佛山	21.5	21.5	—	—	—	—	—	—	21.5	—	—	15	—	1
20	长沙	67.3	48.8	—	—	—	18.6	—	—	47.8	—	19.5	45	1	3
21	宁波	74.5	74.5	—	—	—	—	—	—	39.5	—	35.0	50	1	5
22	无锡	55.7	55.7	—	—	—	—	—	—	41.5	0.3	13.9	45	1	4
23	南昌	48.5	48.5	—	—	—	—	—	—	48.5	—	—	40	1	3
24	兰州	61.0	—	—	—	61.0	—	—	—	61.0	—	—	6	—	1
25	青岛	178.2	44.9	—	—	124.5	8.8	—	—	70.8	10.7	96.7	92	3	6
26	淮安	20.1	—	—	—	—	20.1	—	—	—	20.1	—	23	—	1
27	福州	24.6	24.6	—	—	—	—	—	—	24.6	—	—	21	—	2

续上表

序号	城市	线路长度（km）	各系统制式线路长度（km）							各敷设方式线路长度（km）			场站（座）		
			地铁	轻轨	单轨	市域快轨	现代有轨电车	磁浮交通	APM	地下线	地面线	高架线	车站	换乘站	停车场/车辆段
28	东莞	37.8	37.8	—	—	—	—	—	—	33.7	0.4	3.6	15	—	1
29	南宁	53.1	53.1	—	—	—	—	—	—	53.1	—	—	41	2	3
30	合肥	52.3	52.3	—	—	—	—	—	—	52.3	—	—	46	1	2
31	石家庄	28.4	28.4	—	—	—	—	—	—	28.4	—	—	26	1	3
32	贵阳	33.7	33.7	—	—	—	—	—	—	29.7	1.6	2.4	24	—	2
33	厦门	30.3	30.3	—	—	—	—	—	—	25.9	1.6	2.8	24	—	2
34	珠海	8.8	—	—	—	—	8.8	—	—	—	8.8	—	14	—	1
35	乌鲁木齐	16.7	16.7	—	—	—	—	—	—	16.7	—	—	12	—	1
	总计	5761.4	4354.3	255.4	98.5	656.5	328.7	57.9	10.2	3639.8	833.6	1288.0	3394	305	263

注：1. 表中经国家发改委审批线路总规模5043.6km，地方政府审批线路总规模386.6km，原铁道部审批线路总规模331.2km。
2. 所有线网，车站数量含换乘站，每个车站只计数一次。
3. 景区旅游观光线、工业园区内仅供员工使用的通勤线路、科研试验线等不承担城市公共交通职能的线路不计入。
4. 按地理区域划分，广佛线在佛山境内线路长度为21.5km，车站15座计入佛山市。

资料来源：中国城市轨道交通协会. 城市轨道交通2018年度统计和分析报告[J]. 城市轨道交通，2019(04):16-34.

其中，拥有4条及以上运营线路，且换乘站3座及以上，实现网络化运营的城市有16个，占已开通城市轨道交通运营城市总数的45.7%。地铁运营线路4354.3km，占比75.6%；其他制式城市轨道交通运营线路1407.1km，占比24.4%。2018年新增运营线路长度728.7km。进入"十三五"三年来，累计新增运营线路长度为2143.4km，年均新增运营线路长度714.5km。2018年全年累计完成客运量210.7亿人次，同比增长14%。各城市轨道交通客运量如图1-8所示。

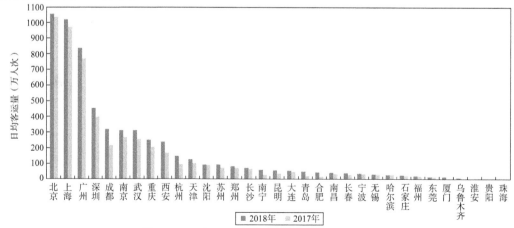

图1-8　2018年、2017年各城市轨道交通日均客运量

1.2.4 我国主要城市轨道交通发展概况

1) 北京

北京市域面积 16411km²。截至 2017 年底,北京市常住人口 2170.7 万。

截至 2018 年底,北京城市轨道交通运营线路共有 22 条线路,运营里程 713km,共设车站 347 座,其中换乘站 59 座,如图 1-9 所示。2018 年,北京城市轨道交通共运送乘客 38.5 亿人次。

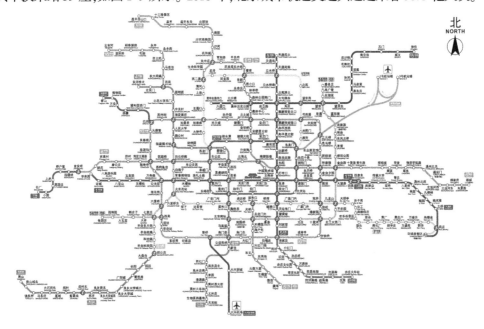

图 1-9 北京城市轨道交通运营网络示意

2) 上海

上海位于长江三角洲,是长三角经济区中的核心城市和国内最大的港口。目前,上海市域面积为 6340.5km²,人口密度为 0.30 万人/km²。其中城市核心市区土地面积为 289.44km²,人口密度为 2.26 万人/km²;市中心区面积为 600km²,人口密度为 0.57 万人/km²。

截至 2018 年底,上海地铁运营线路共 16 条,共设车站 386 座(含磁浮线 2 座),运营里程共 784.6km(含磁浮线 29km),如图 1-10 所示。2018 年,上海地铁总客运量达到 37.05 亿人次,日均客运量 1015.28 万人次。

3) 广州

广州市域总面积 7434.4km²。2016 年末,广州常住人口 1404.35 万,比 2015 年末增加了 54.24 万,增量居全国第一。

广州地铁首条线路于 1997 年 6 月 28 日开通,成为中国大陆第四个开通并运营地铁的城市。截至 2018 年底,广州城市轨道交通共有 14 条运营线路,总长度为 463.9km,共 227 座车站,如图 1-11 所示。2018 年线网总客运量达到 30.26 亿人次,日均客运量达 829.03 万人次,地铁客运量占城市公共交通比重上升至 51%,单日最高客运量达 996.2 万人次。

4) 深圳

深圳是中国南部海滨城市,毗邻香港,全市面积 1997.27km²。截至 2016 年底,常住人口

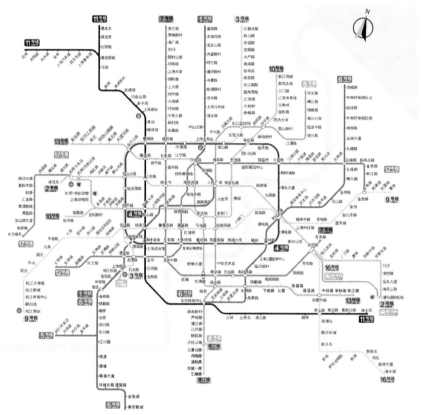

图 1-10 上海城市轨道交通运营网络示意

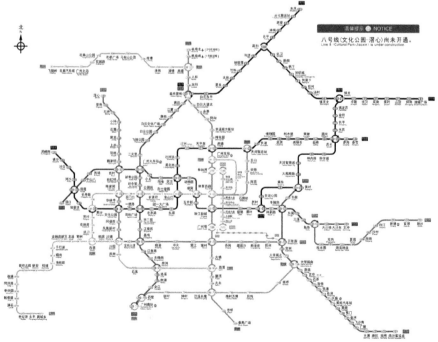

图 1-11 广州城市轨道交通运营网络示意

1190.84万,比上年末增加52.97万人,增长4.7%。

截至2017年底,深圳地铁已开通运营线路共有8条,运营线路总长度297.6km,共186座车站,如图1-12所示。2016年年客运量12.97亿人次,日均客运量354.41万人次。地铁7、9、11号线开通后,日均客流高达450万人次,同比增长46.5%,轨道交通分担率上升至40%,极大地改善了市民交通出行条件。

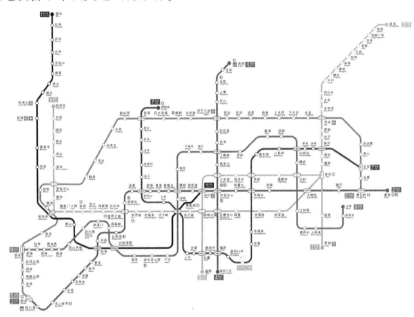

图1-12 深圳城市轨道交通运营网络示意

1.3 城市轨道交通规划与设计工作体系

城市轨道交通规划与设计工作自成体系,而且具有很强的系统性和专业性,其中主要包括轨道交通线网规划、建设用地控制规划、近期建设规划、项目可行性研究、项目设计等,其基本构成如图1-13所示。线网规划是确定轨道交通的长远发展目标;建设用地控制规划是根据工程方案落实建设用地;近期建设规划确定建设时机、建设目标、建设方案、主要技术标准等,同时代替项目建议书。建设规划获批意味着项目立项,应在建设规划的指导下,开展项目可行性研究,确定单条线路的功能定位、技术标准、建设方案等,明确项目可行性,并指导下一步的项目初步设计和施工图设计。

在实际操作中,不同城市结合自身的管理特点不断完善轨道交通规划与设计工作体系,丰富规划建设内容,包括在项目可行性研究、项目设计阶段围绕线路和车站开展的土地调整规划、城市一体化设计、交通衔接规划和设计等内容。如《武汉市轨道交通规划管理办法》中明确,轨道交通规划体系包括轨道交通线网规划、建设规划、用地控制规划、线路综合规划和修建性详细规划。但无论怎样,在整个工作体系中,轨道交通线网规划始终是基础、是根本依据,线网规划成果必须纳入城市总体规划,并作为强制性内容。

在上述层次关系中,一方面强调轨道交通规划和上位规划的符合性,应按照城市总体规划、综合交通规划制定的发展目标要求来进行规划;同时,也要注意轨道交通规划会对上位规划和相关规划起到重要的反馈作用,在编制轨道交通规划时应与上述规划互动、协调与反馈。

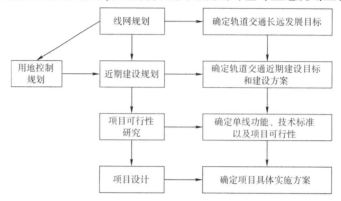

图1-13 城市轨道交通规划与设计工作体系基本构成

思 考 题

1. 简述城市轨道交通规划与相关规划之间的关系。
2. 城市轨道交通规划与设计工作体系包含哪些具体内容?
3. 线网规划在城市轨道交通建设中有何作用?
4. 简述世界城市轨道交通发展历程。
5. 简述我国城市轨道交通发展历程。

第 2 章　城市轨道交通系统规划与设计基础

2.1　城市轨道交通与城市发展

2.1.1　轨道交通对城市空间结构的影响

1）引导城市结构的变迁

我国城市人口密集,内聚力很强。缺少快捷、安全、大容量的交通通道是形成这一状况的重要原因。一旦交通条件发生改变,制约因素消除,城市结构将会发生大幅度变革。而轨道交通的运输特点与城市空间扩展的条件相一致,能够克服常规公共交通无法引导城市空间持续发展的交通瓶颈,使轨道交通在城市结构变迁中发挥重要的诱导和促进作用。

城市空间结构变迁的一个重要因素就是要促使城区人口的扩散,大量的居民要从城市中心地区向郊区、卫星城发展,进而引导城市周边形成若干生长点或形成对外伸展的生长轴。

我国城市由于长期采用传统的混合式用地模式,以步行、自行车、常规公共交通等交通方式为主,因此,造成了我国大部分城市人口密度高,城市呈中高密度蔓延式发展,城市内聚力很强,限制了城市空间的有机疏解。我国大城市这种简单的圈层式蔓延发展的模式已经不能适应城市可持续发展的要求。

东京的山手线上形成了池袋、新宿、涩谷、大崎、上野、锦丝町和临海 7 个副中心,巴黎的地铁环线上形成了共和国广场、戴高乐广场和巴士底狱广场 3 个副中心。轨道交通对人口的强大疏解作用,诱导人们远离市中心居住而形成了新的城市副中心。快速、便捷的轨道交通缩短了地理空间、心理空间,突破了集中式空间结构,使这些城市形成了空间相对分隔但交通快速联结的多中心轴线式结构。

2）促进城市中心的发展

J. M. 汤姆逊曾在分析了世界上 30 多个大城市的发展状况后指出,世界上大城市的吸引力要归功于其非常强大的市中心。现在以至将来,市中心仍将具有巨大的优势。

大都市一般是国家或地区的经济活动中心,而城市中心是大都市的核心地区。对于城市中心来说,有效的公共交通是这些中心地区持续发展的基本条件。而常规公交运输能力很有限,当沿主要辐射走廊的客运量达到其限值时,就阻碍了市中心区的持续发展。轨道交通系统的引入,能够促进城市中心继续生机勃勃地发展,继续保持强大。

轨道交通之所以能够促进城市中心的发展,其主要原因是:

(1)轨道交通能为市中心区带来大量的人流,促进市中心区商业与公共活动的开展,增强市中心区的职能。而小汽车在带去人流的同时,也带去了更多的车流,导致市中心区交通拥挤,反而削弱了市中心的吸引力。这也是西方发达国家城市中心区衰败的重要原因之一。

(2)市中心的高强度开发,集中了大量的人流,常规公交已无法满足其大运量的需求,而轨道交通正好可以利用较少的空间资源满足大量人流交通需求。

(3)轨道交通的快速、准时,使得居住在城市周围地区的人们能很方便地到达市中心区,加强了城市时空的整体性。

因此,许多西方发达国家已把发展轨道交通作为复兴市中心的一种手段。以强大的轨道交通网,保持一个强大的市中心,这在国外有许多实例。如纽约曼哈顿岛面积为 $57km^2$,集聚了 160 万居民,250 万个工作岗位,是世界发达城市中密度最高的地方。市中心区面积在曼哈顿岛上仅占 $23km^2$,但就业岗位却占纽约大城市区域总就业岗位的 1/4,估计有 200 万个,金融区华尔街面积为 $1.5km^2$,就业岗位达 40 万个。

轨道交通在促进城市中心强大的同时,也造成市中心区人口密集、环境质量下降等。因此,利用轨道交通的便捷性建设新的城市副中心成为可能。尤其是在特大城市,单一城市中心已不能满足城市居民的生活时距要求,多中心、多层次的新型城市空间结构可依托轨道交通线网枢纽建构。如新加坡在选择第二个商务中心区时,许多规划人员对其可行性持怀疑态度,但事实上第二个商务中心区的建设,使新加坡集中化的城市中心趋于分散,形成了新的城市空间结构。

我国绝大多数大城市呈单中心结构,很难形成副中心,即使是受地形限制或被河流分隔形成了城市副中心,也缺乏吸引力,难以形成一定规模,其根本原因在于交通体系无法支持副中心的活力,难以将城市中心区与城市副中心区形成一个整体。

3)促进城市发展轴的形成

城市空间结构主要有单核点状(团状)、线形带状、十字星状及多核网状(组团式),但仔细观察,有的城市空间结构呈明显的轴向发展,形成了城市的高密度发展带,有的城市甚至有若干条轴向发展带。

城市发展轴的形成原因是基于轨道交通的建设。由于轨道交通线沿线各站点的交通阻力函数值的一致性,即在完全自由竞争且机会均等的情况下,轨道交通沿线各车站的可达性是近似一致的,因此,在轨道交通的合理交通区,其平均开发强度必将高于全市平均开发强度,车站周边为最高,而车站之间相对较低。如果在轨道交通车站周边仅有步行道,则这条发展轴并不宽,并且轨道交通站距一般均大于步行合理区直径,因此车站就成为一个孤立的点,这就需要组织其他交通工具进行接驳。事实上,正是因为轨道交通有了各种不同速度和运能的接驳方式才能形成一条鲜明的城市发展轴。

汉堡市在 1960 年制订了一个具有法律效应的总体规划,这个规划的基本思想是"轴线规划":通过八条区域轴向外疏散,另外还有两条城市主轴线和四条副轴线。为了实现其目的,建设均沿着轴线加密,并使开敞的自然空间接近市中心。每条轴线上各区中心均采用轨道交通联系,使之与客运需求相适应。为了配合城市总体规划的实施,汉堡市还针对发展轴线上站点周围的居住区,设计了一个居住密度分配模型。这个模型根据距离轨道交通车站的远近不同,将建设用地划分为核心区、中间区和边缘区,各类地区的密度分布见表2-1。

汉堡市的居住密度分布   表2-1

用地类型	至轨道交通车站距离（m）	用地面积（万m^2）	建筑面积系数	每人建筑面积为$33m^2$时的居民容量（人）
核心区	300	28	1.3	3500
中间区	300~600	85	0.9	14000
边缘区	>600	不限	0.3~0.6	不限

在我国大城市中,早期由于绝大部分城市缺乏快速、大容量的交通工具,加之在规划上也没有有意识地利用轨道交通进行轴向发展的引导,因此,无法形成明显的交通走廊,城市发展轴也不是很明显。

4) 促进土地利用集约化

城市轨道交通属于大众化交通工具,轨道交通的经济受益者以原公共交通乘客为主。因此,随着城市人口大量迁入轨道交通的合理交通区之内,导致住宅、商业、办公用地分区集中布置,城市居民出行的时间成本大大降低。在一定限度之内,这种集中布置能够产生明显的集聚效应,从而使得土地利用效率大大提高。促进土地集约化使用主要是以车站为圆心、交通合理区为半径(步行交通合理区为500m),组成紧凑型的环形用地布局模式,依次沿轨道交通线展开,就形成了轨道交通沿线"串珠式"的土地空间开发模式,从而为城市空间拓展、土地可持续利用创造了条件。如全香港约45%的人口居住在离地铁站仅500m的范围内;以九龙、新九龙以及香港岛的居民统计,上述比例高达65.9%;在新界约78%的办公用房集中在8个位于铁路站附近的中心区域内。香港岛北部海岸线狭长的城市发展带,长17km,用地走廊平均宽度为1.3km,面积仅为22.5km^2,依托轨道交通,却有居住人口94.7万,居住的就业人口47.8万,其他就业人口71.2万。人口密集、土地缺乏的香港,能够解决其城市发展问题,很大程度上应当归功于这种土地空间开发模式。

5) 促进城市用地布局优化

轨道交通系统为改善大城市空间结构、促进城市用地布局优化提供了一个前提性条件,提供了重新调整土地利用的机会,可利用土地资源的优化配置,充分合理地使用土地,增加土地的附加值。也就是说,通过对土地使用进行重新规划,使之充分利用轨道交通的交通可达性,沿着走廊沿线拓展新的城市片区。

为了避免我国城市出现住宅郊区化现象,防止土地使用的低效益,大城市的发展应充分利用现代轨道交通系统对城市人口与就业离心化的强大推动力,推动城市中心区人口和就业的转移。如在多伦多、旧金山等城市,围绕轨道交通车站已形成了大量具有相当规模的城市次中心和边缘城市组团,城市空间布局模式也从单中心转向了多中心。在多中心模式中,各中心之间构成了网络关系,促成了多层次城市中心功能组合,遏制了城市用地规模无限扩张,避免了"摊大饼"式的无序发展。又如瑞典斯德哥尔摩的土地开发模式采用的也是这一模式,其一半人口居住在中心城区,另一半在边缘城市。这些边缘城市全位于放射形轨道交通的车站处,中心为公共广场、超市、办公楼等设施,周边为住宅。由此可见,城市轨道交通促成了城市中心、次中心的重新分布,使得城市空间结构及其组织更加合理化,充分发挥了各圈层土地的区位优势,极大地提高了土地资源的利用效率,优化了城市用地布局。

2.1.2 城市空间结构对轨道交通的影响

有关研究表明,除交通系统自身原因对轨道交通出行利用率的影响之外,城市用地规模、用地布局形态、土地开发强度及用地功能混合度4种用地因素也直接影响交通出行方式。以上4种用地因素中的城市用地规模、用地布局形态、土地开发强度具有明显的城市空间形态的表征,由此形成的城市空间结构变化,必将对轨道交通的规划、建设与运营产生较大影响。

1)城市用地规模的影响

城市用地规模直接影响到出行距离,在一定程度上也影响高峰小时的客流断面。而高峰小时最大断面客流,直接影响到轨道交通建设的需要与否以及应采用何种形式的轨道交通。虽然城市用地规模大,若人口低密度地蔓延,也难以形成相应的轨道交通客流,更难以维系轨道交通的运营效益。

2)用地布局形态的影响

不同交通方式的城市用地布局差别较大。以私人交通为导向的用地布局形态,其特点是人口密度低、土地开发强度低、用地布局均匀,单位土地面积上的交通强度较小;道路网络均衡,道路面积与路网密度相对较高(图2-1)。

以轨道交通为导向的用地布局形态,其特点是用地布局相对集中,沿轨道交通线土地开发强度相对较高,单位土地面积上的交通强度相对较大;道路网络不一定均衡,道路面积与路网密度相对较低,轨道交通线网与道路网在空间上相对处于互补型(图2-2)。

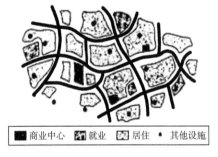 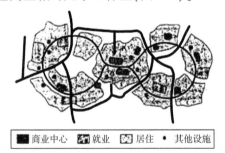

图2-1 以私人交通为导向的优化用地布局状态　　图2-2 以轨道交通为导向的优化用地布局形态

3)土地开发强度的影响

轨道交通能支持其交通合理区高强度的土地开发,已为越来越多的人所认识。小汽车带动地区的发展,如果开发密度过高,势必带来大量的车流,而道路通行能力有限,势必造成交通拥挤,从而降低这一地区的吸引力,不利于这一地区的发展。因此,小汽车带动土地开发的强度不可能高。而轨道交通则不然,轨道交通带来的是更多的人流而不是车流,尽管人流交通流增加,但不会带来拥挤,也不会给地区环境造成污染,因此,轨道交通带动土地开发的强度较高。在同样的用地空间内,小汽车交通的城市空间形态比较均布,缺少空间的层次变化;相反,轨道交通的城市空间形态则疏密有致,富有空间层次感(图2-3)。

1989年,美国学者塞维诺对美国大城市的城郊中心的规模、强度、用地组成和城市设施进行了分类研究,发现所有这些因素都会影响出行方式的选择,而其中开发强度的影响力最为显著。例如在华盛顿特区,高强度和混合性的就业中心更加依赖公交。在同样的收入水平条件下,在华盛顿市中心工作的员工有55%使用公交通勤,而在城郊中心只有15%,郊区纯办公场所则只有2%。在旧金山市海湾区,用地强度和小汽车出行呈负指数关系,强度每提高一倍,单位家庭小汽车行车里程下降30%。

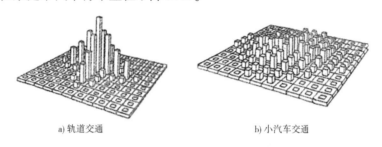

a) 轨道交通　　　　　　　　b) 小汽车交通

图2-3　交通方式与土地开发强度关系

2.1.3　轨道交通对城市空间结构的重组

城市空间结构总体上分集中与分散发展两大类。由发达国家的城市化实践可知,大的周期经历了3个阶段,即集中化阶段、分散化阶段、再集中化阶段。20世纪50年代以前,美国、加拿大等国家经历了从乡村到城市地区以及中小城市向大城市的集中过程。20世纪60年代末与70年代早期,情况有所变化,出现了核心地区向边缘地区迁移性的增长,以及大城市向中小城市甚至乡村地区的流动。随着城市中心地区的衰落,再集中化的活动在20世纪80年代兴起,一些分散的活动重新集结,包括一些大机构的集团以及小型工业企业向地区中心城市迁移,从而重新走向集中的开始。

从以上简单的回顾可以看出,城市空间的集中—分散—再集中的过程与城市化、郊区化、逆城市化、再城市化等一系列近代城市发展的阶段性过程是相辅相成的。

城市空间结构的集中与分散的演化,实际上是按照某种规划目标确定某种城市空间结构的形态,是人为组织与自组织相互作用的过程。从城市的可持续发展来看,城市空间的过度集中将损害城市的环境,破坏城市的生态系统,而过度分散同样有损于人的心理与生理健康,增加了能源的浪费。在城市空间有机集中规律作用的调节下,城市空间演化通过空间的自组织与组织机制将逐渐地向着一种理想的模式演进,它将表现为一种以网络联系为特征的城市空间网络结构模式。

在紧凑发展的前提下,轴向、组团、网络状三种空间结构模式具有良好的城市空间延展性,并可作为城市空间结构重组的主导模式。

1)建立轴向发展的城市空间结构

轨道交通通过站点影响城市空间结构,轨道沿线的各个站点连在一起,构成城市空间扩展的发展轴,形成沿轨道线的连续扩展或是沿轴线的高密度点状扩展,因此,轨道交通线相应成为一条城市空间发展的轴线(图2-4)。

在城市规划上,西方某些大城市运用"优先轴的发展战略"(Preferential Axes of Development),以轨道交通作为主干轴线,通过"轴线"来引导城市居住功能和其他功能,比较著名的有"哥本哈根手指状规划""日内瓦规划""汉堡区域规划"等。

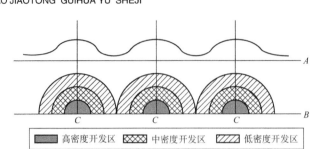

图 2-4 轨道交通沿线土地使用模式
A-开发强度或密度曲线;B-轨道交通线路;C-轨道车站

沿轨道交通轴向扩展的城市可以合理组织城市高密度地发展,在发展轴两侧布置住宅和就业岗位,通过轴向的有限伸展,可以避免城市的圈层式发展,打破"摊大饼"的城市空间结构。此外,土地沿轨道线的开发,必将增加客流的吸引率,可为客运交通走廊的形成和发展提供良好的条件。而客运交通走廊的形成和交通接驳设施的完善配套,必将使交通的可达性进一步提高,促进轨道交通客流的增大,从而形成轨道交通与土地利用的良性循环。

如果轨道交通十分发达,如巴黎市区,城市发展轴就不是那么明显,因为轨道交通与其他交通方式间的合理接驳使城市内部可达性梯级基本消失。当然,某种交通方式的交通接驳合理区与轨道交通的运量相关,中低运量轨道交通的接驳方式以步行、自行车交通方式为主,公交次之;大运量轨道交通的接驳方式应以步行、自行车、公交为主,小汽车方式次之。

2) 建立组团状发展的城市空间结构

我国组团式发展的城市空间结构基本上是由自然条件分隔造成的,如江河、湖泊、山地的阻隔,广州、重庆、武汉、宁波、厦门等属于组团结构的城市。在我国人为规划控制的组团结构城市相对较少,如平原城市很少有组团状城市。

目前我国组团式结构的城市,大都为中心组团式的城市空间结构。由于城市是随着中心组团的发展,以中心组团为依托,逐步地跨越江河、湖泊、山地的阻隔,形成新的城市组团。而中心组团相对于其他发展组团而言,无论在就业,还是在基础设施条件、购物娱乐、文教卫生等方面均存在着很大的差异,中心组团的条件相对优越。因此,其他组团对中心组团还存在着较大的依赖性,导致了在工作日各组团间存在着大量的通勤客流,在休息日各组团间又存在着大量的休闲客流,组团之间的联系道路往往成为城市交通的瓶颈地段,制约着城市的延伸与扩展。由于城市的高密度开发,中心组团的交通与环境压力已十分窘迫。因此,从组团式城市空间结构的城市空间发展角度而言,组团式结构的城市轨道交通线网布局应有助于大幅度改善中心组团与外围其他组团之间的用地不等价性,加快周边组团的发展,减轻中心组团在就业、交通、社会诸方面的压力。从而,也有利于扩展城市发展空间,推进城市空间结构的合理调整,城市组团之间利用轨道交通实现快速、准时、安全、舒适的联系,外围组团与中心组团之间基本实现了"同城效应",即居住在外围任何一个城市组团,人们都可以很方便地到达中心组团,实现城市各组团之间生活、工作、环境的均好性。

20 世纪的城市发展基本仍是以城市为主体,是城市之间的竞争。进入 21 世纪,城市本身的概念已经不是一个点的概念,而是一个区域的概念,当今的竞争已经不是城市之间的单一竞争,而是城市与周边城市共同组成的城市区域的竞争,相当于城市群与城市群之间的竞争。组团发展的城市在空间上基本顺应这一空间发展趋势,在城市群空间比较容易形成不同的层次结构,然后利用不同轨道交通的类型,与不同层次的城市群空间结构相对接从而将城市群真正形成一个紧密联系空间。

3) 建立主轴—网络状城市空间结构

现实的城市发展是多模式的动态演进过程,其空间结构也受制于交通方式的变化。我国的城市发展,除受到自然条件的限制发展成为组团状之外,大多数城市都是在几种发展模式的变化中呈圈层式一步一步地"摊大饼"蔓延。

"摊大饼"式团状发展的大城市,当前面临的最大问题是交通的拥堵和环境质量的下降。为解决交通与环境问题,许多大城市在城区内部修建高架环路,内环、中环、外环不断地层层扩展,为改善交通与环境,不惜重金拆除已有的大片建筑,修建城市公园、集中绿地等。但是高架路的修建并没有真正意义上解决城市的交通问题,因此,人们不得不转移到从城市空间结构上去寻找解决城市交通问题的长效之策。

建立主轴—网络状城市空间结构应该结合轨道交通的运输特征,在轴向布置轨道线,加强城市中心与城市次中心、城市组团中心之间的快速联系;周边城市次中心、城市组团之间的联系是否设置轨道交通线,完全取决于城市中心区、组团之间的交通联系能否达到相应的轨道交通客流量。轨道交通环的概念完全不同于城市道路中的环路,不得用城市道路环路的规划思想去规划建设轨道交通环线。为了加强轨道交通的轴向客流量,促使运营良性循环,轨道交通环线设置需经科学论证,应尽量利用快速道路或轨道交通实现网络状组团之间的交通联系,从而使交通流在空间上利用不同的交通设施,满足不同的交通需求。主轴—网络状城市空间结构(图 2-5)应是我国以轨道交通为支撑的大城市空间发展的理想模式,其主轴作为大城市用地空间扩展轴、交通集散轴、城市形象轴,必须予以强化;网络仅作为轴间联系的通道,应该予以弱化。

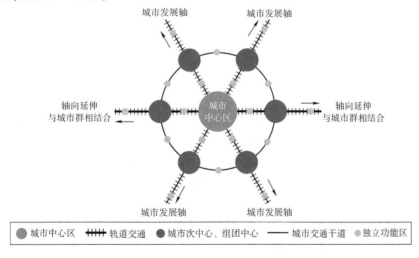

图 2-5 主轴—网络状城市空间结构模式

2.2 城市轨道交通系统构成

城市轨道交通是一个复杂的技术系统,其专业涵盖土建、机械、电气、电子信息、环境控制、运输管理等领域。轨道交通系统由一系列相关设施与设备组成,包括车站、线路、车辆及车辆基地、通信信号、环控系统以及给排水系统等。这些环节的协调工作是确保城市轨道交通系统为用户提供满意服务的前提。本章主要介绍下列几个系统:车辆、车辆基地、限界、轨道、车站建筑及结构工程、供电系统、通信系统、信号系统、环控系统和给排水系统、售检票系统。

2.2.1 车辆

1) 轨道交通车辆

城市轨道交通车辆作为城市公共交通乘客的运载工具,不仅要保证车辆运行的安全、准点、快速,而且要为乘客提供良好的服务条件,使乘客乘车舒服、方便,同时还应考虑对城市的景观和环境的影响。城市轨道交通车辆可分为:A型车、B型车、C型车、D型车、单轨胶轮车、L型直线电机车辆等。

车辆类型应根据当地的预测客流量、行车密度、线路条件、供电电压、车辆与备品来源、技术发展、产品价格和维修能力等因素,综合比较而选定。城市轨道交通车辆尽管形式不同,但其均可由车体、转向架、制动装置、风源系统、电气控制、辅助电源、通风采暖及空调、内部设备、车辆连接装置、受流装置、照明等组成。

2) 轨道交通车辆主要技术参数

(1) 车辆性能参数

① 自重、载重及容积:自重为车辆本身的全部质量,载重为车辆允许的正常最大装载质量,均以 t 为单位,容积以 m^3 为单位。

② 构造速度:车辆设计时,按安全及结构强度等要求设计的允许车辆最高行驶速度。

③ 轴重:按车轴形式,在某个运行速度范围内该轴允许负担的并包括轮对自身内在的最大总质量。

④ 每延米轨道载重:车辆设计中与桥梁、线路强度密切相关的一个指标,同时又是能否充分利用站线长度、提高运输能力的一个指标,其数值是车辆总质量与车辆全长之比。

⑤ 最小曲线半径:配用某种形式转向架的车辆在站场或厂、段内调车时能确保行车安全的最小曲线半径。

⑥ 最大起动加速度:列车以最大牵引力起动时的加速度。

⑦ 平均起动加速度:列车以各级牵引力起动时的平均加速度。

⑧ 最大制动减速度:列车以最大制动力制动时的减速度。

⑨ 冲击率:由于工况改变引起的列车中各车辆所受到的纵向冲击。用加速度变化率来衡量,单位为 m/t^3。

⑩ 列车平稳性指标:评定乘客舒适程度的主要依据。

⑪ 座椅数及每平方米地板面积站立人数:与列车尺寸大小有关,也与设计的服务水平有关。

(2) 车辆主要尺寸

① 车辆长度、最大宽度、最大高度:车辆长度指车辆处于自由状态,车钩呈锁闭状态时,两端车钩连接面之间的距离(如图 2-6 中 C 所示);最大宽度指车体最宽部分的尺寸;最大高度指车辆顶部最高点与钢轨水平面之间的距离。

②车体长、宽、高:有车体外部与内部之别,车体内部的长、宽、高必须满足货物装载或乘客乘坐等要求;车体外部的长宽高必须满足车辆限界的要求。

③车钩高:车钩中心线距轨面的高度。

④地板面高度:地板面距轨面的高度,与车钩高一样,均指新造或修竣后空车的数值。

⑤车辆定距:车辆两相邻转向架中心之间的距离,如图2-6中 A 所示。

⑥固定轴距:同一转向架的两车轴中心线之间的距离,如图2-6中 B 所示。

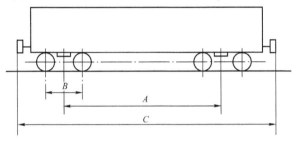

图2-6　车辆横断面图

2.2.2　车辆基地

车辆基地是以车辆停放、检修和日常维修为主体,集中车辆段(停车场)、综合维修中心、物资总库、培训中心及相关的生活设施等组成的综合性生产单位。一般一条线路可设一个车辆段,也可多线路共用一个车辆段。当一条线路长度超过20km时,可以考虑设一个车辆段、一个停车场。

车辆段一般具有以下功能:

(1)车辆停放、调车编组、日常检查、一般故障处理和清洗、消毒。

(2)车辆修理——月修、定修、架修与临修。

(3)车辆技术改造或厂修。

此外,车辆段还应为乘务员的换班作业提供必要条件。在很多情况下,乘务计划的编制和乘务员的组织管理工作也在车辆段进行。

根据城市轨道交通线路的情况,有时可以另外设置仅用于停车和日常检查维修作业的停车场或检车区,在管理上一般附属于主要车辆段。

2.2.3　限界

城市轨道交通列车是沿固定轨道快速运动的物体,它需要在特定的空间中运行,根据各种参数和特性,经计算确定的空间尺寸称为限界。规定限界的目的是防止车辆在直线和曲线运行时与其他物体发生接触,保证车辆行驶的安全。

限界是由控制点及其连线组成,是保证车辆沿固定轨道安全运行时所需的空间尺寸。为保证列车运行安全,各种建筑物及设备均不得侵入限界范围。限界越大,安全度越高,但工程量及工程投资也随之增加。因此,合理限界的确定既要考虑对列车运行安全的保证,又要考虑系统建设成本。根据城市轨道交通系统的构成和设备运营要求,限界可分为车辆限界、设备限界和建筑限界。车辆轮廓线依据车辆横剖面包络而成,是设计轨道交通限界的基础资料。

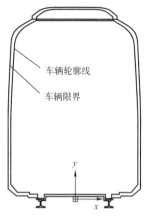

图2-7 车辆限界

车辆限界是车辆在正常运行状态下形成的最大动态包络线，是以线路为基准的基准轮廓线的最外各点，如图2-7所示。其值必须根据车辆技术参数、最大行车速度、轨道参数、接触网(接触轨)参数及各种磨耗值计算确定。

设备限界是用以限制设备安装的控制线，是车辆在故障运行状态下所形成的最大动态包络线。列车在运行中因机械故障产生车体额外倾斜或高度变化，此类故障主要指一系悬挂或二系悬挂意外损坏，以此计算的最大值为设备限界的包络线。设备限界是位于车辆限界外的一个轮廓线，是用以限制设备安装的控制线，如图2-8所示。除非另有规定，建筑物及地面固定设备的任一部分，包括它们的刚性和柔性运动在内，均不得向内侵入此限界。

建筑限界是位于设备限界以外的一个轮廓线，是在设备限界基础上，满足设备和管线安装尺寸后的最小有效断面。它规定了地下隧道的形状、尺寸、位置，地下车站及站台位置以及地面建筑物(包括接触网支柱、声屏障和站台屏蔽门等)的位置。图2-9所示为圆形隧道建筑限界。

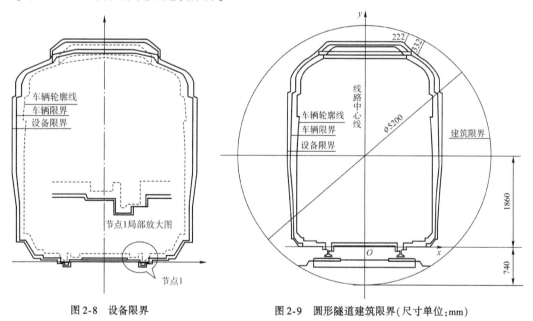

图2-8 设备限界　　　　图2-9 圆形隧道建筑限界(尺寸单位:mm)

2.2.4 轨道

轨道是城市轨道交通工程的主要技术装备之一，是行车的基础。轨道由钢轨、轨枕、道床、道岔、联结零件等组成。它的作用是引导列车运行，直接承受由车轮传来的荷载，并把它传布给路基或隧道建筑物。轨道必须坚固稳定，并具有正确的几何形位，以确保机车车辆的安全运行。

(1) 钢轨

钢轨直接承受轨道交通列车荷载，并传递到扣件、轨枕、道床和结构地板，依靠钢轨的头部内侧和列车轮缘的相互作用,引导列车前进。在列车静荷载和冲击动力荷载作用下,钢轨产生弹性挠曲和横向弹性变形,因此,钢轨须具备足够的承载能力、抗弯强度、断裂韧性、稳定性、耐磨性、耐腐蚀性。钢轨的断面形状采用具有最佳抗弯性能的工字形断面,如图2-10所示。

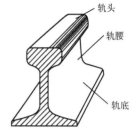

图2-10　钢轨断面

我国生产的钢轨,长度一般有12.5m和25m两种,在铺轨时,均焊接成无缝钢轨。钢轨习惯上以每米质量来分类,主要有43kg/m、50kg/m、60kg/m、75kg/m几种。质量越大,表示断面强度等性能指标越高。轨道交通选择钢轨类型目前尚未出台相关标准,选型时主要依据运量、旅客运输的安全、舒适、低噪声、寿命长、维修少等因素。不同作用线路选型有所区别,正线钢轨宜采用重型钢轨,其他依情况而定。

(2) 轨枕

轨枕类型随轨距、道床种类及使用处所不同而异。正线隧道内线路一般采用短轨枕或长轨枕的整体钢筋混凝土道床,车场线采用普通钢筋预应力混凝土轨枕,在道岔范围内少数区段采用木枕。隧道的正线及配线的直线段和半径大于或等于400m的曲线段,每千米铺设短轨枕数为1680对,半径为400m以下曲线地段和大坡道上,每千米铺设轨枕数为1760对。车场线每千米铺设轨枕数为1440根。

(3) 道床

道床是轨道的重要组成部分,是轨道框架的基础。道床通常指的是铁路轨枕下面,路基面上铺设的石砟(道砟)垫层。其主要作用是支撑轨枕,把轨枕上部的巨大压力均匀地传递给路基面,并固定轨枕的位置,阻止轨枕纵向或横向移动,大大减少路基变形的同时还缓和了列车轮对钢轨的冲击,便于排水。

道床分为普通有砟道床和混凝土整体道床(也称为无砟道床)。有砟道床通常由具有一定粒径、级配和强度的硬质碎石堆集而成,在次要线路上,也可以使用级配卵石或粗砂。整体道床常为现浇钢筋混凝土结构,常用于不易变形的隧道内或桥梁上。

(4) 道岔

道岔是一种使机车车辆从一股道转入另一股道的线路连接设备。它的基本形式有三种,即线路的连接、交叉、连接与交叉的组合。常用的线路连接有各种类型的单式道岔和复式道岔;交叉有垂直交叉和菱形交叉;连接与交叉的组合有交分道岔和交叉渡线等。常用的道岔种类有单开道岔、三开道岔、交叉渡线道岔和复式交分道岔等。

(5) 扣件

钢轨扣件是联结钢轨与轨枕的中间零件。要求联结可靠,结构简单,便于拆装,还要具有弹性、减振和绝缘等性能。不同类型的轨枕和有砟、无砟轨道使用的扣件不同。木枕扣件,包括普通道钉和铁垫板。混凝土轨枕扣件,有扣板式、拱形弹片式和弹条式等类型扣件,最常用的为弹条式扣件。

2.2.5　车站建筑及结构工程

1) 车站的组成

车站建筑由车站主体建筑和车站附属建筑两个重要部分组成。

(1)车站主体建筑

车站主体建筑主要包括两个部分,一个是站厅、站台公共区,也就是乘客能够出入的使用空间;另外一个是车站设备区,包含设备房间和管理房间等。

站厅、站台公共区是乘客能够参与其中的场所,为乘客提供交通服务,分为付费区与非付费区,主要包括售票机、进出站检票设施、乘客服务中心、商铺、楼扶梯及垂直电梯、公共卫生间、候车区、无障碍厕所等。站厅层应有足够的公共区面积来保证高峰时段客流的集散,应有数量匹配的售检票设备和其他公共设备设施;站台层应有满足要求的站台宽度,楼扶梯应分布均匀,满足紧急情况下乘客疏散需要。另外,还应根据列车编组要求保证所需的有效站台长度。

车站设备区是车站工作人员办公、设备安装和操作的空间,能够保证车站正常运转。主要包括车站控制室、站长室、警务室、交接班会议室、站务员室、清扫工具间、屏蔽门设备室、通信设备室、信号设备室、AFC 票务室、AFC 维修室、环控电控室、消防泵房、污水泵房、行车备品库、废水泵房、商用通信设备室、气瓶间、变电所、照明配电室、通风机房、更衣室等,它们通常设置在站厅层和站台层的两端端部。

(2)车站附属建筑

一般地下车站附属建筑主要包括出入口及通道、无障碍电梯、通风风道、地面风亭、冷却塔等。

车站附属建筑的出入口、无障碍电梯以及风亭、冷却塔均需结合所在地区的城市规划,其地面部分的立面需要做到简洁、自然、美观、大方,与周边环境协调一致;出入口应考虑兼顾地下过街通道功能,出入口的个数应根据车站周边环境并结合车站远期预测客流量取值来计算确定,通常不宜少于四个,如果车站客流量确实较小,可以适度减少出入口个数,但最少不能少于两个。车站出入口通道总宽,应根据车站远期预测超高峰小时客流量计算车站出入口通道总宽度,使与楼扶梯连接的通道宽度满足最大客流通过能力,兼顾地下过街通道的,其宽度可以依据过街客流量进行适当加宽,并确保满足乘客紧急疏散的需要。车站出入口应尽可能地吸引各个来向客流,合理设置,让居民的出行变得便捷。车站出入口和风亭可以根据实际周边条件,在考虑城市景观的前提下,尽量选择与周围建筑结合布置。应控制出地面出入口、风亭的体量,并且外观要做到简洁、美观,达到与周围的建筑风格和谐统一。

2)结构工程类型及施工方法

轨道交通地下工程的结构类型及施工方法应根据区间隧道及车站的规模、工程地质及水文地质条件和周围环境条件进行技术经济比较确定。常用的施工方法有明挖法、盖挖法、浅埋暗挖法和盾构法。

明挖法施工是在基坑围护结构施工完毕并达到一定强度后,从地表向下开挖基坑至设计高程,然后在基坑内的预定位置由下而上地建造主体结构及其防水措施,最后回填土并恢复地面的一种施工方法。明挖法施工对路面交通影响大,环境破坏度高,但实施简易、安全度高、工程造价较低,适用于管线少、无交通压力及周围建(构)筑物影响等工况。

盖挖法是一种先盖后挖的施工方法。盖挖法也是明挖法的一种形式,首先由地表向下开挖至一定深度后,将顶部结构封闭起来并恢复地面畅通,剩余的下部工程在封闭的顶盖下进行施工。盖挖法根据其开挖施作顺序,可分为盖挖顺作法、盖挖逆作法及盖挖半逆作法。

目前,城市地铁施工一般采用盖挖逆作法。盖挖法具有诸多优点:围护结构变形小,能够有效控制周围土体的变形和地表沉降,有利于保护邻近建筑物和构筑物;基坑底部土体稳定,隆起小,施工安全;下部施工空间较大;在城市街区施工时,可尽快恢复地面交通,对交通影响较小。采用盖挖法施工时,混凝土结构的水平施工缝处理较为困难;采用盖挖逆作法施工时,暗挖施工难度大、费用高;盖挖法每次分部开挖与浇筑或衬砌的深度,要综合考虑基坑稳定、环境保护、永久结构形式和混凝土作业浇筑形式等因素来确定。

暗挖法又称矿山法,是以钻孔和爆破破碎岩石为主要工序的隧道断面开挖方法。隧道开挖后,将一定数量、长度的锚杆,按一定的间距垂直锚入岩(土)体,并在锚杆外露端挂钢筋网,最后在隧道表面喷射混凝土,使混凝土、锚杆、钢筋网组成隧道支护体系的施工方法。暗挖法对地质条件的适应性强、开挖成本低,适用于埋深较浅、地面建筑物密集、交通运输繁忙、地下管线密布及对地面沉降要求高的城镇地区地下施工。如果环境要求不高、地面允许一定沉降,可以采用新奥法施工,在城镇软弱围岩地层中,需要采用浅埋暗挖法。

盾构法施工是利用盾构机一次性地将区间隧道和过站隧道贯通,然后在过站隧道的基础上扩挖而形成地铁车站,或直接利用连体盾构机或大直径盾构机修建地铁车站。盾构法是用盾构壳体防止围岩的土砂坍塌,进行开挖、推进,并在盾构机尾部进行衬砌作业修建隧道的方法。

2.2.6 供电系统

供电系统是城市轨道交通各系统的动力能源和心脏,向轨道交通各机电设备提供安全可靠的电力供应,满足各系统的供电要求,它主要包括主变电所(对于集中供电方式)、牵引供电系统、变配电系统、电力监控系统和杂散电流防护系统。供电系统的功能包括接受并分配电能,降压整流及通过接触网传输直流电能、降压及动力配电,各级供电网络在正常、事故和灾害情况下的控制、测量、监视、计量和调整,安全操作连锁功能和故障保护。

高压供电源系统是城市电网对城市轨道交通系统内部的变电所采用的供电方式。高压供电电源方式有三种:集中式供电、分散式供电和混合式供电。

2.2.7 通信系统

城市轨道交通通信系统一般设置商用通信、警用通信、专用通信三大通信系统。商用通信系统是地面公众通信系统在地铁的延伸部分,通过设置移动电话引入系统将地面各运营商的移动通信业务引入地铁,使乘客在进入地铁后仍然能享受与地面一样的公众移动通信服务。警用通信系统是城市公安通信网络在地铁的扩展部分,目的是保障轨道交通警用各管理部门业务的正常开展,实现轨道交通安全运营以及打击各种犯罪行为。专用通信系统是地铁指挥列车运行、组织运输生产、提高运营管理效率和服务质量的重要手段。

城市轨道交通专用通信系统按业务可划分11个子系统,包括传输系统、无线通信系统、公务电话系统、专用电话系统(也称调度电话系统)、闭路电视监视系统(简称CCTV)、广播系统、时钟系统、信息网络系统、乘客信息系统(简称PIS)、通信电源及接地系统、集中网管系统。

2.2.8 信号系统

城市轨道交通系统具有行车密度大、站间距短、线路区间多位于地下或高架桥上等特点,这就要求信号系统要以机车信号为主,且反应速度快、信息量多,因此大部分城市轨道交通线路都采用列车自动控制(Automatic Train Control,ATC)系统。ATC系统主要包括列车自动监控(Automatic Train Supervision,ATS)、列车自动保护(Automatic Train Protection,ATP)、列车自动运行(Automatic Train Operation,ATO)3个子系统。它是一套完整的控制、监督、管理系统,位于管理级的ATS模块较多地采用软件方法实施联网、通信及指挥列车安全运行;发送和接收各种行车命令的ATP系统用来确保列车的安全运行;车载ATP设备接收轨旁ATP设备传递的信号指令,经校验后送至ATO完成部分运行的操作功能。3个子系统既相对独立又相互联系,完整的ATC系统能确保列车安全、快速、短间隔地有序运行,ATC系统设备分布于控制中心(Central Control)、车站、轨旁及车上。

在控制中心内设有计算机系统、中心数据传输系统、控制台及显示系统、信息管理系统及调度表示盘等,其控制及表示信息通过数据传输系统与车站及轨旁的信号设备相连接;轨旁设备通过车站数据传输系统与车站ATC系统相连,车站的ATC系统通过ATP子系统发出列车检测命令检查有无列车,并向车上送出ATP限速命令、门控指令及定位停车的位置指令;车上ATC系统通过ATP命令的数据和译码,控制列车的运行和制动,完成定位停车。

2.2.9　环控系统

环控即环境控制的简称,是对车站和区间隧道内的温度、湿度和空气质量进行调节,为乘客和工作人员提供舒适的环境。环控系统是指站厅、站台、隧道、设备及管理用房等场所进行空气处理过程的系统。环控系统为车站提供舒适的乘车环境,也为车站内所属的机电、通信、信号等设备提供正常工作所需的外在条件,并且在紧急情况下,起到排烟、排毒、输送新鲜空气的作用,但环控系统不是灭火系统。地铁建筑是特殊的建筑系统,其环控系统的必要功能如下:

(1)在白天正常运营时,环控系统将室外的新鲜空气通过通风空调系统进行冷却、过滤,输送到车站公共区,给乘客和工作人员提供良好的呼吸环境。

(2)对车站设备用房的空气进行循环,排除热量,降低湿度。

(3)列车因故障在区间停车时,由隧道风机向区间内送风,以维持乘客疏散时需要的环境条件。

(4)发生火灾、毒气等紧急情况时,能提供迅速有效的排烟、排热手段,向站内输送必要的新风,以保证乘客有充足的时间向安全区域疏散。

环控系统由隧道通风系统、空调大系统、空调小系统、空调水系统组成。

2.2.10　给排水系统

轨道交通给排水系统由给水系统和排水系统组成。给水系统是用来保证车站内的生产生活及消防用水,直接利用市政自来水作为水源。排水系统是用来保证车站、车辆段的生活生产污废水、结构漏水、洞口雨水等就近排入市政排水管网。

车站给水系统由生产生活给水系统、消火栓给水系统、自动喷水灭火系统组成。

车站排水系统由车站废水排放系统、车站局部废水排放系统、区间废水排放系统、车站污水排放系统、洞口雨水排放系统组成。

2.2.11 售检票系统

目前,国内城市轨道交通采用的售检票系统有人工售检票系统和自动售检票系统两种。

人工售检票系统是单一的采用纸制车票作为介质,通过人工出售、人工检验、人工统计的一种售检票系统。虽然设备比较简单,车票单一、投资成本低,但是分段计费效果差,不利于在复杂的城市轨道交通网络中应用,运营成本大,而且不利于统计和分析。随着城市轨道交通的发展,人工售检票将逐步为自动售检票代替。

自动售检票系统是通过计算机集中控制的,以磁卡及非接触器或 IC 卡为介质的一种售检票方式。它是城市轨道交通实现票务管理自动化的基础,贯穿了城市轨道交通票务运营的全过程,包括乘客自动/半自动乘客购票、进出站检票(包括验票、计费、收费和单程票回收)、客流和收费统计、售/检票设备监控、车票初始化/个人化、车票分发/回收/循环/退票/挂失/报废、系统密钥的生成和管理、票务清算等。根据技术制式的不同,自动售检票设备主要有磁卡型自动售检票系统、接触式 IC 卡型自动售检票系统和非接触式 IC 卡型自动售检票系统三种。自动售检票系统方便了乘客,保证了通道,提高了服务质量,因储值票还具有储值功能,简化了乘客购票手续,受到了普遍欢迎,对城市轨道交通运输的客运组织、收入审核、决策分析起着重要的作用。设置自动售检票系统,利于城市轨道交通合理计费、吸引客流(特别是短途乘客)、遏制舞弊及逃票、减少管理人员、增加收入、减少运营成本,提高社会效益和经济效益。

从国外的经验和发展趋势来看,凡实行计程票价制,绝大多数都相应采取自动或半自动售检票方式。虽然采用自动或半自动售检票方式要增加设备投资,但优点十分明显,譬如能高效准确地售检票,既能节约时间,节省大量劳动力,又能避免因人为误解产生纠纷,确保乘客迅速通过售检票口。采用自动或半自动售检票方式还可以加强票务管理,减少人为因素影响,尤其在客流调查方面具有人工售检票无法比拟的优越性。

为方便乘客,许多城市在推行"一卡通",即市民持有"一卡通"IC 卡乘坐市内地铁、公共汽车等交通工具时均可使用该卡付费,有的城市还将其和金融机构的系统相连,可持卡进行金融活动及各种消费的付费。随着 IC 卡技术的发展,其形式可进一步简化,使用更加可靠,建设和维修费用还可降低。此外,随着互联网技术的发展,城市轨道交通售检票系统还纳入了微信支付、支付宝支付等多种移动端支付形式。

2.3 城市轨道交通列车牵引计算

2.3.1 城市轨道交通列车牵引力

1)牵引力的定义

牵引力是与列车运行方向相同并可由驾驶员根据需要进行控制的外力。它是由动力装置发出的内力经传动装置传递,在轮周上形成的切线方向力,再通过轮轨间的黏着而产生的、由钢轨反作用于动轮圆周上的外力。

2)牵引力的形成

牵引力是由牵引电动机产生的扭矩传给动轮后得到的钢轨对车辆的外力。牵引力产生的过程为:接触网的直流电压(1500V或750V)经由动车的受电弓进入动车的传动装置,控制电路,经直流斩波器(直流传动)或逆变器(交流传动)供给相应的直流牵引电动机或交流牵引电动机,再经过动轮、钢轨,回到牵引变电所构成回路;牵引电动机转轴输出转矩,并通过齿轮减速传给动轮,再通过轮轨间的相互作用,引起钢轨对动轮的切向反作用力,即牵引力。因此,它的实质是电能变为机械能、内力引起外力的过程。图2-11表示牵引力的产生过程。动车的动轴车轮压在钢轨上,通过接触点,有一个钢轨对车轮的法向反作用力N',当牵引电动机输出转矩M_D时,通过大小齿轮啮合,转矩传递到车轮上,驱动车轮旋转,由于车轮踏面与钢轨接触,车轮只能向前滚动。接触区域的相互作用面存在一对切向相互作用力:向后(与运行方向相反)的切向力是车轮对钢轨的作用力(F');向前(与运行方向相同)的切向力就是来自钢轨的、作用于车轮踏面的反作用力(F),这个力就是动轮获得的牵引力:

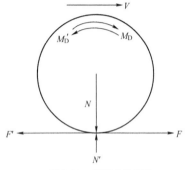

图2-11 牵引力的产生

$$F = \frac{M_D \cdot i_j \cdot \eta_j}{\frac{D_k}{2}} \tag{2-1}$$

式中:M_D——牵引电动机输出力矩,N·m;

i_j——牵引电动机输出轴到动轮之间的机械减速比;

η_j——牵引电动机输出轴到动轮之间的机械传动效率;

D_k——动轮滚动圆直径,m。

《列车牵引计算 第1部分:机车牵引式列车》(TB/T 14071.1—2018)规定,牵引力按照动轮半磨耗时的轮周直径来计算。城市轨道交通中,地铁列车采用整体辗钢车轮,新轮滚动圆直径为840mm,磨耗极限为70mm,半磨耗状态的车轮滚动圆直径为805mm,全磨耗直径为770mm。因此,一般计算中动轮滚动圆直径取805mm。有轨电车的车轮直径可有多种选择,如660mm(全磨耗直径600m或580mm)、560mm(全磨耗直径500mm)。

3)牵引力的黏着限制

(1)轮轨间的摩擦与黏着

根据对刚体平面运动的分析,对于沿钢轨滚动的车轮,车轮和钢轨的接触点在它们接触的瞬间是没有相对运动的,轮轨之间的纵向水平作用就是物理学上所说的静摩擦力,其最大值——"最大静摩擦力"是一个与运动状态无关的常量,它等于钢轨对车轮的垂向支持力与静摩擦系数的乘积。这是一种难以实现的理想状态。

实际上,车轮和钢轨在很大的压力作用下都有变形,轮轨间实际是椭圆面接触而非点接触,并不存在理想的瞬时转动中心;而车轮踏面又是圆锥形,加之列车运行中不可避免地要发生冲击和各种振动。因此,车轮在钢轨上滚动的同时必然伴随着微量的纵向和横向滑动,也就是说,实际中轮轨间不是纯粹的"静摩擦"状态,而是"静中有微动"或"滚中有微滑"的情形,轮轨间纵向水平作用力的最大值比物理的"最大静摩擦力"要小得多。

因此,在轨道交通牵引和制动理论中,在分析轮轨间的纵向力问题时,避免用"静摩擦"

这个名词,而更多地以"黏着"来代替它。在黏着状态下,轮轨间纵向水平作用力的最大值定义为黏着力,黏着力与轮轨间垂直荷载的比值称为黏着系数。

当轮轨间的纵向水平作用力超过了维持黏着状态的极限值——黏着力时,轮轨之间就会发生相对滑动,动轮在强大的力矩作用下快速转动,但列车运动速度并不高;轮轨间的纵向水平作用力变成了滑动摩擦力,其值比黏着力要小得多,这种状态称为"空转"。在"空转"状态下,不仅牵引力急剧减小,钢轨和车轮也会受到严重的磨损。因此,应该极力避免"空转"状态的发生。

(2)黏着牵引力的限制

黏着牵引力是受轮轨间黏着作用限制的动车组牵引力,其最大值为动轮荷载的重力乘以轮轨间的黏着系数。动车黏着牵引力F_μ可表示为:

$$F_\mu = P_\mu \cdot g \cdot \mu_j \tag{2-2}$$

式中:F_μ——黏着牵引力,kN;

g——重力加速度,m/s^2;

μ_j——计算黏着系数;

P_μ——计算黏着质量,t。

动车的轮周牵引力不能大于动车所能产生的黏着牵引力,称为黏着牵引力限制。当牵引力大于轮轨最大黏着力$F_{\mu max}$时,动轮出现空转现象,此时轮轨间的摩擦力由静摩擦力变为动摩擦力,并且摩擦力急剧下降;动轴出现空转,将导致动车传动装置和走行部分损坏,同时引起轮轨接触面严重擦伤。因此,轮轨系统必须避免动轮空转,即保证:

$$F_{max} \leq F_{\mu max} = P_\mu \cdot g \cdot \mu_j \tag{2-3}$$

轮轨间黏着系数受很多因素影响,包括气候、动轮踏面和钢轨材质与表面状况、行车速度、动车有关部件状态等。因此,轮轨间的黏着系数难以用理论方法计算,只能通过专门试验得出的试验公式表达,试验公式表示在正常黏着条件下计算黏着系数和动车运行速度的关系。

4)牵引特性曲线

地铁电动车组的牵引特性曲线是指牵引力随速度变化的曲线,是电动车组最重要的性能曲线。城市轨道交通牵引特性曲线的一般形式如图2-12所示。

各种地铁电动车组、高速列车都具有类似这样的牵引特性,其特点如下:

(1)低速区特性曲线平坦或随速度升高而下降,这样的特性与电动车组的黏着特性随速度的变化趋势是相适应的;实际产品中采用低速恒牵引力特性较为普遍。

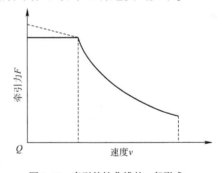

图2-12 牵引特性曲线的一般形式

(2)地铁电动车组的牵引力数值与铁路内燃机车、电力机车的牵引力相比小很多,与铁路动车组相比差别要小;由于地铁电动车组与中高速动车组一样,都采用轻量化技术,列车质量小,所以具有较高的起动加速能力(或功率质量比)。

(3)中高速度区的特性曲线为恒功率曲线,牵引力随速度升高而呈双曲线关系下降;这点与铁路的动车组及内燃机车、电力机车的恒功率牵引特性曲线也是相似的;但恒功率范围

(最高速度与恒功率起始速度之比)小,一般在2以内;对于最高运行速度80km/h的地铁电动车组,恒功率范围起始点多在40km/h左右。

(4)因采用动力分散牵引模式,在正常轨面状态下,起动时及低速范围的牵引力低于黏着限制曲线较多。因此,在地铁电动车组的牵引特性曲线图中,黏着特性曲线通常是不需要画出来的。

(5)在地铁电动车组的牵引特性曲线图上,通常不标注最低持续速度,因为在全功率下,即便在30‰以上甚至接近40‰的坡道上,列车的均衡速度仍然在恒功率区以内,牵引电机的散热能力在允许范围。换句话说,在正线运行时(坡道坡度为30‰)不会出现全功率低速持续运行的工况。

采用直流串励牵引电机的电动车组,其牵引特性如图2-13所示。牵引特性曲线由低速段的恒牵引力特性和中高速范围的恒功率牵引特性组成,在恒功率范围内,牵引力随着速度的提高而降低,其规律可以由直流串励牵引电机的自然特性形成近似恒功率特性,也可以由直流斩波调速控制形成这样的特性。

采用交流异步电机作为牵引电机的电动车组,其牵引特性如图2-14所示。牵引特性通常由三段组成,低速范围仍然是恒牵引力,中高速区域由恒功率和自然特性两段组成。

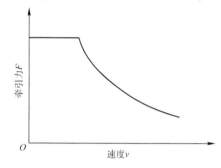 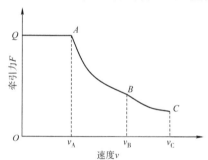

图2-13 直流牵引的牵引特性曲线　　图2-14 交流异步电机的牵引特性曲线

Q-恒牵引力

5)牵引力计算

城市轨道交通中动车组牵引力的计算,是根据牵引电机的牵引特性曲线取值的,在已知速度的情况下,可以利用线性插值法从曲线图中找到该点的牵引力。假设点 $A(v_a,F_a)$ 和 $B(v_b,F_b)$ 是某动车组牵引特性曲线上已知的两点,点 $X(v_x,F_x)$ 为两点间速度为 $v_x(v_a<v_x<v_b)$ 的牵引力待求点,运用线性插值法,该点的牵引力为:

$$F_x = F_a + \frac{(v_x - v_a)(F_b - F_a)}{v_b - v_a} \tag{2-4}$$

单位重力所对应的牵引力为:

$$f_x = \frac{F_x \times 10^3}{M \cdot g} = \frac{F_a + \dfrac{(v_x - v_a)(F_b - F_a)}{v_b - v_a}}{M \cdot g} \times 10^3 \tag{2-5}$$

式中:F_x——所求点的动车组总牵引力,kN;

f_x——所求点的单位牵引力,N/kN;

v_x——所求点的速度,km/h;
M——动车组的总质量,t;
g——重力加速度,取 9.81m/s^2。

2.3.2 城市轨道交通列车运行阻力

城市轨道交通列车的运行阻力包括基本阻力和附加阻力。基本阻力是列车在空旷地段平直轨道上运行时遇到的阻力,该力在列车运行中总是存在的。附加阻力是在线路上运行时受到的额外阻力。

1)基本阻力

基本阻力主要由轴承的摩擦阻力、车轮的滚动阻力、轮轨间的滑动阻力、冲击振动引起的阻力、空气阻力等构成。

(1)轴承的摩擦阻力

车轮和车轴通过轴承相连,车轮转动时车轴是静止的,因此,车轮对于车轴的相对运动是产生轴承摩擦力的原因。轴承摩擦力的大小与轴承类型、润滑情况以及动车组运行速度等因素有关。在相同条件(轴重、运行速度、润滑情况)下,滚动轴承比滑动轴承的摩擦力要小得多,通常,滑动轴承的摩擦系数较滚动轴承高 3~5 倍,因此,采用滚动轴承是减小车轴和车轮间摩擦力的有效方法。当前,我国城际铁路机车和车辆运用滚动轴承的比例已经高达 95% 以上,地铁和轻轨的列车和车辆几乎全部采用滚动轴承。

润滑油对于轴承摩擦力的影响主要表现在两个方面,一是传动副接触面之间的润滑油膜建立情况,二是润滑油的黏度大小。影响润滑油黏度的主要因素是润滑油的品质和温度。当温度较低时,润滑油黏度升高,这对减少轴承摩擦力是不利的。因此,冬季机车车辆的起动阻力就会比夏季高。在不同的季节选用不同适应性的润滑油是有必要的。

动车组的运行速度对于轴承摩擦力的大小有一定影响。动车组起动时,基本阻力较大,起动以后(一般认为 $v>2.5\text{km/h}$)基本阻力会显著减小。速度继续升高之后,随着车辆振动的加剧、滚子与轴承座间的相对滑动,基本阻力还会有所增大。

(2)车轮的滚动阻力

车轮和钢轨虽然可以近似看作刚性,但是在研究其基本阻力时,不能将其视为刚性的,而事实上也不存在绝对刚性的物体。车轮和钢轨的变形,使车轮有"陷入"钢轨的趋势,在车辆运动时形成车轮前进的阻力。滚动阻力的影响因素较多,主要有轴重、钢轨刚度、表面硬度、轨枕种类、密度、道床质量等。当钢轨温度较高时,其刚度和硬度降低,列车运行阻力加大;反之,则运行阻力减小。另外,高质量的道床、轨枕也是减小列车运行基本阻力的重要因素。

(3)轮轨间的滑动阻力

动轮在钢轨上运动时,不但有滚动运动,还有滑动运动。而非动轮(或叫从动轮)在钢轨上滚动时,也是伴随着一定程度的滑动。这可以从两个方面进行理解:

①车轮的踏面不是圆柱形的,而是圆锥形的。这会造成车轮踏面与钢轨接触的不均匀,不但造成车轮在钢轨上的滚动中伴随着部分滑动,还造成机车和车辆的横向滑动,产生横向滑动摩擦甚至轮缘与钢轨的摩擦。

②轮对中两个车轮直径的差异会造成轮对的滑动摩擦。

(4) 冲击振动引起的阻力

由于钢轨接缝、轨道不平顺、车轮擦伤等原因,使得动车组在钢轨上运行时,产生冲击和振动。冲击和振动的产生吸收了动车组的机械能,变成其运行的阻力功。钢轨接缝是轮轨间冲击和振动的重要原因。使用无缝钢轨是有效减小轮轨间冲击和振动阻力的有效手段,无缝线路能够降低基本阻力的4%~16%。

(5) 空气阻力

动车组在稠密的大气中运行时,必然受到空气阻力。其前部的空气被压缩和赶开,尾部形成部分负压,形成空气涡流,在其表面上产生与空气的摩擦力。通过机车车辆的空气动力学试验,可以测量列车或动车组在空气中的摩擦力的大小,发现其内在规律。列车运行空气阻力的大小与列车(含机车车辆)流线化程度、表面粗糙度以及外露和突出部是否屏蔽整流等因素以及列车长度有关。其计算公式可以表示为:

$$W_a = \frac{C_x A \rho v^2}{2} \tag{2-6}$$

式中:W_a——空气阻力,N;
C_x——空气阻力系数;
A——列车迎风面的截面积,m^2;
ρ——空气密度,kg/m^3;
v——列车相对风的速度,m/s。

由上式可以看出,运行阻力是运行速度平方的函数,当列车的速度不高($v < 200 km/h$)时,空气阻力在基本阻力中所占的比例较小;但是当列车高速运行时($v > 200 km/h$),空气阻力将成为列车运行阻力的主要部分。另一方面,可以通过减小列车横截面面积,设计流线型的车型来减小空气阻力的影响。

从上述分析可知,基本阻力决定于许多因素,它与车辆的结构、技术状态、轴重以及线路情况、气候条件、列车运行速度等都有关系。这些因素较为复杂,甚至相互矛盾,在实际运用中很难用理论公式进行精确计算,常常需要使用大量试验得出的经验公式来计算列车运行单位基本阻力。试验时只对阻力影响较大的因素(如车辆类型和列车运行速度)进行必要的控制,其他因素则由公式中的系数予以考虑。

列车运行过程的单位基本阻力公式一般为运行速度的二次三项式,即:

$$w_0 = a + bv + cv^2 \tag{2-7}$$

式中:w_0——列车单位基本阻力,即列车单位重力(或质量)受到的基本阻力,N/kN;
v——列车运行速度,km/h;
a、b、c——分别为列车基本阻力系数。

基本阻力系数是根据试验获得的常数,实际计算时可从列车总体技术条件中查出。以下是我国部分城市轨道交通线路的列车单位基本阻力公式。

上海地铁1号线采用的单位基本阻力的计算公式为:

$$w_0 = 2.27 + 0.00156v^2 \quad (N/kN) \tag{2-8}$$

广州地铁B型车采用的单位基本阻力的计算公式为:

$$w_0 = 2.4 + 0.014v + 0.001293v^2 \quad (N/kN) \tag{2-9}$$

跨座式单轨车辆的单位基本阻力为：
$$w_0 = 13 + 0.04295v + 0.00022v^2 \quad (\text{N/kN}) \tag{2-10}$$
悬挂式单轨车辆的单位基本阻力为：
$$w_0 = 10.4 + 0.034v + 0.000176v^2 \quad (\text{N/kN}) \tag{2-11}$$
自动导轨交通系统(AGT)系统的自动导向车的单位基本阻力为：
$$w_0 = 5.2 + 0.017v + 0.00012v^2 \quad (\text{N/kN}) \tag{2-12}$$

2）附加阻力

列车运行中所受到的附加阻力主要包括坡道附加阻力、曲线附加阻力、隧道附加阻力。

(1) 坡道附加阻力

列车在坡道上运行时，其重力产生垂直于轨道和平行于轨道的两个分力，垂直于轨道的分力被轨道的反力平衡，平行于轨道的分力即为列车坡道附加阻力。列车上坡时，坡道附加阻力方向与列车运行方向相反，阻力为正值；列车下坡时，坡道附加阻力方向与列车运行方向相同，阻力为负值。

在图 2-15 中，设列车的质量为 $M(\text{t})$，则其在坡道上运行时的重力为 $Mg(\text{kN})$，平行于轨道的分力 W_i 即为坡道附加阻力，其大小为：

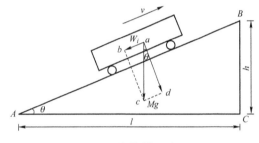

图 2-15 坡道附加阻力

$$W_i = 1000 M \cdot g \cdot \sin\theta \quad (\text{N}) \tag{2-13}$$

因为 θ 角一般都很小（线路坡度千分数 $i = 34.9$ 时，$\theta = 2°$），此时，$\sin\theta \approx \tan\theta$，于是得：
$$W_i = 1000 \cdot M \cdot g \cdot \tan\theta \quad (\text{N}) \tag{2-14}$$

线路坡度系数用千分数可表示为 $i = \dfrac{h}{l} \cdot 1000 = 1000 \cdot \tan\theta$，即 $\tan\theta = \dfrac{i}{1000}$，故有：
$$W_i = M \cdot g \cdot i \quad (\text{N}) \tag{2-15}$$

单位坡道附加阻力 w_i 为：
$$w_i = \frac{M \cdot g \cdot i}{M \cdot g} = i \quad (\text{N/kN}) \tag{2-16}$$

式中：i——坡度千分数，上坡为正，下坡为负。

可见，列车的单位坡道附加阻力在数值上等于该坡道的坡度千分数 i。例如，列车在 6‰ 的上坡道上运行时，其单位坡道阻力为 $w_i = 6\text{N/kN}$；若为下坡，则单位坡道附加阻力为 $w_i = -6\text{N/kN}$（本质上是坡道下滑力）。

(2) 曲线附加阻力

① 引起曲线附加阻力的因素

列车在曲线上运行比在直线上运行的阻力大，增大的部分称为曲线附加阻力。引起曲线附加阻力的因素主要是机车、车辆在曲线上运行时，轮轨间的纵向和横向滑动、轮缘与钢轨内侧面的摩擦增加，同时由于侧向力的作用，上、下心盘之间以及轴承有关部分摩擦加剧。

② 曲线附加阻力的基本计算

由试验得到列车的单位曲线附加阻力 w_r 的计算公式为：

$$w_r = \frac{600}{R} \quad (N/kN) \tag{2-17}$$

式中:R——曲线半径,m。

如果用圆曲线长度 $L_r(m)$ 与曲线转角 $\alpha(°)$ 来表示半径,则有:

$$R = \frac{180 L_r}{\pi \alpha} \quad (m) \tag{2-18}$$

式(2-17)也可写为:

$$w_r = \frac{10.5\alpha}{L_r} \quad (N/kN) \tag{2-19}$$

③列车平均单位曲线附加阻力

设列车长度为 L_c 且列车质量按长度均匀分布,列车每延米质量为 q,则当 $L_c \leq L_r$ 时,列车全长均受到曲线附加阻力的作用,列车受到的总的曲线附加阻力为:

$$W_r = \frac{600}{R} \cdot g \cdot L_c \cdot q \cdot 10^{-3} \quad (kN) \tag{2-20}$$

列车平均单位曲线附加阻力为:

$$w_r = \frac{600}{R} \quad (N/kN) \quad 或 \quad w_r = \frac{10.5\alpha}{L_r} \quad (N/kN) \tag{2-21}$$

当 $L_c > L_r$ 时,列车仅有 L_r 长的一部分受到曲线附加阻力的作用,因此

$$W_r = \frac{600}{R} \cdot g \cdot L_r \cdot q \cdot 10^{-3} \quad (kN) \tag{2-22}$$

列车全长平均单位曲线附加阻力为:

$$w_r = \frac{600}{R} \times \frac{L_r}{L_c} \quad (N/kN) \quad 或 \quad w_r = \frac{10.5\alpha}{L_c} \quad (N/kN) \tag{2-23}$$

如果列车同时位于多个曲线上,且列车全长范围内的曲线转角总和为 $\sum \alpha$,则列车平均单位曲线附加阻力为:

$$w_r = \frac{10.5 \sum \alpha}{L_c} \quad (N/kN) \tag{2-24}$$

(3)隧道附加阻力

列车在隧道内运行时,由于空气受隧道约束,不能向四周扩散,出现活塞现象,造成头部正压与尾部负压的压力差,产生阻碍列车运动的阻力。同时,由于车辆外形结构的原因,隧道内的空气产生紊流,造成空气与列车表面及隧道表面的摩擦,也对列车产生阻力。因此,列车在隧道中运行时,作用于列车上的空气阻力远较空旷地段大,增加的空气阻力称为隧道附加阻力。

地铁列车若是地下线,则一直处在地下隧道里运行,一直受到隧道阻力的作用。因此,这种情况隧道附加阻力是运行基本阻力的一部分,不再单独计算,故往往已有的列车基本阻力公式含有隧道阻力的成分。但是有很多地铁线路既有地下线又有地面线或高架线,显然地面线或高架线的列车运行阻力与地下线不同,这种情况下,为区分阻力的不同,把列车运行基本阻力和隧道附加阻力分开计算。在工程应用中应该确认列车单位基本阻力公式的含义和适用条件。

在计算隧道附加阻力时,干线铁路的计算公式为:

$$w_s = 0.00013 L_s \tag{2-25}$$

式中:w_s——单位隧道附加阻力,N/kN;

L_s——隧道长度,m。

如果有条件对地下线和地面线、高架线分别进行线路运行试验,那么可得到不同的基本阻力公式,这样就能提高计算的合理性和准确性。

3)加算附加阻力

(1)附加阻力换算坡度

根据单位坡道附加阻力的计算公式,若将曲线附加阻力和隧道附加阻力分别视为由坡度 i_r 和 i_s 产生的阻力,即令

$$w_r = i_r, w_s = i_s \tag{2-26}$$

因此,我们把 i_r、i_s 分别称为曲线、隧道附加阻力换算坡度,或称为曲线、隧道当量坡度。

(2)加算坡度

加算坡度 i_j 是指线路纵断面上坡段的坡度与该坡道上的曲线、隧道等附加阻力换算坡度之和,即:

$$i_j = i + i_r + i_s \tag{2-27}$$

对应的单位加算阻力 w_j 为:

$$w_j = w_i + w_r + w_s \quad (\text{N/kN}) \tag{2-28}$$

列车总阻力 W 为:

$$W = W_0 + W_j = (M \cdot w_0 + M \cdot i_j) \cdot g \cdot 10^{-3} \quad (\text{kN}) \tag{2-29}$$

4)起动阻力

列车起动是一个复杂的过程。由于轴承正常状态的滞后建立、轮轨间滚动摩擦阻力的加大,列车的动车、拖车停留时轴颈与轴承之间润滑油被挤出,油膜减薄;同时,轴箱内温度降低,润滑油的黏度增大,故起动时,轴颈与轴承的摩擦阻力增大。此外,车轮压在钢轨上产生的凹形变形比运行时大,增加了滚动阻力。同时,列车起动时,要求有较大的加速力以克服列车的静态惯性力。并且,车钩间隙状态的差异导致各车辆之间拉紧起动过程复杂等,使得列车起动时的阻力大于列车进入正常状态时的阻力。因此,列车起动时应另行计算列车起动时的阻力。

根据我国试验结果,城市轨道交通车辆的单位起动阻力按 5N/kN 计算。

2.3.3 城市轨道交通列车制动力

1)制动类型

列车制动力是由制动装置引起的与列车运动方向相反的外力,是一种人为的控制列车速度和进站停车的阻力。制动力和列车运行阻力虽然都阻止列车的运动,但是制动力是人为的和可控的。另外,制动力较运行阻力要大得多,毕竟制动力的目的是控制列车的运动。

列车的制动根据用途分为两种:常用制动和紧急制动。常用制动是在列车正常运行情况下,调节和控制列车运行速度的措施,作用比较缓和。根据制动级数,常用制动力一般为

制动装置制动能力的20%~80%。紧急制动,是列车在出现事故等紧急情况下的异常措施,其目的是要求列车尽快停止运动,因此,制动作用猛烈,制动力为制动装置的全部制动能力。另外,紧急制动装置经常有冗余设备,其可靠性非常高,以确保在列车发生断电、车体分离等紧急情况下也能保证制动效果,这是与常用制动有区别的。

目前,世界上应用于轨道交通的制动方式很多。根据制动原理的不同,大体上分为黏着制动和非黏着制动两类。黏着制动是最古老的制动方式,黏着制动的制动能力来自轮轨的黏着力,因此黏着力的大小也成为制动能力的限制因素。黏着制动主要有闸瓦制动、盘形制动、动力制动(电阻制动和再生制动)以及电空混合制动等形式。非黏着制动与黏着制动的制动原理不同,是比较新型的制动方式,制动能力不受黏着力的限制,主要有涡流轨道制动、磁轨制动以及气动力制动(翼板制动)。

当前,国内城际铁路和城市轨道交通中应用较多的制动方式是闸瓦制动、盘形制动、电阻制动、再生制动以及电空混合制动。闸瓦制动和盘形制动是基础制动装置,以压缩空气为动力源,通过机械摩擦消耗掉列车的动能,形成制动能力。不同之处在于闸瓦制动是利用闸瓦和车轮踏面构成摩擦面,盘形制动则是利用制动盘和转向夹钳上的闸片形成摩擦面。这两种制动方式是国内城际铁路的主要制动方式,也是所有轨道交通的基本制动方式。

国内在城市轨道交通方面的制动模式与城际铁路有所区别,这里主要通过地铁车辆的制动模式进行分析。当前地铁的制动方式主要是空气制动、电制动以及空电配合制动。空气制动即上述的闸瓦制动,电制动是电阻制动和再生制动的总称。电阻制动的原理是通过将动车组的牵引电机转换为发电电机,从而将列车的动能转化为电能,并通过电阻发热消耗掉。再生制动也是利用电机转换的原理消耗机械能,只是将制动中产生的电能反馈到电网中加以利用,因此再生制动能够节约电能,属于比较理想的制动方式。电空配合制动是通过制动器和列车上的其他控制设备,合理分配电制动和闸瓦制动的大小和比例,从而获得比较理想的制动力,对列车进行分级制动控制。从国外引进的地铁车辆基本上都配有电制动优先的电空配合的制动装置,近年来国产地铁车辆已经对国外技术进行了消化和吸收,也实现了电空配合的制动装置。电制动优先,空气制动配合的制动方式是地铁与城际铁路制动的重要不同之处。

2)制动力的计算

制动力可以根据已知的制动减速度(即制动控制目标)计算,空气制动也可以根据基础制动装置实际参数计算,电制动力可以参考电制动特性曲线运用插值法取值。

(1)根据制动减速度计算

制动工况下,列车的制动力与减速度的关系为:

$$B = M(1+\gamma)\beta - W \tag{2-30}$$

式中:B——制动力,kN;

M——列车质量,t;

γ——轮对旋转惯性折算出的回转质量系数,一般取0.08~0.1;

β——要求的制动减速度,m/s^2;

W——当前位置的列车总阻力,kN。

牵引计算中实际使用的是与制动力相关的另一个计算参数——单位制动力b,即:

$$b = 1000 \times \frac{B}{Mg} \quad (\text{N/kN}) \tag{2-31}$$

(2) 根据基础制动装置实际参数计算

根据基础制动装置实际参数如闸瓦压力与闸瓦摩擦系数计算制动力的方法也称为实算法。车中各制动轴产生的制动力的总合即为列车制动力：

$$B = \sum (K \cdot \varphi_k) \tag{2-32}$$

式中：B——列车制动力，kN；

K——实算闸瓦压力，kN；

φ_k——实算摩擦系数。

在轨道交通系统设计中，常采用换算法计算。换算法假定闸瓦摩擦系数与闸瓦压强无关，用一个不随闸瓦压强改变的换算摩擦系数φ_h代替实算摩擦系数φ_k，以简化计算。为保持计算结果不变，需要对闸瓦压力也进行相应换算：

$$K_h = K \cdot \frac{\varphi_k}{\varphi_h} \tag{2-33}$$

进而列车制动力可由下式计算：

$$B = \varphi_h \cdot \sum K_h \tag{2-34}$$

式中：B——列车制动力，kN；

K_h——换算闸瓦压力，kN；

φ_h——换算摩擦系数。

实算闸瓦压力、实算摩擦系数、换算闸瓦压力、换算摩擦系数的取值或计算公式可参见《列车牵引计算　第1部分：机车牵引式列车》(TB/T 1407.1—2018)，此处不再赘述。

(3) 电制动力的计算

目前，电制动虽然在我国城际铁路中还不是常用制动的优先形式，但在地铁列车中，它是常用制动优先采用的制动形式。电制动由于制动原理与空气制动不同，不需要摩擦车轮和闸瓦，其制动特性与列车速度的大小紧密关联，在低速阶段，制动力随速度降低而降低；在高速阶段，制动力随速度的升高而降低。因此，电制动在进站制动等低速制动时，还需要依靠闸瓦制动来配合。

电制动力的计算，一般参考电动车组中动车牵引电机的电制动特性曲线，运用线性插值或曲线插值进行取值。如图2-16所示，假定ABCD是动车的电阻制动特性曲线，它由直线段AB、BC和曲线段CD构成。当待求点X_1位于直线段AB时，制动力用线性插值求解，即：

$$\frac{v_1 - v_A}{v_B - v_A} = \frac{B_1 - B_A}{B_B - B_A} \tag{2-35}$$

若v_1、v_A、v_B、B_A、B_B已知，则

$$B_1 = B_A + \frac{(v_1 - v_A)(B_B - B_A)}{v_B - v_A} \tag{2-36}$$

对于曲线段(如CD段)的插值问题，根据计算精度，可以选择线性插值法，也可以运用曲线拟合法。适当控制电制动特性曲线中速度间隔的大小，如取5km/h，可以减小线性插值的误差。

设曲线段 CD 为双曲线，则利用曲线拟合法求 X_2 点的制动力的过程如下所述。

设曲线方程为：

$$y=\frac{a}{x}+b \tag{2-37}$$

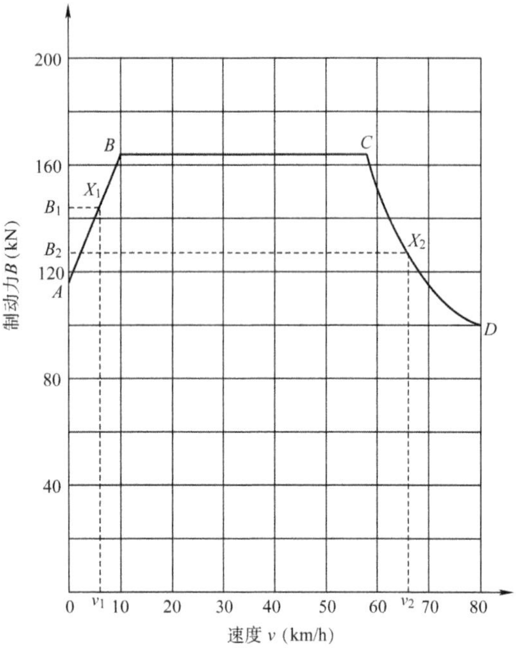

图 2-16 电制动的制动力计算

若 C、D 点坐标 (v_C, B_C) 和 (v_D, B_D) 已知，则

$$\begin{cases} B_C=\dfrac{a}{v_C}+b \\ B_D=\dfrac{a}{v_D}+\cap\ \tilde{\cap}\ b \end{cases} \Rightarrow \begin{cases} a=\dfrac{v_C v_D(B_C-B_D)}{v_D-v_C} \\ b=B_D-\dfrac{v_C(B_C-B_D)}{v_D-v_C} \end{cases} \tag{2-38}$$

a、b 求得以后，X_2 点利用曲线拟合法可以求得其制动力大小为：

$$\begin{aligned} B_2&=\frac{v_C v_D(B_C-B_D)}{(v_D-v_C)v_2}+B_D-\frac{v_C(B_C-B_D)}{v_D-v_C} \\ &=B_D+\frac{v_C(v_D-v_2)(B_C-B_D)}{v_D-v_C} \end{aligned} \tag{2-39}$$

以上只是曲线段简单拟和方法，如果曲线段是复杂的高次方程，可以利用泰勒公式对其进行拟合。根据多个已知点的坐标可以求中间点的坐标，这里不再赘述。一般情况下，通过缩小制动曲线绘图网格和直线插值方法，基本可以满足实际计算需要。

2.3.4 城市轨道交通列车运动方程与时分解算

1）单位合力曲线

列车在无隧道的平直道上运行时，不同工况下列车受到的合力 C 可表达为：

牵引运行：

$$C=F-W_0=f_1(v)$$

惰行：

$$C=-W_0=f_2(v)$$

制动运行：

$$C=-(W_0+B)=f_3(v) \tag{2-40}$$

上述式中：C——列车所受合力，kN；

F——列车牵引力，kN；

W_0——列车基本阻力，kN；

B——列车制动力，kN；

v——列车运行速度，km/h。

作用在列车上的合力与列车所受重力之比称为单位合力(N/kN),一般以小写字母 c 来表示,即:

$$c = \frac{C \times 10^3}{Mg} \tag{2-41}$$

式中:M——列车质量,t;
C——列车所受合力,kN;
g——重力加速度,m/s^2;
c——列车单位合力,N/kN。

把列车在不同运行工况的单位合力与运行速度的变化关系绘成曲线 $c=f(v)$,叫作列车单位合力曲线图,简称合力曲线图。绘制列车单位合力曲线图,应先编制列车在平直道上的单位合力曲线计算表,即列表计算出列车在不同速度下相对于牵引、惰行、制动等工况时所受到的单位合力。图 2-17 为某一动车组在指定牵引级位和制动级位,且在空旷的平直线路上的单位合力—速度曲线图。

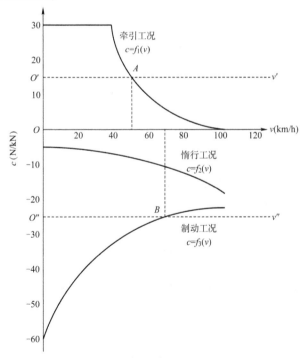

图 2-17 单位合力曲线图

从合力曲线图可以定性分析列车在线路上运行时的情况。当列车所在线路附加阻力非零时,只需要将速度坐标轴 Ov 向上(i_j 为正时)或向下(i_j 为负时)平移 i_j 值即可表示新的合力曲线,这时合力曲线上各点的单位合力 c 值即发生了相应的增减。如图 2-17 所示,在加算坡道的坡度千分数 $i_j=15$ 时,上移坐标轴至 $O'v'$,则合力曲线上的合力值相应减小 15N/kN;若加算坡道的坡度千分数 $i_j=-25$ 时,下移坐标轴至 $O''v''$,合力曲线的合力值相应增加 25N/N。

由单位合力曲线图可分析出列车在某种工况和速度时的运动状态,如加速、减速或匀速。

(1)列车加速与减速动态的判断。由加算坡道的坡度千分数首先确定出速度坐标轴的位置,再由所需判断点的速度值,确定其在速度坐标轴上的位置,由该点作速度坐标轴的垂线,与列车各运行工况的单位合力曲线相交。如交点在速度坐标轴以上,即$c>0$,列车将加速;若交点在速度坐标轴以下,即$c<0$,列车将减速。

(2)列车的均衡速度。当速度坐标轴与3种工况的单位合力曲线中的任一曲线能够相交时,由于交点处$c=0$,该点的速度即为列车在该工况和该加算坡道的均衡速度。在牵引或惰行工况时,列车速度总是趋向于该工况的均衡速度。而在制动工况时,列车速度总是背离均衡速度。

2)运动方程

列车运动方程是从定量和微观的角度,探讨列车运动过程中受到的外力与其运动状态的动态变化关系,包括列车受到的合力与所获得的加速度的关系、列车速度与运行距离的关系、运行距离与消耗时间的关系等。列车运动方程建立的基础,是将列车视为刚性系统,即在外力作用下不会发生变形,利用系统合力做的功等于系统动能增量的动能定律而推导出来。

列车动能包括两部分:一部分是列车线性运动的动能,另一部分是列车旋转部分的转动动能。

$$E_k = \frac{1}{2}mv^2 + \sum \frac{1}{2}I\omega^2 \tag{2-42}$$

式中:E_k——列车动能;

　　m——列车质量,kg;

　　v——列车运行速度,m/s;

　　I——列车旋转部分的转动惯量,$kg \cdot m^2$;

　　ω——列车旋转部分的角速度,rad/s。

设旋转部分的换算半径为R_h(m),根据$\omega = \frac{v}{R_h}$,代入式(2-42),可得:

$$E_k = \frac{1}{2}mv^2 + \sum \frac{1}{2}I\frac{v^2}{R_h^2} = \frac{1}{2}mv^2 + \frac{1}{2}mv^2 \sum \frac{I}{mR_h^2} = \frac{1}{2}mv^2(1+\gamma) \tag{2-43}$$

式中,$\gamma = \sum \frac{I}{mR_h^2}$为回转质量系数,即列车旋转部分的动能折算质量与列车全部质量的比值。

合力对列车做的功为:

$$W = 1000Cvt \tag{2-44}$$

式中:C——列车所受合力,kN;

　　t——合力做功时间,s。

根据功能定理,合外力对物体所做的功等于物体动能的变化,所以有:

$$dE_k = dW \tag{2-45}$$

对式(2-43)两边进行微分,得:

$$dE_k = m(1+\gamma)vdv \tag{2-46}$$

对式(2-44)两边进行微分,得:

$$dW = 1000Cvdt \tag{2-47}$$

将式(2-46)和式(2-47)代入式(2-45)得：

$$m(1+\gamma)v\mathrm{d}v = 1000Cv\mathrm{d}t \tag{2-48}$$

即

$$\frac{\mathrm{d}v}{\mathrm{d}t} = \frac{1000C}{m(1+\gamma)} \tag{2-49}$$

式(2-49)中，m、v、t 都是国标单位(kg、m/s、s)，由式(2-49)得：

$$\frac{\mathrm{d}v}{\mathrm{d}t} = \frac{1000C}{m(1+\gamma)} = \frac{1000C \cdot g}{1000Mg(1+\gamma)} = \frac{g \cdot c}{1000(1+\gamma)} \quad (\mathrm{m/s^2}) \tag{2-50}$$

式中：c——列车单位合力，N/kN。

M——列车质量，t。

将式(2-50)中 $\frac{\mathrm{d}v}{\mathrm{d}t}$ 单位转换为(km/h)/h，有

$$\frac{\mathrm{d}v}{\mathrm{d}t} = \frac{g \cdot c}{1000(1+\gamma)} = \frac{9.81 \cdot c}{1000(1+\gamma)} \times \frac{3600^2}{1000} = \frac{127}{1+\gamma}c \quad [(\mathrm{km/h})/\mathrm{h}] \tag{2-51}$$

令 $\xi = \frac{127}{1+\gamma}$，$\xi$ 称为加速度系数，代入式(2-51)得到列车运动方程的一般形式：

$$\frac{\mathrm{d}v}{\mathrm{d}t} = \xi \cdot c \quad [(\mathrm{km/h})/\mathrm{h}] \tag{2-52}$$

加速度系数 ξ 的大小取决于回转质量系数 γ 的大小，回转质量系数与列车编组类型有关，如动车的转向架类型、动车数量、拖车数量。不同回转质量系数对应的加速度系数见表2-2。

加速度系数 ξ 与回转质量系数 γ 的关系　　　　表2-2

回转质量系数 γ	0.06	0.07	0.08	0.09	0.10
加速度系数 ξ	120	119	118	117	115

通常，对于铁路列车的机车车辆编组形式，为便于计算，统一取回转质量系数 $\gamma = 0.06$，相当于加速度系数 $\xi = 120$，因此，列车运动方程可写成：

$$\frac{\mathrm{d}v}{\mathrm{d}t} = 120c \quad [(\mathrm{km/h})/\mathrm{h}] \tag{2-53}$$

或

$$\frac{\mathrm{d}v}{\mathrm{d}t} = 2c \quad [(\mathrm{km/h})/\mathrm{min}] \tag{2-54}$$

或

$$\frac{\mathrm{d}v}{\mathrm{d}t} = \frac{c}{30} \quad [(\mathrm{km/h})/\mathrm{s}] \tag{2-55}$$

而对于铁路电动车组及地铁电动车组，为准确计算，需要具体计算相应的回转质量系数，再使用相应的列车运动方程。在未知具体的回转质量系数时，建议取 $\gamma = 0.08$，这样，列车运动方程可写成：

$$\frac{\mathrm{d}v}{\mathrm{d}t} = 118c \quad [(\mathrm{km/h})/\mathrm{h}] \tag{2-56}$$

或

$$\frac{\mathrm{d}v}{\mathrm{d}t} = 1.97c \quad [(\mathrm{km/h})/\mathrm{min}] \tag{2-57}$$

或

$$\frac{\mathrm{d}v}{\mathrm{d}t} = 0.033c \quad [(\mathrm{km/h})/\mathrm{s}] \tag{2-58}$$

3) 运行速度时分计算

由式(2-52)可得：

$$\mathrm{d}t = \frac{1}{\xi c}\mathrm{d}v \tag{2-59}$$

对上式两边积分，得到求解列车运动时分的方程：

$$\int_{t_1}^{t_2}\mathrm{d}t = \int_{v_1}^{v_2}\frac{1}{\xi c}\mathrm{d}v \tag{2-60}$$

由于

$$\mathrm{d}S = v\mathrm{d}t = \frac{v}{\xi c}\mathrm{d}v \tag{2-61}$$

对上式两边积分，得到求解列车运动距离的方程：

$$\int_{S_1}^{S_2}\mathrm{d}S = \int_{v_1}^{v_2}\frac{v}{\xi c}\mathrm{d}v \tag{2-62}$$

但是直接利用式(2-60)和式(2-62)来求解列车运行时分和运行距离是很困难的，因为被积式中的单位合力 c 是速度 v 的复杂函数。因此在实际计算时，通常采用简化的办法，即把列车速度划分若干个小的速度间隔来代替无限小的速度变化，并假定在每个速度间隔内单位合力为常数，单位合力等于该速度间隔内的平均速度 v_p 所对应的单位合力 c_p (图2-18)。这样，对每个速度间隔，列车都是在做匀变速运动，式(2-60)就可改写为：

$$\int_{t_1}^{t_2}\mathrm{d}t = \int_{v_1}^{v_2}\frac{1}{\xi c_\mathrm{p}}\mathrm{d}v \tag{2-63}$$

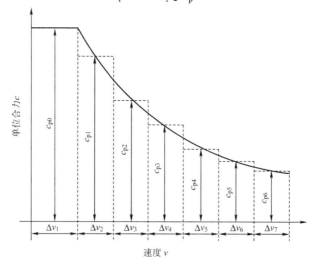

图 2-18 单位合力的简化

列车在每个速度间隔内的运行时间：

$$\Delta t = t_2 - t_1 = \frac{v_2 - v_1}{\xi c_p} \quad (\text{h}) \tag{2-64}$$

对于地铁、轻轨取回转质量系数 $\gamma = 0.08$，加速度系数 $\xi = 118$，则

$$\Delta t = \frac{v_2 - v_1}{118 c_p} \quad (\text{h}) \tag{2-65}$$

或

$$\Delta t = \frac{v_2 - v_1}{1.97 c_p} \quad (\text{min}) \tag{2-66}$$

或

$$\Delta t = \frac{30.46(v_2 - v_1)}{c_p} \quad (\text{s}) \tag{2-67}$$

同理，

$$\int_{S_1}^{S_2} dS = \frac{1}{\xi c_p} \int_{v_1}^{v_2} v dv \tag{2-68}$$

$$\Delta S = \frac{v_2^2 - v_1^2}{236 c_p} \quad (\text{km}) \tag{2-69}$$

$$\Delta S = \frac{4.24(v_2^2 - v_1^2)}{c_p} \quad (\text{m}) \tag{2-70}$$

思 考 题

1. 阐述城市空间结构与轨道交通之间的相互影响作用。
2. 什么是限界？轨道交通设计中为什么要确定限界？如何确定限界？
3. 简述轨道交通列车牵引力的定义及形成过程。
4. 简述轨道交通列车阻力的定义及分类。
5. 基本阻力由哪些部分组成？
6. 附加阻力分哪几种？如何计算？
7. 与闸瓦制动相比，电制动性能有何不同之处？
8. 在不同工况下，作用于列车的合力包括哪些外力？
9. 画单位合力曲线图时，为什么可以不考虑附加阻力？后期在具体运用中如何考虑附加阻力？
10. 什么叫均衡速度？其值如何确定？如何依据均衡速度判断列车运行状态？

第3章 城市轨道交通客流预测

客流是规划城市轨道交通线网及线路走向、选择轨道交通制式及车辆类型、安排轨道交通项目建设顺序、设计车站规模和确定车站设备容量运营规模、进行项目经济评价的重要依据,也是轨道交通安排运力、编制列车开行计划、组织日常行车和分析运营效果的基础。本章主要介绍城市轨道交通客流特征和客流预测方法。

3.1 城市轨道交通客流特征

3.1.1 城市轨道交通客流时间分布特征

1) 全网客流时间分布特征

通常,工作日轨道交通全网与各线的进站量均呈现双峰型分布的特征,通常工作日高峰小时系数比非工作日高峰小时系数大,如图3-1和图3-2所示。

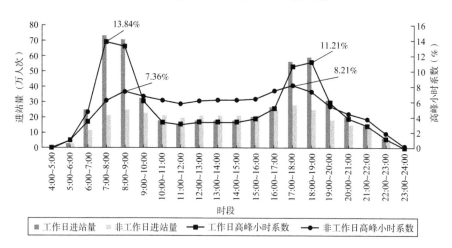

图3-1 北京轨道交通线网进站客流量时间分布(2016年4月)
资料来源:李臣,陈艳艳,刘小明,等.基于多源数据的北京轨道交通客流特征分析[J].都市快轨交通,2017,30(05):7-16.

北京轨道交通线网工作日进站早高峰时段为7:00~8:00,早高峰小时系数为13.84%;晚高峰时段为18:00~19:00,晚高峰小时系数为11.21%。

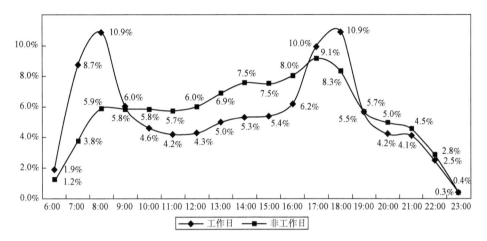

图3-2 广州轨道交通线网进站客流量时间分布(2014年)
资料来源:2014广州市交通发展年度报告[R].广州:广州市交通规划研究院,2015.

广州轨道交通线网工作日客流分别集中于早高峰8:00~9:00、晚高峰18:00~19:00这两个小时内,全网进站量的比例早、晚高峰相当,均为10.9%。休息日全网与各线的进站量呈现单峰型分布特征,客流集中于下午16:00~17:00,高峰小时系数为9.1%。

2)线路客流时间分布特征

除机场线外,北京轨道交通线网各线路工作日客流时间分布特征相似,均有明显的早晚高峰,但各线路客流随时间变化趋势存在差异。

(1)早高峰进站高峰出现在7:00~8:00的线路主要集中于连通城区与郊区的线路(1号线—八通线、4号线—大兴线、6号线、8号线、9号线、房山线、15号线)和郊区线路(昌平线、亦庄线);早高峰进站高峰出现在8:00~9:00的线路有2号线、10号线、13号线、5号线、7号线和14号线;机场线没有明显的高峰现象。靠近郊区或者连通城区与郊区的线路进站高峰出现时间较早,且越外围线路,进站高峰时段越早,这主要与职住用地分布有关。

(2)早高峰乘客上班时间集中,为按时上班,更多乘客选择轨道交通出行,轨道交通早高峰进出站量明显比晚高峰多,轨道交通客运压力更大;晚高峰乘客下班后,时间相对宽松,部分乘客选择费用相对便宜的公交出行。

(3)多数线路早高峰小时系数普遍大于晚高峰小时系数,郊区线路更为明显,八通线、大兴线、房山线早高峰小时系数是晚高峰小时系数的4倍以上。早高峰系数较高的线路中较多车站位于职住区。

3)车站客流时间分布特征

站点进出站客流量与该线路运能、线路走向所处交通走廊的特点以及车站所处区位的用地性质有关,并受上下班、上下学时间和路网结构等因素影响,随人们的生活节奏和出行特点起伏分布。通常站点客流时间分布特征(即某站点在一日内各个小时的进出站客流量)主要分为以下五种类型。

(1)单向峰型

城市轨道交通线路所处的交通走廊具有明显的潮汐特征或车站周边地区用地功能性质单一时,车站客流会形成上车高峰和下车高峰,如图3-3所示。

(2)双向峰型

车站位于综合功能用地区位或者人口密集的特大型城市时,会形成配对的两个早晚上下车高峰,如图3-4所示。

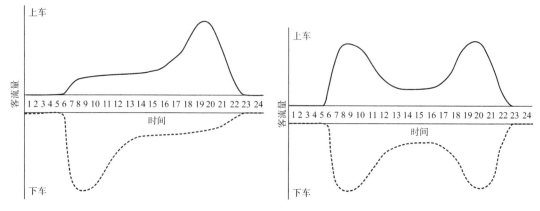

图3-3 单向峰型小时车站客流分布示意图　　图3-4 双向峰型小时车站客流分布示意图

(3)全峰型

城市轨道交通线路位于土地用地高度开放的交通走廊或车站位于有公共建筑和公用设施高度集中的中央商务区(CBD区域)时,客流分布无明显的起伏,双向上下客流全天都很大,如图3-5所示。

(4)突峰型

车站位于体育场、影剧院等大型公用设施附近,演出节目或比赛结束时,有一个持续时间较短的突变上车高峰。一段时间后,其他部分车站可能有一个突变的下车高峰,如图3-6所示。

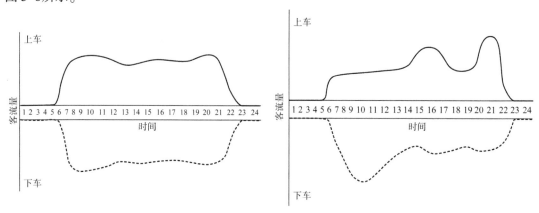

图3-5 全峰型小时车站客流分布示意图　　图3-6 突峰型小时车站流分布示意图

(5)无峰型

当城市轨道交通本身的运能较小或车站位于用地还没有完全开发的地区时,客流无明显的上下车高峰,双向上下车客流全天都较小。

3.1.2 断面客流分布特征

在轨道交通线路上,由于线路行经区域的用地开发性质不同,所覆盖的客流集散点的规模和数量不同,因而出现线路各个车站乘降人数不同、线路各个断面的客流存在不均衡现象是不可避免的。下面以北京市轨道交通线网为例分析不同位置线路的断面客流分布特征。

1)过中心市区的直径线

北京地铁5号线是典型的穿越中心市区的直径线路。这类线路全日客流断面呈典型的"纺锤形",即客流中间大两头小,如图3-7所示;早高峰的客流断面则呈偏峰形态的向心客流,如图3-8所示;晚高峰的客流断面分布基本上与早高峰呈逆向形态。

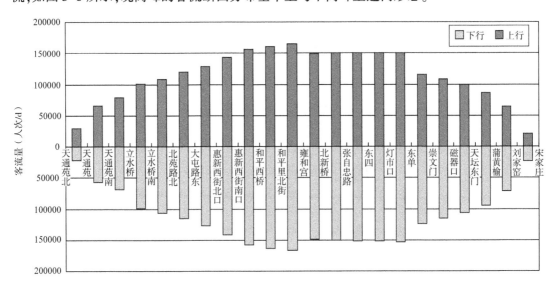

图3-7　北京地铁5号线全日客流断面

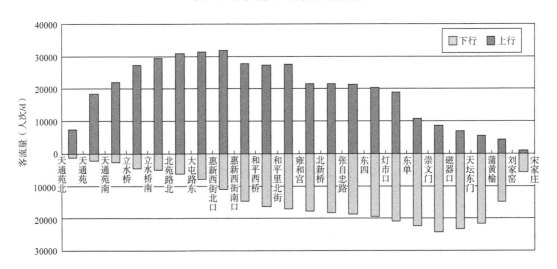

图3-8　北京地铁5号线早高峰客流断面

2)郊区线路

北京八通线是典型的郊区线路。这类线路全日客流断面呈典型的渐变型(图3-9),即随着线路延伸,线路客流逐渐增大或逐渐缩小。这类线路潮汐现象明显,早高峰是明显的向心客流(图3-10),晚高峰是明显的离心客流。

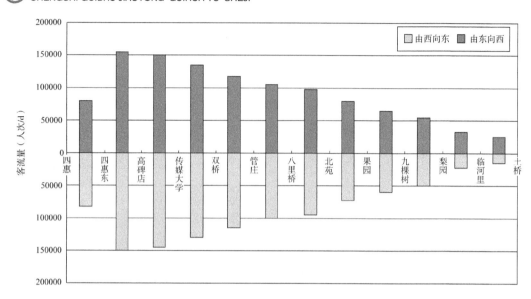

图 3-9 北京地铁八通线全日客流断面

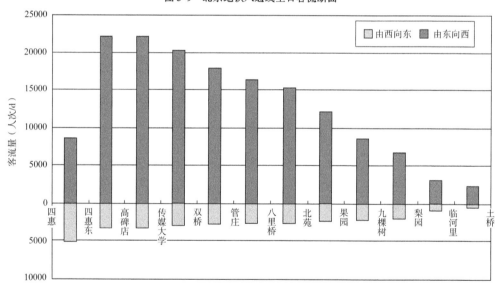

图 3-10 北京地铁八通线早高峰客流断面

3) 中心区环线

北京地铁 2 号线是典型的中心区环线。这类线路的客流断面相对比较均匀,并且内外环线上的客流并无太大的差异,如图 3-11 所示。

3.1.3 平均运距

平均运距是轨道交通线路的一个重要运营指标,既可以反映轨道交通线路乘客空间分布情况,也一定程度上反映了客流在各断面上的聚集程度。对于一条轨道交通线路而言,平均运距不能太长,也不能太短。平均运距太长表明该线路可能规划时线路长度过短,而平均运距过短则表明该线路走向不够理想或长度过长,两者均需要对线路进行优化。北京、广州、上海轨道交通线路的平均运距分别见表3-1～表3-3。

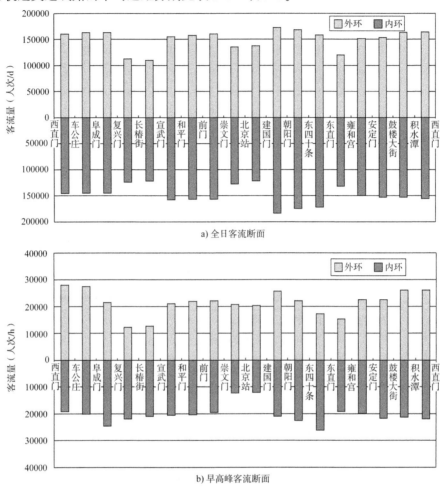

图 3-11　北京地铁 2 号线客流断面

北京轨道交通线路的平均运距　　　　表 3-1

线　路	平均运距(km)										线路长度*(km)	平均运距占线路长度比例(%)*
	2009年	2010年	2011年	2012年	2013年	2014年	2015年	2016年	2017年	2018年		
1号线	8.63	8.51	8.36	8.16	7.85	8.16	7.82	7.72	7.69	7.53	31.6	24
2号线	5.56	5.47	5.42	5.36	5.22	5.29	5.23	5.14	5.12	5.07	23.1	22
4号线**		6.78	9.25	9.37	8.68	9.08	9.09	9.34	9.42	9.46	50.0	19
5号线	8.69	8.51	8.52	8.37	8.12	8.71	8.25	8.35	8.25	8.14	27.6	29
6号线				16.19	8.56	9.40	9.66	10.06	10.44	10.56	54.0	20
7号线						5.11	6.58	6.75	6.65	6.58	23.7	28
8号线	2.37	2.53	2.01	6.86	7.35	8.93	8.77	9.12	9.44	9.39	26.6	35
9号线			5.70	6.98	6.39	6.14	6.10	6.18	6.25	6.28	17.1	37
10号线	7.61	7.27	7.21	6.98	8.36	8.17	8.15	8.13	8.15	8.16	57.1	14

续上表

线　路	平均运距(km)										线路长度*(km)	平均运距占线路长度比例(%)*
	2009年	2010年	2011年	2012年	2013年	2014年	2015年	2016年	2017年	2018年		
13号线	11.18	11.36	11.01	10.75	10.29	10.05	10.40	10.86	10.89	10.80	40.9	26
14号线西段					7.03	5.48	5.53	5.71	5.64	5.43	12.4	44
14号线东段						5.38	6.75	8.09	7.99	7.81	31.4	25
15号线		11.27	12.39	16.63	16.59	16.67	14.32	13.60	13.02	13.08	41.9	31
16号线北段								9.95	10.29	10.02	19.6	51
八通线	10.41	10.46	10.23	10.02	10.27	10.55	10.30	10.20	10.29	10.44	18.9	55
昌平线		12.30	11.99	12.13	12.19	11.53	11.31	13.05	13.13	13.51	31.9	42
房山线		11.69	14.24	15.55	15.00	14.84	14.49	14.47	14.42	15.09	26.2	58
机场线	26.39	26.32	24.35	24.24	24.04	24.62	24.41	24.41	24.30	24.35	28.1	87
亦庄线		10.09	10.34	10.29	10.67	11.11	11.06	11.04	11.11	10.99	23.2	47
S1线										4.89	10.2	48
西郊线										6.55	9.0	73
燕房线										7.71	14.4	54

注：此表根据历年《北京市交通发展年度报告》整理而成。
  * 线路长度、平均运距占线路长度比例按2018年数据统计。
  ** 4号线的统计数据包含大兴线。

广州轨道交通线路的平均运距　　　　　　　　　表3-2

线　路	2008年			2014年			2016年		
	线路长度(km)	平均运距(km)	平均运距占线路长度比例(%)	线路长度(km)	平均运距(km)	平均运距占线路长度比例(%)	线路长度(km)	平均运距(km)	平均运距占线路长度比例(%)
1号线	18.5	5.32	29	18.5	5.09	28	18.5	5.02	27
2号线	20.2	5.85	29	31.8	6.53	21	31.8	7.34	23
3号线	34.2	8.75	26	34.2	7.92	23	34.2	7.93	23
3号线北延线				33	10.56	32	33	9.44	29
4号线	41.3	15.2	37	46.7	10.65	23	46.7	9.91	21
5号线				31.9	7.31	23	31.9	7.1	22
6号线				24.4	5.63	23	24.4	4.9	20
8号线				15.7	4.62	29	15.7	4.95	32
广佛线				19.9	10.79	54	25.9	9.43	36
APM线				3.9	1.71	44			

上海轨道交通线路的平均运距(2006年)　　　　　　　　　表3-3

线　路	线路长度(km)	平均运距(km)	平均运距占线路长度比例(%)
1号线	32.6	9.79	30
2号线	18.5	6.62	36
3号线	24.4	9.84	40
4号线	26.6	6.51	24
5号线	16.7	9.29	56

从北京、广州、上海轨道交通线路的平均运距来看,通常平均运距为线路全长的1/4～1/3。但也有一些比较特殊的线路其平均运距不在该范围内,如北京的一些郊区线路、上海地铁5号线。平均运距与线路所属区域及换乘站数量有密切关系,郊区线路密度小于城区线路,作为进出城区的重要通道,乘客乘坐距离长,而城区就业岗位多且密集,故城区或贯穿城区线路的平均运距明显小于郊区线路;换乘站点多的线路平均运距较小,换乘站起到一定的分流效用,如北京地铁10号线的平均运距占线路长度比例仅为14%。

线网平均乘距反映了乘客一次出行在轨道交通网络内的乘行距离。一般来说,随着线网规模的不断扩大、网络的不断完善,在线路长度不变的情况,线路平均运距在逐渐缩短,而线网平均乘距则在上升。以北京市为例,其轨道交通线网平均乘距由2005年的11.5km增至2010年的13.8km,2016年已经达到16.36km;上海市由2008年不足12km增至2013年超过14km;广州市由2001年(单线运营阶段)的6.8km增至2012年的11.24km,增长近一倍,2014年为11.50km,2016年为11.77km。

随着城市规模的扩大,居民平均出行距离和城市轨道交通线网平均乘距均不断延长。由于轨道交通线网发展为城市居民出行提供了更多的供给,线网平均乘距与居民出行水平往往呈正相关。资料显示,轨道交通线网平均乘距无论从绝对量还是增速上均高于居民平均出行距离。北京市2000—2010年,居民平均出行距离(不含步行)由8km增至10.6km,年均递增2.9%;同期,城市轨道交通线网平均乘距由10.2km增至15.5km,年均递增4.3%。上海市2004—2009年居民平均出行距离由6.2km增至6.5km,而轨道交通线网平均乘距由不足10km增至13.4km。

3.1.4 换乘客流

随着线网规模的扩大,以及轨道交通线网从市区向郊区的延伸,换乘客流大幅增加,换乘系数也随之增大,如图3-12所示。

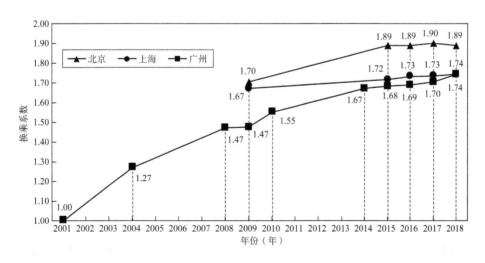

图3-12 北京、上海、广州轨道交通全网换乘系数

从北京各条线路的换乘客流变化来看(表3-4):

(1) 当网络线路条数不是很多时,郊区线的换乘比例较大。轨道交通线网从市区向郊区延伸过程中,全网换乘量和换乘系数均会增加,由于郊区线需依托市区线发展客流,换乘率一般都比较高。随着网络规模扩大,大多郊区线换乘比例逐渐降低(房山线换乘比例有所增加,主要受燕房线影响),大多市区线换乘比例逐渐升高。

北京各条线路换乘客流情况　　　　　表3-4

线路	2018年				2012年			2009年		
	换乘站占全线车站比例(%)	换乘量(万人次/d)	客运量(万人次/d)	换乘比例(%)	换乘量(万人次/d)	客运量(万人次/d)	换乘比例(%)	换乘量(万人次/d)	客运量(万人次/d)	换乘比例(%)
1号线	43.5	60.85	120.07	50.7	60.53	129.77	46.6	43.73	102.16	42.8
2号线	55.6	50.95	102.27	49.8	59.51	118.07	50.4	37.58	87.21	43.1
4号线—大兴线	28.6	63.33	133.87	47.3	34.59	98.37	35.2	5.82	13.93	41.8
5号线	43.5	52.99	107.31	49.4	38.74	87.37	44.3	25.03	63.18	39.6
6号线	31.3	42.57	98.81	43.1	0.05	0.14	37.6			
7号线	25.0	21.19	47.65	44.5						
8号线	31.6	20.47	42.71	47.9	5.65	12.86	43.9	1.52	3.35	45.2
9号线	53.8	34.89	57.53	60.6	1.01	3.63	27.9			
10号线	35.6	80.39	179.08	44.9	37.38	86.69	43.1	21.64	52.85	40.9
13号线	50.0	37.15	77.85	47.7	30.16	66.81	45.1	15.58	44.75	34.8
14号线(西段)	28.6	3.24	7.06	45.9						
14号线(东段)	38.1	31.57	67.32	46.9						
15号线	20.0	17.98	42.33	42.5	4.18	10.76	38.8			
16号线(北段)	10.0	4.28	10.56	40.5						
八通线	15.4	12.32	31.43	39.2	13.03	30.44	42.8	9.09	21.05	43.2
昌平线	16.7	9.82	25.88	37.9	4.29	10.47	41.0			
房山线	8.3	7.52	16.11	46.7	1.02	2.83	36.1			
亦庄线	14.3	9.56	22.81	41.9	5.16	12.03	42.9			
燕房线	11.1	0.74	1.73	42.8						

资料来源:根据《北京市交通发展年度报告》数据整理。

(2) 环线的换乘比例较高。换乘与线网中大多数线路都有换乘站,线路上换乘站较多,换乘关系复杂,因此环线上的换乘比例较高。如北京地铁2号线(换乘比例50%)与其他线路相比,其换乘比例相对较高。

(3) 总体上,北京各线路换乘客流比例为40%~60%;大体上线路车站中换乘站比例越高,线路换乘客流比例较大,如图 3-13 所示。郊区线路多为放射线,在市区终端换乘客流较大。

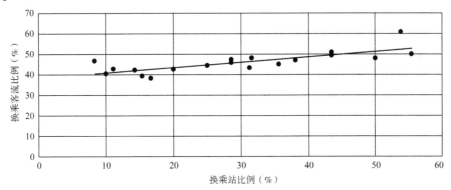

图 3-13　北京轨道交通各线换乘客流比例与换乘站比例的关系(2018 年)

3.2　城市轨道交通客流预测基本规定

3.2.1　基础数据与资料

1)城市轨道交通客流预测的依据

城市轨道交通客流预测是对未来交通需求状态的量化描述。以未来城市发展背景为基础,通过建立预测模型测算未来轨道交通的客流指标。因此,城市轨道交通客流预测的主要依据是指城市具有法定效力的上位规划及基于城市上位规划开展的城市综合交通体系规划、城市交通综合调查等专项规划和调查成果以及国家公共交通发展政策,这些是城市轨道交通客流预测工作开展的前提条件。其中城市具有法定效力的上位规划主要包含城市国民经济和社会发展规划、城市总体规划及控制性详细规划。因此,城市轨道交通客流预测的依据主要包括:

(1)城市国民经济和社会发展规划。
(2)城市总体规划及控制性详细规划。
(3)城市综合交通体系规划。
(4)包含居民出行调查的城市交通综合调查。
(5)国家公共交通发展政策。

2)城市轨道交通客流预测的影响因素

城市轨道交通客流预测过程中的影响因素,需加以分析论证并给出合理设定。在城市轨道交通客流预测工作过程中有些影响因素无法从规划资料中直接获取,同时这些影响因素又是客流预测工作的重要研究内容,实际工作中需要对影响因素进行论证分析,以确保这些影响因素取值或设置的合理性。主要影响因素包括:

(1)国民经济发展水平。
(2)规划人口及就业岗位分布。
(3)道路、常规公共交通交通网络。

(4) 小汽车发展水平。

(5) 交通需求管理、票制票价政策。

(6) 轨道交通线路的运营参数。

3) 城市基础数据与社会经济数据要求

城市基础数据与社会经济数据用于分析城市社会经济发展现状并预测未来发展趋势和规模,作为交通需求预测的重要基础依据,人口与社会经济数据质量直接影响到客流预测结果的精度。

城市基础数据主要包括人口数据、就业岗位和就学数据、机动车数据。

其中,人口数据包括常住人口和流动人口总量和分布数据,需区分常住人口和流动人口的出行特征。由于常住人口和流动人口出行特征具有较大差异,需要对流动人口的出行特征单独进行描述。就业岗位和就学数据包括总量和分布数据。机动车数据包括分车型的机动车保有量及分布数据。以上分布数据的粒度要求需至少细化到街道或乡镇。

社会经济数据主要包括:地区生产总值、人均可支配收入数据。

其中,地区生产总值为城市经济产出指标,指该行政区域内各个产业增加值的总和。

从时间角度,上述各项数据均需基础年数据和各预测年数据。

(1) 基础年数据

基础年数据应使用统计部门等官方发布或提供的统计数据。人口数据主要依据人口普查数据,其他来源部门包括统计、民政、公安、规划等部门;就业岗位数据主要依据经济普查数据,还可依据统计部门、行政管理部门或现状用地等资料估算。就学数据来源于教育部门统计资料。机动车数据主要来源于交通管理部门。经济发展数据主要来源于统计部门的国民经济和社会发展统计公报。

(2) 预测年数据

预测年数据应根据规划或通过现有数据预测得到。人口数据根据规划土地利用情况分析预测获得。就业岗位预测需结合现状城市产业结构、未来产业布局及相应的土地利用性质来进行预测。就学数据需考虑未来人口年龄结构的变化趋势,结合土地利用规划数据预测。机动化发展预测需在充分考虑城市社会经济发展和机动车发展之间关系的基础上,结合机动车发展政策等因素进行预测。经济发展数据预测需结合国民经济和社会发展规划等规划资料进行预测。

4) 城市交通数据要求

城市交通数据包括交通基础设施数据、现状交通需求数据和交通运行状况数据,主要用于现状交通需求特征和运行状况分析,客流预测模型建模、标定和验证。现状交通需求特征和运行状况分析包括:城市交通需求、城市道路交通、公共交通、自行车和步行交通、城市对外交通、城市停车、城市机动车、交通管理与交通政策等内容和特征。

鉴于我国正处于城市化快速发展进程中,城市交通特征变化较快,为保证调查数据的时效性,基础年城市交通数据应采用5年内的城市交通综合调查或专项调查数据,超过5年,需组织进行新的交通综合调查。

城市交通综合调查包括居民出行调查、核查线机动车流量调查、公共交通客运量调查等主要内容,调查的样本量需满足城市交通需求预测模型标定和校核的要求,如样本覆盖范围与模型范围一致,样本量分布较为均匀,样本量满足模型关键指标的标准误差要求。

居民出行调查需能够反映居民出行的出行率、出行时间、出行距离、出行方式、出行空间分布等主要特征。核查线机动车流量调查需建立相对稳定的调查地点和调查体系,能够反映城市主要交通干线和交通走廊上的机动车的流量变化特征和趋势,并能够为校核预测模型提供支持。公共交通客运量调查需能够反映城市公共交通整体和主要公共交通走廊上的运量、运距、换乘等主要公共交通出行特征。当城市交通综合调查不能满足客流预测的要求时,可进行补充交通调查。调查内容可根据城市基础资料状况,结合客流预测要求确定。

获取预测年城市交通数据的基本手段以规划为依据或通过现有规划数据预测得到,由于规划年往往是一个时间节点,而客流预测的预测年为多个,因此非规划年的预测年份的城市交通数据需通过现有规划数据预测得到。

(1)交通基础设施数据

交通基础设施数据包括城市道路交通网络、常规公共交通网络、轨道交通网络及对外交通枢纽等,数据采用地理信息系统数据格式建立并存储。存储信息包括基础设施基本信息、管理控制、运营组织等。

城市道路交通网络应覆盖轨道交通网络或线路的范围。现状的道路网络应符合现状实际情况。预测年的道路网络应与城市综合交通规划、综合交通体系规划、城市总体规划相一致。道路交通网络应由重要支路及其以上等级的道路构成,道路等级可按高速公路、快速路、主干路、次干路、支路进行分类。道路路段基本信息应包括道路等级、机动车车道数、通行能力、限速等参数。道路交叉口基本信息包括允许的转向和优先转向等信息。

常规公共交通网络包括现状运营的所有线路,线路信息包括线位、站点、发车频率或时刻表、车型、票制票价等。预测年的常规公共交通线路需在现状公共交通线路基础上结合相关公共交通枢纽规划布局、轨道交通网络规划布局方案等进行布设。

轨道交通网络数据包含轨道交通线路和站点,线路信息包括线位、站点、发车频率、运营速度、车辆编组、车辆定员、票制票价等信息,站点信息包括站点位置、与交通小区的连接情况、各交通方式的接驳情况,换乘站应包括线路相互换乘。

对外交通枢纽包括枢纽分布和吞吐能力。对外交通枢纽包括机场、火车站、长途汽车站、港口码头等,预测年需结合交通枢纽规划资料确定其分布和吞吐能力。不同类型枢纽吞吐能力指标不同,其中机场为年旅客吞吐量,火车站和长途汽车站为年旅客到发量,港口码头为年旅客吞吐量。

(2)现状交通需求数据

现状交通需求数据需以居民出行调查数据为主进行数据扩样、加权和校核,数据指标包括出行目的、出行方式、出行距离、出行空间分布和时间分布对应的出行量。

现状交通需求数据可根据实际情况结合公共交通调查数据、公共交通刷卡交易数据、车辆出行调查数据、货运调查数据、特殊吸引点出行数据、出入境数据等获得。

(3)交通运行状况数据

交通运行状况数据主要包括城市道路、常规公共交通、轨道交通、出租汽车和对外交通枢纽等能够反映城市内部和对外交通运行状况和特征的数据。

城市道路运行状况包括城市路网总体负荷水平、道路断面的流量和行驶速度信息。城市道路包括快速路、主干路、次干路和支路等类型。具有核查线调查数据的采用调查数据，主要主干路及以上等级道路的相关信息通过调查得到，其余道路相关信息可采用经校核过的模型分配结果，通过推算得到。

常规公共交通运行状况包括日客运量、平均运距、行驶速度、发车班次及主要客流走廊的公共交通断面客流量等能够反映城市常规公共交通运行状况和特征的数据。

轨道交通运行状况包括全网及各线路日客运量、日客运周转量、高峰小时单向最大断面客流量、平均运距、线路客流强度、换乘系数及各线路行车间隔信息等能够反映城市轨道交通运行状况和特征的数据。

出租汽车运行状况包括日客运量、单车日服务车次、空驶率、次均载客人数、平均运距等能够反映城市出租汽车运行状况和特征的数据。

对外交通枢纽运行状况包括到发车次、日客运吞吐量或到发量、旅客到发时间分布、集散交通方式构成等能够反映城市对外交通枢纽运行状况和特征的数据。

3.2.2 轨道交通客流预测的内容

城市轨道交通客流预测报告是城市轨道交通立项、可行性研究审批的重要技术文件。城市轨道交通线网规划、建设规划、工程可研、初步设计等各个阶段都涉及客流预测，而且不同阶段客流预测的要求和作用也不尽相同，具体来说，包括以下阶段。

（1）线网规划阶段：确定城市轨道交通线网规划方案的定量依据。

（2）建设规划阶段：论证城市轨道交通建设的必要性和可行性，为确定近期建设方案和建设时序提供参考。

（3）工程可行性研究阶段：配合工程设计，是确定系统选型、规模、车辆编组、运营组织、车站规模、车辆段规模等指标的判断依据。

（4）初步设计阶段：初期客流预测结果主要用于接驳换乘设计，近期客流预测结果主要用于机电设备配置规模，远期客流预测结果主要用于土建设计规模，以提供参考依据。

另外，有时出于线路运营组织和运营招标的需要，有些线路还会对通车运营初期进行客流预测，作为测算城市轨道交通项目运营效益的前提，是政府以及投标运营商重要的谈判依据和参考。

1）线网规划阶段

线网规划阶段客流预测年限应与线网规划的年限一致。《城市轨道交通线网规划标准》（GB/T 50546—2018）规定：城市轨道交通线网规划的年限应与城市总体规划的年限一致，同时应对远景城市轨道交通线网布局提出总体框架性方案，并应预留可扩展性和发展弹性。根据《中华人民共和国城乡规划法》规定，城市总体规划的规划期限一般为二十年，同时要求城市总体规划应对城市更长远的发展做出预测性安排。基于此，城市轨道交通线网规划客流预测年限为城市总体规划年限和远景年，其中远景年可与城市远景发展战略规划相结合。

线网规划客流预测内容包括城市交通需求预测和线网客流预测，线网客流预测根据研究对象不同又分为比选方案线网客流预测、推荐方案线网客流预测。

线网规划阶段客流预测结果是为了能满足公共交通系统的整体服务水平分析的工作需要,包括出行总体指标、线网及线路层面的客流指标。出行总体指标反映了轨道交通对公共交通内部结构的影响,体现了公共交通体系结构。线网客流指标反映了轨道交通对于乘客出行的直达和便捷程度,为线网整体布局优化和各线路功能定位提供决策依据。线路客流指标反映了轨道交通对客流的吸引力,以及轨道交通线路的运营效益和运输效率,为线路走向优化和系统运量等级分析等提供定量参考。

(1) 城市交通需求预测

城市交通需求预测包括出行总量、出行时空分布,有无轨道交通对出行方式构成和出行时间构成的影响,及对道路网络负荷、车公里数、车小时数、平均运行速度的影响预测。其中有无轨道交通的概念如下:对于原来无轨道交通的城市指新建轨道交通前后,对于原来已有轨道交通的城市指新增轨道交通前后。

(2) 线网客流预测

比选方案线网客流预测根据各比选方案的轨道交通出行总量及分担率来判断轨道交通线网规模的合理性,从日客流总量、负荷强度、平均乘距、换乘客流量和换乘系数等客流指标分析论证线网构架的准确性。因此,线网比选方案客流预测包括各比选方案的下列指标:

①轨道交通网出行总量。
②轨道交通网出行分担率。
③轨道交通网日客流量。
④轨道交通网负荷强度。
⑤轨道交通网平均乘距。
⑥轨道交通网换乘客流量。
⑦轨道交通网换乘系数。

推荐方案线网客流预测通过分析各线路特征,为线网功能层次结构划分、各线路功能定位及系统运量等级提供参考依据。推荐方案中各线路客流特征主要包括各线路平均运距、客流强度、全日及高峰小时客流量、高峰小时单向最大断面客流量等。因此,线网推荐方案客流预测包括各线路的下列客流指标:

①线路平均运距。
②线路负荷强度。
③线路全日及高峰小时客流量。
④高峰小时单向最大断面客流量等。

2) 建设规划阶段

建设规划阶段会对根据建设线路的不同以及时序等情形得到的建设方案进行比较分析。建设规划阶段应综合考虑城市社会经济发展、城市交通运行、公共交通发展等影响因素,在比选方案客流预测结果对比分析的基础上给出推荐方案。比选方案线网客流预测是对各方案实施后所产生的效果进行分析,因此预测年限应是建设规划的末期。而推荐方案线网客流预测年限除建设规划的末期外,还应包括对轨道交通网络成形、城市发展基本稳定后的远景年。推荐方案中安排建设的各线路客流预测年限应含初期、近期和远期,分别为线路建成通车后第3年、第10年和第25年。

建设规划阶段客流预测主要内容包括城市交通需求预测、比选方案线网客流预测、推荐方案线路客流预测、推荐方案客流敏感性分析等。

(1) 城市交通需求预测

城市交通需求预测是轨道交通客流预测的重要基础,出行时空分布分析将为客流预测结果提供判断依据。比选方案客流预测根据轨道交通出行总量及出行分担率与城市总体规划或综合交通规划中确定的城市公共交通发展目标、轨道交通与公共交通的功能定位及分担比例的对比分析,评价各比选方案的优劣,确定推荐方案。

城市交通需求与主要规划指标分析主要包括对交通出行总量、出行的时间和空间分布,以及有无轨道交通对出行方式结构和出行时间构成的影响及道路网络负荷、车公里数、车小时数、平均运行速度的影响进行分析。

(2) 比选方案线网客流预测

比选方案客流预测指标主要包括客运量、负荷强度、换乘系数、平均乘距、公共交通在全方式中的出行分担率、轨道交通在公共交通中的出行分担率等。

(3) 推荐方案线路客流预测

推荐方案远期线网客流预测主要是反映城市轨道交通网络成形和城市发展基本稳定的情况下线网客流特征指标。推荐方案客流预测指标主要包括线网方案中各线路平均运距、全日及高峰小时客流量、换乘客流量、高峰小时单向最大断面客流量等。推荐方案线路客流指标反映了轨道交通对客流的吸引力,以及轨道交通线路的运营效益和运输效率,可为线路系统制式、经济评价分析等提供初步参考。

(4) 推荐方案客流敏感性分析

建设规划阶段客流预测敏感性分析的重点是影响总量规模的宏观因素,包括城市人口规模、交通发展政策、土地开发时序和进程、票制票价方案等。由于这些因素存在很大的不确定性,又是影响轨道交通客流预测结果的关键因素,因此需要对其进行敏感性分析。该阶段敏感性分析主要包括以上不确定因素对推荐线网方案的拟建线路的影响程度,不用给出波动范围。其中,城市交通发展政策主要包含采取的公交优先策略、相关措施以及针对机动车、摩托车、电动自行车等交通方式的相关政策性导向。

3) 工程可行性研究阶段

轨道交通新线客流培育期一般为开通后 3 年,因此,工程可行性研究阶段客流预测的初期为通车后第 3 年。但线路系统制式、车辆选型和编组、车站规模、运营组织方案等不仅要满足初期客流的需求,更重要的是还要满足未来不同时间的客流变化要求,因此除了初期客流预测外,还需要进行近期(通车后第 10 年)和远期(城市发展进入基本稳定阶段,按通车后第 25 年考虑)客流预测。

由于工程可行性研究阶段客流预测直接为线路、车站设计等技术参数提供定量依据,因此,除了城市交通需求、线网及线路客流指标等总体层面的指标外,还要重点预测车站的进出站客流和换乘车站换乘客流。

(1) 城市交通需求预测

城市交通需求预测内容主要包括交通出行总量、出行时空分布、交通方式结构等。需要注意的是对于连接新城和中心城的轨道交通线路应针对不同区域加以分析,新城内轨道交通线路应重点分析新城内部的交通需求。

(2) 线网客流预测

线网客流预测内容主要包括远期线网客流量、负荷强度、平均乘距、换乘客流量和换乘系数,远期各线路客流量、负荷强度、平均运距、高峰小时单向最大断面客流量。

(3) 线路客流预测

线路客流预测内容主要包括开通年至远景年客流成长曲线、三期全日及早、晚高峰小时的客流量、客流周转量、换乘客流量、平均运距、单向最大断面客流量、负荷强度、客流时段分布曲线、日各级运距的客流量;线路的客流高峰不出现在全网早、晚高峰时段时,应预测分析线路高峰客流出现时段及线路客流指标。比如机场线等特殊线路,其高峰时段就极有可能不出现在全网早、晚高峰时段。

(4) 车站客流预测

车站客流预测内容主要包括三期全日及早、晚高峰小时各车站乘降客流、站间断面客流量、换乘站分方向换乘客流;车站的客流高峰不出现在全线早、晚高峰时段时,应预测分析车站高峰客流出现时段及车站乘降客流。类似火车站、医院、学校、大型体育场馆等附近的轨道交通站点,其客流高峰可能不出现在早、晚高峰时段时,应预测分析车站高峰客流出现时段及车站乘降客流。与火车站、机场和长途客运枢纽、大型旅游景点、体育场馆或展览场馆等相衔接的轨道交通站点,其客流波动较其他车站大,客流高峰时间也与其他车站不同,因此,应在大型社会活动期间或节假日,对具有突发客流的特殊车站单独做特别预测和分析,以确定车站合理布局和规模等。

(5) 站间起讫点(OD)客流预测

站间 OD 预测内容主要包含三期各站点全日、高峰小时站间 OD 矩阵及分区域 OD。分区域站间 OD 矩阵主要用于分析区域交换量。

(6) 客流敏感性分析

客流敏感性分析,应根据初期和远期不同影响因素给出全日客流量及高峰小时单向最大断面客流量的波动范围。不同时期的影响因素也有所不同,初期可选用票制票价、发车间隔、交通衔接等因素,远期可选择线路沿线人口与岗位规模等因素,针对不同规模的城市以及郊区线和市区线等不同性质的轨道交通线路可加以具体分析。工程可行性研究阶段客流预测敏感性分析主要包括线路沿线人口规模、票制票价、发车间隔、交通衔接等因素。沿线土地开发进程及规模直接影响着轨道交通沿线人口规模,进而影响轨道交通线路吸引客流。许多城市进行轨道交通客流预测时,按照原规划的最终阶段进行预测,但实际上由于各方面的原因,沿线土地开发实施进程和规划存在差异,尤其是郊区的土地开发可能比较滞后,同时也有土地开发强度远超出规划的情况,这些都对客流产生了很大影响。票制票价、城市轨道交通发车间隔、其他方式特别是公共交通衔接对轨道交通的吸引力有很大影响,需要进行敏感性分析。

城市轨道交通延长线出现在城市轨道交通分期建设或者在原有线路基础上进行延伸的情形下。对于城市轨道交通延长线的客流预测应给出全线线路客流指标和本延长段的线路客流指标与车站客流指标。目前,国内城市轨道交通线路分期建设,随城市空间布局调整等因素发生的线路延伸情况屡见不鲜,但实际工作中存在只给出延长段本身指标或者只给出全线指标的情况。

4）初步设计阶段

工程初步设计阶段客流预测年限应分为初期、近期和远期,三期预测年限应与工程可行性研究阶段一致。即初期、近期和远期分别为线路建成通车后第3年、第10年和第25年。

初步设计阶段所需要的客流指标更为具体和细致,初步设计阶段客流预测的主要内容在包括工程可行性研究阶段客流预测的主要内容的基础上,根据初步设计阶段研究的需要,增加对换乘站换乘客流、站点乘降量、站点出入口进出客流量的上下行预测,同时对站点高峰小时的换乘站换乘客流、站点乘降量、站点出入口进出客流量进行预测,满足站点初步设计的实际工作需要。

初步设计阶段客流预测以工程可行性研究阶段客流预测为基础,除包括工可阶段所有内容外,根据初步设计阶段研究的需要,还需包括下列内容:

(1) 换乘车站高峰小时出现时段及高峰小时分方向的换乘客流量。

(2) 站点高峰小时出现时段及高峰小时分方向乘降量。

(3) 全日及高峰小时站点各出入口进站客流量和出站客流量。

(4) 全日及高峰小时站点不同接驳交通方式进站客流量和出站客流量。

(5) 分出入口、分方向的超高峰系数。

3.2.3　城市轨道交通客流预测模型的要求

1）客流预测模型基本要求

城市交通需求预测模型是开展轨道交通客流预测建模的基础。模型能够反映实际的居民出行特征和交通供需状况,既能适应城市交通现状,又能适应城市未来发展状况,能够预测交通需求和供给的总量和特征,并分析供需关系。

城市轨道交通客流预测模型的交通小区系统一般在城市需求预测模型的交通小区系统基础上,将轨道交通站点周边的交通小区细化。通常,线网和线路客流预测层次,一个轨道交通站点至少对应一个交通分区。

轨道交通客流预测模型是建立在城市交通需求预测模型基础上的专项模型,其基础交通网络需涵盖城市交通网络各组成部分,并对公共交通网络进行细化,细化程度根据预测内容有所区别,如线路客流预测要求包含轨道交通线路、站点的各类接驳线路等,站点分向客流预测需要包含站点周边每类接驳方式的位置、道路通道、与出入口的相对关系等更加详细的交通设施信息。

模型是对现实的模拟,因此要求基础网络能够反映对应特征年交通供给的情况,与对应特征年的网络相一致;为了反映公共交通实际的运行成本和运行规律,特别是地面公共交通与其相依存道路交通服务水平的关系,强调必须采用加载交通量后的道路交通网络。为反映轨道交通站点周边服务范围及换乘设施的优劣程度,建模过程中需要考虑轨道交通站点与周边区域联系和换乘站内部联系的换乘接驳网络,如小汽车停车换乘(Park and Ride,P + R)、自行车换乘(Bike and Ride,B + R)接驳方式、公共交通接驳线路、站点内部和站点之间的换乘通道等。

模型中涉及公共交通运营的成本种类较多,主要包括步行时间或接驳时间、等待时间、车内时间、换乘时间、票价等,因此必须包含反映基础网络运营特征的重要属性参数,如考虑地面公共交通车速与道路运行速度的关系、发车间隔、车辆配置、换乘惩罚、接驳成本等,并与规划一致。

接驳换乘网络由接驳连接线和换乘连接线构成。接驳连接线指轨道交通站点与交通小区形心点连接线;换乘连接线指轨道交通站点与其他交通方式换乘点的连接线。接驳惩罚参数指一次出行过程中乘坐公共交通方式的上车惩罚时间;换乘惩罚参数指一次出行过程中在公共交通方式之间换乘一次的惩罚时间,用来反映交通方式之间换乘的不便。

从预测内容上,城市轨道交通客流预测模型需具有如下功能:

(1)能够准确把握和预测各预测年出行需求总规模。
(2)能够预测符合规划的出行空间分布,把握主要客流走廊出行分布特征。
(3)能够预测各类交通方式的构成。
(4)能够反映公共交通出行规律。
(5)能够预测轨道交通客流特征。
(6)能够对模型预测的影响因素进行敏感性分析,包括人口与就业岗位规模及分布、轨道交通的运营组织方案、票制票价方案等。

2)客流预测模型的标定与验证要求

(1)模型标定

模型标定是应用交通调查数据对模型中的参数进行求解的过程,注重把握出行特征与出行者社会经济属性及交通系统运行状况的函数关系,而这种关系的主要数据来源是居民出行调查。鉴于国内城市快速变化的特点,还需要考虑模型标定结果对未来年的适应性,即分析模型参数在预测年可能产生的变化。

对模型中主要参数进行标定的具体要求如下:

①出行率是客流预测中决定出行规模的重要参数,与出行者的人群分类、车辆拥有情况、收入、交通可达性、城市结构等因素有关。一般城市交通需求预测模型要根据居民出行调查等数据建立出行生成模型,然后标定其中的参数。

②平均出行距离在一定基础上反映了城市出行空间分布的变化,出行分布模型中现状年和未来年份的平均出行距离的变化要符合城市空间发展的规律。模型中不同出行目的的平均出行距离有所不同,如基于家工作出行(HBW)和基于家其他目的出行(HBO)的不同,模型标定时应该注意检验,并在模型应用中进行分析。

出行空间分布一般需要增加相关调整系数,以反映山峦河流或行政区划等非出行成本因素对出行空间分布的影响,由于国内城市处于快速变化期,应用现状数据标定的调整系数往往不能有效适应未来的特征,因此在应用相关调整系数时要注意检验对未来年的适应性。

③方式划分模型一般采用分层的形式,即先划分主方式再划分子方式,比如先划分公共交通和私人交通两大类方式,再将公共交通细分为轨道、公共电汽车等方式,将私人交通细分为小汽车、出租车方式。建议分层设计时,考虑不同群体采用不同分层设计,如有车家庭和无车家庭可以采用不同的分层设计,这样可以体现不同群体的行为偏好。在模型设计中可以根据实际情况灵活设计,但必须对其分层的合理性进行说明,目前交通方式划分模型大多采用评定模型(Logit 模型)结构。

④出行综合成本是贯穿于整个模型的关键值,从出行生成预测中的可达性指标,到出行空间分布、方式结构预测中的出行成本,再到客流分配中的路径选择,都需要综合成本的支持。在综合交通模型中一般建立专门的综合成本计算模块为其他模块提供综合成本。计算综合成本关键是要综合反映整个出行过程中各个环节中的各项时间成本和交通费用,一般公共交通的综合成本函数要考虑车外时间(包括步行时间、等车时间、换乘时间等)、车内时间和票价三大因素,同时依据出行者对不同因素的感受,构造不同交通方式的综合成本费用函数,并详细标定各因素权重。

在客流预测中往往涉及票价、过路费、油费等货币费用,为了将其与时间成本统一,引入了时间价值(VOT)参数。时间价值(VOT)对于不同出行目的、不同人群有所不同,如以上班为目的的出行比以生活休闲为目的的出行对时间更敏感,时间的价值更大。根据国内外时间价值的发展趋势,随着国民经济和收入水平的提高,时间价值会增加,即人们更希望用金钱换取时间,因此还需进一步分析未来几个特征年时间价值取值变化依据。

特征年包括基础年、规划年和未来年,其中基础年为建立交通需求预测模型的基年,规划年指城市总体规划的目标年以及城市轨道交通线网规划和建设规划的目标年,而未来年指各城市总体规划、城市轨道交通线网规划和建设规划的远期年或远景年。

不同群体主要分为有车或无车家庭、就业人员、就学人员、无业人员等。

不同出行目的主要指通勤出行、生活类出行和公务外出,其中通勤类出行包括上下班工作出行和上下学出行,生活类出行包括购物出行、休闲娱乐健身出行、接送人出行、个人事务出行以及其他出行等。

(2)模型验证

模型验证是通过分析模型运算结果与调查结果的差异判断模型预测结果是否合理,并通过调整模型参数使模型能够反映实际供需状况,保证模型具有预测能力的过程。模型验证所采用的调查数据有别于建模阶段模型参数估计所采用的调查数据。一般利用道路核查线流量、公共交通客运量等数据进行模型验证。模型验证包括模型合理性验证和模型敏感性验证两部分。模型验证通常与模型参数调校一起反复交互进行。

基础年的模型合理性验证采用公共交通客运量、道路核查线流量等数据,验证指标包括公共交通客运量、核查线分时段交通量等。根据国内外经验,要求模型运算结果与实际调查结果在验证指标上的误差在15%以内。其余可采用的验证指标还有核查线流量的标准误差、分等级道路平均车速等。

预测年的模型合理性验证是在给定新的输入数据的基础上验证模型结果的合理性,包括验证模型总体结果,如出行率、出行方式构成、出行目的构成、出行距离、公共交通客运量、道路分配流量等指标,并分析判断预测年模型结果相对基础年结果的变化趋势是否合理,与类似城市的发展经验是否吻合,数据指标是否在经验值区间内,并给出充分理由,做出解释。

模型敏感性验证是通过测试模型输入数据的变化,如人口、社会经济数据、交通系统等来预测模型结果的相对变化范围,并分析判断敏感性测试结果随以上输入数据变化的合理性,如结果变化趋势是否一致,结果变化区间是否可接受,与类似城市的变化规律是否一致等。

3.3 城市轨道交通客流预测基本原则与思路

3.3.1 城市轨道交通客流预测的一般原则

(1) 宏观与微观相结合的原则

这里的宏观指的是城市总体规划,微观指的是每个交通小区、每条道路。将每个交通小区、每条道路的预测与城市的总体规划相结合,在预测中既要考虑社会经济政策变化状况,又要考虑经济水平、人民风俗习惯和个体差异。

(2) 定性与定量相结合的原则

定性分析主要是预测者根据经验和逻辑推理对事物的质进行判断;定量分析在前者的基础上采用数学的方法完成,着眼于统计资料的收集。定量分析与定性分析有机结合后才能够对城市轨道交通线路的客流进行科学、客观、公正的预测。

(3) 系统化与合理化原则

客流预测是一门新兴的边缘学科,虽然城市主体的交通需求预测趋于成熟,但是轨道交通客流预测还处于探索和不断完善阶段,因此我们应积极借鉴其他交通需求预测理论,及时提出新的理论模型。在进行客流预测时要全面考虑问题,综合分析,达到系统整体效果最优。

(4) 坚持协调发展原则

客流预测主要考虑城市规模和经济的可持续发展,轨道交通引入城市,满足了大量通勤交通的需求,缓解了道路交通压力。但是充分认识其适用条件和服务范围,既要充分发挥轨道交通的优点,又要使其分工合理化,从而发挥整个交通系统的作用。

(5) 强调理论先进性的同时,注重数据积累

先进的理论无疑对预测结果的可靠性有直接的影响,但客流预测是从历史出行情况中掌握出行规律,并以此推测出未来年的出行状态,调查资料是否丰富、准确、连续,从根本上决定了预测结果是否可靠。此外,由于轨道交通客流预测年限长,还应该注意规划年限与预测年限的一致性等问题。

3.3.2 城市轨道交通客流预测的具体性原则

各个城市在做客流预测时不仅要借鉴其他城市的经验,还要针对本城市的特点提出合理的模型,主要考虑的原则有以下几个:

(1) 城市人口规模的大小与分布特点

城市人口规模的大小和分布从根本上决定了轨道交通的规划方向。一个人口密集的重工业城市,如鞍山市,它的居民出行的目的主要为上班、上学、购物等,客流分布比较有规律,轨道交通的规划应当满足居民出行的需求。而西安、大连等旅游城市客流中的一大部分来自旅游人口,这样旅游城市与工业城市的客流预测模型并不相同。同理,拥有百万人口的佛山市的客流预测不应照搬拥有上千万人口的北京市的客流预测模型。

(2) 城市的地形特点

城市的地形特点对城市客流分布有决定作用,例如兰州市,其狭长的地形为客流预测提

(3)城市的未来发展

城市的未来发展规划对城市的客流预测也起着重要的作用。各个城市应根据城市的性质、规模、用地布局、经济发展水平及有关国家政策,对轨道交通客流预测进行控制。例如深圳作为经济特区,其政策有异于内陆城市,这样在做客流远景预测和交通客流分配时,应当考虑其政策对城市的影响和轨道交通对城市规划的反作用。

(4)城市的地理位置、居民的生活习惯、气候特点

城市的地理位置、居民的生活习惯、气候特点对客流预测具有重要的作用。城市规模相仿的广州和西安在采用"四阶段"法预测时,气候相对于干燥的西安为步行和自行车提供了方便,而经济相对发达和多雨气候的广州为私家车提供了可能。

3.3.3 城市轨道交通客流预测技术路线

随着城市轨道交通的迅速发展,与其他方法相比,四阶段客流预测法的理论基础相对成熟,既可以反映出行分布现状,又可以在一定程度上掌握交通发展趋势,实用性较强。因此,我国城市轨道交通客流预测实践中以四阶段交通需求预测模型为主。所谓四阶段预测法,就是将交通需求预测过程分为四个阶段:出行生成预测、出行分布预测、方式划分预测、交通分配预测。城市轨道交通"四阶段法"客流预测工作主要有以下5个基本步骤:

(1)收集资料

主要包括土地利用规划资料及交通供给资料等。交通发展与土地利用之间有紧密的相互作用和联系,客流预测必须考虑到规划期限内有关的土地利用规划。土地利用资料主要是指交通小区的人口数和不同用地类型的工作岗位数,它们是产生城市客流交通的根源。一般将城市研究区域划分为若干交通小区,交通供应资料包括各预测年度城市轨道交通线网、地面公交网及道路网。

(2)出行生成预测

出行生成预测是指对每一个交通小区产生的和吸引的出行数量的预测,亦即预测发生在每一个交通小区的出行端数量。换言之,出行生成预测是预测研究对象地区内每一个交通小区的全部进出交通流,但并不预测这些交通流从何处来到何处去。

(3)出行分布预测

出行分布预测是指从起点交通小区到讫点交通小区的交通量(OD)的预测,得到各预测年度全市全方式分目的出行分布矩阵表。

(4)方式划分预测

方式划分预测是指对每组起、讫点间各种可能的交通方式(如小汽车、公共交通、自行车等)所承担的比例的预测,即决定出行者采用何种交通方式出行,从全方式出行分布中分离出各种出行方式的出行分布OD。

(5)交通分配预测

将出行分布OD矩阵预测结果分配到所选择的城市轨道交通线网规划方案对应的综合交通网络上,从而得到城市轨道交通线网各条线路上的客流量。

城市轨道交通客流四阶段预测模型如图 3-14 所示,四阶段交通需求预测系统一般由 4 个子模型组成,即:出行生成、出行分布、方式划分、交通分配。4 个子模型形成一个序列,前一个模型的输出结果为后一个子模型的输入数据,最后的子模型输出从起点到讫点以及采用某种交通工具行走某条路线的预测结果。

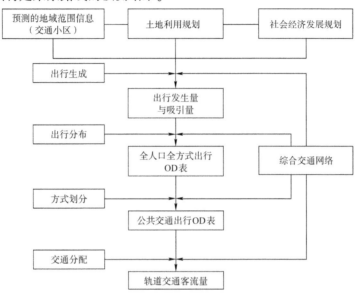

图 3-14 城市轨道交通客流四阶段预测模型

3.4 出行生成预测

3.4.1 概述

出行生成(Trip Generation)预测包括出行发生量(Trip Production)预测和出行吸引量(Trip Attraction)预测,这一阶段的预测目的在于获得城市在未来社会经济发展规模、人口规模和土地利用特征下,各交通小区可能产生和吸引到的总交通量。常用的预测方法有:增长率法、原单位法、回归模型法、交叉分类分析法等。

关于出行发生量和吸引量有两个基本的规律可循:

(1)一个交通小区中,住宅数量越多,发生量也就越多。

(2)非住宅数量越多,吸引量就越多。

单位时间内,一个交通小区的发生量通常不等于吸引量,但对于整个对象区域而言,单位时间的交通吸引总量应该严格等于单位时间产生总量(境内外出行例外),或者至少应该大致相等(包含了境内外出行)。

3.4.2 增长率法

增长率法假定交通小区 i 的居民出行量与社会经济指标同比例增长。这种方法是把不同交通小区的现状居民出行量 t_i 与增长因子 F_i 相乘,从而求得各个交通小区的规划年出行

量 T_i。

其基本模型为：

$$T_i = t_i F_i \tag{3-1}$$

式中：t_i——交通小区 i 现状年的居民出行量；

T_i——交通小区 i 规划年的居民出行量；

F_i——增长因子。

该模型的关键问题是如何确定增长因子 F_i，一般认为它同人口（P）、收入（I）、小汽车拥有数（C）等有关：

$$F_i = \frac{f(P_{id}, I_{id}, C_{id})}{f(P_{ic}, I_{ic}, C_{ic})} \tag{3-2}$$

其中，下角标 d 和 c 分别代表规划年和现状年。f 是一个不带参量的函数，表示上述因素对于居民出行的综合贡献。

增长率法的最大优点是可以处理用原单位法和函数法都很难解决的问题，它通过设定交通小区的增长率，可以反映因土地利用的变化引起的人们出行的变化以及对象区域外的交通小区的发生与吸引交通量。由于原单位法和函数法都是基于实际调查数据的方法，而对象区域外的交通小区没有实际测量数据和预测目标年度的自变量数据，因此选用增长率法。

但是，由于现实的复杂性，居民出行的增长与社会经济因素的增长之间的关系极其复杂，很难简单地用一个函数关系来描述，而且对于它们之间是否存在必然的、时空稳定的联系还值得推敲，经验得出该方法计算的结果偏大。在实际中，增长系数法通常只用于预测外部到研究区域的出行生成量。

3.4.3 原单位法

原单位法的计算原则通常有两种，一是用居民人口或就业人口每人平均的出行生成量来进行推算的个人原单位法，另一种就是以不同用途的土地面积或单位建筑面积平均发生的出行来预测的面积原单位法。

在居民出行预测中，经常采用的是以单位出行次数作为原单位来预测未来的居民出行量的方法，所以也称单位出行次数预测法。单位出行次数为人均或家庭平均每天的出行次数，它由居民出行调查结果统计得出。由于单位出行次数比较稳定，因此单位出行次数预测法是进行生成出行预测最常用的方法之一。

预测不同出行目的出行生成量可以采用如下方法：

$$\begin{cases} T = \sum_k T_k \\ T_k = \sum_l a_{kl} N_E \end{cases} \tag{3-3}$$

式中：k——出行目的；

l——人口属性（常住人口、就业人口、工作人口、流动人口）；

a_{kl}——出行目的 k 和人口属性 l 的平均出行生成量；

N_E——某属性的人口；

T_k——出行目的为 k 的出行生成量；

T——研究对象地区总的出行生成量。

原单位法预测的出行生成量除由人口属性按出行目的的不同预测外,还可以以土地利用或经济指标为基准预测。从调查中得出单位用地面积或单位经济指标的发生和吸引出行量,如假定其是稳定的,则可根据规划期限内各交通小区的用地面积(人口量或经济指标等)进行交通生成预测。

对于预测出行生成量来说,如何确定生成原单位的将来值是一个重要的问题。根据以往的研究成果,通常有以下几种做法:

(1)直接使用现状调查中得到的原单位数据。
(2)将现状调查得到的原单位乘以其他指标的增长率来推算,即增长率法。
(3)函数法,它是最常用的也是最主要的方法。通常按照不同的出行目的预测不同出行目的的原单位。其中,函数的影响因素(或称自变量)多采用性别、年龄等指标。

3.4.4 回归模型法

回归模型法是以出行生成量为因变量,以对其产生影响的主要社会经济指标为自变量,并基于现状数据资料进行回归分析的方法。据此而得到的模型称为回归模型。

取 k 个社会经济指标为自变量,设第 i 小区内第 j 个社会经济指标的值为 $Q_{ij}(j=1, 2,\cdots,k)$,则 i 小区的出行生成量 G_i 与 Q_{ij} 间的关系可以表示成下列模型:

$$G_i = f(Q_{i1},Q_{i2},\cdots,Q_{ij},\cdots,Q_{ik}) \tag{3-4}$$

当该模型取线性模型时,则有:

$$G_i = b_0 + \sum_{j=1}^{k}(b_j \cdot Q_{ij}) \tag{3-5}$$

式中:b_0——回归常数;

b_j——偏回归系数,$j=1,2,\cdots,k$。

利用小区的现状出行生成量 $G_i(i=1,2,\cdots,n)$ 及相应的社会经济指标值 $Q_{ij}(i=1,2,\cdots,k;j=1,2,\cdots,k)$ 采用最小二乘法即可求出相应的回归常数与偏回归系数。将所有的回归系数代入式(3-5),即可得到出行产生的回归预测模型。若上述 G_i 代表的是各小区的现状出行发生量,则所得到的模型是出行产生模型;若 G_i 代表的是各小区的现状出行吸引量,则对应的模型是出行吸引模型。

如日本丰田市的一个出行产生回归模型为:

$$G_i = 247 + 1.398Q_{i1} + 1.078Q_{i2} + 0.1125Q_{i3} \tag{3-6}$$

式中:G_i——i 小区的出行发生量,人次;

Q_{i1}——i 小区的总人数,人;

Q_{i2}——i 小区的事务所人数,人;

Q_{i3}——i 小区的商业及事务所占地面积,m^2。

只要将预测得到的未来相关社会经济指标代入上述模型,即可预测未来的出行发生量或吸引量。

如日本丰田市某一小区 i 的将来预测年度总人数为 5 万人,事务所人数为 3 万人,商业及事务所占地面积为 $2\times 10^6 m^2$,则该小区的出行发生量可以预测如下:

$$G_i = 247 + 1.398 \times 5 \times 10^4 + 1.078 \times 3 \times 10^4 + 0.1125 \times 2 \times 10^6$$
$$= 0.1125 \times 2 \times 10^6 = 32.7(万人次)$$

标定出一个新的回归模型时,还须对其系数(特别是正、负号)的合理性做出判断。例如,在自变量总人口之前的系数出现正号是合理的,这说明人口越多,出行量应该越大;反之,若在总人口变量前出现负号,则明显不合理,因为其表达的是人口越多,相应的出行产生量越小。如果出现这种不合理的现象,则应重新选择其他经济指标作为变量,重新标定模型。

从上述方法可见,无论哪种方法,都是以个人出行调查的结果为基础的。即他们都是以个人出行调查时点的发生、吸引出行量为基础,预先求得出行量与社会经济指标间的关系,然后预测出未来规划年度相应的社会经济指标值,最后预测得到规划年度的出行量。但其间是以其函数关系不变为前提的。然而现实生活中,由于生活条件的改善,城市规划、土地利用规划等可能产生调整,或由于实施了新的交通项目,地区交通状态产生变化,因而作为确定出行产生、吸引出行量基础的地区性质也会产生变化。对于这些问题,应根据不同情况,对预测值进行适当调整。

3.5 出行分布预测

3.5.1 概述

出行分布(Trip Distribution)预测是指从起点(Origin)小区到终点(Destination)小区的交通量预测,是利用各交通小区发生量 P_i 和吸引量 A_j(i,j 是交通小区序号)求各交通小区之间的分布(OD)量,即 OD 矩阵。

OD 矩阵是一个二维表(矩阵),行坐标为吸引分区号,列坐标为发生分区号,元素为出行分布量,见表 3-5。表中,q_{ij} 为以交通小区 i 为起点,交通小区 j 为终点的出行量,Q 为研究对象区域的生成交通量。

出 行 分 布 矩 阵   表3-5

O/D	1	2	…	n	小计
1	q_{11}	q_{12}	…	q_{1n}	P_1
2	q_{21}	…	…	q_{2n}	P_2
…	…	…	…	…	…
n	q_{n1}	q_{n2}	…	q_{nn}	P_n
小计	A_1	A_2	…	A_n	Q

对于 OD 表,下面各式所示守恒法则成立,即:

$$\begin{cases} P_i = \sum_j q_{ij} \\ A_j = \sum_i q_{ij} \\ Q = \sum_i P_i = \sum_j A_j = \sum_i \sum_j q_{ij} \end{cases} \quad (3-7)$$

出行分布预测的目的是要确定城市内部的各个交通小区之间的出行量,是进行城市交通规划和制订城市交通发展战略的重要依据。而轨道交通线网的客流出行分布,也是进行站点布设、行车组织等的基础。需要解决的问题包括:每一交通小区所发生的出行量到哪个分区去了;它所吸引的出行量又来自哪里。这一阶段的预测目的在于获得城市在未来年交通出行在空间上的分布,即各个分区之间的出行交换量。

出行分布预测的方法很多,有些比较简单的模型主要适用于短期战术性的研究,在这些研究中网络可达性不会发生很大的变化;而另外一些模型能够反映网络阻抗的变化,可用于长期战略性的研究。常用的出行分布预测方法有:增长系数法、重力模型法等。

3.5.2 增长系数法

增长系数法是一种依据现状出行分布和未来各交通小区出行量的增长率来计算未来各交通小区之间出行分布量的方法。增长系数法假定:已有来自过去研究或调查数据的现状出行分布矩阵,假设将来交通小区之间的出行分布模式与现状的分布模式一致,其未来年的出行分布量按照某一系数增加。

设q_{ij}^0为现状出行分布量,P_i^0、A_j^0为现状出行发生量、吸引量,Q^0为现状区域出行生成量;q_{ij}为未来年出行分布量预测值,P_i、A_j为未来年出行发生量、吸引量预测值,Q为未来年出行生成量;q_{ij}^m为第m次迭代出行分布量计算值,P_i^m、A_j^m为第m次迭代出行发生量、吸引量计算值;Q^m为第m次迭代出行生成量计算值;m为迭代计算次数,$m=0,1,2\cdots$。

则增长系数法的计算步骤如下:

步骤1:令计算次数$m=0$。

步骤2:计算各交通小区的发生与吸引量的增长系数F_{pi}^m、F_{aj}^m。

$$F_{pi}^m = \frac{P_i}{P_i^m}, F_{aj}^m = \frac{A_j}{A_j^m} \tag{3-8}$$

步骤3:计算第$m+1$次迭代的出行分布量近似值q_{ij}^{m+1}。

$$q_{ij}^{m+1} = q_{ij}^m \cdot f(F_{pi}^m, F_{aj}^m) \tag{3-9}$$

步骤4:计算第$m+1$次迭代的出行发生量P_i^{m+1}、吸引量A_j^{m+1}。

$$\begin{cases} P_i^{m+1} = \sum_j q_{ij}^{m+1} \\ A_i^{m+1} = \sum_i q_{ij}^{m+1} \end{cases} \tag{3-10}$$

步骤5:收敛判断。

$$1 - \varepsilon < F_{pi}^{m+1} = \frac{P_i}{P_i^{m+1}} < 1 + \varepsilon \tag{3-11}$$

$$1 - \varepsilon < F_{aj}^{m+1} = \frac{A_j}{A_j^{m+1}} < 1 + \varepsilon \tag{3-12}$$

ε为事先设定的允许误差率(如$\varepsilon=3\%$),如果式(3-11)和式(3-12)均满足要求,则停止迭代计算,令$q_{ij}=q_{ij}^{m+1}$即为出行分布预测结果;否则,令$m=m+1$,返回步骤2继续进行下一步迭代计算。

增长系数法是一种比较简单的预测方法,根据函数$f(F_{pi}^m, F_{aj}^m)$的种类不同,增长系数法可以分为:常增长系数法、平均增长系数法、底特律法(Detroit Method)、福莱特法(Fratar

Method)等,下面分别介绍各种不同的增长系数法。

1) 常增长系数法

常增长系数法假定 i、j 小区之间的分布量 q_{ij} 的增长仅与 i 小区的发生量增长系数有关,或仅与 j 小区的吸引量增长系数有关,或仅与生成量的增长系数有关。增长函数为:

$$f_{常}(F_{pi}^m, F_{aj}^m) = \frac{P_i}{P_i^m} \quad 或 \quad f_{常}(F_{pi}^m, F_{aj}^m) = \frac{A_j}{A_j^m} \quad 或 \quad f_{常}(F_{pi}^m, F_{aj}^m) = \frac{Q}{Q^m} \tag{3-13}$$

这种方法只考虑将来的发生量或吸引量或生成量当中的某一个量的增长系数对增长函数的影响,而忽视了其他变量对增长函数的影响。由于发生量与吸引量的不对称性,因此其预测精度不高,是一种最简单的预测方法,有时甚至不能保证交通分布的守恒约束条件。

2) 平均增长系数法

平均增长系数法假定 i、j 小区之间的分布量 q_{ij} 的增长系数是 i 小区发生量增长系数和 j 小区吸引量增长系数的平均值,即:

$$f_{平}(F_{pi}^m, F_{aj}^m) = \frac{1}{2}(F_{pi}^m + F_{aj}^m) = \frac{1}{2}\left(\frac{P_i}{P_i^m} + \frac{A_j}{A_j^m}\right) \tag{3-14}$$

此法明显比第一种方法合情理一些,这是最常用的方法。在实际运用时,因迭代步数较多,使计算速度稍慢,但借助计算机也很好用。

3) 底特律法

底特律法假定 i、j 小区之间的分布量 q_{ij} 的增长系数与 i 小区发生量增长系数成正比,而且还与 j 小区吸引量增长占整个区域吸引量增长的相对比率成正比。底特律增长函数为:

$$f_D(F_{pi}^m, F_{aj}^m) = F_{pi}^m \cdot \frac{F_{aj}^m}{Q/Q^m} = \frac{P_i}{P_i^m} \cdot \frac{A_j/A_j^m}{\sum_j A_j / \sum_j A_j^m} \tag{3-15}$$

该方法是在底特律市 1956 年规划中首次被开发利用,收敛速度较快。

4) 福莱特法

福莱特法假定 i、j 小区之间的分布量 q_{ij} 的增长系数不仅与 i 小区发生量增长系数和 j 小区的吸引量增长系数有关,还与整个规划区域的其他交通小区的增长系数有关。增长函数为:

$$f_F(F_{pi}^m, F_{aj}^m) = F_{pi}^m \cdot F_{aj}^m \cdot \left(\frac{L_i + L_j}{2}\right) \tag{3-16}$$

$$L_i = \frac{P_i^m}{\sum_j q_{ij}^m \cdot F_{aj}^m}, L_j = \frac{A_j^m}{\sum_i q_{ij}^m \cdot F_{pi}^m} \tag{3-17}$$

式中:L_i——i 小区产生位置系数;

L_j——j 小区吸引位置系数。

福莱特法的计算比较麻烦,但它的收敛速度快,应用还是比较广泛的。

增长系数法的优点:

(1) 结构简单,实用的比较多,不需要交通小区之间的距离和时间。

(2) 可以适用于小时出行量或日出行量等的预测,也可以获得各种交通目的的 OD 出行量。

(3) 对于变化较小的 OD 表预测非常有效。

(4) 预测铁路车站间的 OD 分布非常有效。这时,一般仅增加部分 OD 表,然后将增加部分 OD 表加到现状 OD 表上,求出将来 OD 表。

增长系数法的缺点:

(1) 必须有全区的 OD 出行量。

(2) 对象地区发生如下大规模变化时,该方法不再适用:将来的交通小区分区发生变化(有新开发区时)、交通小区之间的行驶时间发生变化、土地利用发生较大变化。

(3) 交通小区之间的出行量值小时,存在如下问题:出行量为零,那么将来预测值也为零;较低的 OD 出行量,将来的预测误差将被扩大。

(4) 预测结果因方法的不同而异,因此在选择计算方法时,需要先利用过去的 OD 表预测现状 OD 表,比较预测精度。

(5) 出行量仅用一个增长率表示缺乏合理性。

3.5.3 重力模型法

增长系数法的一个缺陷是没有考虑各个分区之间的交通阻抗。它对近期或至规划年整个交通网络上的交通阻抗都不会发生多大变化的出行分布预测问题是可用的。但一般对象区域的交通阻抗都会因交通设施的改进或流量的增加而不断变化,这就要求在进行分布预测时,必须加入交通阻抗的因素,重力模型法就是这样的预测方法。

重力模型法是凯西(Casey)在 1955 年提出的,是把牛顿万有引力定律应用于交通分布而得到的模型,通过引入广义费用并综合考虑空间阻抗因素和地区增长特性的分析法。其基本假定是:两个交通小区之间的分布出行量与这两个交通小区的发生量和吸引量成正比,而与这两个小区之间的距离成反比。

1) 基本模型

最早的模型是:

$$q_{ij} = K \cdot \frac{P_i \cdot A_j}{R_{ij}^2} \tag{3-18}$$

式中:q_{ij}——i、j 分区之间的出行量(i 为产生区、j 为吸引区)预测值;

R_{ij}——两分区间的交通阻抗;

P_i、A_j——分别为分区 i 的出行发生量、分区 j 的出行吸引量;

K——系数。

该模型显然在形式上太拘泥于万有引力公式了,在实际应用中发现也有较大的误差。后人将它改进为:

$$q_{ij} = K \cdot \frac{P_i^\alpha \cdot A_j^\beta}{R_{ij}^\gamma} \tag{3-19}$$

其中,α、β、γ、K 是待定系数,假定它们不随时间和地点而改变。据经验,α、β 取值范围是 $0.5 \sim 1.0$,多数情况下,可取 $\alpha = \beta = 1$。

交通阻抗 R_{ij} 可以是出行时间、距离、油耗等因素的综合,但大多数情况下,为了简便起见,只取其中某个主要指标作为交通阻抗,在城市交通中取时间的情况较多,而在某种方式的地区交通规划取距离的情况较多。

2) 单约束重力模型

简单重力模型无法保证交通守恒约束条件：

$$\begin{cases} \sum_j q_{ij} = P_i \\ \sum_i q_{ij} = A_j \end{cases} \quad (3\text{-}20)$$

现在我们来寻找满足式(3-20)的重力模型。将式(3-19)代入式(3-20)的第一个式子，得：

$$\sum_j q_{ij} = \sum_j K \frac{P_i A_j}{R_{ij}^\gamma} = K P_i \sum_j \frac{A_j}{R_{ij}^\gamma} = P_i \quad (3\text{-}21)$$

从而得：

$$K = \frac{1}{\sum_j (A_j / R_{ij}^\gamma)} \quad (3\text{-}22)$$

实际的分布阻抗不仅仅是R_{ij}这样的简单因素和表现形式，因此通常要考虑关于阻抗因素的更复杂、更一般的函数关系$f(R_{ij})$。常见的交通阻抗函数有以下几种形式：

(1) $f(R_{ij}) = R_{ij}^{-\gamma}$。

(2) $f(R_{ij}) = \exp(-bR_{ij}^{-\gamma})$。

(3) $f(R_{ij}) = a \cdot \exp(-bR_{ij}) R_{ij}^{-\gamma}$。

其中，(1)是重力模型的基本形式。另外，$f(R_{ij})$也可以是考虑距离、时间、费用等的合成指标，其系数也可以随不同的交通目的而变化。

对一般的阻抗函数$f(R_{ij})$，式(3-22)可写成：

$$K = \frac{1}{\sum_j A_j f(R_{ij})} \quad (3\text{-}23)$$

此时，有：

$$q_{ij} = K \cdot P_i \cdot A_j \cdot f(R_{ij}) = \frac{P_i \cdot A_j \cdot f(R_{ij})}{\sum_j A_j f(R_{ij})} \quad (3\text{-}24)$$

从而，OD表的第i行元素相加，即：

$$\sum_j q_{ij} = P_i \cdot \sum_j \frac{A_j f(R_{ij})}{\sum_j A_j f(R_{ij})} = P_i \quad (3\text{-}25)$$

这样，使用式(3-23)的系数K后，预测得到的OD表每行q_{ij}相加，正好等于小计列的发生量P_i，也就是说，通过式(3-23)定义的系数K就对分布量q_{ij}从行的角度进行了约束，因此式(3-23)所定义的K就叫"行约束系数"。但其结果仍不能保证$\sum_i q_{ij} = A_j$。如果从列的角度进行约束，类似地，可以定义一个"列约束系数"：

$$K' = \frac{1}{\sum_i P_i f(R_{ij})} \quad (3\text{-}26)$$

引进了行约束系数或列约束系数的重力模型叫单约束重力模型。引进行约束系数后，重力模型变成：

$$q_{ij} = \frac{P_i \cdot A_j \cdot f(R_{ij})}{\sum_j A_j f(R_{ij})} \tag{3-27}$$

此模型的参数标定问题要比前面少一个参数,无须单独标定 K,只需标定 $f(R_{ij})$ 中的参数,因为只要它标定了,由式(3-23)可算出 K 来。

3) 双约束重力模型

同时引进行约束系数和列约束系数的重力模型叫双约束重力模型。双约束重力模型的形式是:

$$q_{ij} = K_i \cdot K'_j \cdot P_i \cdot A_j \cdot f(R_{ij}) \tag{3-28a}$$

$$K_i = \left[\sum_j K'_j A_j f(R_{ij})\right]^{-1} \quad (i=1,2,\cdots,n; j=1,2,\cdots,n) \tag{3-28b}$$

$$K'_j = \left[\sum_i K_i P_i f(R_{ij})\right]^{-1} \quad (i=1,2,\cdots,n; j=1,2,\cdots,n) \tag{3-28c}$$

式中:K_i、K'_j——分别为行约束系数、列约束系数。

4) 重力模型的优缺点

重力模型的优点如下:

(1) 直观上容易理解。

(2) 能考虑交通网络的变化和土地利用对人们的出行产生影响。

(3) 特定交通小区之间的 OD 出行量为零时,也能预测。

(4) 能比较敏感地反映交通小区之间行驶时间变化的情况。

重力模型的缺点如下:

(1) 模型虽然能考虑到路网的变化和土地利用对出行的影响,但缺乏对人的出行行为的分析,与实际情况存在一定的偏差。

(2) 通常,人们的出行距离分布在全区域并非为定值,而重力模型将其视为定值。

(3) 交通小区之间的行驶时间因交通方式和时间段的不同而异,而重力模型使用了同一时间。

(4) 求小区内部出行量时的行驶时间难以给出。

(5) 交通小区之间的距离小时,有夸大预测的可能性。

(6) 利用重力模型计算出的分布出行量必须借助于其他方法进行收敛计算。

3.6 出行方式划分预测

3.6.1 概述

出行发生预测和出行吸引预测研究的对象是人的出行,然而交通需求预测的目的是为交通设施的规划设计提供定量规模的依据,交通设施直接承载的是各种各样的交通工具。这些交通工具性质上的差异导致对同样的出行量而言,不同的交通方式选择会导致不同的交通设施利用强度。因此,讲述交通方式划分,明确交通工具的选择是非常有必要的。

就城市客运交通而言,交通方式划分即对公共交通方式与个体交通方式、常规公共交通方式与轨道交通方式等的选择问题。

在预测轨道交通客流时,首先必须预测出各预测年份总出行量中公共交通所占的比例,它与出行距离的长短、出行时耗的大小以及出行费用的高低都有直接关系。合理、客观的出行方式划分是正确预测轨道交通客流的基础。

3.6.2 出行方式选择的影响因素分析

出行方式划分的影响因素较为复杂,出行目的、交通发展政策、交通管制措施、出行产生和分布的实际情况,以及交通方式本身的运营都会影响到城市居民对交通工具的选择。通常,影响出行方式选择的因素可以归结为3个方面。

1)出行者特征

(1)个体车辆(小汽车、摩托、自行车等)的拥有(或)使用权。它主要是指小汽车、摩托、自行车和助动车的拥有情况及居民拥有相应驾驶执照的情况。显然,拥有私家车的居民将比无私家车的居民有更多小汽车出行的机会。

(2)家庭结构(年轻夫妇、有子女家庭、离退休家庭、单亲家庭等)。不同的出行者对于出行方式的选择有不同的侧重,同时,以家庭为一个单元来考虑出行还涉及家庭成员之间的相互影响。

(3)收入高低。高收入者偏向于使用私家车或乘坐出租车,而低收入者偏向于公共交通或骑自行车。

(4)其他个人特征(年龄、体质等)。不同年龄阶段的出行者偏好不同的交通工具,如老年人、儿童偏好公共交通方式,而较少采用自备车辆;青年人追求方便性,偏好自主的交通方式。

2)出行的特征

(1)出行目的。不同的出行目的导致不同的出行方式选择倾向。通常来说,公务出行以乘车居多,包括单位车和出租车;城市居民上下班注重快速准时,常选择公交和自行车;购物和娱乐注重方便性和随意,常选择出租车、自行车和步行。

(2)出行的时段。它主要指一天中不同时间段的出行规模。由于人们一天中间的活动所形成的出行与时段有关,根据不同时间段的观测,结合道路阻塞与交通目的等调查统计资料,可以明显地看出时间选择出行方式的变化情况。同时,节假日、季节和天气的变化也会影响交通方式的选择。

(3)出行的距离。近距离出行往往采用步行或是骑自行车,随着出行距离的增长,公共交通的选用比例将逐步增大。

3)交通设施的特征

(1)相关出行时间。一般指的是出行起终点之间所需要的全部行程时间。通常人们更倾向于选择省时、方便的出行方式,行程时间的长短常常是评价不同出行方式选择的首要条件,也可以根据出行距离的长短来选择出行方式。

(2)相关出行费用。通常想要缩短行程时间就必须支付较高的交通费用,因此交通费用与行程时间联系起来统一考虑。在现阶段,我国的经济水平还不是很高的现实情况下,城市居民的出行方式选择对于费用的敏感性较之时间而言要高。

(3)可供停车的场地和停车费用。在城市CBD区域,由于停车场的使用限制以及较高的停车费用,间接地限制了部分小汽车出行的出现。

(4)出行的舒适性和方便程度。出行者主要根据出行目的、路程长短、出行者的体质以及经济条件考虑对于舒适性的要求程度。通常,在车厢不拥挤的情况下,乘坐公共交通最为舒适,其次为骑自行车,步行的舒适性最差。

(5)可靠性和准点性。在早高峰期间,大多数出行是由家至工作地点的上班出行,在相同的条件下,出行者宁可采用稍慢却准时的交通工具,而不采用省时却不确定性高的交通工具。公共交通在这方面有优势,尤其是快速、准点的城市轨道交通。

(6)安全性。由于交通事故具有偶然性和小概率的特点,一般来说,城市居民个人出行很少专门明确以安全为选择出行方式的理由。因此,该因素在选择出行方式时难以确定。至于交通安全性在出行方式选择中的贡献大小,还有待于进一步研究。

3.6.3 出行方式选择阶段的分析方法

1)预测体系的分类

预测不同出行方式出行量的常用方法为:先根据分担率模型预测分担率,然后再乘以发生、吸引出行量或是分布出行量,从而得到各个交通方式的分担出行量。

交通方式分担率模型根据不同的划分标准可以进行不同的分类,根据在交通需求预测过程中考虑交通方式分担的阶段不同,可以划分为出行末端模型(Trip End Model)和地区间模型(Trip Interchange Model)两大类。前者是各个交通小区的出行量在出行分布之前分配到各个交通方式的方法;后者则先计算各个交通小区间的分布量,然后推求方式分担出行量。

根据交通方式选择特性的不同,交通方式分担率模型可分为一阶段分担率模型和二阶段分担率模型。前者不将不同的交通方式利用者分为固定阶层和选择阶层,而是以整体来考虑分担率。后者把交通方式利用者分为固定地使用某种交通方式的阶层和可能对交通方式进行选择的阶层,用图3-15所示的步骤来预测不同的交通方式的交通量。这种方法在确定固定阶层的利用方式时,与出行末端模型一样,完全不考虑地区间的交通服务水平,也就是说在发生、吸引交通量的阶段,把选择阶层和固定阶层分离开,进行方式选择预测。

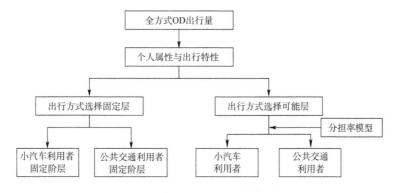

图3-15 二阶段分担出行量预测框架

根据方式选择的基本单位不同,交通分担率模型可分为集计模型和非集计模型。前者以交通小区为单位将利用者的方式选择集计起来进行说明。后者以个人为单位构造模型来确定各交通方式的选择概率,然后再将每个人的方式选择结果集计起来,预测分担交通量的模型。

根据方式选择步骤的不同,交通分担率模型可分为二者择一法和多项选择法。前者按照图 3-16 所示把出行方式的选择分为两步。后者用包含各种方式的选择率公式一次求出选择率,这种方法计算简单,但正确地提取说明方式的选择要素十分困难,这是它的一个缺点。

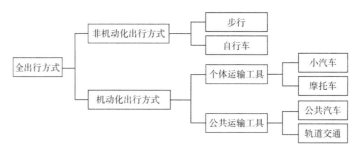

图 3-16　出行方式分担求解步骤(二者择一法)

2)出行方式划分的预测模型

(1)出行末端模型

出行末端模型可以分为适用于全部对象地区的全域模型和考虑各个地区特性的交通方式选择率模型两类,经常使用的是后者。

出行末端模型是根据居民的社会特性,即小汽车的保有率、收入、家庭成员的多少等,从一开始就把交通量分配给各个交通方式来进行预测的模型。这个模型除了考虑各个地区居民的社会特性之外,还需考虑到达城市中心的距离、土地利用状况、人口密度、出行目的等,把交通小区的发生、吸引交通量分配给各个交通方式。然而在这些模型中,各个交通方式的服务水平、地区间的时间与距离等只能间接考虑。因此,这个方法虽然很简单,但是将来地区间的交通方式的服务水平改善时,无法在方式分担分析中考虑服务水平变化的影响。1956 年美国的芝加哥等地区根据这个模型进行了分担率的预测。

由于这个模型无法考虑地区间交通水平和交通方式间竞争关系等的影响,所以目前使用较多的是出行互换模型(或称地区间模型)。

(2)地区间模型

在地区间模型中,各个交通方式的服务水平的差别是决定交通方式分担的最主要的因素,而地区特性则是次要的因素。它是求出分布交通量之后,再求出分担交通量的模型。因而,这个方法在由交通设施建设而引起服务水平变化时最适用,因此在进行包括铁路、公共交通等大运量交通方式在内的大城市交通规划时,经常采用这个模型。

根据地区间模型进行交通方式分担分析预测时通常按照图 3-17 所示步骤进行。

①设定交通网络。为了求出各个交通方式的交通量,首先要设定各种交通方式的交通路线网。虽然不一定是所有的交通路径都包括在内,但各个地区间交通所利用的有代表性的路径一定

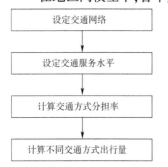

图 3-17　各种交通方式出行量计算步骤

要考虑,特别是在有新的大运量的公共交通方式路线的计划时,更应加以考虑。

②设定交通服务水平。服务水平的衡量指标也就是利用者在选择交通方式时作为选择标准的时间(速度)、票价、运营次数、直接费用、步行时间、换车时间、等车时间等。除此之外,还有拥挤程度、舒适性等方面可以作为服务水平考虑,但它们很难在进行定量分析时考虑。

③计算交通方式分担率。在确定服务水平的基础上,可计算出利用者选择何种交通方式,即计算出各个交通方式的分担率。在计算交通方式分担率时,往往根据对象区域的土地利用状况及 OD 间的交通服务水平等对 OD 进行分类(例如市中心相互之间,市中心与郊外之间,郊外相互之间等),再考虑每个组 OD 对的分担率。这样的方法现在被广泛使用。根据分担率的计算方法可以把模型分为分担(选择)率曲线法和函数法两大类。

④不同交通方式出行量计算。

3.6.4 分担率曲线法

分担率曲线法以个人出行调查(Person Trip Survey)结果为基础,依据交通小区间距离、交通小区间交通方式的所需行走时间比或所需时间差等影响交通方式选择的主要因素,绘成使用者交通方式选择曲线,从而依据该曲线求出该地区交通方式分担率的方法。

图 3-18 所示的是 1971 年日本以名古屋市为中心的中京都市圈公共交通方式的分担率曲线(河上省吾等,1987)。公共交通方式的利用率可以采用下式计算:

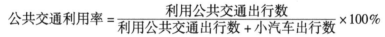

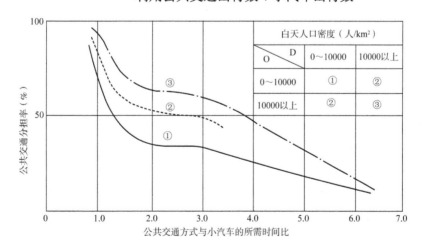

图 3-18 以出勤为目的的公共交通方式分担率(1971 年日本中京都市圈)

分担率曲线法使用简单、方便,但要绘出这些曲线并非易事,需要大量的调查资料,进行大量的统计分析。同时,由于它是依据现状调查资料绘出的,只能反映相关因素变化相对较小的情况。在我国这种交通方式众多、影响因素复杂的情况下,绘出全面反映各交通方式之间转移关系的分担率曲线,所需要的资料是十分巨大的,因此,分担率曲线模型很难表现复杂的分担率的变化。

3.6.5 回归模型

对于不同的交通方式而言,都有其固有的特点。不同交通方式对不同的交通范围内的吸引能力是不同的,但它们之间有一定的内在规律。因此,通过回归分析来描述不同交通方式对客流的分担率是可行的。

该模型方法的基本思想是以各种交通方式的分担率为因变量,以影响分担率变化的因素的特征值为自变量,利用回归分析方法,建立交通方式划分模型。该方法不能保证所有交通方式的分担率之和为 100%,所以需要通过比例分配等方法加以调整,使全方式分担率之和为 100%。同时分担率 P 需要满足 $0 < P < 1.0$ 的条件,常用的满足该条件的分担率函数形式为:

$$P = a \cdot e^{-bx} \tag{3-29}$$

$$P = 1 - \frac{c}{1 + a \cdot e^{-bx}} \tag{3-30}$$

$$P = a \cdot d^{-x} \tag{3-31}$$

式中:a、b、c、d——系数,可以通过个人出行调查的结果确定;
   x——为自变量,可以取为距离,也可以取交通方式之间的距离比或时间比等影响分担率的因素。

函数模型法的一个突出优点是:只要有必要,可以将许多自变量引入函数模型中。分担率函数的形式因此多种多样,能开发出满足不同精度要求的交通方式划分模型函数。因此,利用多元回归分析方法来开发多变量函数的分担率模型是很有意义的,缺点是模型函数的标定比较困难。

3.6.6 Probit 模型

非集计方法将研究的角度从某一特征的出行者群里选择行为的统计平均转向出行者个体选择行为,基于每个出行者按自身获得效用最大化的假设,非集计方法在理论上较为合理且符合人的选择的一般特点。非集计方法以单个出行者为研究对象,充分利用每个调查数据,求出描述个体行为的概率值。相对于集计方法而言,非集计方法模型复杂、要求数据量小、预测精度高、解释性好、具有较强的时空移植能力。现在常用的 Logit 和 Probit 类模型方法被统称为非集计模型方法。现代城市交通规划中,一般多应用非集计模型方法进行交通出行方式划分。

非集计模型的方式划分方法是日本学者在 20 世纪 60 年代提出的,20 世纪 80 年代后有了较大的发展,它以明确的行为假说为基础,借用经济学的效用理论,以个体为研究对象,对于个体选择行为的解释性较强。它的基本思想是:交通方式选择是乘客个人实施的行为,而 OD 交通量中的分担率是在个人基础上的综合。因此,它是将个人数据不经过处理而直接用来构造模型的分析方法。

根据以下所示的备选方案的随机效益函数 $U(k)$(Random Utility Function)决定选择行为。

$$U(k) = V(k) + e(k) \tag{3-32}$$

式中：$V(k)$——方案 k 的固定效益；

　　　$e(k)$——随机项。

固定效益可由行驶时间、费用等的方案特性，以及年龄、职业等的个人属性表示。假设 $e(k)$ 服从某种概率分布。由于随机效益是个人在选择时所具有的感觉上的评价值，从而有时也称为知觉效益。当随机效益 $U(k)$ 比其他任何方案大时，方案 k 被选择，因此，方案 k 的选择概率 $p(k)$ 可由下式表示。

$$p(k) = [U(k) > U(j), \forall j(\neq k) \in K] \tag{3-33}$$

式中：K——方案集。

将式(3-32)代入式(3-33)，可得：

$$p(k) = p[e(j) < V(k) - V(j) + e(k), \forall j(\neq k) \in K]$$

$$= \int_{e(k)} F[V(k) - V(j) + e(k), \forall j(\neq k) \in K] f_k(x) dx \tag{3-34}$$

式中：$F(x)$——概率分布函数；

　　　$f_k(x)$——概率变量 $x = e(k)$ 的概率密度函数。

上式的含义是：首先，假设 $e(k)$ 固定，求方案 j 相对应的 $e(j)$ 的同时概率分布函数值；其次，$e(k)$ 概率变化时，与其概率密度相乘，再进行积分。

方案为 3 个时，例如，径路 3 的选择概率可由下式求解。

$$p(3) = p\{\max[U(1), U(2)] < U(3)\} \tag{3-35}$$

该分布函数的形式变得很复杂。方案增加时，与方案 3 个时的情况相同，可以逐次反复使用求解最大效益的关系式，一般形式可以表示如下：

$$\max[U(1), U(2), \cdots, U(k)] = \max\{\max\cdots\max[\max(U(1), U(2), U(3))]\cdots, U(k)\}$$
$$\tag{3-36}$$

当方案超过 3 个时，Probit 模型的计算非常繁杂，因此，很少使用。实用的模型有下述的 Logit 模型。

3.6.7 Logit 模型

Logit 模型假设式(3-32)中效益函数的随机项 $e(k)$ 相互独立，且服从同一的干贝尔(Gambel)分布。用概率变量 x 表示 $e(k)$，θ 作为参数，随机项的分布函数可表示如下：

$$F(x) = \exp\{-\theta\exp(-x)\}, \theta > 0, -\infty < x < \infty \tag{3-37}$$

将上式代入式(3-34)，可推导出下式：

$$p(k) = \int_{-\infty}^{\infty} \prod_{j \neq k} \exp\{-\theta\exp[-V(k) - V(j) + x]\} \times \theta e^{-x} \exp(-\theta e^{-x}) dx$$

$$= \frac{e^{V(k)}}{\sum_j e^{V(j)}} \tag{3-38}$$

式(3-38)即为 Logit 模型，其概率计算及参数推算比 Probit 模型简单，并且适用性广泛。采用 Logit 模型时，两个方案的选择概率关系可如下表述：

$$\frac{p(k)}{p(j)} = \frac{e^{V(k)}}{e^{V(j)}} \tag{3-39}$$

两个方案间的相对优劣仅取决于这两个方案的特性,而与其他方案的特性无关。把该性质称为 Logit 模型的独立(Independence of Irrelevant Alternative, IIA)特性,属于 Logit 模型的弱点之一。用交通方式选择的例子来说,意味着无论其他交通方式存在与否,选择小客车与公共汽车的相对优劣相等,而实际上并非如此。与小客车相比,轨道交通方式的存在对公共汽车的选择使用有很大影响。

应用到城市轨道交通客流预测方式划分的具体问题时,非集计方法也存在着问题。相对于国外城市只有小汽车和公共交通两种方式而言,我国的城市交通系统结构较为复杂。从 Logit 模型的推导过程中可以看出,其基于的基本假设是:各个选择枝不可预测的效用函数随机部分 $e(k)$ 相互独立并且同服从 Gumbel 分布。因为轨道交通的优势发挥往往需要其他交通方式尤其是常规公交的接运、支持,因此导致在使用非集计模型方法时,由于轨道交通与其他交通方式,尤其是与常规公交的相关性较强,违反了 Logit 模型假设中的 IIA 特性,从而造成 Logit 模型预测的失误。

以非集计分析建立起来的非集计模型,不仅仅是对个人行动的简单描述和表现,而且是建立在合理的选择标准基础上的。由于非集计模型的优点,在进行交通方式划分时,该方法得到了广泛的应用。

由各个交通方式分担率的计算步骤图(图3-15)所示第一阶段方式划分可获得不同方式的固有 OD。在第二阶段划分时,为简单起见,分担率可采用多项 Logit(MNL)模型。根据居民出行调查所获得的数据进行标定。在进行预测时,以每个交通小区的平均值作为说明变量代入进行计算。值得一提的是,在建立各种交通方式出行时间和费用矩阵时,步行、自行车和小汽车的矩阵通过最短路径算法在道路网中获得;而公共交通的时间和费用矩阵则需建立包含城市道路和常规公交、轨道线路的综合网络。如果 OD 间最短路径不存在公交路段,则 OD 对的公交出行时间和费用为无穷大,不能参与其他交通方式的竞争。

在获得公交 OD 后,有两种做法可以得到轨道客流量。一是利用方式划分和交通分配联合模型将公交 OD 在综合网络中进行分配;二是从公交 OD 中划分出常规公交 OD 和轨道站点 OD,再将轨道站点 OD 在轨道网上进行分配。无论哪一种做法,均需要进行常规公交和轨道方式分担率模型的标定。前述的分担率模型标定运用了居民出行中实际发生的信息,为现实性偏好(Revealed Preference, RP)数据。在进行居民出行调查时,一般轨道交通这种方式并不存在,为了满足模型标定的需要,我们可以进行居民出行意向调查,获得意向性偏好(Stated Preference, SP)数据。SP 数据的调查常用排序(Ranking)、评分(Rating)、选择(Choice)等调查方法,对应于不同数据形式有不同的模型标定方法。

方式划分模型一般采用分层的形式,即先划分主方式再划分子方式,比如先划分公共交通和私人交通两大类方式,再将公共交通细分为轨道、公共电汽车等方式,将私人交通细分为小汽车、出租车方式。建议分层设计时,考虑不同群体采用不同分层设计,如有车家庭和无车家庭可以采用不同的分层设计,这样可以体现不同群体的行为偏好。在模型设计中可以根据实际情况灵活设计,但必须对其分层的合理性进行说明,目前交通方式划分模型大多采用 Logit 模型结构。

3.7 客流分配预测

3.7.1 概述

交通分配,就是将预测得到的出行 OD 量,根据已知的交通网络描述,按照一定的规则符合实际地分配到交通网络中的各条路径上去,进而求出路网中各路段的交通流量、所产生的 OD 费用矩阵,并据此对城市交通网络的使用状况做出分析和评价。轨道交通客流预测中的交通分配需要模拟出行选择什么交通工具及走哪条路线。常用交通分配方法有:全有全无法(最短路径法),容量限制法,多路径概率分配法,均衡分配法等。

3.7.2 最短路径分配法

最短路径分配法是一种静态的分配方法,是交通分配最基本的算法,任何一种交通分配方法都是建立在最短路径的基础上,且任何一个分配方法中,最短路径的计算占据了全部计算时间的主要部分,至少有 90% 的计算时间花在最短路径的寻找上。用该分配方法,取路权(两节点间的行驶时间)为常数。每一 OD 点对的 OD 量被全部分配在连接该 OD 点对的最短路径上,其余路径不分配流量。在所有 OD 点对的 OD 量全部按上述原则分配到路网上后,可累计得出各路段流量。该法在进行交通分配时,不考虑路段能力的限制,或不考虑过多流量将影响速度而有可能选择其他路径的交通分配现象。

最短路径交通分配法的步骤是:

(1)确定路段行驶时间。对现状网络,可用实测的路段长度除以实测的行驶车速来确定;对规划路网,可用规划路段长度除以该路段的设计车速来确定。

(2)确定各 OD 点之间的最短路径。目前用于网络最短路计算的方法已有几十种,较典型和常用的方法是:Dijkstra 算法、矩阵迭代法、Floyd 算法、函数迭代法、策略迭代法等。其中最短路径算法包括两个子问题:两点间的最小阻抗;两点间的阻抗最小的路径。前一个子问题是解决后一个子问题的前提。

最短路径交通分配法的优点是计算简单,概念清晰。但是,分配结果不尽合理,交通量在路网上分配不均匀,与实际情形误差较大。尤其是当路段和交叉口交通饱和度较大时,将行驶时间作为常数处理明显不符合实际,因为此时车辆不可能保持自由流时的行驶速度。但是最短路分配法是其他分配法的基础,在路网交通分配评价时有很重要的作用。

3.7.3 容量限制增量分配法

容量限制分配法也是把交通区之间的流量分配到交通区之间的最小路权的线路上,但是,容量限制分配法的路权考虑了行驶速度与流量之间的关系,从而确定了行驶费用与流量之间的关系。当流量大到一定量时,车辆的行驶速度即会随流量的增加而减小,路权则会变大。因此,先分配到路权最小的线路,当流量分配到一定量时,该路线路权则不再是最小,此时流量会被分配到其他路权最小的线路上。

该方法是一种近似的平衡分配法。具体操作是将 OD 流量平分成若干等分,循环地分配每一等分的 OD 流量到网络中。每一次循环分配一等分的 OD 流量到相应的最短路径上,每循环分配一次重新计算并更新各路段的走行时间,然后按更新后的走行时间重新计算网络各 OD 间的最短路径。下一循环中按更新后的最短路径分配下一等分的 OD 流量,直到把各区 OD 量全部分配到路网上。

该法的复杂程度和解的精确性都介于全有全无法和平衡分配法之间。当等分数 $N=1$ 时与全有全无法结果一致;当等分数 $N \to \infty$ 时,其解与平衡分配法的结果一致。

由于该方法具有简单可行、精确度可以根据等分数 N 的大小来调整等特点,在实际的道路网流量分配中经常被采用,而且也有比较成熟的商用软件可供使用。其缺点是一旦交通流被分配到某一路段上,就不能被除去而重新加载到其他路段上,因此,初始迭代不能加载太多的流量给某个路段。该分配法仍然是一种近似方法,有时会将过多的交通流量分配到某些容量很小的路段上。一般情况下,该法得不到平衡解。

3.7.4 容量限制迭代加权分配法

该法是一种介于增量分配法和平衡分配法之间的一种循环分配方法。其基本思路是不断调整已分配到各路段上的交通流量而逐渐到达或接近平衡分配。在每步循环中,根据已分配到各路段上的流量进行一次全有全无分配,得到相应路段的附加流量,然后用该循环中各路段的分配交通流量和该循环中得到的附加流量进行加权平均,得到下一循环中的分配交通流量。当相邻两个循环中的分配流量十分接近时,即可停止计算。其中权重系数需由计算者自己定,既可为常数,也可为变数,研究表明,$\phi = 1/n$ 时,会使分配尽快接近平衡解。

容量限制迭代加权分配法是一种简单实用却又最接近于平衡分配法的一种分配方法。

3.7.5 多路径概率分配法

由出行者的路径选择特性可知,出行者总是希望选择最合适(最便捷、最经济等)的路径出行,称之最短路因素;但由于交通网络的复杂性及交通状况的随机性,出行者在选择出行路线时由于判断误差而选择的路线不一定是最短路线,往往带有不确定性,称之为随机因素。这两种因素存在于出行者的整个出行过程中,两因素所处的主次地位取决于可供选择的出行路线的路权差(行驶时间或费用差等)。因此各出行路线被选用的概率可采用 Logit 型的路径选择模型计算。

$$P(r,s,k) = \frac{e^{\frac{-\theta t(k)}{t}}}{\sum_{i=1}^{m} e^{\frac{-\theta t(i)}{t}}} \tag{3-40}$$

式中:$P(r,s,k)$——OD 量 $T(r,s)$ 在第 k 条出行路线上的分配率;

$t(k)$——第 k 条出行路线的路权(行驶时间);

t——各出行路线的平均路权(行驶时间);

θ——分配参数;

m——有效出行路线条数。

一般来说,交通网络比较复杂,往往含有上百个交通节点,每一 OD 点对之间具有很多不同的出行路线,尤其是长距离出行。因此,用本模型分配时,首先必须确定每一 OD 点对 (r,s) 的有效路段及有效出行路线。本分配方法中,定义有效路段 $[i,j]$ 为路段终点 j 比路段起点 i 更靠近出行终点 s 的路段,即沿该路段前进更能接近出行终点 s。有效出行路线必须由有效路段所组成,每一 OD 点对的出行量只在它相应的有效出行路线上进行分配。

出行者从它的出行起点 r 到达出行终点 s,需经过一系列的交通节点(交叉口)。每到一个交通节点,都必须做出选择,在该节点所邻接的有效路段中选择一条路段作为它出行的一部分,继续进行。因此,在某交通节点,可供出行者选择的有效出行路线条数等于该节点所邻接的有效路段个数。在通常的交通网络中,交通节点邻接多边形为 3~5,而其邻接的有效路段绝大部分为 2,少数为 3 或 1(只有一条有效路段时,不存在选择问题)。

分配模型中,θ 为无量纲参数,它与可供选择的有效出行路线条数有关。根据出行者路径选择模型分析发现,两路选择时,$\theta = 3.00 \sim 3.50$;三路选择时,$\theta = 3.00 \sim 3.75$;其取值比较稳定。在实际应用时,可取 $\theta = 3.00 \sim 3.50$。

3.7.6 均衡分配模型

均衡分配模型是建立在沃德罗普(Wardrop)两个著名原理基础上的。

Wardrop 第一原理:在道路网的利用者都知道网络的状态并试图选择最短路径时,网络会达到这样一种均衡状态,每对 OD 点之间各条被利用的路径的走行时间都相等而且是最小的走行时间,而没有被利用的路径的走行时间都大于或等于这个最小的走行时间。

Wardrop 第二原理:在交通网络中的流量应该按某种方式分配,以使网络中所有交通元的总阻抗最小。

第一原理称为用户最优原理,反映了用户对路径的选择的行为准则。我们知道,任何系统中的有行为选择能力的个体总是以自己利益最大化来决定自己的行为。因此该原理反映了交通网络中用户实际选择出行路径的情形。第二原理称为系统最优原理,反映的是系统的管理者的主观愿望,一般情况下它与交通网络上的实际交通分配情况存在差距,但是它可以作为对系统的评价指标,为管理者提供一种决策方法。

1)用户均衡分配模型

基于 Wardrop 原理,贝克曼(Beckmann)提出了一种满足 Wardrop 准则的数学规划模型,由勒布朗(Leblanc)等学者设计出了求解 Beckmann 模型的算法。其模型基本思路为:交通网络的用户都试图选择最短路径,而最终使被选择的路径的阻抗相同且为最小,从而达到一种均衡状态。因此称为"用户均衡状态",由此建立的模型称为用户均衡分配模型。

(1)模型中使用的变量和参数

x_a:路段 a 上的流量,它们组成的向量为 $x = (\cdots, x_a, \cdots)$;

t_a:路段 a 的交通阻抗;

$t_a(x_a)$:路段 a 以流量为自变量的阻抗函数;

f_k^{rs}:点对 (r,s) 间第 k 条路径的交通流量,其向量为 $f = (\cdots, f_k^{rs}, \cdots)$;

c_k^{rs}:点对 (r,s) 间第 k 条路径阻抗;

u_{rs}:点对 (r,s) 间最短路径的阻抗,即最小阻抗,所组成的向量为 $u = (\cdots, u_{rs}, \cdots)$;

$\delta_{a,k}^{rs}$:路段—路径相关变量;

$$\delta_{a,k}^{rs} = \begin{cases} 1, & \text{路段 } a \text{ 在}(r,s)\text{间的第 } k \text{ 条路径上} \\ 0, & \text{其他情况}; \end{cases}$$

W_{rs}：点对(r,s)之间的所有路径的集合；

q_{rs}：点对(r,s)间的 OD 流量。

(2) 数学模型直接表达 Wardrop 均衡原理

该原理的内容是：在交通网络达到均衡时，所有被利用的路径具有相等而且最小的阻抗，未被利用的路径与其具有相等或更大的阻抗。

根据上述定义，我们可以立即写出（以下各式对$\forall \in r,s;\forall k \in W_{rs}$成立）：

$$\begin{aligned} c_k^{rs} &\geq u_{rs} \\ f_k^{rs} &\geq 0 \\ c_k^{rs} &> u_{rs} \Rightarrow f_k^{rs} = 0 \end{aligned} \quad (3\text{-}41)$$

f_k^{rs}和c_k^{rs}都是路径的参数。另外还有一组参数，那就是路段的参数：x_a和t_a。这两组参数存在密切的关系，即：

路段上的流量是由各个 OD 对途经该路径的流量累加而成，即：

$$x_a = \sum_{r,s} \sum_{k \in W_{rs}} f_K^{rs} \delta_{a,K}^{rs}, \forall a \quad (3\text{-}42)$$

路段的阻抗应等于它途经的各个路段的阻抗之和：

$$c_k^{rs} = \sum_a t_a(x_a) \delta_{a,K}^{rs} \quad (3\text{-}43)$$

贝克曼（Beckmann）提出的数学规划模型是：

$$\min Z(X) = \sum_a \int_0^{x_a} t_a(w) \mathrm{d}w \quad (3\text{-}44)$$

$$s.t. \sum_K f_K^{rs} = q_{rs}, \forall r,s$$

$$f_k^{rs} \geq 0, \forall \in r,s$$

其中：

$$x_a = \sum_{r,s} \sum_K f_K^{rs} \delta_{a,K}^{rs}, \forall a \quad (3\text{-}45)$$

模型中约束条件是"出行量守衡"，即任意点对间的出行分布量等于它们之间各路径上的流量之和。

2) 系统最优分配模型

用户均衡模型以 Wardrop 第一原理为基础，反映了用户对路径的选择的行为准则。而系统最优模型以 Wardrop 第二原理为基础，是系统的管理者的主观愿望，一般情况下它与交通网络上的实际交通分配情况存在差距，但是它可以作为对系统的评价指标，为管理者提供一种决策方法。

系统最优原理的目标函数是网络中所有用户总的阻抗最小，其数学规划模型可表示为：

$$\min Z'(X) = \sum_a x_a t_a(x_a) \quad (3\text{-}46)$$

$$s.t. \sum_k f_k^{rs} = q_{rs}, \forall r,s$$

$$f_k^{rs} \geq 0, \forall r,s,k$$

$$x_a = \sum \sum f_k^{rs} \cdot \delta_{a,k}^{rs}, \forall a$$

该模型称为系统最优模型,简写为 SO(System Optimization)。相应地,Beckmann 模型简写为 UE(User Equilibrium)。

关于 SO 模型的求解问题,可分以下三种情况:

(1)当阻抗函数 $t_a(x_a)$ 为常数(用 t_a 表示之)时,目标函数变为:

$$\min Z'(X) = \sum_a x_a t_a \tag{3-47}$$

这就是各路段阻抗为常数时的交通分配问题,此时用全有全无分配方法即可使得目标函数最小化。

(2)当阻抗函数 $t_a(x_a)$ 为线性函数时,模型即是一个线性的数学规划模型,此时既可以用线性规划的解法去求解,也可以将之归入下面非线性问题去求解。

(3)当阻抗函数 $t_a(x_a)$ 为非线性时,令

$$t'_a(x_a) = t_a(x_a) + x_a \frac{dt_a(x_a)}{dx_a} \tag{3-48}$$

则

$$\begin{aligned}\int_0^{x_a} t'_a(w) dw &= \int_0^{x_a} \left[t_a(w) + w \frac{dt_a(w)}{dw} \right] dw \\ &= \int_0^{x_a} [t_a(w) dw + w dt_a(w)] \\ &= \int_0^{x_a} d[t_a(w) w] = x_a t_a(x_a)\end{aligned} \tag{3-49}$$

即可得到 SO 模型的解。

3.7.7 轨道交通客流分配的特点

城市轨道交通网络上形成的交通流量分布,是两种机制相互作用直至平衡的结果。一种机制是:系统用户即各种车辆试图通过网络上选择最佳行驶路线来达到自身出行费用最小的目标。另一种机制是:路网提供给用户的服务水平与系统被使用的情况密切相关,道路上的车流量越大,用户遇到的阻力即对应的形式阻抗越高。两种机制的交互使用使人们不易找出出行的最佳行驶路线和最终形成的流量分布结果。用一定的模型来描述这两种机制的相互作用,并求解网络上交通流量在平衡状态下的合理分布,即交通流分配。

轨道交通出行是交通出行方式中的一种,尽管轨道交通系统具有自身的特点及其客流出行存在的特性,但是人们在选择轨道交通出行方式时产生的客流分配问题在研究范畴上仍属于交通分配问题,即在一定的交通需求量或客流出行需求模式下,网络上流量的分配格局。形象地说,就是给定网络上总的交通需求量或需求模式,按照某种准则,将这些出行量分配到网络上,这就是所谓的交通配流问题。

配流原则的确定是进行流量分配的重点,只有依据合理和符合实际的流量分配原则,才能建立准确的配流模型,进而对模型进行算法求解。在众多学着对配流模型的研究中,Wardrop 提出的均衡分配模型已经得到了广泛应用,以 Wardrop 均衡分配原理为基础的研究已经使得均衡原理研究形成了完善的体系框架。

与道路网交通分配和常规公交均衡客流分配相比,轨道交通配流主要有以下特点。

首先,轨道交通网络乘客出行是对于各个路径的出行成本信息基本完全预知,能够根据掌握的信息选择总成本最小的路径出行。在轨道交通网络系统上的任意OD对之间出行的所有乘客,所选择的各个路径的出行成本相当于最小出行成本,并且该出行成本小于或等于该OD对之间任何其他未被乘客选择的路径的总出行成本,此时,轨道交通网络客流分配达到均衡、稳定的状态。

另外,轨道交通网络上的各个路径客流量对于出行成本的影响,不是体现在客流量的增加对于列车运行时间的影响上,而是体现在乘客在车站的拥挤效应,即由于列车的容量限制而导致的乘客的过饱和延迟上。乘客此时的路径选择行为具体表现为:如果第一班期待列车过于拥挤,则选择下一班列车或者选择其他线路。显然,乘客流量越大,乘客在站上的等待时间越长,导致了出行总时间的增加。

思 考 题

1. 根据国内外城市轨道交通运营客流统计数据,试总结轨道交通客流特征。
2. 出行生成预测都有哪些常用方法?各自优缺点是什么?
3. 在应用重力模型时如何确保满足交通守恒约束条件?
4. 针对Logit模型的IIA特性,谈谈在交通方式划分中应如何正确运用Logit模型。
5. 与道路交通分配相比,轨道交通客流分配有何不同之处?
6. 城市轨道交通客流预测建模中都有哪些常用参数?
7. 简述城市轨道交通客流预测模型的基本要求。
8. 简述城市轨道交通客流预测模型的标定与验证要求。

第4章 城市轨道交通线网规划

4.1 城市轨道交通线网规划技术原则与技术路线

4.1.1 城市轨道交通线网规划技术原则

根据国内外城市轨道交通规划成败经验的总结,城市轨道交通线网规划的原则主要如下:

(1)符合国家对城市轨道交通发展的总体战略和发展计划,符合对象城市总体发展方向和交通政策,引导城市向主导方向发展,促进城市合理发展模式的形成。

(2)加强对象城市轨道交通与地区城际轨道交通之间的衔接。坚持交通一体化发展原则,加强城市轨道交通与城际交通、城市道路、公共汽车交通、机场、铁路客运站等对外交通枢纽和城区内主要客流集散点的有机衔接,方便各交通方式之间的换乘,提高整个城市交通系统的运营效率。

(3)以枢纽为核心进行线网编制,整合城市客运枢纽和不同等级的轨道交通网络系统,实现轨道交通与其他公共交通系统、私人交通和城市对外交通系统的衔接。轨道交通网络骨干系统要符合城市的主导客流方向,实现城市轨道交通网络与道路网络的互补,并与城市其他公交网络系统衔接顺畅。

(4)城市轨道交通线网规划要体现稳定性、灵活性、连续性的统一。城市中心区的线网规划要相对稳定,城市边缘区要为发展留有余地,整个线网要能随城市规模的调整扩大而不断扩充发展。轨道交通线网的方案主要在网络构架的基础上形成,对于构架中重要而且发展潜力大的交通走廊考虑由多条线路承担,以城市的重点开发地区为核心布局,考虑系统换乘的组织和线网的服务效率。

(5)轨道交通方式选择要因地制宜,功能层次的构成要合理统一。正如城市道路系统规划需要明确不同等级的道路功能一样,轨道交通网络也需要划分不同的功能层次。不同功能层次的轨道交通线路采取不同的标准,采用灵活的建设、运营组织方案,以满足各个层次的交通需求。按照线网功能等级划分编制不同等级的网络系统。不同特征线路的客流交换通过规划的交通枢纽进行,尽量满足不同线路之间的直接换乘,提高轨道交通系统的运营效率。

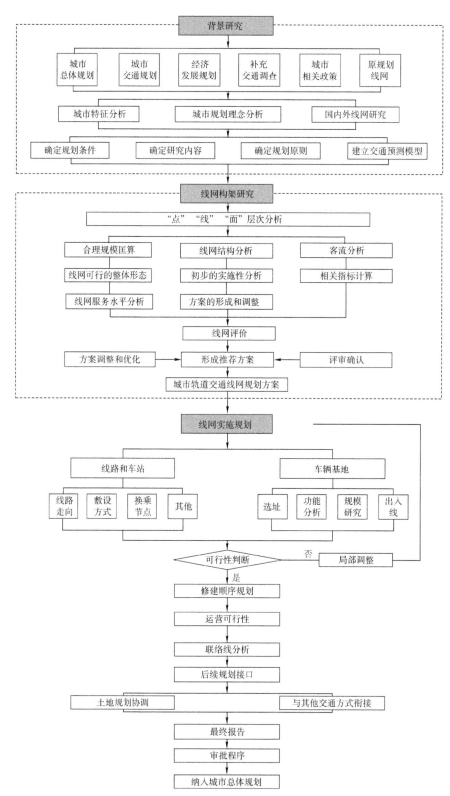

图4-1 城市轨道交通线网规划技术路线

(6)车站要选择在主要客流集散点和线网中的换乘点。车站间距应考虑合理的吸引半径及车辆的运营组织。要形成多个换乘枢纽以分散换乘客流,利于线路运营,提高服务水平。

(7)轨道交通线网规划的各种方案要进行定性、定量分析。要依据城市功能、性质、规模、形态、土地使用、人口出行特征、未来交通发展战略、城市周边的关系以及地形、工程条件等因素建立模型,并结合专家经验加以确定,网络方案要以多种体系进行评价以获得最优方案。

4.1.2 轨道交通线网规划技术路线

城市轨道交通线网规划就是研究在城市远景的规划发展情景之中如何嵌入城市轨道交通运输服务系统的问题。首先深化解读服务对象的各种属性、特征,对轨道交通的需求以及可适应的环境边界条件,从而透析出各类"点""线""面"要素社会经济的、空间关系的、交通系统的定性和定量属性;进而按照轨道交通自身系统结构的特征,在遵循服务对象的要求下,构架线网;为了进一步确认所规划线网的可实施性,需要结合工程实际实施规划。为了反映所规划的线网在城市发展、社会经济、环境影响和可持续发展方面的作用,对规划线网方案进行综合评述。城市轨道交通线网规划的总体技术路线如图4-1所示。

4.2 城市轨道交通线网规模匡算

4.2.1 线网规模匡算的含义

在进行城市轨道交通线网规划时,一个十分重要的问题就是如何根据城市的发展规划、交通需求、经济水平等,从宏观上合理地控制线网规模。所谓合理规模,是在一定的发展阶段、一定的城市规模及经济发展水平上,建立起一个经济的、高效的线网。线网规模由线网中线路的数量和线路总长度两部分组成,线路条数可根据城市的干道路网情况和主客流方向选定。但线路总长度,一个城市究竟要规划多少才比较经济合理,这是线网规划设计中人们比较关心的问题。

规模是从交通系统供给的角度来说的,从一个侧面体现系统所能提供的服务水平。它主要以线网密度和系统能力输出来反映,其中系统能力输出又与系统的运营管理密切相关。从系统能力和线网密度来看有四种性质的规模度量,如图4-2所示。从国内的发展状况来看,绝大多数大城市应采用图4-2中"中等规模2"的低密度高能力策略来推进轨道交通发展。

合理规模是一个带有目标性质的量值,它是对一个城市轨道交通线网的总量进行宏观控制。在轨道交通规划中对其合理规模进行匡算有着重要的作用和意义,具体表现在:

(1)依据城市自身的特点(包括经济水平、交通需求、用地形态等)对未来轨道交通线网总量予以科学估计,寻求经济而高效的规模,可以防止规划与建设的盲目性。

(2)确定线网的合理规模是构建一个高效线网的前提,一个规模合理的线网,不仅能够满足城市未来的交通需求,提高公共交通系统的服务水平,还能够以较小的投入取得最佳的效益。

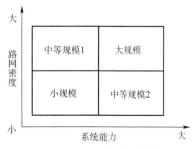

图4-2 轨道交通线网规模类型

(3)对于城市轨道交通线网规划而言,合理规模是进行多方案比选的基础。在线网规划时,一般会通过定量研究和定性分析相结合提出多个方案,经过多层筛选和综合评价,最后形成一个最佳方案。事先确定一个合理规模,就可以为网络构架时提供一个约束条件,使得各个比选方案的规模基本处于同一个范围,从而使方案之间具备可比性。从这个角度来讲,也可以说合理规模是线网规划的一个重要的质量控制点。

总之,合理规模为后续确定线路布局、网络构架及优化、估算投资总量、总运输能力、总经营成本、总体效益等工作的开展奠定基础。规模的合理性关系到建设投资、客流强度,也关系到理想服务水平的设定和建设用地的长远控制。因此,合理的轨道交通线网规模不仅是线网规划的宏观控制量,而且还是一项至关重要的投资依据,为决策者提供决策的辅助依据。

城市轨道交通线网规模在规划实施期内可以根据城市的需求进行适当的调整。相对而言,总长度的调整幅度不应很大。因此,城市轨道交通线网的总长度是一个必须框定也是可以框定的基础数据。

4.2.2 按出行需求推算线网规模

(1)算法

轨道交通线网规模,可以从出行总量与轨道交通线网客流强度之间的关系推导而来,具体公式如下:

$$L = \frac{\alpha \cdot \beta \cdot \varphi \cdot Q}{q} \tag{4-1}$$

式中:L——轨道交通线网长度,km;

Q——城市居民全日出行总量,万人次;

α——公共交通出行方式在总出行中所占比例;

β——轨道交通出行方式在公共交通出行中所占比例;

φ——轨道交通线网换乘系数;

q——轨道交通线网客流强度,万人次/(km·d)。

(2)算例

2020年及远景年某市公共交通总客运需求量及轨道交通全日客运量见表4-1。

某市公共交通总客运需求量及轨道交通全日客运量　　　　表4-1

年份	2020年	远景年
城市居民全日出行总量(万人/d)	1825.66	2037.99
公共交通出行方式在总出行中所占比例(%)	42.3	50.0
公共交通方式出行量(万人/d)	772.25	1019.00
轨道交通出行方式在公共交通出行中所占比例(%)	25.0	50.0
轨道交通方式出行量(万人/d)	193.06	509.50
轨道交通线网换乘系数	1.45	1.50
轨道交通的全日客运量(万人/d)	279.94	764.25

对 2020 年,结合该市实际情况,轨道交通线网的客流强度取 $q = 2.0$ 万人次$/(\text{km} \cdot \text{d})$,则有:

$L = 279.94/2.0 = 139.97(\text{km})$

对远景年,按照一般规律,考虑到远景线网全部形成后,轨道交通线网客流强度取 $q = 3.0$ 万人次$/(\text{km} \cdot \text{d})$,则有:

$L = 764.25/3.0 = 254.75(\text{km})$

4.2.3 按线网服务覆盖面推算线网规模

(1) 算法

轨道交通线网作为一种公共交通网络应该具备一定的线网密度,对于呈片状集中发展的城市,人口和就业岗位密度比较平均,这时就要求城市建设区都处于轨道交通的吸引范围之内。根据这一特点,可以利用城市建成区面积和线网密度的关系,推导线网规模,即:

$$L = A \cdot \delta_1 \tag{4-2}$$

式中:L——轨道交通线网长度,km;
　　A——城市建成区面积,km^2;
　　δ_1——线网密度,km/km^2。

也可以按照人口密度来计算:

$$L = P \cdot \delta_2 \tag{4-3}$$

式中:P——市区人口总数,百万人;
　　δ_2——线网密度,km/百万人。

在不考虑轨道交通运量的前提下,当整个城市用地都在轨道交通的合理吸引范围内时,轨道交通的覆盖面最大,此时在城市的各个角落都可以乘坐轨道交通。但是覆盖面相同时,线网密度并不相同。

从国外大城市的轨道交通线网的指标上看,由于各城市轨道交通发展策略不同,线网密度也多有不同。同一城市,不同区域的轨道交通线网密度也有所不同,一般从中心市区向城市外围递减。如伦敦、莫斯科在市区的平均线网密度为 $1.28\text{km}/\text{km}^2$、$0.26\text{km}/\text{km}^2$,但伦敦和莫斯科在 30km^2 的市中心范围内,线网密度分别为 $2.0\text{km}/\text{km}^2$、$1.98\text{km}/\text{km}^2$,两者均为放射性线网。放射性线网的特点是线网分布不均匀,城市中心区的线网密度较高。根据我国城市情况,取 $1.2\text{km}/\text{km}^2$ 比较适宜。

(2) 算例

从原理上讲,运用线网密度对线网规模进行匡算适合于集中连片的城市区域。针对某市的城市特点,将主城区划分为 3 个圈层,即中心圈层、中间圈层、外围圈层,如图 4-3 所示,对于各个圈层的线路覆盖密度则可分别计算。

中心圈层(57.33km^2):线网密度取 $1.2\text{km}/\text{km}^2$。
中间圈层(307.67km^2):线网密度取 $0.4\text{km}/\text{km}^2$。
外围圈层(235km^2):线网密度取 $0.25\text{km}/\text{km}^2$。
该市主城区范围内远景年轨道交通线网规模为:

$L = 57.33 \times 1.2 + 307.67 \times 0.4 + 235 \times 0.25 = 250.61(\text{km})$

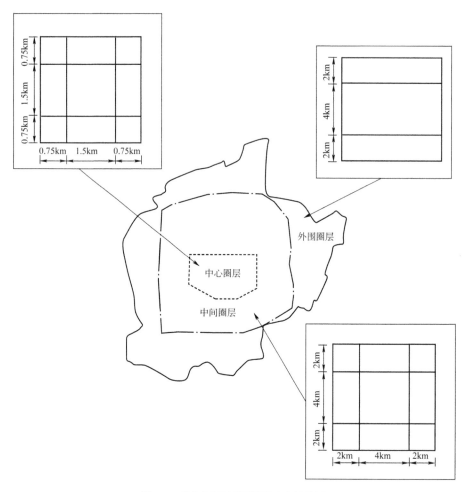

图 4-3 某市主城区线网覆盖密度计算图

4.2.4 从"可能"的角度分析线网规模

(1)算法

"可能"是指线网近期实施的规模主要取决于城市财政实力,按国内生产总值(GDP)分析可能投入轨道交通建设的资金额度,估计可能的建设规模;另一方面也要考虑轨道交通工程施工的适度规模,考虑施工对城市的交通和环境影响的承受能力。

轨道交通是一项耗资巨大的系统工程,其建设速度很大程度受城市财力限制。衡量一个城市经济实力的主要指标是 GDP。据联合国有关组织研究推荐:一个城市的基础设施投资,占该城市 GDP 的 3%~5% 是比较合适的;而城市公共交通包括轨道交通在内的投资,占该城市基础设施投资的 14%~18%,即公共交通投资约占城市 GDP 的 0.9%,并认为这是一个合理的财力可以承受且无明显副作用的指标。中国国际工程咨询公司曾组织专家进行了城市轨道交通项目建设投资及相关政策的研究,研究认为若取公共交通投资额的 80% 作为轨道交通的投资份额,则每年可有 0.72% 左右的 GDP 投资力度支持此项工程,并以此作为轨道交通建设基金的年度积累目标。国际上轨道交通建设投资占城市 GDP 的份额为0.5%~1.5%。根据投资额度,结合轨道交通项目的基本造价,即可估计可能的建设规模。

轨道交通工程实施对城市环境和城市生活影响很大,所以每一个城市全年所有工程必定会有一个全面的安排和控制,以保证城市正常的生活秩序。作为轨道交通工程建设安排,在建成一条线路后,也应逐年逐段有计划的推进,保证正常、连续的修建速度。因此工程实施进度也反映出一个城市的承受能力。随着技术的进步和经验的积累,轨道交通的建设进度正在逐步提高。

(2)算例

轨道交通的投资主要是靠市政府的财力支持,如某市的轨道交通项目起步较晚,应适当增加轨道交通的建设投资,尽快使轨道交通线网初具规模。

2020年以前,按国内生产总值的0.7%~0.8%用于轨道交通建设投资。根据某市社会经济预测,2005—2010年期间,可累计用于轨道交通的投资额为65.69亿~75.07亿元。

2005—2020年期间,可累计用于轨道交通的投资额为298.44亿~331.6亿元。

按当时我国城市轨道交通综合造价3.5亿~4.5亿元/km,取平均值4.0亿元/km初步匡算:

①2010年,该市线网规划规模可达16.42~18.77km。
②2020年,该市线网规划规模可达74.61~82.90km。

4.2.5 基于溢出交通需求的线网规模测算模型

1)算法

城市轨道交通建设投资庞大,必须考虑到轨道交通项目建成后其资源能得到充分利用,最大限度地缓解城市地面交通压力。要求城市编制交通规划时要尽量利用常规交通,城市轨道交通作为缓解交通拥挤的手段,则是在常规交通供给不能满足城市交通需求的基础上产生的,这就要求轨道交通的线网规模至少要达到能够承担常规交通供给能力之外的额外的交通需求,但是,为了确保地面交通的服务水平,提高交通运行效率,轨道交通应该承担更多份额的交通需求,即:轨道交通方式和常规交通方式在一定的服务水平下其供给总量与城市整体交通需求达到平衡,如图4-4所示。基于这一思想,构建轨道交通线网规模测算的概念性模型,如式(4-4)所示。

$$L = \frac{(Z_V - \lambda \cdot Z_S) \cdot f}{q_h} \quad (4-4)$$

式中:L——城市轨道交通线网总长度,km;

Z_V——高峰小时城市机动车出行交通需求,pcu·km/h,具体计算见式(4-5);

Z_S——城市道路供给,即路网容量,pcu·km/h,具体计算见式(4-6);

λ——城市道路交通总体饱和度;

f——机动车出行交通需求对客运量的转换系数,具体计算见式(4-7);

q_h——城市轨道交通线路高峰小时客流强度,万人次/(km·h)。

其中,$Z_V - \lambda \cdot Z_S$为保证城市道路一定饱和度下的溢出交通需求,这也就是轨道交通需要承担的交通需求。由于轨道交通只为客运交通提供服务,因此需要通过转换系数f将溢出交通需求由机动车出行需求量转换成相应的客运量。

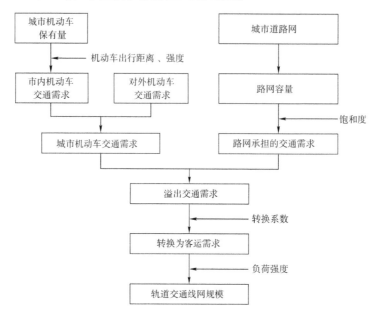

图 4-4 基于溢出交通需求轨道交通线网规模测算流程图

(1) 城市机动车出行交通需求

城市机动车出行交通需求可分为市内交通和对外交通两大部分两部分,其计算如式(4-5)所示。

$$Z_V = \frac{h}{1-\theta} \sum_{i}^{n} M_i \cdot \eta_i \cdot \mu_i \cdot d_{vi} \tag{4-5}$$

式中:Z_V——高峰小时城市机动车出行交通需求,pcu·km/h;

h——机动车高峰小时流量比;

M_i——第 i 类机动车保有量,veh;

η_i——第 i 类机动车出行强度,veh/d;

μ_i——第 i 类机动车典型车型的换算系数,pcu/veh;

d_{vi}——第 i 类机动车的平均出行距离,km;

θ——城市机动车对外交通占城市总交通需求的比重;

i——车辆类型,包括客运车辆和货运车辆。

对外交通中包含出入境交通和过境交通,过境交通如果大量采用了绕城高速公路而不占用市内道路,与市内交通不发生关系时,可以对过境交通忽略不计。

(2) 路网容量

城市路网容量是指单位时间内,对应于一定的饱和度,城市道路网络系统所能通过的最大车公里数,其计算方法如式(4-6)所示。

$$\begin{cases} Z_S = \sum_{i}^{4} C_i W_i a_i b_i \\ W_i = \sum_{j=1}^{n} L_{ij} N_{ij} \end{cases} \tag{4-6}$$

式中：Z_S——道路网络总容量，pcu·km/h；
　　　C_i——第 i 类别道路一条车道的理论通行能力，pcu/h；
　　　W_i——第 i 类别道路的车道总里程，km；
　　　a_i——第 i 类道路的交叉口折减系数；
　　　b_i——第 i 类道路的车道综合折减系数；
　　　i——道路类别，分别为快速路、主干路、次干路、支路；
　　　L_{ij}——第 i 类、第 j 条道路的里程，km；
　　　N_{ij}——第 i 类、第 j 条道路的车道数；
　　　n——第 i 类道路的总条数。

(3) 溢出交通需求及其转换

溢出交通需求，也就是城市交通总需求与城市道路交通供给能力之间的差额，同时为了保证路网能够在一定的服务水平下提供交通服务，确保较高的交通运行效率，需要对路网供给能力乘以一定的饱和度来确定路网承担的交通需求量。由于轨道交通只为客运交通提供服务，因此还需要将溢出交通需求由机动车出行需求量转换成相应的客运量，其转换系数 f 具体计算如式(4-7)所示。

$$f = \sum_i^m \sum_j^m \frac{M_i \cdot \eta_i \cdot r_i}{M_j \cdot \eta_j \cdot \mu_j \cdot d_{vj}} \tag{4-7}$$

式中：f——机动车出行交通需求对客运量的转换系数；
　M_i、M_j——第 i 类和 j 类机动车保有量，veh；
　η_i、η_j——第 i 类和 j 类机动车出行强度，veh/d；
　　　r_i——第 i 类机动车平均实载人数，人/veh；
　　　μ_j——第 j 类机动车典型车型的换算系数，pcu/veh；
　　　d_{vj}——第 j 类机动车的平均出行距离，km；
　　　m——车辆种类数，这里仅包含客运车辆。

于是，溢出交通需求的计算如式(4-8)所示。

$$Q_{Rh} = (Z_V - \lambda \cdot Z_S) \cdot f \tag{4-8}$$

式中：Q_{Rh}——溢出交通需求，即高峰小时轨道交通应承担的客运需求，人次/h；

(4) 轨道交通线网规模

可以利用高峰小时轨道交通线网承担的客运需求与客流强度之间的关系，来计算轨道交通线网的总长度，计算公式如式(4-9)所示。

$$L = \frac{Q_{Rh}}{q_h} \tag{4-9}$$

式中：L——城市轨道交通线网总长度，km；
　　Q_{Rh}——溢出交通需求，即高峰小时轨道交通应承担的客运需求，人次/h；
　　　q_h——城市轨道交通线路高峰小时客流负荷强度，万人次/(km·h)。

根据各个城市居民出行的高峰小时系数将轨道交通线网的日平均客流负荷强度转换成高峰小时线路客流负荷强度。

2) 算例

(1) 路网容量计算

根据某市城市总体规划, 2020 年快速路 321.52km, 主干路 705.51km, 次干路 823.54km, 支路 1051.68km。进而求得 2020 年规划道路网的路网容量为 8062899pcu·km/h, 见表 4-2。

某市 2020 年规划城市道路其路网容量计算　　　　表 4-2

道路类别	长度(km)	平均车道数(条)	车道里程(km)	单车道理论通行能力(pcu/h)	交叉口折减系数	车道综合折减系数	路网容量(pcu·km/h)
快速路	321.52	6.0	1929.12	1730	0.9	0.9	2703276
主干路	705.51	4.5	3174.80	1640	0.6	0.9	2811598
次干路	823.54	3.2	2635.33	1550	0.5	0.9	1838141
支路	1051.68	1.5	1577.52	900	0.5	1.0	709884
合计	2902.25	—	9316.77	—	—	—	8062899

(2) 城市机动车出行交通需求

根据预测, 2020 年市区各类机动车保有量将达到 120 万辆。其机动车出行交通需求测算见表 4-3。

某市 2020 年城市机动车出行交通需求测算　　　　表 4-3

车型	保有量(万辆)	出行强度(车次/d)	出行距离(km)	车型换算系数	需求量(pcu·km/d)
小客车	78.4	4.50	10	1.0	35284500
出租车	2.0	36.80	10	1.0	7360000
大客车	2.5	4.80	10	3.0	3528000
公交车	0.8	18.60	15	3.0	6696000
小货车	15.3	3.80	10	1.0	5817800
大货车	9.5	2.20	10	3.0	6296400
摩托车	10.0	4.60	5	0.4	920000
特殊车辆	1.5	3.20	10	1.5	720000
合计	120	—	—	—	66622700

取高峰小时系数 $h=0.11$, 城市对外交通机动车出行占城市总交通需求的比重 $\theta=0.11$, 进而计算得到高峰小时机动车出行需求量为 8234266pcu·km/h。

(3) 溢出交通需求

根据抽样调查, 确定客运机动车的平均实载人数, 见表 4-4。

某市客运机动车平均实载人数　　　　表 4-4

车型	小客车	出租车	大客车	公交车	摩托车
平均实载(人/车)	1.5	1.8	18	26	1.2

于是, 根据式 (4-13) 结合表 4-2～表 4-4 中的参数值, 可以求得在城市道路网处于不同饱和度下的溢出交通需求, 见表 4-5。

在城市道路网处于不同饱和度下的溢出交通需求　　　　表 4-5

饱和度	1.0	0.9	0.8	0.7	0.6
溢出交通需求(pcu·km/h)	171367	977657	1783947	2590237	3396527
溢出客运量(人次/h)	41911	239106	436301	633495	830690

(4)轨道交通线网规模

某市城市轨道交通线路客流强度取 2.7 万人次/(km·d),轨道交通客流的高峰小时系数取 0.13,则高峰小时线路客流强度为 3510 人次/(km·h),根据式(4-9)测算出 2020 年某市城市轨道交通线网规模,见表 4-6。

2020 年在城市路网不同饱和度下的轨道交通线网规模需求　　　　表 4-6

道路网饱和度	1.0	0.9	0.8	0.7	0.6
客运量(人次/h)	41911	239106	436301	633495	830690
线网长度(km)	11.94	68.12	124.30	180.48	236.66

2020 年若要保证城市道路网的总体饱和度保持在 0.8 左右,则在 2020 年需要 124km 左右的轨道交通线路投入运营。

4.2.6　基于网连通度的线网规模测算方法

1)算法

网连通度定义为构成路网的边数与节点数目的比值,记为 D_N,如式(4-10)所示。

$$D_N = \frac{L_N/\xi}{H \cdot N} = \frac{L_N/\xi}{\sqrt{S \cdot N}} \tag{4-10}$$

式中:D_N——网连通度;

L_N——网络线路总里程,km;

H——相邻两个节点之间的平均空间直线距离,km,$H = \sqrt{S/N}$;

S——城市连片发展区面积,km^2;

N——城市连片发展区应连通的节点数目,个;

ξ——网络展线系数,与线路的弯曲情况有关,其含义为线网各节点间实际线路总里程与直线总里程之比。

网连通度从整体上表达了路网中各节点的连通和通达状况,其值从平均意义上反映了路网节点间的连通强度。根据式(4-10)可以得出轨道交通网络总里程的测算公式,见式(4-11)。

$$L_N = D_N \cdot \xi \cdot \sqrt{S \cdot N} \tag{4-11}$$

式中各符号的含义同式(4-10)。

(1)节点数目

对于节点的确定,主要采用两种方法,一种是根据城市交通现状和城市规划确定客流集散点,另一种是根据交通小区的发生/吸引量的大小确定客流集散点。

节点的通达性是指与该节点衔接的边的数目,它从一个侧面反映了节点的可达性。若某节点只有一条边与之相接,则该节点的通达性为 1,称其为悬点;若某个节点没有边与之相连,则该节点的通达性为零,称其为孤点。

根据节点的通达性和轨道交通网络的特点,可以将网络节点分为3类,即悬点、一般节点和交叉点,分别对应于轨道交通线网中的线路起终站点、一般中间站点和换乘站点。按照节点通达性的定义,一般节点的通达性为2,悬点的通达性为1,交叉点的通达性为4(这里只考虑换乘站均为2路交叉的情况)。

对线网结构的要求,在理论上每一条线均应与其他线都有相交的换乘点,使乘客在每一条线路上仅需一次换乘就能到达目的地。因此,在理想情况下,对于无环形线的放射型线网,应做到线线相交,其换乘节点合理数量的计算如式(4-12)所示。

$$n_x = \frac{1}{2}n \cdot (n-1) \tag{4-12}$$

式中:n_x——换乘节点数;
n——线网中线路条数。

在上述放射型线网的基础上,增加一条环线形成有环线的放射型线网,如果每一条放射线与环线均有2次交叉,则其换乘节点合理数量的计算如式(4-13)所示。

$$n_x = \frac{1}{2}n_0 \cdot (n_0-1) + 2n_0 \tag{4-13}$$

式中:n_x——换乘节点数;
n_0——线网中不含环线的线路条数。

由于悬点一般选择连片区域内靠近内侧边缘的节点,因此连片区域内的直径线路起终站点一般会落在悬点上,故悬点的数目基本上可以确定直径线路的条数,即为悬点数目 N_1 的二分之一左右。因此对于无环型线的放射型线网其线路条数可视为 $n = N_1/2$,而有环形线的放射型线网中不含环线的线路条数也可视为 $n_0 = N_1/2$,令交叉点数目 N_3 = 换乘节点数 n_x,则式(4-12)可改写为式(4-14),式(4-13)可改写为式(4-15)。

$$N_3 = \frac{1}{2} \cdot \frac{1}{2}N_1 \cdot \left(\frac{1}{2}N_1 - 1\right) = \frac{1}{8}N_1 \cdot (N_1 - 2) \tag{4-14}$$

$$N_3 = \frac{1}{2} \cdot \frac{1}{2}N_1 \cdot \left(\frac{1}{2}N_1 - 1\right) + 2 \cdot \frac{1}{2}N_1 = \frac{1}{8}N_1 \cdot (N_1 + 6) \tag{4-15}$$

式中:N_3——网络中交叉点数目;
N_1——网络中悬点数目。

于是,一般节点的数量为:

$$N_2 = N - N_1 - N_3 \tag{4-16}$$

式中:N——网络中节点总数;
N_1——网络中悬点数目;
N_2——网络中一般节点数目;
N_3——网络中交叉点数目。

(2)网连通度

网连通度 D_N 可以通过节点通达性的计算获得。网连通度 D_N 为构成路网的边数与节点数目的比值,也就是网络节点通达性平均值的1/2,具体计算如式(4-17)所示。

$$D_N = \frac{1}{2N}\sum_{i=1}^{3}(E_i \cdot N_i) \quad (4\text{-}17)$$

式中：D_N——网连通度；

i——节点类型，$i=1$ 代表悬点，$i=2$ 代表一般节点，$i=3$ 代表交叉点；

E_i——第 i 类节点的连通性，当 $i=1$ 时，$E_1=1$；当 $i=2$ 时，$E_2=2$；当 $i=3$ 时，$E_3=4$；

N_i——第 i 类节点的数目；

N——节点总数，$N=\sum_{i=1}^{3}N_i$。

(3) 展线系数

一般而言，城市轨道交通线路多沿城市主次干路铺设，这样不但客流汇集多，而且施工时拆迁工程量也相对较小。此外，为了避免交通资源的浪费，轨道交通线路应避免过长距离地与城市快速路重合，因此，展线系数 ξ 可采用城市主干路和次干路组成的路网的平均变形系数。由于北方平原城市道路普遍比较平直，因此展线系数 ξ 一般都比较小，接近于 1.0；而南方多水多山的城市，由于城市道路受河流山川的限制变形弯曲程度比较严重，展线系数 ξ 相对较大。

2) 算例

根据某市城市总体规划，绘制出主要客流集散点分布情况，共有客流集散点 63 个，其中在连片区域 57 个。在连片区域的 57 个客流集散点中，边缘悬点有 11 个。该市城市道路为棋盘形，很少有弯曲，因此取展线系数 $\xi=1.0$，另根据规划连片区域用地面积 $S=600\text{km}^2$。

如果采用无环型线的放射型线网，则根据式(4-14)求得网络交叉点大约为 12 个，根据式(4-16)求得一般节点为 32 个，于是轨道交通线网的网连通度为：

$$D_N = \frac{1}{2N}\sum_{i=1}^{3}(E_i \cdot N_i) = \frac{1}{2\times 57} \times (11\times 1 + 34\times 2 + 12\times 4) = 1.11$$

最后得到连片发展区轨道交通线网合理规模为：

$$L_N = D_N \cdot \xi \cdot \sqrt{S \cdot N} = 1.11 \times 1.0 \times \sqrt{600\times 57} = 206.02(\text{km})$$

如果采用有环形线的放射型线网，则根据式(4-15)求得网络交叉点大约为 23 个，根据式(4-16)求得一般节点为 21 个，于是轨道交通线网的网连通度为：

$$D_N = \frac{1}{2N}\sum_{i=1}^{3}(E_i \cdot N_i) = \frac{1}{2\times 57} \times (11\times 1 + 23\times 2 + 23\times 4) = 1.31$$

最后得到连片发展区轨道交通线网合理规模为：

$$L_N = D_N \cdot \xi \cdot \sqrt{S \cdot N} = 1.31 \times 1.0 \times \sqrt{600\times 57} = 241.71(\text{km})$$

从上面的计算结果来看，如果采用无环形线的放射型线网，则其在连片发展区内线网的合理规模为 206.02km；如果采用有环形线的放射型线网，则其在连片发展区内线网的合理规模为 241.71km。

4.2.7 线网规模匡算方法的适应性

这里需要特别指出的是：按线网服务覆盖面推算线网规模和基于网连通度的推算线网规模仅适用于城市发展的连片区域，还需根据城市发展的实际情况，适当地增加中心城区至外围重要组团的线路长度。

(1)按出行需求推算线网规模

该方法实质上是一种策略性的、目标性的规模。因为该方法中所采用的交通结构具有策略性和目标性。该方法思路清晰,计算简单,是目前城市轨道交通线网规划中常用的一种方法。其难点在于未来的出行总量、公共交通占总出行量的比重以及轨道交通出行量占公共交通的比重难以把握。

(2)按线网服务覆盖面推算线网规模

该算法简单易行,但是算法中的关键参数——各圈层区域的轨道交通线网密度是以车站吸引范围为基准确定的,而车站吸引范围的确定多靠主观定性分析,缺乏理论依据的支撑。

(3)从"可能"的角度分析线网建设规模

该方法主要从城市财政实力和工程施工进度等角度来考虑,能够较好地控制规模使其不脱离城市的经济发展趋势,做到量力而行。由于对远景年的经济发展和造价等难以把握,目前该方法一般只用于对近期建设规模的匡算。

(4)基于溢出交通需求的线网规模测算模型

该方法从本质上来讲,也是从"需求"的角度出发来匡算线网规模,所不同的是它考虑了各种不同的交通需求。

①模型从整体的交通供给与交通需求出发,建立平衡关系,更切合实际,也更符合城市交通一体化发展的原则。

②该模型不仅能测算规模,还能根据不同特征年溢出交通需求的大小从另一个侧面为"是否有必要引入轨道交通方式和什么时候引入"这两个问题的决策提供依据,如果规划年溢出交通需求为负数或者溢出交通需求很小,则可以暂时不考虑轨道交通方式的引入。

③利用该模型还可以估计一定规模的轨道交通方式的引入对整个交通系统的影响,特别是对地面交通服务水平的改善,主要是估计城市道路网饱和度的降低情况。

④模型中参数比较多,标定起来有一定难度,由于对远景年城市道路网规划的模糊性,使得模型在确定远景年轨道交通线网规模时的适用性受到一定的限制。

(5)基于网连通度的线网规模测算方法

该方法从本质上来讲,是从"线网覆盖"的角度出发来匡算线网规模,所不同的是它不是以圈层区域出发,而是重点考了分布在区域内的一些大型客流集散点。

①该模型在一定程度上隐含综合考虑了交通需求、城市面积、城市形态、线网形态以及地形等对轨道交通线网规模的影响。客流集散点的数量从一个侧面反映了交通需求,客流集散点的分布也从一定程度上反映了城市形态,变形参数 ξ 则很好地反映了城市地形对轨道线路长度的影响,而交叉点数量的确定则在一定程度上考虑了线网形态。

②客流集散点可依据现状和城市总体规划来把握,对一个熟悉当地城市情况的规划师而言,这相对比较容易,而且准确性比较高,客流集散点的确定也能使得轨道交通线网很好地与城市总体规划配合。

③该算法总体上概念清晰,计算很简便,具有较强的可操作性。

鉴于各种计算方法各有偏颇,在实际工作中可共同使用,相互印证。

4.3 城市轨道交通网络基本形态

不同的线网形态结构对运营效率及城市发展都有不同的影响。在城市轨道交通建设初期,其线网形态由较为简单的几何图形构成,随着线网的加密,并受各个城市具体的人文地理环境等条件制约,便形成了千姿百态的线网形态。日本学者曾总结了18种不同类型的轨道交通线网模式,如图4-5所示。

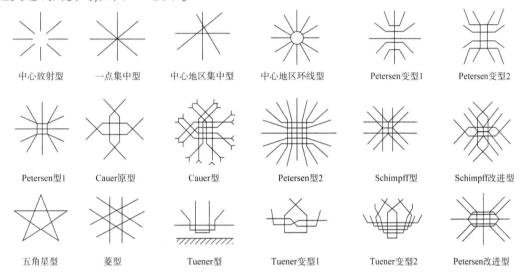

图4-5 城市轨道交通线网类型

通过对不同城市的轨道交通线网形态抽象、归类,最基本的形态结构主要有无环方格式、无环放射式、有环方格式、有环放射式及混合式等几种。

4.3.1 无环方格式线网

无环方格式线网的各条线路纵横交叉,形成方格网,呈格栅状或棋盘状,方格式线网中的线路走向比较单一,其基本线路关系多为平行与"十"字形,基本结构如图4-6所示。

优点:线路分布比较均匀,客流吸引范围比较高,线路按纵横两个走向,多为相互平行或垂直的线路,乘客容易辨识方向;换乘站分散布置,纵横线路间的换乘方便;线路顺直,易于施工。

缺点:线路走向比较单一,对角线方向的出行及市中心区与郊区之间的出行常需换乘,有时可能要换乘多次;平行线路多,相互交叉次数少,平行线间相互联系较差,换乘比较麻烦,一般要换乘2次或2次以上,当线网密度较小、平行线之间间距较大时,平行线间的换乘是很费时间的。对此,墨西哥市采用敷设L形线路的方法来增加平行线路间的联系。

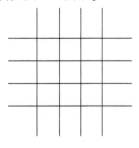

图4-6 无环方格式线网示意图

方格式线网是由纵向和横向的平行线交织而成的,所以它能在两个主要方向上形成很大的客流输送能力,从而引导城市沿着这两个方向均匀地向市郊发展。但是,在同样的线网规模下,方格式线网所覆盖的区域范围要比无环放射式及有环放射式的小。在线网的覆盖范围内,方格式线网分布比较均匀,各地块上的可达性差异不大,这种差异较小的可达性难以造成城市土地利用密度的较大差异,因而它所引导的城市居民分布也比较均匀松散,由此产生的城市结构趋于均匀分布,不容易形成明显的市中心。居民的生活空间较开阔,居住环境较好,交通压力相对较小,但另一方面它也会导致城市用地的效率降低。

这种线网结构适合于人口分布比较均匀、市区呈片状发展,而街道呈棋盘式布局的城市。大阪(图4-7)、墨西哥(图4-8)、纽约等城市地铁线网就是这种类型。

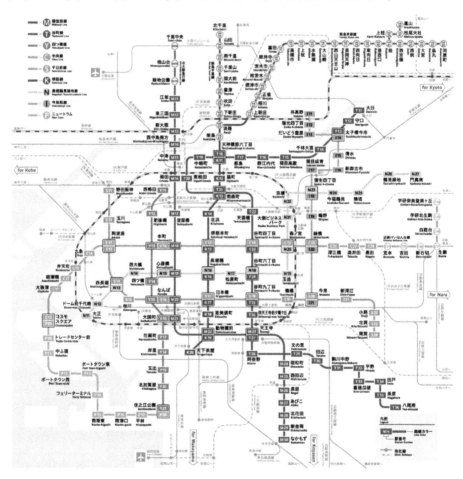

图4-7 大阪市地铁线网

4.3.2 无环放射式线网

无环放射式线网是由若干穿过市中心的直径线或从市中心发出的放射线构成,基本结构如图4-9所示。

优点:线网中心点的可达性很好,由于各条线路之间都相互交叉,任意两条线路之间均可实现直接换乘,因此线网连通性很好,线网任意两车站之间最多只需换乘一次。符合一般城市由中心区向边缘区土地利用强度递减的特点。

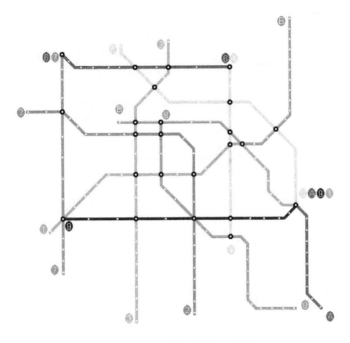

图 4-8　墨西哥市地铁线网示意图

缺点：城市中心区的线路过多，容易使换乘客流集中，庞大的客流量难以疏解，鉴于此，线型应以直径线为宜，半径线需在市中心进行大量的换乘。尤其当 3 条及以上轨道交通线路在同一点交汇时，其换乘站的设计施工及运营都很困难，这种车站一般会在 4 层以上，乘客换乘不便，日常费用也高。因此，一般将市中心的一点交叉改为在城市中心区范围内多点交叉，形成若干"十"字形、三角形线路关系，这样既有利于换乘站的设计与施工，又有利于乘客的集散，还有利于扩大城市中心区的范围，台北市就采用了这种处理方法。由于没有环形线，圆周方向的市郊之间缺少直接的轨道交通联系，市

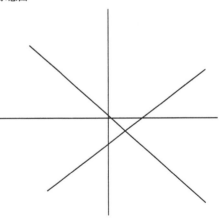

图 4-9　无环放射式线网示意图

郊之间的居民出行需要经过市中心区的换乘站中转，绕行很长距离，或者需要通过地面交通方式来实现，交通联系很不方便，这种不便程度随着城市规模的扩大而增大。

放射式线网的线路走向比较多，且他们都指向或穿过城市中心区，这种结构使得城市中心与市郊间的联系变得非常方便，大大提高了城市中心的可达性，也方便了市郊居民到城市中心的工作、购物和娱乐出行，有助于保证市中心的活力，维持一个强大的城市中心。导致城市中心区在平面和立面上同时发展，即一方面城市中心区密度不断增加，向地面以上或地面以下的立体空间发展，促使城市中心区容积率的不断提高，另一方面促进城区的扩大，城市中心区向周围渗透蔓延。

从城市中心伸向市郊的放射线不仅能够有效地将市郊的居民出行引向城市中心，而且

还能够促成轨道交通沿线居住密度的提高,形成城市居民的带状分布。由于这类放射线最初一般都是沿着重要的交通走廊布置的,其线路两侧的居民本来就不少,轨道交通线路经由这些地方后,大大提高的交通可达性强力地吸引出行不便的市郊居民纷纷向轨道交通线两侧迁移,这种趋势沿着轨道交通轴线向郊区纵深发展。由于市郊的良好的环境,低廉的地价及房价,它吸引了一部分城市中心区的居民来此居住,于是,在市郊的放射线引导城市形成一条条高密度的带状交通走廊。有些城市利用这种原理进行城市用地规划,如哥本哈根手指状规划、日内瓦规划、汉堡区域规划,在城市中形成若干发展轴线,在轴线之间间以绿地,通过轴线来引导城市居住功能和其他功能的迅速发展。

当城市规模较大时,尤其是对特大城市来说,这种线网结构有一些严重缺点:①加剧城市中心的交通拥挤;②增大城市居民的平均出行距离;③造成城市中心地价过高,反过来抑制城市中心的发展;④造成城市中心人口过分密集、人均居住空间减少及居住环境的恶化;⑤市郊与市郊之间的交通联系不便。

因此,这种无环放射式线网结构适合于有明显的城市中心、城市规模中等且市郊周边方向客流量不大的城市。慕尼黑(图4-10)、台北(图4-11)和斯德哥尔摩等城市线网规划都是此种形式。

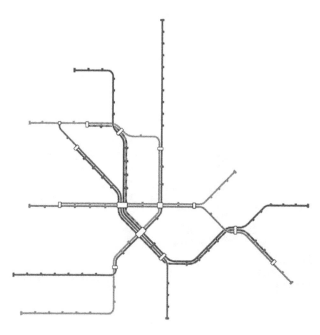

图4-10　慕尼黑市轨道交通线网示意图

4.3.3　有环方格式线网

随着城市空间尺度的扩大和密度的进一步提高,轨道交通网络规模也将随之增加,当方格网内平行线路达到一定数量时,为提高平行线路之间换乘便捷性,有可能增加环线,以提高网络通达性,如图4-12所示。

优点:在方格网的基础上增加环线的优点在于增强网络化程度,提高客流直达性。通过环线换乘减轻了中心区的客流负荷,起到疏散客流的作用。

图 4-11　台北市轨道交通线网示意图

缺点：仍存在方格网换乘次数相对较多的不足。

有环方格网主要适用于以方格网道路网为基本特征的特大城市，如北京中心城就是典型的有环方格式线网，如图 1-9 所示。

4.3.4　有环放射式线网

有环放射式线网由穿越城市中心区的径向线及环绕市区的环形线共同构成。径向线的条数较多，走向多样，但都经过城市中心区，如图 4-13 所示。

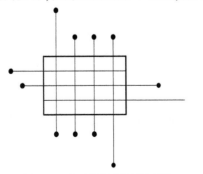

图 4-12　有环方格式线网示意图

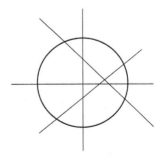

图 4-13　有环放射式线网示意图

优点：有环放射式线网结构是在无环放射式线线网结构的基础上加上环形线形成的，环线可以加强中心边缘各客流集散点的联系，截流外围区之间的客流，通过环线进行疏解，减轻中心区的交通压力。有环放射式是对无环放射式的改进，因而既具有无环放射式线网的优点，又克服了其周边方向交通联系不便的缺点。当城市因其郊区发展成市区后，这种形式的线网便于线网有效的扩展。

缺点：与无环放射式线网一样，这种线网在城市中心区交汇成一点是不利的，为了避免中心站超载，各条辐射线的交叉点不集中于一点，而在若干个车站相交，改进成为在城市中心区范围内多点交叉。在大城市里，当沿城市边缘地区人口稠密时，应考虑采用环线路线。从世界各国使用环线的成功例子可以看出，环线的客流取决于沿线人口和就业数量，也就是环线自身串联的客流集散点的规模。

莫斯科（图1-1）、伦敦（图1-2）、上海（图1-10）等许多城市的轨道交通线网都采用了有环放射式。由于有环放射式线网的主要线路是径向线，因此它具有放射式线网的基本特征：高密度的市中心和向城市四周伸展的发展轴。然而由于有了环线，它与放射式线网又有所不同。环线的位置不同，其与径向线配合时所起的作用也不同。环绕在CBD周围的环线，在一定程度上可以截住进入CBD区的过境客流，这样可以大大减少城市中心区的地面客流，从而缓解城市中心区的交通拥挤状况，维持CBD的稳定，如莫斯科地铁环线。而环绕城市中心区的环线，则除了提供市郊与市郊间便捷的联系外，还可引导城市形态的发展，也即城市副中心或次中心的发展，如巴黎的地铁环线和东京的山手线。这些环线一般布置在市中心区的外围，并穿过城市的建成区，环线与径向线的交叉形成交通枢纽，很容易在此形成新的副中心，例如东京山手线上的新宿。

4.3.5 混合式线网

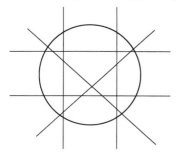

图4-14 混合式线网示意图

在大城市和特大城市中，城市空间形态呈多样化，城市规模大，空间结构复杂，往往具有主副多中心、多组团，各组团道路网之间相对独立又相互关联。因此会形成由多种单一线网结构有机结合而形成一个完整的线网形式，网络中同时存在平行线、径向线和环线，形成混合式线网结构形态，如图4-14所示。

混合式线网通常是因地制宜地适应城市形态特征的结果，与城市空间结构、用地布局、中心体系相契合，符合城市交通特征和客流方向。一般在特大城市中，当线路数量逐渐增加，线网规模累积达到一定程度后，网络形态通常都会趋向于混合式。

马德里的轨道交通线网具有一定的代表性。马德里整个地铁网络包括12条主线及1条支线，合计长度为296km。在"环+放射"为主的网络中同时建有若干平行线，从而使整体呈现混合式形态，如图4-15所示。

图 4-15　马德里轨道交通线网示意图

4.4　城市轨道交通线网构架

轨道交通线网构架研究在目前并无一成不变的模式,各城市均有不同的特点。在分析不同规划流派的基础上,以下重点介绍线网构架的基本要素和一般方法。

在轨道交通线网的合理规模确定后,即可进行线网的初始方案架构。轨道交通的初始线网集是在城市总体规划和综合交通规划的指导下,针对轨道交通线网规划的基本目标,考虑若干有限因素提出的,以作为后续客流测试及最终评价的基础。

4.4.1　城市轨道交通线网构架分析的基本要素

城市轨道交通具有引导城市空间发展、促进城市土地开发的作用。因此,城市轨道交通线网布局与城市空间结构吻合,与城市用地功能布局相协调,可使城市轨道交通建设发挥引导城市空间和用地功能布局优化调整的作用。轨道交通走廊串联城市重要客运枢纽和大型客流集散点,如市级公共服务中心、就业中心,沿就业岗位与居住功能集中的道路布设,可大大提高车站服务人口、就业岗位的覆盖率。《城市轨道交通线网规划标准》(GB/T 50546—2018)中指出:线网布局方案应在分析城市空间结构、用地布局、客运交通走廊分布、重要客运枢纽和大型客流集散点分布的基础上研究确定。

(1)城市空间结构与用地布局

城市空间结构形态是城市土地利用的空间特征的集中表现,在全局高度上决定了城市交通需求的宏观格局。城市空间结构形态发展趋势特征上的不同,将导致城市轨道交通线网的布局形式展现出空间形态上的明显差异。

轨道交通不仅是为了解决大城市的交通问题,也不仅仅是为市民提供一个快速、安全、准时的出行环境。轨道交通还有一个重要的作用,就是通过科学的轨道交通线网规划,引导和支撑城市用地布局的合理发展。轨道交通线网与道路网络对城市用地布局规划的作用是不同的,相比道路网络,轨道交通能在更大的空间上引导城市拓展,实现跨越式发展,引导大城市形成不同的交通空间;同时还可以使城市围绕轨道交通站点线路实现集约式发展和轴向发展。城市用地布局规划有单一中心紧凑型、组团化松散型等。单一强中心的城市强调向心交通,其轨道交通线网以径向线为主;组团化松散型的城市用地强调组团之间的快速交通联系;圈层式大都市交通圈的轨道线网规划上也应该体现层次性。

网络形态与城市用地布局的适应性是轨道交通线网方案评价的基础,偏离城市用地布局规划,或对城市用地布局规划的导向或支持不够的线网规划应重新进行优化调整。当然,从另一方面看,轨道交通线路或网络形成后,也应对城市布局做适当调整,从而促成轨道交通与城市布局的协调发展。大城市的用地布局往往体现区域差别化,市中心区高密度、外围区中密度、郊区低密度。通常高密度地区交通量大,交通拥堵严重,需要较多轨道交通服务,因此,轨道交通线网和站点密度要高于其他地区。相应的高密度的轨道交通站点,支撑了高容积率的用地规划。

(2)客运交通走廊

出行径路是城市中客流相对较为集中的假想线,具有出行活动高发的区位性质。当出行径路达到一定规模量级时,具有设置轨道交通线路的必要。出行径路是轨道交通线路布局的首选位置,当出行径路与轨道交通线路相互重合时,轨道交通将获得较好的客流效益。显然这样的出行路径规模及分布格局将对轨道交通线网的布局方案产生直接的影响。

(3)重要客运枢纽和大型客流集散点

城市轨道交通作为城市公共交通系统的主骨架,不会达到城市公交网的高覆盖率与高密度,为了最大限度地集散客流,缓解城市道路网的交通压力,轨道交通线路的布设应尽可能串联城市的关键性的大型客流集散点。大型客流集散点主要包括大型客运枢纽站(如火车站)、公交枢纽站、大型商业中心、大型文化中心(如博物馆)、大型体育场馆等,这些设施吸引大量的客流,必须发挥轨道交通大运量与高效的优势,迅速集散客流。

客流集散点是城市轨道交通枢纽和一般车站的设置区位,客流集散点之间的联系关系是轨道交通节点之间线路联系的基础。同时客流集散点的规模和空间结构对轨道交通枢纽的等级以及轨道交通线网的整体结构影响明显。

城市对外交通枢纽和内部公交枢纽也是客流重要的集散场所,其现在和规划位置对客流的分布也有重要影响。它们的布局形态也影响着轨道交通与对外交通、常规公交的衔接换乘方式以及居民的出行时间。

4.4.2 线网构架方法

城市轨道交通线网优化设计的思路通常有两种模式,即解优法(或正推法)和证优法(或验算法),如图4-16所示。前者是在对城市交通需求预测分析的基础上,根据一定的原则,用图论和数学规划方法设定特定的目标函数和约束条件建立优化模型,通过对优化模型的求解得到线网优化方案。后者则根据城市的交通现状和用地发展方向,构架初始线路或线网,通过对备选线网方案的客流测试与反馈,对线网方案进一步优化,构建线网方案的评价指标体系和评价方法对线网方案进行评价,按照优劣提出线网的推荐方案。

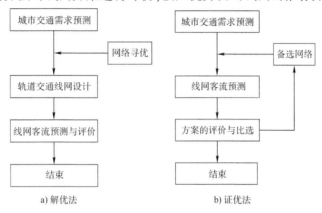

图4-16 城市轨道交通线网优化设计的基本模式

轨道交通线网规划涉及年限长,需要考虑的因素多,其中有很多影响因素(如城市规划理念、地形地质工程条件等)很难在数学模型中得到反映,因此解析优化线网可能在灵活性、工程可实施性等方面存在一定问题;同时,纯经验式的线网构架方法由于受到规划者的个人经验和水平影响很大,比较容易陷入局部最优。因此,在实践应用中,两种方法经常结合使用,如将解析优化线网与经验线网共同构成备选线网集,或对解析优化得到的线网根据实践经验进行调整,或以经验线网为初始网络进行解析优化调整等。

轨道交通线网构架的研究应采用定性和定量分析相结合且以定性分析为主的方法进行。所谓定性分析主要是指对城市背景的深入分析,对方案工程问题的比较论证,对远景各种边界条件的合理判断等。所谓定量分析主要是指利用先进的预测模型,对远景交通需求分布进行预测。因此,这种规划方法也被形象地称为"规划师和模型师的有效结合"。这里的理论基础主要来自城市规划学和交通工程学中的相关理论。它既可避免主观臆断,又可避免过于依赖模型而失去对模糊边界条件的合理把握,比较符合我国的实际情况。目前国内城市用得比较多的线网构架方法主要有:"点""线""面"要素层次分析法,以枢纽为纲、线路为目进行编织的方法,基于"蛛网"客流分配的线网构架方法等。

1)"点""线""面"要素层次分析法

大城市轨道交通线网往往是一个覆盖数百平方公里的庞大而复杂的系统工程,所以线网构架方案研究必须分类、分层进行分析。"点""线""面"既是三个不同的类别,又是三个不同层次的研究要素。

(1)"点"的分析

"点"代表局部、个体性的问题,"点"的分析即线网服务对象的甄选,城市大型客流集散点的分析。客流集散点,即客流发生、吸引点和客流换乘点,是轨道交通设站服务、吸引客流的发生点。

作为城市客运的骨干系统,城市轨道交通必须要串联城市大型客流集散点,分析这些客流集散点的规模等级、建设顺序、相互关系和可能的变化,作为规划线网构架的基点。

(2)"线"的分析

"线"代表方向性问题,"线"的分析即客运走廊分析,线网内各线路可能的路径分析。"线"的分析是研究道路交通网络,即城市客流经过的路线,尤其是主要客运走廊,是分析和选择线路走向的基本因素。主要客运走廊反映城市的主客流方向,对其识别方法主要有:经验判断法、出行期望径路图法、两步聚类识别法等。

①经验判断法

根据城市人口和就业岗位分布情况,设定影响范围,通过对线网覆盖率的判断来确定线路的走向。此方法较为简单,只需将人口与就业岗位分摊到交通小区中,并绘制出相应的人口与岗位空间分布图,在此图上根据经验判断画出线路走向。这种方法目前使用较多,但仅考虑了人口与就业岗位密度的分布情况,而忽视了人员出行距离与方向。因此,在线网布设时可能与实际客流方向不完全吻合。

②出行期望径路图法

通过出行预测得到远期全人口全方式出行 OD 矩阵,将远期 OD 矩阵按距离最短路径分配到远期道路网上得到出行期望径路图,按出行期望径路图上的交通流量选线,产生初始线网。

③两步聚类识别法

先通过动态聚类,将所有的出行流量对分类成 20~30 个聚类中心,而后通过模糊聚类法,以不同的 λ 截阵选择合适的分类,并进行聚类计算,最后可获得交通的主流向及流量,并结合走廊布局原则及方法确定主要客运走廊。

(3)"面"的分析

"面"代表整体性、全局性的问题,"面"的分析即整体形态控制,线网的形态结构和对外交通衔接点的分布形态分析。在进行线网构架方案研究时,"面"上的因素是控制构架模型和形态的决定性因素,这些因素主要包括城市地位、规模、形态、对外交通衔接、自然条件、土地利用格局以及线网作用和地位、交通需求、线网规模等。

①城市背景研究

城市背景研究是城市轨道交通规划的研究基础。包括以下三个方面:

a. 城市总体规划中对城市轨道交通线网规划有影响的城市结构和形态、土地利用布局、人口与就业分布、社会经济发展水平、大型建设项目、环境和文化保护等方面的规划意图。

b. 城市综合交通规划中明确的城市交通发展战略、道路网结构、合理的交通结构、交通枢纽布局、公交网络以及对城市轨道交通线网规划的构想等。

c. 城市远景交通宏观分析。该部分主要针对总体规划和综合交通规划的局限,通过对城市远景土地发展和交通分布的宏观分析,对城市轨道交通线网的基本形态做必要的深化、调整和补充。

②拟定轨道交通线网基本构架

主要包括以下两个方面的研究:

a. 根据背景研究提供的资料,对线网规划的前提条件进行研究。

b. 对轨道交通线网基本构架形态做出科学判断，提出线网内线路的组成和功能分工，作为形成候选线网方案的基础。

2）以枢纽为纲、线路为目进行编织的方法

该方法也是定性分析与定量分析相结合，由中国城市规划设计院在《北京市城市轨道交通线网优化调整》中加以应用，注重轨道交通对城市发展和土地开发的作用，以交通枢纽为结点，以现有和潜在的客运走廊为骨干，综合考虑轨道交通线网的功能层次划分，最终建立以枢纽为核心，功能层次分明的轨道交通网络，充分发挥城市轨道交通线网"依据城市规划、支持城市规划、超越城市规划、回归城市规划"的功能特征。在这种方法中，尤其突出了枢纽类客运集散点的地位和作用，采用以枢纽为核心的"两两换乘"的设计方法实现线路之间的一次换乘，提高轨道交通线网的整体运输效率，通过在线网规划中，采取换乘枢纽整体布局来实现轨道交通线网与城市和其他交通系统的有效衔接，并将线网构建层次划分为外围层次和市区层次，由市域快线、市区干线、市区辅助线共同构筑网络状的城市轨道交通系统结构。具体研究过程所划分阶段与"点""线""面"要素层次分析法一致，所不同的是方案构思的依据侧重点不同。

3）基于"蛛网"客流分配的线网构架方法

将规划交通小区之间的形心点相连接，形成交通阻抗和容量完全相同的虚拟边，这些虚拟边共同构成一个虚拟空间网络，称为"蜘蛛网"。以建立的"蜘蛛网"为交通网络，进行客流出行分配。通过"蛛网"分配的流量图，找出城市客运的主流向和客流走廊，基于这些客流走廊规划轨道交通线网。这种轨道交通线网的规划技术称为基于"蛛网"客流分配的线网构架方法。上海轨道交通线网规划曾采用了这一技术。

传统的轨道交通线网规划主要是基于道路的线路规划，带有道路规划的思想，基于道路的轨道线网规划方案往往会与道路网络类同。"蛛网"分配技术突破了传统基于道路的规划思想，体现了基于客流走向的客运交通规划思想，其规划方案与道路网络存在很大区别，是两张不同的网络形态。这种分配方法完全摆脱了现有道路设施的约束，对于轨道交通线网规划是适合的。

4.4.3 线网构架研究过程

线网构架受到众多因素的影响，如何对其进行归纳，并沿着一定的思路将分析过程系统化，是保证线网构架科学合理的关键。关于线网构架方法，业内人士曾进行过大量的探索工作，在规划实践中，由于构架研究是一项综合性很强的工作，许多影响因素很难量化。其基本思路如下：初始方案集生成→客流测试→方案评价→推荐线网方案的形成。

其具体研究过程大致可分为以下几个阶段。

(1) 第一阶段：方案构思

根据线网规划范围与要求，分析城市结构形态和客流特征及线网构架基本要素，通过现场踏勘，广泛搜集资料，从宏观入手对线网方案进行初始研究，构思线网方案。这些方案除各自的特点外，还应有许多共性，成为线网构架方案研究的重要基础。

(2) 第二阶段：归纳提炼

对初始构思方案进行分类归纳后，又经内部筛选提炼，推出其中的部分方案，向各有关单位征求意见,并要求提出补充方案。经过以上"筛选→方案补充→再筛选"的提炼过程,形成基础方案。这次筛选中,保留各种有较强个性的方案,合并共性方案,尽量全面听取各种思路和观点,形成代表不同政策倾向、不同线网构架特征和规模的方案。

(3)第三阶段:方案预选

以基础方案为基础,以线网规划的技术政策和规划原则为指导,根据合理规模和基本构思要求,进一步选择出几个典型的、不同线路走向和不同构架类型的方案,成为初步预选方案。

(4)第四阶段:预选方案分析与客流测试

前几阶段的方案深化主要以定性分析为主,从这一阶段开始,需要通过定量分析对方案做进一步的论证,用交通模型进行测试,进入定性与定量分析相结合的系统分析阶段。通过客流测试的反馈,对线网方案进行必要的调整补充。

(5)第五阶段:调整补充预选方案,并选出候选方案

通过分析和测试,预选方案均各自存在优点和不足之处,需要对其进行优化完善。在此基础之上可以对方案进行补充。由于补充方案只是通过定性分析进行的优化,其线网整体性能否真正得到优化还是未知的。因此接下来对补充方案进行同等条件下的交通测试,进一步以定量分析论证,确定补充方案为优化方案,并推荐为候选方案。

(6)第六阶段:推荐最终方案

在以上定性与定量分析基础上,又采用线网方案评价系统,对候选方案分组评价、排序,推选出最佳方案作为最终规划线网方案。

4.5 城市轨道交通线网方案评价

轨道交通线网规划是一项庞大而复杂的系统工程,它涉及范围广,综合性强,影响因素多,在设计过程中很难兼顾到各个方面,规划者们一般都是先拟定多个候选方案,然后进行方案的评价比选,从而确定最优方案。因此,线网方案评价是轨道交通线网规划建设的一个关键环节,通过对各方案进行系统的定性分析,构建合理的评价指标体系,借助科学的模型方法评价城市轨道交通线网规划在总体布局、等级、容量等方面的设计是否与城市总体规划发展相适应。评价体系的科学与否将直接影响到线网方案的优劣,它对确定技术上先进、经济上合理、实施上可行的轨道交通线网方案具有重要意义。

4.5.1 评价指标体系构建原则

城市轨道交通线网规划方案评价影响因素繁多且复杂,在指标选取过程中,要密切结合城市轨道交通线网规划目的,综合考虑各指标之间的层次关系,最大限度地减小各指标间的关联度,保证建立的指标体系能够全面反映城市轨道交通线网规划方案的整体效益,评价指标选取应遵循以下原则:

(1)一致性原则

一个线网方案的优劣评定首先要看它是否与轨道交通规划建设目的保持一致,如果指标的选取违背了轨道交通建设初衷,整个评价过程都会变得毫无意义。

(2)系统性原则

轨道交通线网规划受到各方面因素的影响,一般单个指标只反映规划目标的某个方面。为了保证方案评价的科学性,选取的指标应该能够全面系统地反映轨道交通线网方案的各方面特征,并保证多而不乱。

(3)科学性原则

评价指标的选择必须以科学的理论为依据,反应指标的数据来源要可靠、准确,保证每个指标都能科学、客观地反映城市轨道交通线网某个方面的信息。

(4)可操作性原则

评价指标选取过程中,既有定量指标,又有定性描述,既有客观条件,又有主观偏好,且各因素相互关联、制约。要注意选用指标的含义明确且具有一定可比性,且样本资料便于收集,以保证评价模型和方法的求解。

(5)独立性原则

构建的评价指标体系的结构层次要清晰,指标间尽量独立,避免相互关联造成冗余,防止评价结果因指标间相互关系产生倾向性,人为地夸大轨道交通线网的部分性能。对于那些不可避免的重叠,可从关联影响矩阵入手对权重进行修正。

4.5.2 城市轨道交通线网方案评价指标体系

综合理论研究现状及轨道交通建设实践经验的基础上,线网方案评价指标体系综合考虑运营效果、网络结构、社会效益、战略发展、可实施性等方面,选取相应定性定量指标,见表4-7。各城市由于城市特色不同、线网规划目标不同,具体评价指标可根据具体情况做出调整。

轨道交通线网方案评价指标 表4-7

子 系 统	评 价 指 标
1. 运营效果	1.1 线网客流强度(万人次/km·d)
	1.2 客流断面不均衡系数
	1.3 日客运周转量(万人·km/d)
	1.4 换乘系数
2. 网络结构	2.1 轨道网覆盖中心区面积率(%)
	2.2 线网规模(km)
	2.3 与主要客流集散点衔接程度(%)
3. 社会效益	3.1 占公共交通出行的比例(%)
	3.2 公共交通平均出行时间的节约(万h/d)
4. 战略发展	4.1 与城市空间形态协调指数
	4.2 沿线土地开发价值
	4.3 与城市景观风貌的协调
5. 可实施性	5.1 工程难易度
	5.2 近期线网实施性

4.5.3 各评价指标含义

1）运营效果

(1) 线网客流强度

线网客流强度是指轨道交通线网日客运量与线网总长之比,反映了轨道交通线网单位线路长度承担的客流量,以评价线网的运营效率和经济性。

(2) 客流断面不均衡系数

客流断面不均衡系数是指城市轨道交通线网各线路客流断面最大值与平均值之比,反映城市轨道交通线网承担客流的均衡程度,以评价线网的客运效率。该指标通常根据客流测试结果计算获得。客流断面不均衡系数越小,线网交通负荷越均匀,线路布局越合理。

(3) 日客运周转量

线网所承担的日客运周转量是指各轨道交通线路的日客运周转量之和。主要反映轨道交通线网的直接运营效果,轨道交通线网吸引长距离出行的优势。该指标通常根据客流测试结果计算获得。该值越大,轨道交通运营公司的经济效益越好。

(4) 换乘系数

换乘系数采用轨道交通线网出行人次与换乘人次之和(即客运量)除以轨道交通线网出行人次,是衡量乘客直达程度的指标,也反映了一个城市轨道交通线路、站点设置的优劣程度。该指标通常根据客流测试结果计算获得。

2）网络结构

(1) 覆盖中心区面积率

覆盖中心区面积率指城市中心区以轨道站点为中心半径600m范围的用地面积与中心区总用地面积之比。该指标直观反映了轨道交通线网在中心区的服务水平,从总体上表征线网的结构性能。

(2) 线网规模

线网规模是指城市轨道交通线网各条线路长度之和,是客观评价轨道交通静态线网的投入性的一个指标。显然,在建设标准相同的条件下,长度越大,工程造价越高。在功能和效果相同条件下,线网规模越小越好。

(3) 与主要客流集散点衔接程度

与主要客流集散点衔接程度指各方案中线网连通主要客流集散点的换算个数与规划区内主要客流集散点换算个数的比值。反映线网对主要客流集散点的覆盖性。

3）社会效益

(1) 占公共交通出行的比例

轨道交通占公共交通出行的比例指轨道交通出行量占公共交通出行量的比例。该指标反映了轨道交通线网对城市交通结构的改善情况,进而来评价轨道交通线网的影响。实际计算通常是以客流测试结果为依据。该值越大,说明轨道交通在公共交通系统中发挥的作用越大,对改善地面交通系统拥挤状况及环境越有利。

(2) 公共交通平均出行时间的节约

公共交通平均出行时间的节约是指每日以公共交通方式出行所节约的平均出行时间,

用来评价轨道交通线网的修建对居民出行时间的改善程度。通常,该指标要根据客流测试的结果来进行计算。该值越大,说明出行者的出行距离越短或旅行速度越高、出行越方便,说明线网结构及换乘布置总体上越合理。

4) 战略发展

(1) 与城市空间形态协调指数

评估轨道交通线网与城市总体规划拟定的空间形态和发展方向协调吻合程度,以及对促进城市空间拓展的贡献度。

(2) 沿线土地开发价值

轨道交通线网沿线土地利用开发价值,符合城市空间发展战略的基本要求。从沿线土地开发角度,来考察城市轨道交通线网的作用与潜力。一般通过对轨道交通线网的综合分析得出,结合线路的土地覆盖情况和专家咨询定确定其取值。

(3) 与城市景观风貌的协调性

线路走向、敷设不影响城市景观、不破坏文物古迹,促进对文物的保护与利用。从历史风貌保护与城市景观的角度,评价轨道交通线网与城市景观风貌之间的协调性。一般通过对轨道交通线网的综合分析得出,专家咨询定确定其取值。

5) 可实施性

(1) 工程难易度

工程难易度是一个定性指标,从工程实施角度考察各方案具体施工条件的难易程度(如是否跨越各类工程难点),利用现有设施(如既有铁路)的可能性,动迁居民及单位的数量等,在一定程度上也反映了工程建设投资规模,该指标主要由技术人员根据经验确定,通过对轨道交通线路跨越各类工程难点的分析得出相对指标。该指标主要是从施工角度评价轨道交通线网的实施难易程度。

(2) 近期线网实施性

近期线网实施性是一个定性指标,形成近期线网的修建难度和运营效率。从近期线网与远景线网结合的角度,评价轨道交通线网可实施性。

4.5.4 评价指标权重确定

一般来说,一个指标仅反映总体特征的某一个方面,要想比较全面地反映总体的状况,就要将多个单一指标特征综合起来考虑。对于具有多个指标的评价系统,各评价指标的重要程度,即各指标权重值是不同的。评价决策中的权重,是指每项指标对总目标实现的贡献程度,它反映了各指标在评价对象中价值地位的系数。不同的权重将导致不同的评价结果,如果权重数值确定的不合理,那么评价指标确定的全面与否将失去意义。合理的确定指标权重对任何评价系统都是非常重要的。

1) 层次分析法

层次分析法(AHP 法)无疑是确定评价指标权重的一种简单且行之有效的方法。层次分析法是美国匹兹堡大学于 20 世纪 70 年代提出的一种系统分析方法,它是一种将定性分析与定量分析相结合的系统分析方法,是分析多目标、多准则的复杂大系统的有力工具。应用层次分析法解决问题的思路是:首先将所要分析的问题层次化,根据问题的性质和要达到的目标,将问题分解为不同的组成因素,按照因素之间的相互影响和隶属关系将其分层聚类组合,形成一个多层次的结构模型。最后将问题归结为最底层(方案层)相对于最高层(总目标)的比较优势的排序问题。用层次分析法分析问题一般要经过以下4个步骤:

(1)建立层次结构模型

通过调查研究和分析,弄清问题的范围和目标、问题包含的因素、各因素间的相互关系,建立递阶层次结构。

(2)构造判断矩阵

构造判断矩阵是层次分析法的最关键步骤,通过对每一层次中的一系列因素进行两两判断比较,根据一定的比率标度将判断定量化,形成比较判断矩阵。该判断矩阵表示上层因素 A 与下一层因素 B_1、B_2、$\cdots$、B_N 之间的联系,在此要对 B_1、B_2、$\cdots$、B_N 这 N 个因素之间的相对重要性进行比较,以确定 $N \times N$ 阶的判断矩阵 $\boldsymbol{B} = (b_{ij})_{N \times N}$。

通常采用美国运筹学家萨迪(A. L. Saaty)提出的9标度法,见表4-8。

相对重要性的比例标度　　　　　　　　表4-8

标　度	含　义
1	两个因素相比同样重要
3	两个因素相比,前一个因素比后一个因素稍微重要
5	两个因素相比,前一个因素比后一个因素明显重要
7	两个因素相比,前一个因素比后一个因素强烈重要
9	两个因素相比,前一个因素比后一个因素极端重要
2、4、6、8	上述两相邻判断的中值,需要折中时采用
倒　数	若元素 i 和 j 的重要性之比为 b_{ij},则元素 j 与 i 的重要性之比为 $b_{ji} = 1/b_{ij}$

(3)层次单排序

所谓层次单排序是指根据判断矩阵计算对于上一层某一因素而言,本层次与之有关系的因素的重要性次序的权值。可以用最大特征根法求解。对于判断矩阵 $\boldsymbol{B}$,由 $\boldsymbol{BW} = \lambda \boldsymbol{W}$ 解出最大特征根 $\lambda_{\max}$ 及其对应的特征向量 $\boldsymbol{W}$,将特征向量 $\boldsymbol{W}$ 归一化,就得到 B_1、B_2、$\cdots$、B_N 相对于上层因素 A 的权重值。

为了测试评判的可靠性和一致性,引入 $CR = CI/RI$ 作为度量判断矩阵偏离一致性的指标,则当 $CR < 0.10$ 时,即认为判断矩阵具有满意的一致性,否则就需要对判断矩阵进行调整,并重新计算权重值。其中,$CI = (\lambda_{\max} - n)/(n-1)$,1~10阶判断矩阵的 RI 取值见表4-9。

平均随机一致性指标　　　　　　　　表4-9

阶数 N	1	2	3	4	5	6	7	8	9	10
RI	0	0	0.58	0.90	1.12	1.24	1.32	1.41	1.45	1.49

(4)层次总排序

采用同一层次中所有层次单排序的结果,就可以计算对上一层次而言的本层次所有元素的权重,直至最高层次。假定上一层所有因素 $A_1, A_2, \cdots, A_m$ 的总排序已经完成,得到的权值分别为 $a_1, a_2, \cdots, a_m$,与 A_j 对应的本层次因素 $B_1, B_2, \cdots, B_n$ 单排序的结果为 $b_{1j}, b_{2j}, \cdots, b_{nj}$,

则层次总排序见表4-10。

层次总排序　　　　　　　　　　　　　　　　　　表4-10

层次	A_1	A_2	...	A_m	B 层次总排序
	a_1	a_2	...	a_m	
B_1	b_{11}	b_{12}	...	b_{1m}	$\sum_{j=1}^{m} a_j b_{1j}$
B_2	b_{21}	b_{22}	...	b_{2m}	$\sum_{j=1}^{m} a_j b_{2j}$
⋮	⋮	⋮	⋮	⋮	⋮
B_n	b_{n1}	b_{n2}	...	b_n^m	$\sum_{j=1}^{m} a_j b_{nj}$

显然,$\sum_{i=1}^{n}\sum_{j=1}^{m} a_j b_{ij} = 1$,即层次总排序依然是归一化正规向量。

在进行层次总排序时,也需要进行一致性检验,如下所示:

$$\begin{cases} CI = \sum_{j=1}^{m} a_j CI_j \\ RI = \sum_{j=1}^{m} a_j RI_j \\ RC = \dfrac{CI}{RI} \end{cases} \tag{4-18}$$

式中,CI_j 和 RI_j 为与 a_j 对应的 B 层次中判断矩阵的一致性指标和随机一致性指标。

2)评价指标的权重

结合专家咨询意见和层次分析法计算结果,确定评价子系统及指标权重可供参考,具体见表4-11。

轨道交通线网方案评价指标权重　　　　　　　　　　表4-11

子系统	子系统权重(%)	评价指标	指标权重(%)
1. 运营效果	25	1.1 线网客流强度	32.1
		1.2 客流断面不均衡系数	17.3
		1.3 日客运周转量	29.7
		1.4 换乘系数	20.9
2. 网络结构	21	2.1 轨道网覆盖中心区面积率	38.5
		2.2 线网规模	25.3
		2.3 与主要客流集散点衔接程度	36.2
3. 社会效益	19	3.1 占公共交通出行的比例	45.0
		3.2 公共交通平均出行时间的节约	55.0
4. 战略发展	21	4.1 与城市空间形态协调指数	41.7
		4.2 沿线土地开发价值	31.6
		4.3 与城市自然景观风貌的协调	26.7
5. 可实施性	14	5.1 工程难易度	50.0
		5.2 近期线网实施性	50.0

4.5.5 综合评价方法

城市轨道交通线网的布局本身是一个复杂的系统,同时它还涉及一个城市社会的众多方面,对它的评价无疑是一个多层次、多变量的综合评价问题。多指标综合评价方法是把多个描述被评价事物不同方面且量纲不同的统计指标,转化成无量纲的相对评价值,并综合这些评价值得出对该事物一个整体评价的方法系统。目前,多指标综合评价方法很多,这里介绍种简单易行的广义效用函数法。

1) 指标的标准化

由于各指标具有不同的属性导向,有的指标其属性值越大越好,称之为正向指标;有的指标其属性值越小越好,称之为负向指标;也有的指标其属性值太大了不好,太小了也不好,称之为适中指标。这将对评价带来一定的难度,在不改变指标之间差异的前提下,应该对其进行必要的标准化、无量纲化。可采用线性函数对其进行标准化。

(1) 正向指标

$$r_i = u_{di}(x_i) = \begin{cases} 1 & x_i \geq Z_i \\ \dfrac{x_i}{Z_i} & x_i < Z_i \end{cases} \tag{4-19}$$

(2) 逆向指标

$$r_i = u_{di}(x_i) = \begin{cases} 1 & x_i \leq Z_i \\ \dfrac{M_i - x_i}{M_i - Z_i} & Z_i < x_i < M_i \\ 0 & x_i \geq M_i \end{cases} \tag{4-20}$$

(3) 适中型指标

$$r_i = u_{di}(x_i) = \begin{cases} \dfrac{x_i - m_i}{Z_i - m_i} & x_i \in (m_i, Z_i) \\ \dfrac{M_i - x_i}{M_i - Z_i} & x_i \in (Z_i, M_i) \\ 0 & x_i \leq m_i 或 x_i \geq M_i \end{cases} \tag{4-21}$$

(4) 区间型指标

$$r_i = u_{di}(x_i) = \begin{cases} 1 & x_i \in (Z_{i1}, Z_{i2}) \\ \dfrac{x_i - m_i}{Z_{i1} - m_i} & x_i \in (m_i, Z_{i1}) \\ \dfrac{M_i - x_i}{M_i - Z_{i2}} & x_i \in (Z_{i2}, M_i) \\ 0 & x_i \leq m_i 或 x_i \geq M_i \end{cases} \tag{4-22}$$

上述式中:x_i——指标 i 的实际值;

r_i——指标 i 的标准化值;

Z_i——指标 i 的最佳值;

m_i、M_i——分别为指标 i 的合理区间的下限、上限；

Z_{i1}、Z_{i2}——分别为指标 i 的最佳区间的下限、上限。

2）计算子系统得分 U_i

$$U_i = \sum_j (r_{ij} \cdot f_{ij}) \tag{4-23}$$

式中：r_{ij}——第 i 个子系统第 j 个指标的标准化值；

f_{ij}——第 i 个子系统第 j 个指标的权重。

3）计算整个系统的得分 U

$$U = \sum_i (U_i \cdot f_i) \tag{4-24}$$

式中：f_i——子系统 i 的权重；

U_i——对应子系统的得分。

以 U 值的大小，作为轨道交通线网方案优选的依据。

思 考 题

1. 城市轨道交通线网的基本形态有哪几种类型？简述各类型的优缺点。
2. 试列举城市轨道交通线网规模匡算方法，并说明各自适用条件。
3. 如何识别城市中的客运走廊？
4. 城市轨道交通线网方案评价指标体系各指标的权重如何确定？
5. 如何评价城市轨道交通线网方案的优劣？除了本书中所提的方法，还有哪些方法可以应用于城市轨道交通线网方案评价？简述其评价步骤。

第5章 特殊功能线路的规划布设

轨道交通线路布设是为了满足出行需求,根据不同的出行需求可能需要不同功能的线路形式,如城市空间扩展下的长距离出行带来对有别于市区轨道交通的市域轨道交通线需求,以及连接航空枢纽的机场线需求等。与此同时,也带来一些特殊形态的线路,如超长线路、环线、支线、半径线等。关于这些特殊功能或特殊形态的线路规划设置,并未形成统一的共识。因此,本章将围绕上述特殊功能或特殊形态的线路,分析其功能特殊点、现状应用情况、存在的问题等。

5.1 环　　线

城市轨道交通环线指的是线路构成一个环形,列车在其上环形运行的交通线。依据苏联学者的观点——城市轨道交通网络由肢段和圈层构成,圈层的形态可以区分世界各国的轨道交通线路形式,而环线就是环上任一点不用换乘均可到达环上另一点的特殊圈层。因此,环线是城市轨道交通网络中一类特殊的线路形式。正因其特殊性,围绕是否需要设置环线的问题,常常成为轨道交通线网规划过程中人们广泛讨论和关注的焦点。

5.1.1 环线的作用

环线设置与否,首先需要分析其设置的目的与作用。由于环线的特殊性质,它将在线网中发挥特殊的作用。轨道交通的环线不同于道路环线,道路环线的作用是屏蔽径向车流穿越城市中心区,而轨道交通环线的作用是:

(1)联络轨道交通放射线路,通过客流转换,提高轨道交通网络的可达性。通过环线将不同服务方向的放射线或直径线串接,交织成网络,方便不同线路之间的横向联系,提高网络整体可达性。

(2)提供多点换乘,减缓中心区客流压力。通勤客流通常具有明显潮汐现象,外围客流从各个方向进入中心区,必将给中心区带来较大的客流压力,使中心区轨道交通线路受到较大冲击,尤其是在有限的换乘节点上。因此,在中心区边缘设置环线可以对向心客流进行有效的拦截(当然这种拦截效果可能不如道路环线对车流的拦截效果明显),通过环线进行多方向快速换乘,均衡网络客流分布。

(3)满足环线沿线客流出行需求,提供横向联系,并带动新中心发展。环线能够有效连接沿线区域,提高网络覆盖率,便于沿线横向联系。同时,借助环线上换乘节点的高可达性,围绕换乘节点形成高强度开发,促进城市次中心或副中心建设,优化城市空间布局。如日本山手线上形成了多个城市副中心。

5.1.2 环线的分类

1)按运营方式分类

尽管线网中的环线从几何形态上看是一个环形,但是由于环线与其他线路联系的方式不同、车辆组织方式不同,会形成不同的运营方式,比较典型的运营方式有独立环线运营、勺形环线运营、共线环线运营、组合环线运营和大小环线运营,如图5-1所示。

  a)独立环线 b)勺形环线 c)共线环线 d)组合环线 e)大小环线

图5-1 环线的基本运营形式

(1)独立环线运营

独立环线运营是指列车只在环线上由一个运营机构负责运营,在此方式下,列车不进入环线以外的线路运营,而环线以外的列车也不占用环线的线路,是世界轨道交通环线中应用最为广泛的一种形式,大约占已运营环线总数的50%以上。这种环线的特点是运输组织简单、各区段通行能力均等、识别性强,但对客流的要求也最为严格;适合于周向客流比例较大且各区段客流较均匀的场合。以莫斯科地铁5号线、北京地铁2号线、东京山手线为代表。

(2)勺形环线运营

勺形环线运营是指环形线路与进出环线的放射线路组合起来运营,列车沿放射线路进入环线中,沿环线运行,然后再沿出环线的线路离开。这种方式在端头到环线客流量较大时比较适宜。例如日本东京的大江户线,该线全长40.7km,环线部分27.8km,设站38座,采用由内到外、自端头到端头的运营方式。

(3)共线环线运营

共线环线运营是指环线列车与来自环外线路列车在整个或其中一部分线路上共线运营,共线环线的应用比例仅次于独立环线,适用于环周部分区段客流量较小的情况。例如上海地铁4号环线全长33.6km,设站26座;在虹桥路—宝山路站区间与地铁3号线共线,共线段长11.8km,设站9座。共线环线兼具独立环线和勺形环线的特征,因此在运营组织上十分灵活。

(4)组合环线运营

组合环线运营是指由两条或多条线路组合起来运营,其中包括一个完整的环线运营路径。以巴黎地铁环线为例,其由地铁2号线及6号线组成,2号线使用的是橡胶轮车辆,6号线使用的是钢轮车辆,各自独立运行,分顺时针和逆时针方向,在两条线路的连接点可以实现两条线路之间的换乘。这种环线适于环周两个部分存在量级上的客流差异,且其间换乘量较小的情况。

(5)大小环线运营

大小环线运营是指由环线多个交路组合运营,大交路可采取全环运营,而小交路采用中间折返的方式运营部分环线,如北京地铁10号线。

2)按功能结构分类

从城市轨道交通环线与网络中其他线路的相互关系及其位置与功能的角度,可将其分为结构性环线和非结构性环线。

(1)结构性环线

结构性环线指的是对城市轨道交通线网结构起着重要支撑作用的环线,一般环绕城市中心区设置,与网络中全部或多数放射线都相交,并在线网形态上多呈现"放射环式"结构。按照环线与城市中心区的相对位置,又可以划分为中心区环线(内环)和多中心环线(外环)两种类型。

①中心区环线

中心区环线指的是整个线路都处于城市中心区范围内的环线,其线路规模通常在20km左右,如伦敦地铁环线(Circle Line,22.5km)、莫斯科地铁5号线(19.4km)、马德里地铁6号线(23km)、北京地铁2号线(23.1km)等。莫斯科是拥有中心区环线的典型代表城市,整个线网呈典型的"放射环式"结构(图1-1),其轨道交通网络总长275.6km,由1条环线、11条直径线及半径线构成;其中环线长19.4km,与另外11条线路均存在交叉和换乘关系,环线上的12座车站也全部是大型的换乘站。

图5-2 东京山手线示意图

②多中心环线

多中心环线通常位于中心区外围,并串联多个城市副中心或者外围组团中心,其环线规模一般都较中心区环线要大。日本东京的山手线是最典型的多中心环线(图5-2)。山手线全长34.5km,设29座,环绕在以银座地区为核心的中央商务区(CBD)周围;环线上串联着新宿、池袋、涩谷、大崎、上野等多个城市副中心。整个城市呈现"一核七心"的典型多中心组团式结构。

(2)非结构性环线

美国纽约肯尼迪机场快线就是典型的非结构性环线。在轨道交通线路位于机场的一端形成串联多个航站楼的环(图5-3)。巴黎地铁7号线在端部也有类似的结构。新加坡轨道交通网络中3条环线(榜鹅轻轨线、盛港轻轨线以及武吉—班让轻轨线)基本上也都属于这种类型。另外还有一些属城市观光旅游性质的环线,规模较小,也是非结构性环线。如底特律的单向高架轻轨环线,长度仅5km;迈阿密的新交通系统环线仅3km,也都属于非结构性环线。

总的来说,非结构性环线的换乘站数量较少甚至没有,起不到通常意义上环线的连续换乘功能,仅仅是对环形的客流集散点起连通作用。其功能相对单一,对线网结构的影响较小,受到的限制性因素也少。

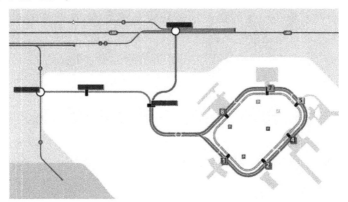

图 5-3 肯尼迪机场快线示意图

5.1.3 环线的设置条件

城市轨道交通环线的设置与否,与整个轨道交通线网的形态、客流流向有很大关系,但首先还是取决于城市空间发展的用地布局结构。目前,世界上城市空间发展大体上有两种模式:一是城市由同心圆向外扩展转变为沿轴线发展模式,如哥本哈根、日内瓦、汉堡等;二是城市由单中心向外扩展转变为多中心向外扩展模式,如东京、巴黎等。我国城市大多为单中心同心圆结构,在未来发展和规划方面则两种模式兼而有之。对于同心圆向外扩展模式而言,环线一般主要在中心区或靠近中心区边缘的区域设置,而是否需要设置环线则取决于以下两方面的因素。

1)客流条件

环线上要有足够客流,同时分布应较为均衡,以利于系统配置和运营组织。环线的客流一方面来自与其相交的放射线的换乘客流,另一方面来自其通过的客流集散点吸引的客流。

(1)当放射状线网规模足够大,放射线达到一定数量时,对环线能起到较好的客流支持作用,从而满足环线设置的客流条件。

放射线与环线之间换乘客流的大小,取决于放射线的位置和性质、换乘站的换乘便捷性及环线车站周围就业岗位数量等因素。放射线客流量大且出行方向多样化将增加放射线与环线的客流交换;环线上的换乘站换乘便捷,将吸引乘客在环线上换乘;环线车站周围就业岗位数量多,环线车站将成为居民出行的目的地,吸引城市各个方向客流通过放射线换乘环线到达工作地点。因此,环线设置时应尽可能多地与放射线连接,并保证放射线本身具有较大的客流需求;同时,环线上设计的换乘站要便捷,环线通过区域应有较多的就业岗位。

(2)环线通过的客流集散点越多,通达性越好,周向出行客流越多,越能满足环线设置的客流条件。

环线的客流还取决于沿线人口和就业岗位数量,也就是环线自身串联的客流集散点的规模。环线越靠近市中心区域,通过的大型客流集散点越多,沿线区域内人口和就业岗位越密集,则环线本身的客流集散能力越强,在局部区域环线就可以承担更多的出行。世界上轨道交通环线大多都与城市对外客运枢纽相连,如:著名的伦敦地铁环线(Circle Line),全线串联了 13 座铁路车站,这些铁路车站基本上都是伦敦市区向伦敦大区辐射的放射形铁路的起点站,所以无论是高峰时段还是平时都始终具备较高的客流;莫斯科的地铁环线(5 号线),12 座车站中有 7 座也是与铁路枢纽站衔接,环线平均运营速度已经达到了 40km/h,高峰小时最小发车间隔 90s,但环线上有 6 座车站还是超负荷运行,目前莫斯科当局已考虑增设新的环线以缓解现有环线的压力。

2)工程条件

城市轨道交通线路需要设置停车场、车辆段等,占地面积大,工程条件要求高。穿越市区的放射线两端位于城市外围区域,建设条件和用地条件都较好,可以较便利地设置场段;而环线为了保证足够的客流吸引能力,并对线网构架发挥相应的作用,往往设置在市中心内或边缘,通过区域的建设条件和用地条件紧张,场段设施的设置困难。为了解决工程条件的制约,一般可以采用以下两种方式解决:

(1)增加环线的长度,使环线向城市外围扩大或局部线路通过城市较为外围的区域,以保证环线部分区段所通过的区域其建设条件和用地条件能够满足设置场段设施的要求。

(2)在环线上增加支线或利用联络线与其他放射线联系,在支线或放射线上设置场段设施,通过相应的运营管理措施,保证环线与支线或其他放射线共享场段设施。

5.1.4 环线的长度

线路长度也是轨道交通环线在线路设置过程中需要重点考虑的因素之一,它对环线今后的运营及服务水平有着重要影响。环线过短,其串联的区域有限,与网络中其他放射性线路交叉换乘的概率会下降,环线的功能将大打折扣;而环线的长度过长,其客流的均衡性、运营时间及服务水平都会受到影响,车辆投入等方面的运营成本也会大大增加,最终也会削弱环线的吸引力。

表 5-1 是对部分城市轨道交通环线应用情况的统计,除去非结构性环线,这些环线平均长度为 30.7km,若再扣除明显较长的北京地铁 10 号线(57.1km)、首尔地铁 2 号线(48.8km),其余环线平均长度为 26.3km。

部分城市轨道交通环线应用情况统计 表 5-1

城市	环线名称	环线长度（km）	车站数量（座）	换乘站数（座）	环线类型 结构性环线	环线类型 非结构性环线	备 注
伦敦	环线	22.5	27	16	√		带单放射端
东京	山手线	34.5	29	24	√		带单放射端
莫斯科	5 号线	19.4	12	12	√		
马德里	6 号线	23.4	28	1		√	
北京	2 号线	23.1	18	7	√		
北京	10 号线	57.1	45	16	√		大小环线运营
上海	4 号线	33.6	26	17	√		虹桥路—宝山路站区间与 3 号线共线,共线段长 11.8km,设站 9 座

续上表

城市	环线名称	环线长度(km)	车站数量(座)	换乘站数(座)	环线类型 结构性环线	环线类型 非结构性环线	备注
巴黎	2号线	12.3	25	13	√		呈组合环状线，目前未按环线运营
	6号线	13.7	28	12	√		
名古屋	名城线	25	28	9	√		带单放射端
首尔	2号线	48.8	43	21	√		带双放射端
奥斯陆	4号线	19.5	14	5	√		
柏林	S41,S42[①]	35	27	17	√		带多放射端
布加勒斯特	M1	24	16	8	√		Dristor 至 Eroilor 与 M3 共线，长 8.63km，设站 6 座

注：①S41 为顺时针运行方向；S42 为逆时针运行方向，是同一条环线。

根据世界各国地铁运营经验，为使调度合理，通常单条地铁线路的长度为30km左右。而环线由于换乘车站数量较多，相应的在站点累计停靠时间较一般线路要长。因此，对于中心区环线，其长度应以 20～25km 为宜；而对于多中心环线，长度在 35～40km 之间则较为合适。长度超过40km的轨道交通环线，其运营一周的时间通常都在1h以上。如巴黎最新规划的 RER 环线，长度达到了 50km，虽然采取了无人驾驶和市域快线的形式，站间距比市中心线路也大得多，但运营时间还是达到了 75min。

5.2 主—支组合线

5.2.1 国外支线应用情况

轨道交通支线作为一种灵活的线路模式，在国外多个城市有广泛的运用，多见于特大城市的市域、市郊线网，如法国巴黎的 RER 系统、日本东京都的 JR 和私铁系统、德国的 S-Bahn 系统等；或者中小城市的地铁及有轨电车系统，如意大利米兰、法国波尔多等的轨道交通支线。

支线的设置可以较好地兼顾解决城市外围区域覆盖率不足和中心城区通道资源紧张的问题。支线的服务水平应同时满足所在片区的出行需求和主线的系统容量。

(1)巴黎 RER 系统

巴黎 RER 系统(图 5-4)现有 A 线、B 线、C 线、D 线、E 线共 5 条线路、24 条分支线路。所有线路均通过巴黎市中心区，主线和部分支线与巴黎地铁网有众多换乘车站，转乘便捷。根据相关运营资料，RER 主线高峰时期可保证 2～3min 的发车间隔，支线发车间隔多为 7～15min。各条线路运营组织非常灵活，交错开行大量快慢车、区间车，以缓解高峰时期客流不均衡的矛盾。

A 线设有 5 条分支，分别连接西北部的圣日耳曼昂莱站(Saint Germain en Laye，A1 分支)、塞尔吉高地站(Cergy Le Haut，A3 分支)、普瓦西站(Poissy，A5 分支)，以及东南部的布瓦西圣雷热站（Boissy Saint Léger，A2 分支）、马恩河谷—雪西站（Marne la Vallée-Chessy，A4 分支）。

图 5-4　巴黎 RER 系统示意图

B 线设有 4 条分支，分别连接东北部夏尔·戴高乐国际机场的二号航站楼高速列车站（B3 分支）和米提克雷（Mitry Claye，B5 分支）、南部的罗班松（Robinson，B2 分支），以及圣雷米列雪福斯（Saint Rémy lès Chevreuse，B4 分支）。

C 线成多岔双环状，共设 8 条分支，连接西北部的蓬图瓦兹（Pontoise，C1 分支）、阿让特伊（Arg-Argenteuil，C2 分支）、凡尔赛左岸（Versailles Rive gauche，C5 分支）、圣康坦伊夫林（Saint Quentin en Yvelines，C7 分支）、东南部的马西巴雷索（Massy Palaiseau，C2 分支）、杜尔当森林（Dourdan La Forêt，C4 分支）、圣马丹埃唐普（Saint Martin d'Étampes，C6 分支）、凡尔赛尚蒂埃（Versailles Chantiers，C8 分支）。

D 线设有 4 条分支，分别连接北部的奥瑞城科耶（Orry la Ville Coye，D1 分支）、克雷伊（Creil，D3 分支，但线路图上常常没有标注），以及东南部的默伦（Melun，D2 分支）、马勒舍布

(Malesherbes，D4 分支)。

E 线设有 3 条分支,分别连接巴黎市区的奥斯曼圣拉扎尔站(Haussmann Saint Lazare,E1 分支),以及东部的谢尔—古奈站(Chelles Gournay,E2 分支)和杜尔农站(Gare de Tournan,E4 分支)。

(2)东京都 JR 和私铁系统

东京都轨道交通历经百年发展,拥有庞大的轨道交通网络和众多运营公司,按照服务区域划分,主要由内城区的地铁、外围区的地铁和私营铁路,以及郊区的私营铁路和 JR 组成。

外围区线路多设有支线,以私铁京滨急行电铁为例,线路除 56.7km 的本线(泉岳寺—浦贺)外,还设有 4 条支线,分别为:久里滨线(堀之内—三崎口),13.4km;逗子线(金泽八景—新逗子),59km;大师线(京急川崎—小岛新田),4.5km;空港线(京急蒲田—羽田机场),6.5km,如图 5-5 所示。

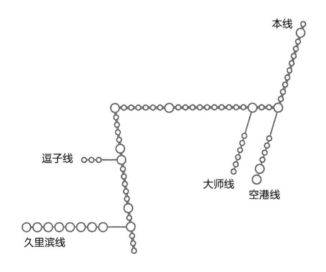

图 5-5 京滨急行电铁线路示意图

线路开行普通、急行、特急、快特、机场快特等多种线路(图 5-6)。根据列车运行时刻表,高峰期主线开行列车间隔多为 3～4min,而且线路与其他线路的重要换乘节点,如品川、泉岳寺等车站,始终保持较高的发车密度,以满足转乘客流需求。

(3)柏林的 S-Bahn 系统

S-Bahn 系统发展之初即定位为"近郊通勤列车",服务于城市中心以及近郊和附近乡镇交通。其显著特点就是在城市外围区域设置众多支线,并于中心区汇入少数主线。整个系统享有高效、同调的运营安排,通常支线的发车间隔不少于 20min,汇合到主线的最短间隔仅为 2～3min,如图 5-7 所示。

相比于巴黎和东京的市域线,柏林的 S-Bahn 系统更具备国家铁路特征,对支线的运用更为广泛。线路向柏林市郊各个方向放射有 15 条线路,最终汇入城市中心的仅为"环+十字"的简单路网形态。支撑 S-Bahn 系统良好运行的前提是合理的车站和配线设置,以及周密的运营组织,S-Bahn 在柏林市中心区采取共用廊道和复杂配线的方式,以实现大量不同起终点线路的共线和转乘。

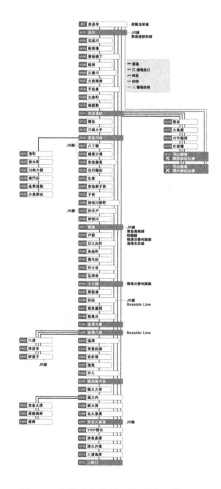

图 5-6　京滨急行电铁开行列车示意图

(4)总结分析

从国外轨道交通的支线应用来看,通常在市域快速轨道交通中对支线应用较广(如区域快线、通勤铁路、市郊铁路等),该系统中往往由多个支线,而且与主线贯通运营,尽管支线发车间隔较大,但能够实现严格按照运行图发车,鼓励定点出行。为提高支线出行的快捷性,在支线往往设有越行站,通过开行直达车、大站快车,满足不同时期、不同群体的出行需求。

5.2.2　国内支线应用情况

(1)上海

上海地铁线网(图 1-10)中 10 号线、11 号线开行支线列车。10 号线主线由新江湾城站至虹桥火车站,设站 28 座,长约 30km;支线由龙溪路站接轨,止于航中路站,含 3 站 3 区间,长约 5km。支线与主线贯通运营,高峰期共线段发车间隔为 5min,支线发车间隔为 10min。平峰期共线段发车间隔 8min,支线发车间隔为 13~15min。

轨道交通 11 号线主线由罗山路站至嘉定北站,设站 28 座,长约 53km;支线由嘉定新城站接轨,止于江苏境内花桥站,含 7 站 7 区间,长约 19km。支线与主线贯通运营,高峰期共线段发车间隔为 5min,支线发车间隔为 10min。平峰期共线段发车间隔为 8min,支线发车间隔为 13~15min。

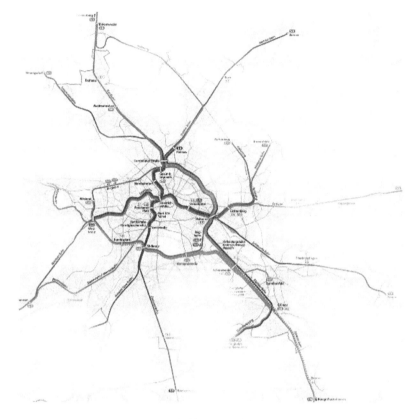

图 5-7　柏林 S-Bahn 线路示意图

10 号线、11 号线支线接轨站位于城市外围区域,主线末端及支线多连通外围新城以及体育场馆、大型交通枢纽,如虹桥机场、火车站、安亭 F1 赛车场等。由于新城开发强度不及中心区,而且机场、火车站以及体育场馆等客流性质属于阶段性、突发性客流,目前支线对发车间隔要求降低,地铁运营较为顺畅。

(2)广州

广州地铁 3 号线设置支线运营,是呈南北走向的"Y"形线路,主要贯穿市区新城市中轴线和番禺区发展轴线,如图 5-8 所示。主线为天河客运站至番禺广场,连接天河区、海珠区、番禺区三大区域,衔接城区大型住宅区、主城区商业中心区等重要区域,设站 16 座,长约 35km。支线也称北延线,由体育西路站接轨至机场南站,连接白云区、天河区、花都区三大区域,主要衔接城区居住集聚区和主城区商业办公区等重要区域,设站 12 座,长约 29km。

图 5-8　广州地铁 3 号线示意图

广州地铁 3 号线 2006 年底实现主线贯通运营,2010 年支线通车。有别于常规支线运营方式,3 号线支线在建成初期采用独立运营模式,仅开行机场南站至体育西路小交路列车,不进入主线。

由于支线接轨站采用单线站前折返,导致支线发车间隔最小只能达到4min30s,对运能限制较大。加之支线线路较长,客流并入主线后造成全线客流压力增大。

支线段的拥挤程度也日益严重,早高峰期支线段永泰至燕塘5站需要限流,2013年支线早高峰满载率达139%。为应对以上问题,广州地铁公司于2013年5月工作日早高峰期间开行同和站至大石站的单向短线车。短线车由支线直接进入主线,减轻了接轨站的换乘压力。调整运行线路后,支线高峰期最小行车间隔可达3min30s,主线最小行车间隔缩短至2min15s。2015年实现了番禺广场至机场南直通交路,南北车站纵贯直达,运营模式变为分别互通型交路方案,运营模式的改变在减少换乘客流的同时,也增大了主线的发车间隔,对主线的运力造成一定的负面影响。

(3)总结分析

相对于欧洲、日本等发达国家,国内城市轨道交通起步较晚,目前各大城市轨道交通网络基本以服务中心城区的地铁网为主。由于我国地铁系统普遍采用小编组高密度的运营模式,线路主要覆盖中心城区,线路长度有限,系统配置较多考虑经济性,而大城市中心城区普遍人口总量大且集中,地铁全线客流较为均衡,发车间隔较密,基本没有设置支线的条件。上述已运营的3条含支线的轨道线路,均为地铁模式。其中,上海地铁10号线出于京沪高铁站重大规划调整原因改线,由此衍生出支线,并非规划产物。广州地铁3号线支线原型为机场快线,设计时以独立运营为主,也不同于常规概念的支线。

对于市域、郊区线路,与国外不同的是我国铁路由国家统一管理,铁路发展重点仍是国家及铁路客货运网络的建设、运营与保障,在城市市域范围内的铁路很难为城市交通功能服务。因此对于市域、郊区轨道交通线路的规划多处于起步阶段,已经建成或在建的市域快线设置支线的较少。

综上所述,国内的支线运用案例较少且不具备典型性。尽管国内对支线设置没有明确规范限定,但各个城市对支线的规划较为保守,甚至对支线设置较为排斥,对于什么情况应设置支线和如何设置尚未达成共识。支线设置受到较大排斥的原因包括:较单一线路运营相对复杂,担心引起安全问题;由于发车频率降低,投资效益比下降;轨道交通沿线用地有较大的不确定性,支线服务水平存在风险。对于运营安全问题,实际上是国内支线运营经验尚且不足,并非技术难点;对于支线的成本效益问题,需要合理的建设标准与其对应,使得投资与需求相匹配;而对于沿线用地开发的不确定性,需要强化用地控制和管理,这也是城市发展中必然要解决的问题。

5.2.3 主—支组合线的功能特征

由于独立线路不涉及任何分流或合流的运营过程,因此其往往比带有支线的组合线路,从设施本身上说,能够提供更高的通过能力。然而,径向线在一般情况下会降低出城市中心的客流量,因此也就导致了某些区段较低的运能利用率。增加运能利用率的有效手段(换句话说就是提高运营效率的手段),可能就是开行大小交路。但大小交路套跑的方式将会在其衔接的折返点上导致轻微的运营混乱和服务频率的降低。

尽管如此,相对于独立运营的单条线路,主—支线路有两个与生俱来的优势,一是支线能够极为显著地增加线路在郊区部分的覆盖范围,二是主—支线的布设将导致支线上比主线更长的发车间隔。第一个好处将以较小的支线建设投入,大幅增加轨道交通线路对郊区较小规模客流集散点的连接,从而提高线网整体的服务面积。第二个好处使得支线能够选用更小运量的系统,以便获得较高的单位运能经济效益。

但相比之下,主—支线存在建设投入高(因为附加的支线段建设费用)和行车控制困难的问题。主—支线的优点在于覆盖面积和网络服务潜在交通出行的增加,并且其运能利用率高,可较低的单位周转量运营成本。但不同支线上不均匀的客流分布很可能导致支线甚至主线上不规则的发车间隔和列车编组,给乘客带来不便。在这两者之间的选择,主要依赖于主线单元和支线单元之间的相对重要性。无论如何,支线和主线上的运营规则性都不可能同时获得。通常这样的情况要分析整个线路上是主线还是支线占主导地位,次要地位的部分不可避免地将出现不相同的发车间隔或列车编组。

5.2.4 主—支组合线路的规划设置

在主—支组合线情况下,主线和支线的客流需求和运营特征均需要仔细地考虑,因为这些特征都会直接地影响主线和另一条支线的发车间隔,并且限制了其他区段的可用发车间隔。主—支组合线的形式在服务于通勤出行时效率很高。这也要求出行需求自然地呈现一对多的情况。主—支组合线路设计时,主线的客流强度是最为重要的设计因素,平衡支线需求也非常重要。当实在难以平衡主、支线路之间的运营要求时,最可行的办法就是在衔接点将主—支线截断,形成喂客支线,如图5-9c)所示。在连接端,主线车辆中的一部分或许需要折返运行,这会稍微带来一些运营上的复杂性。但总的来说,喂客支线增加了主线的运能利用率,并且不会打乱主线的发车间隔。主—支线示意图如图5-9所示。

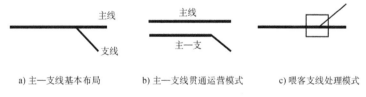

a) 主—支线基本布局　　b) 主—支线贯通运营模式　　c) 喂客支线处理模式

图5-9　主—支线示意图

重庆市轨道交通6号线就是一个应用例子,如图5-10所示。6号线定位为网络骨干线路,其客流量和客流强度都很大,国博线连接在礼嘉站,属于喂客支线的情况。国博线的客流没有6号线主线那么大,将这两条线转化为主—支贯通运营形式[图5-9b)]将会导致共线部分上不规则的发车间隔,造成整体运力的下降,运能利用率的降低。因此,6号线主线的利用率越高,作为一条具有固定发车间隔的独立线运营模式可行性就越高。然而,利用率略低的国博线则需要在6号线的终端处要求进行必要换乘。

香港地铁线网在这方面也有一个应用较好的例子,如图5-11、图5-12所示。荃湾线定位为骨干线路,其客流量和客流强度都很大,观塘线连接到其上,类似于喂客支线的情况。尽管观塘线的客流不像荃湾线那么大,但一样地具有全日时间上的持续特点。然而,将这两条线转化为主—支线的形式将会导致共线部分不规则的发车间隔。因为,不规则的发车间隔容易引发延误的传递,故上述两条线不应该作为单一的主—支线路,特别是当每个部分独立地拥有自身持续的客流时。

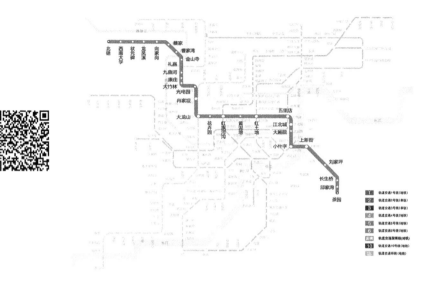

图 5-10 重庆地铁主—支组合线(6号线)示意图

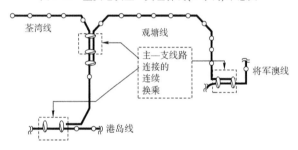

图 5-11 香港地铁中的喂客支线

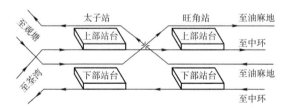

图 5-12 香港地铁太子和旺角换乘站的布置

因此,荃湾线的利用率越高,就越宜于作为一条具有固定发车间隔的独立线运营。利用率略低的观塘线在荃湾线上的终端,乘客将被要求进行必要的换乘。为了适应转换点上乘客数量的陡然增加,通过两个连续的换乘车站提供额外的设施供给,以扩大换乘能力。另外,这样的设置是很有效率的,香港现在在其地铁网络中,通过使用"连续换乘车站"设计,提供给系统更强的换乘能力。

主—支线最为重要的作用就是增加了郊区的覆盖面积,因而最适用于主线是径向线的情况。主—支线的几何形态拓展了其能够服务的区域,提升了外围段的客流量和线路利用率。这种形态适宜服务于带有分散的子通道且客流较大的走廊,尽管这样的服务可能需要乘客换乘。

5.3 半径线

5.3.1 半径线的概念与应用情况

(1) 半径线的概念

半径线,其严格的学术定义最早由美国宾夕法尼亚大学公共交通专家维奇克(Vuchic)教授在公交网络规划中提出,即:沿城市主要客流方向设置,两端点分别位于城市中心与郊区,沿出城方向客流逐渐减小的线路。半径线止于城市中心区边缘或环线,并没有深入中心区,与其他线路形成较少的换乘节点。此类线路也有"断头线"的叫法,以下所说的"半径线"均为此类型。

(2) 半径线的应用情况

世界范围内半径线的应用为数不少,但对于大部分城市的线网而言,半径线所占比重较小,并非主流线路形式。很多单边或多边受限的城市,由于自然屏障等地理区位因素的限制,城市往往呈单向扩散的发展趋势,从而导致轨道交通线路呈放射状发展,出现不少的半径线。此类城市大多具有滨水地理特征,如香港、布宜诺斯艾利斯、芝加哥、斯德哥尔摩等城市均属此类,在这些城市中半径线比较常见。

如瑞典的第一大城市斯德哥尔摩,位于波罗的海西岸,市区分布在14座岛屿和一座半岛上,属于典型的海湾型城市,其轨道交通10、11号线(图5-13)作为半径线很好地配合了城市的地理特征,而且在中心区与其他线路均有换乘,保证了线网的整体连通性,避免了大量客流在中心区的集中乘降。与之类似,匈牙利的首都布达佩斯被多瑙河一分为二,其中城市的行政、文化、商业中心均集中于东岸的佩斯,因此其轨道交通H1号线及M5号线均为半径线(图5-14),避免了穿越河流,同时通过与2号线的换乘保证了网络的整体性及过河需求。

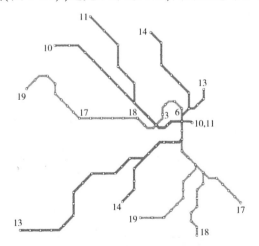

图5-13 斯德哥尔摩轨道交通网示意图

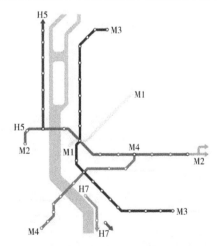

图5-14 布达佩斯轨道交通网示意图

半径线在我国大型城市轨道交通线网中也较为常见。一方面,近年来随着城市空间尺度的增大,这些城市在解决市域交通需求时为了避免超长线路带来的运营问题,往往通过几条线路的全部或部分区段的组合形成一条跨越整个线网的直径线,以此来降低线路运营长度;另一方面,考虑到外围客流具有潮汐性、向心性等特点,与市区客流存在显著差异,在规划中为了避免二者在运营组织上的不协调,往往分开运营,从而造成线网外围形成一些半径线。

国内城市中,目前轨道交通线网中包含半径线最多的就是北京,典型代表即为连接近郊新城的郊区线,如房山线、9号线、亦庄线、八通线、昌平线等(图1-9)。

相对北京而言,上海线网呈现"环+放射"的形态,线路类型以直径线为主。但随着城市轨道交通线网向外围的不断扩张,上海轨道交通线网中也出现了一些半径线,如5号线、12号线、13号线、16号线,其2号线东延伸段虽然名义上属于2号线,但由于二者通过换乘站衔接,因此从本质上依然属于前文定义的半径线。

也有一些线路由于分期建设实施而使规划中的直径线在一段时期内成为半径线。如北京尚未全线建成时的8号线、14号线、15号线同样具备半径线特征,均由于线路分期实施时优先建设较易的外围线路造成。

5.3.2 半径线的特征与问题

世界上许多城市建设或规划有连接边缘组团到中心区的半径线,而半径线能够在世界范围内得到广泛的使用,得益于其在线网中可以解决部分城市轨道交通规划、运营中的困难,因此受到一部分规划者的推崇。

(1)半径线的设置顺应客流方向,对城市中心客流起到了部分疏解作用,也满足了通勤、通学乘客的出行诉求。

(2)通过规划半径线可以避免线路过长,从而可以避免驾驶员的疲劳驾驶、线路调车困难及运营组织等一系列问题。

(3)半径线的规划与城市总体规划相协调,即在公共交通引导发展(TOD)模式下,先期建设半径线有利于引导城市的发展方向并带动沿线经济、商业发展。

但是,我国一些城市轨道交通线网中也出现了各种形式的半径线问题,这些线路往往终结于城市中心区或外围,在实际运营中表现出以下问题:

(1)半径线往往与线网中其他线路较少相交,导致不便利用轨道交通出行、换乘过度集中。

(2)与直径线相比较,半径线增加了出行的换乘次数,既降低了出行方便程度又增加了出行时间,违背了轨道交通高效直达的原则。

(3)半径线仅仅解决了超长线路的调车等运营问题,对于乘客而言,出行时间反而因为额外的换乘进一步拉长。

(4)半径线客流分布往往呈现出明显的楔形,在客流最大断面处所有乘客的上下车势必造成停站时间的增加,而此时列车折返能力能否保证最小行车间隔也成为问题,给列车的正常运营造成风险。

(5)半径线终止于城市中心区,其中会有一定的过路客流需要换乘其他地面交通,从而加剧中心区地面交通的拥堵状况,形成新的交通瓶颈。

(6)半径线设置的最初目的为满足上下班等客流的交通需要,因此无法避免在非高峰时段线路始终处于客流量较低的水平;为平衡非高峰期间低客流水平,需要增加发车间隔运行,但这反而会进一步降低非高峰期间的客流强度。

尽管半径线存在上述缺点,但是在轨道交通线网建设中应用较多,主要因为半径线线路较短,与客流走廊能够高度重叠,以较少的投入在短时间内能够形成轨道交通走廊。另外,半径线能够最大限度发挥轨道交通定时、准点的特点,便于满足通勤通学等出行目的的需求。

5.3.3 半径线规划要点

(1)合理规划线网布局,尽量避免半径线

对于不存在地理空间限制的城市,在城市轨道交通线网规划阶段,需合理分析城市圈层,确定合理的城市轨道交通服务范围,合理构建轨道交通网络,尽可能采用穿越中心的方式规划线路。如日本东京山手线外围的线路以私铁为主,通过市郊铁路的方式解决外围组团进城需求,同时采用跨线的方式连通私铁与地铁,提高直达性,另外北京地铁大兴线与4号线的贯通运营也具有类似效果。

(2)采用半径线时应尽量深入中心并与网络形成多点换乘

在规划中对于必须采用半径线的线路,首先必须避免半径线路终点断在大客流断面处,同时,应令其尽量向中心区内部延伸并与多条线路相交,形成多点换乘,从而分散换乘客流压力,并加强网络可达性。如北京地铁9号线虽然属于半径线,但由于其线路中段与多条线路相交形成换乘关系,因此终点国家图书馆站的换乘压力反而不大。

(3)采用灵活高效的运营组织形式

对于超长线路存在的市区内外客流特征差异的问题,可以借鉴日本东京轨道交通线网采用的灵活编组、交路套跑、快慢车混跑等运营组织方式进行解决。

通过两个交路的嵌套,可在超长线路中心区形成交路的叠加,从而提高线路能力;或者,通过在城市中心外围区设置解编站,可以实现"城市中心大编组,郊区小编组"的运营模式,从而解决客流不均衡问题。

在半径线的运营组织中,可以在靠近城市中心区的终点站采取人工疏导以提高乘客上下车效率,还可以通过站后折返、交替折返等措施提高折返能力,从而保障列车运营安全;同时,应做好交通一体化衔接,使乘客在换乘其他交通方式的过程中尽量不干扰地面交通。

(4)合理安排建设范围和时序,避免线路分期建设过程中出现半径线

对于一些分期建设的直径线,应在线路建设首期尽量与既有线形成两个及以上换乘节点,避免由于线路建设时序导致半径线问题出现。

如北京地铁的8号线、14号线、15号线等线路首期工程均只与其他线路单点换乘,这就会大大降低该条线路出行的方便性。再如,上海地铁9号线一期工程早期规划是从松江新城至徐汇区的东安路站,一期工程可与1、3、4号线三条线路换乘,拥有宜山路站、徐家汇两座换乘站,后来由于工程进度原因,期工程先后缩线至桂林路站和宜山路站。这样,线路开通初期,只能和3号线换乘,开通时对3号线宜山路站带来了巨大客流压力。而11号线一期工程早期规划终点是3号线、4号线曹杨路站,后来规划调整延伸至2号线江苏路站,有效缓解了3号线、4号线曹杨路站共线车站的客流压力。

5.4 市域快速轨道交通

5.4.1 市域快速轨道交通的界定

城市轨道交通是指采用专用轨道导向运行的为市域行政范围内提供客运服务的公共交通系统,是目前所有城市轨道交通制式的统称,简称"城轨交通"或"城轨"。从服务范围上,城市轨道交通可进一步分为市域快速轨道交通(简称市域快轨)和市区轨道交通。

市区轨道交通主要服务于中心城区或外围组团内部出行,市域快速轨道交通主要服务于中心城区至外围组团或外围组团间的快速出行,并可兼顾中心城区内部的快速出行,服务范围一般在50~60km以内,见表5-2。市域快速轨道交通是城市在其规模发展到较高阶段时,为满足市域快速出行需求(特别是市域向心通勤需求)而演变的大运量快速轨道交通运输系统。市域快速轨道交通服务于市域内长距离出行,具有提高城市中心市区轨道交通系统快速易达性,加强核心区与近郊新城、城市副中心、大型交通枢纽之间快速通达,带动城市外围组团、副中心及新城发展等功能。通常所说的"市域线""郊区线""都市快线""郊区铁路"等一般均属于此范畴。国外发达国家市域快速轨道交通的典型代表包括德国柏林的通捷快运(S-Bahn)系统、法国巴黎的RER系统、日本东京的JR和私铁系统等。

市域快速轨道交通与市区轨道交通服务水平的对比 表5-2

类别	服务范围	平均旅行速度(km/h)	车辆最高运行速度(km/h)	站间距(km)	发车间隔(min)	座位率
市域快速轨道交通	侧重服务市域范围,包括外围组团与中心城区,以及外围组团与组团之间,也可兼顾中心城区内的快速出行	50~80	100~160	3~8	根据客流需要,一般高峰5~20min	30%以上
市区轨道交通	侧重服务中心城区或外围组团内部	30~40	80~100	1~2	远期最小2min	20%

注:此表仅为一般情况下的服务水平取值。

市域快速轨道交通系统选型灵活,可根据需要选择铁路制式或常规的城轨制式,敷设方式以地面和高架为主,车辆最高运行速度一般在100m/h以上,相比市区轨道交通,站间距较大,平均旅行速度和座位率均较高。

5.4.2 国外市域快速轨道交通的应用

特大城市应具备多层次轨道交通系统,市区轨道交通主要服务于中心城区,市域轨道交通则服务于市域、都市圈。世界范围内的特大城市大都经历了由"单中心"向"多中心、组团式"发展的历程,市域快轨(包括市郊铁路、区域快线)对城市空间布局的优化起到关键作用。

1)东京

东京的轨道交通种类繁多,高速新干线、快速城际线、中速地铁线和普通轻轨4种不同速度层次的线路标准,承担市域快线运输的市郊铁路超过2000km,约占整个网络长度的82%,承担的总客运量接近50%。市郊铁路线包括JR铁路和私营铁路,主要服务于城市中心50km的范围。地铁主要集中在山手线以内的城市中心,服务于城市中心15km的范围。

东京轨道交通布局形态为"环线+放射线",一环为山手环线,二环为武藏野环线,放射线25条,环线有机地衔接了地铁与市郊铁路,山手环线衔接57条线路,市郊铁路基本从环线上放射。

东京这个城市是在铁路的基础上发展起来的,东京"多中心组团化"都市圈布置了大量的市郊铁路系统,地铁建设前,东京交通圈已形成近1400km的区域铁路。东京原是一个单中心的城市,城市中心功能的过度集中导致房价过高、交通拥挤、环境污染等一系列社会问题。为了解决这些问题,东京在距城市中心30~40km的范围内规划了4个大规模的新城。除筑波新城外,其他3座新城的主要功能为居住,以实现商业区与居住区的分离。市郊铁路使得中心城与郊区之间的联络非常方便。

东京市域快速轨道交通模式的特点:

(1)在市域范围内构筑了多层次的轨道交通系统,内城区主要是地铁,外围区主要是地铁及私营铁路,郊区主要是私营铁路和JR线。

(2)市郊铁路基于环线呈放射状,线路不直接穿城。由于东京立法、体制等原因,铁路线禁止进入中心城。

(3)越行、共走廊、共轨等灵活的运营条件。由于市郊铁路快线不能入城,为提高客流直达性和避免客流某一点积聚,市郊铁路除在环线采用共走廊运营实现多点换乘,部分市郊铁路还进入地铁实现过轨运营。另外,外围市郊铁路设越行站,实现快慢车运营。

2)巴黎

巴黎大都市形成"一市七省""多中心"区域结构,即巴黎市、近郊3省、远郊4省。在多中心城市形成的过程中,巴黎形成了包含普通地铁(Metro,服务于市区)、区域快线(Regional Express Railway,RER,服务于近郊区)、市郊铁路线(Transilien,服务于远郊区)和有轨电车(Tramway,服务于市区外围)在内的发达、完善的轨道交通网络。在巴黎都市圈内,有28条放射式的市郊铁路线,总长逾1000km,在2000年巴黎大区公共交通的总客运周转量中,RER和郊区铁路承担了57.6%,在每天的市郊客运量中市郊铁路占有74%的比例。

巴黎RER的建设有效解决了快速进城和外围新城的发展问题。RER建设前,从郊区到达市中心耗时长,卫星城的发展受到了限制,郊区和郊区之间的联系更加不方便,需要在城市边缘至少换乘2次才能到达目的地。RER是在旧式市郊铁路的基础上改造和新建的区域快速轨道交通线路,主要服务于大巴黎60km的半径范围,RER成为新城发展的关键。

巴黎市域快轨模式的特点:

(1)快线具有为中心城区和郊区服务的双重功能。在巴黎市内,RER线与14条地铁线相连,强化了周边各省各城镇与中心地区的联系;在大巴黎范围内与市郊铁路联系,构成更大范围的郊区轨道交通网络,强化了各省各城镇间的联系;同时,RER线穿越中心城区,兼顾了内部的快速出行。

(2)共线运营。RER的共线运营长度超过110km。例如,巴黎公交公司经营的RER-B线和法国国营铁路公司经营的RER-D线在城区即为共线运营。

(3) 支线多。在内部通道有限的条件下,巴黎 RER 快线在外围的支线增加了覆盖范围。

(4) 越行和大站间距确保速度优势。中心城区 RER 站间距超过 3km,远大于巴黎地铁的平均站间距 600m;RER 车辆最高速度为 140km/h,而且在外围开行越行车,旅行速度可达到 50~70km/h,是名副其实的快线。

(5) 快线穿城,建设历时长,工程代价大。尽管快线实现了较好的交通功能,但由于快线规划相对滞后,是在既有地铁网基础上实现补丁式的修建,因此穿城代价较大。

3) 纽约

纽约的轨道交通系统主要由地铁和市郊铁路构成,总运营里程超过 2000km,其中地铁 368km,占总里程的 18.4%。市郊铁路超过 1600km,主要服务于近郊的 80km 以内的都市圈,以通勤客流为主。

纽约大都市区,分为 CBD、中心区、外围区、近郊区、远郊区 5 大区域。单中心结构的 CBD 地区建立了放射状的地铁网系统,以曼哈顿岛为中心,大部分线路为穿越中心区的径向线,减少了换乘,地铁网覆盖范围为中心城 4 个区:曼哈顿、昆斯、布鲁克林和布朗克斯。外围区、近远郊与 CBD 和中心区之间建立了呈放射网状的市郊铁路。市郊铁路以中心区 3 座铁路客站中央总站、宾夕法尼亚站和霍博肯站为起点,向长岛、纽约北部地区和新泽西 3 个方向辐射,半径超过 100km。

纽约市域快轨模式特点:

(1) 地铁和市郊铁路分工明确,地铁主要服务中心城,近远郊的更大范围由市郊铁路服务。

(2) 市郊铁路成"点 + 放射"式,与地铁在中心区的铁路枢纽形成衔接换乘。

5.4.3 市域快轨线路特征分析及运输组织特点

1) 市域快轨线路特征

(1) 具有众多支线

轨道交通市域线进入郊区以及接近线路末端时,往往通过支线的形式将郊区新城镇与市中心直接相连。如:巴黎的 RER 在郊区具有众多支线延伸到市郊主要城镇和重要活动场所,以扩大在市郊的辐射范围。例如,巴黎 RER 的 5 条线在郊区规划的终点站共有 30 座,现已建成的就有 22 座,服务范围达到约 8400km²。柏林的城市铁路(Stadtbahn)穿过市中心,并在郊区形成两条或若干条支线;S-Bahn 在形成环线的同时,也伸向郊区,形成支线;这些支线联系郊区之间的出行。

(2) 郊区站间距较大

国外市郊线的站间距普遍较大。轨道交通市域线的站间距大小对新城镇的规模影响显著。如巴黎 RER 的平均站间距约 2.27km;东京都市圈市域铁路平均站间距约为 1.5km,东京市行政区范围内私铁平均站间距仅 1.1km。郊区的站间距大,提高了市域线在郊区段的行车速度。

(3) 郊区线网规模大

市郊铁路里程在莫斯科有 1800km,东京有 1829km,大阪有 1215km,伦敦有 3242km,巴黎有 1512km,纽约有 1109km,华盛顿有 448km。由于历史原因(国外发达国家的铁路建设历史较长),造成统计口径的不同,国外往往将城市轨道交通郊区线纳入铁路范畴。

(4)与市区轨道交通换乘便捷

国外大城市的市郊轨道交通与市区轨道交通系统都有很好的衔接换乘。如:巴黎RER,在设计时都考虑了与市区地铁线等采用同站换乘以方便乘客,缩短了换乘时间。在夏特莱站(Chatelet Les Halles)站的换乘是平行式的,乘客只需横跨站台便可完成换乘;而在其他车站的同站换乘是立体式的,即乘客只需要上下电梯便可实现换乘。

2)市域快轨线的运输组织特点

(1)客运量比例较大

1983年,美国的纽约市成立北线市郊铁路公司,接管5条铁路,总长546km。其位于市中心的纽约总站是3条主要市郊线的到发站,每天到发客车233对,乘客20万人次。纽约长岛铁路局管内的11条市郊线,总长600多公里,满布全岛;持通勤月票者逾10万人,客运繁忙程度居美国首位。市郊客运量占本市轨道交通总客运量的比例中,巴黎占67%,东京占64%,伦敦占70%。

(2)运行速度快

由于轨道交通市郊线的站间距明显比地铁的站间距要大,因此其行车速度要远比地铁快。例如:日本快速城际线的速度在100km/h左右,而市区内的地铁普速线设计速度为50~70km/h;巴黎RER的平均速度为50km/h,而地铁列车的平均速度仅为25km/h;美国旧金山的市郊海湾快速运输系统享誉世界,它设备新、速度高、行车密度大,其最高速度达120~140km/h。

(3)不同轨道交通方式之间共线运营

国外一些城市将城市轨道交通与干线铁路共线运营,以提供市郊列车服务。共线运营的模式主要可分为以下几种。

①市区地铁与市域轨道交通的共线运营

东京帝都高速营团1959—1964年修建的地铁日比谷线长20.3km,线路穿越东京都区。该线路设计时,充分考虑了与市郊铁路的共线运营,其北端与东武铁路线相接,南端与东急田园都市私铁线接轨。该线路采用了1067mm的轨距及1500V的直流接触网供电。这条长20.3km的地铁线路使得营团多获得了70.6km的共线运营里程。

②轻轨与市郊客运铁路的共线运营

德法边境的萨尔布吕肯市对一些既有和规划的轻轨线路实施了与城际铁路的共线运营。如由市中心到莱巴赫(Lebach)的轻轨线路,在埃特森霍芬(Etzenhofen)与DBAG(德国铁路有限公司)的城际铁路接轨,在Etzenhofen至Lebach段实施了共线运营。

③轻轨与货运铁路的共线运营

德国卡尔厄鲁市的市中心延伸到市郊霍克斯特滕(Hochstetten)的轻轨线路,就是通过与德国铁路部门的协商,借用了DBAG的部分低行车密度的货运铁路线路,实现了由城市中心向郊区的轻轨客运服务的扩张。在美国,有一种轻轨与货运铁路的共线运营是时间段分割的共线运营:两种制式的轨道交通虽然共用一段线路,但是在运营时间上没有重叠区域。例如:美国圣地亚哥的轻轨线路在其都市区交通发展委员会的协调管理下,于1981年在其线路南段实施了与货运铁路的共线运营,并逐年向东部和南部线路扩张;如今,在铁路货运列车不运营的时段,轻轨可在35km的铁路线路上运营。

④通勤铁路与地面有轨电车线路的共线运营

在日本本州岛西北海岸的福井县,福井铁路由南边进入城市,而福井铁道公司的路面有轨电车线路由城市北端沿着城市主干道向南延伸;通过对有轨电车线路的改造,福井铁道公司的市郊铁路列车可由城市南端通过实施共线运营进入有轨电车线路。

⑤轻轨与地面有轨电车线路的共线运营

在日本北九州,熊本电铁的市郊轻轨列车是通过西日本铁道公司的路面有轨电车线路而到达市内的一个主要铁路车站。熊本电铁为了实现其轻轨与地面有轨电车的共线运营,购买了与路面有轨电车相同制式的轻轨车辆,同时轻轨线路的设计也充分考虑了共线运营的方便。

⑥分线路采用快慢车结合方式运营

纽约地铁通过两种运营组织方式实现快速列车和普通列车两种服务。一种是线路复线化,即同一条线路由4条轨道线构成,中间2条线开行只停主要站的快速列车,两侧轨道开行站站停的普通线列车;快速线和普通线通过同一站台换乘。另一种是同一条线路开行越站快速列车和普通列车。东京轨道交通市域线兼顾远距离乘客希望提高旅行速度以及小站乘客希望缩短候车时间的需求,在市中心以外地区采用快慢车的运营方式,大大降低了运营费用,提高了运营效率。

5.4.4 我国市域快速轨道交通发展规划要点

国外市域快线经验丰富,而我国正处于探索阶段。东京、巴黎、纽约等世界城市均是在铁路基础上发展起来的,市郊铁路或通勤铁路发达,市域轨道交通基本采用铁路制式。国内城市市郊铁路发展比较滞后,快线的规划和建设尚处于起步和探索阶段。

目前,大城市逐渐向外拓展,外围组团、新城或新交通枢纽的建立导致城市轨道交通线路由市区逐渐向外围拓展和延伸,线路越来越长,甚至出现超长线路,因此市域快线规划和建设应运而生。城市群的发展,都市圈的形成,也促使城际铁路与市域快线的大量建设,而市域快线以其特有的快速、舒适的优势成为城市轨道交通线网中长距离的主要交通方式。目前中国铁道学会发布了行业标准《市域铁路设计规范》(T/CRSC 0101—2017),中国土木工程学会发布了《市域快速轨道交通设计规范》(T/CCES 2—2017),住建部标准定额所即将发布《市域快轨规划与设计导则》《地铁快线设计规范》等标准。面对目前城市轨道交通延伸范围越来越大,而铁路建设逐渐缩小到关注城市级的范围,市域快线在轨道线网中如何担当,功能和层次如何定位,速度目标值如何确定,站间距与速度如何选择等已成为亟待解决和思考的问题,需要专心研究和正确引导。由于对市郊铁路和市域快线以及城际铁路等制式的区别模糊不清,在制式选择上容易混乱,且对市域快线的功能定位不清晰、不明确,造成了速度选择的误区。

目前,国内超大城市在发展轨道交通时均意识到一个重要问题:既有市域线与市区线形成的城市轨道交通线网,服务长距离出行耗时长,缺乏与小汽车的竞争优势,从而影响、制约了超大城市郊区新城的发展。各大城市轨道交通发展至今,虽在支撑城市空间扩展、优化土地利用布局等方面取得了巨大成就。然而,同样面临着市域线难以满足市域快速通勤的要求。随着城市空间格局的进一步拉开,构建市域快速轨道交通线网、进一步完善优化城市轨道交通网络体系已迫在眉睫。我国的市域快速轨道交通发展应注重如下几方面:

1) 充分论证市域快速轨道交通发展的必要性和功能定位

我国地域辽阔,不同区域的市域城镇体系发展状况不同。典型的东部沿海城市,城镇体系密集、人口密度高,中心城与周边城镇联系密切,部分中小城市间呈网络化发展态势,市域快速轨道交通需求大;而中西部城市与之相比,城镇体系发展差异较大,大城市周边城镇发展水平较低、规模较小、功能相对独立,有的与中心城之间距离较远,总体上中心城在市域首位度高,与外围联系不密切,客流难以支撑独立的市域快速轨道交通。

因此,不同地区应分析市域体系特点、外围城镇规模、距离、与中心城间客流需求等,并结合道路交通和区域铁路现状和规划,充分论证构建市域快速轨道交通的必要性,以及与其他交通方式的功能关系,进而明确市域快速轨道交通的功能定位,为方案构建提供基础依据。

2) 及早统筹规划市域快速轨道交通

市域快速轨道交通是多层次轨道交通系统中的关键组成,凡地铁发达的国外大都市一般都具有更为发达的市郊铁路作为支撑。我国正处于快速城市化进程中,大城市需要积极引导产业和人口向更大的都市区范围疏散,而都市区的发展离不开相应的交通基础设施支撑,市域快速轨道交通理应成为发展的必然选择。经验表明,不同层次的轨道交通网络应统一规划、及早控制,避免打补丁式的建设方式,从而减少工程难度和投资代价,同时为实现资源共享、共轨运行等灵活的运营组织留有条件,以充分发挥轨道交通系统的综合效益。

3) 合理的修建策略

城市轨道交通系统应统一规划、超前规划,但从实施次序上应结合城市发展需要和客流需求合理、有序进行。从城市发展的客观规律看,一般发展次序是市区(中心城)—近郊区—郊区,因此城市轨道交通的建设时序应与城市发展时序相适应。尤其是快速轨道交通,更应结合客流需求谨慎选择建设时机。不能过度放大 TOD 的作用,在新城还未具备一定规模和形成基础的市政配套时,就提前建设快速轨道交通,导致客流效果不佳而造成巨大的资源浪费。而且市域快速轨道交通需要与市区轨道交通紧密衔接,在市区轨道交通成网后,更有利于市域快速轨道交通充分发挥其客流的疏散效应。

4) 灵活的系统制式选择

市域快速轨道交通的系统制式选择有其历史原因和条件,国外以铁路制式为主,我国应结合具体情况酌情而论,应主要考虑客流需求、投资造价和实施可能性等问题。

优先利用既有铁路线路,充分发挥既有资源效能。但前提是铁路有富余能力,能够满足高频率发车、公交化服务,即线路通过能力、车站到发以及折返能力均能满足运输要求。此外,铁路沿线必须有稳定和足够的客流,以便有足够的客流支撑市郊列车开行,确保运营效益。

在铁路富余能力不足,难以满足高峰通勤客流需求时,或受管理体制制约而难以改造利用时,则需要规划新建市域快速轨道交通。在满足技术要求情况下,系统制式可以为铁路制式,也可以为城市轨道交通制式。

5) 注重与其他轨道交通系统的衔接换乘

市域快速轨道交通处于承上启下的地位,既要与区域铁路共同承担区域交通运输的功能,又要与市区轨道交通良好衔接。市域快速轨道交通与国家干线铁路、区域铁路一般都采取枢纽换乘的方式,应重点做好与铁路枢纽站的衔接换乘,优化换乘形式,节省换乘时间。此外,市域快轨与城际铁路在服务范围上有可能重叠,应注意两者的功能关系,协调线路走向和车站设置。

而与城市轨道交通的衔接方式则更加丰富,同时比较复杂,对城市轨道交通网络的构架影响很大。市域快轨与市区轨道交通(常规的地铁、轻轨等)应在空间布局上进行协调、优化二者之间的关系,发挥整体效益。市域快轨和中心城城轨之间一般有三种空间布局关系:市域线穿越中心城换乘方式、市域线进入中心城枢纽换乘方式和市域线与市区线末端衔接方式,如图5-15所示。

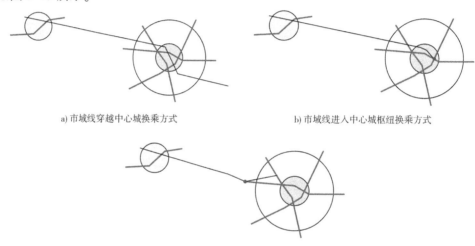

a) 市域线穿越中心城换乘方式　　b) 市域线进入中心城枢纽换乘方式

c) 市域线与市区线末端衔接方式

图5-15　市域快轨与市区轨道交通的空间关系

(1)市域快速轨道交通线路贯穿中心城,在若干换乘站与市区轨道交通换乘。这种方式的服务功能最优,一方面市域快速轨道交通线与市区轨道交通线网形成众多的换乘点,减少了换乘次数和单个换乘站的换乘压力;另一方面市域快速轨道交通线穿越中心形成直径线并连接其他外围组团,与市区轨道交通线网功能层次划分清晰,便于从全市域角度统筹考虑,形成市域快速轨道交通线网络。

但这种方式实施难度较大,并且在规划阶段就需要做好相应的预留,并严格控制,在线网形成的初期,市域范围内的客流需求较低,代价较大、经济性较差。

(2)市域快速轨道交通线路进入中心城内,在若干综合交通枢纽集中换乘。这种方式的服务功能较好,如能构建一个良好的换乘接驳系统,也能满足乘客多方位需求。但市域快速轨道交通线路作为半径线止于某一枢纽点,尚缺乏网络整体概念和长远统筹计划,少量的换乘枢纽将汇集大量的客流,换乘压力很大,乘客换乘的方便性和舒适性不易保证。

这种方式的实施难度也较大,虽然路径选择的难度要低于穿越方式,但由于换乘客流聚集,必然要求换乘枢纽具备强大功能和巨大规模,实施难度和成本更大。

这两种方式,市域快速轨道交通线均进入了市区轨道网覆盖范围,应体现与市区轨道线网之间的多线多点换乘,以及客流的收纳与疏解功能,并应体现一次换乘的线网覆盖率水平。市域快线伸入市区线路一般会沿城市主要交通走廊敷设,这种情况下市域线不仅要有收集和吸纳客流的功能,还需有市区线的交通功能。因此市域线伸入市区的线路需设站多,站间距小。此时,可将市域快线深入市区线段当作市区线来处理。

(3)市域快速轨道交通线与市区轨道交通线末端站衔接换乘。这种方式的服务功能最差。将乘客置于中心城外围,造成大部分乘客被动换乘,降低了乘客进入市中心的速度,也随之降低了市域快速轨道交通线客流吸引力。此外,市域快速轨道交通线换乘过来的客流也对市区轨道交通线造成巨大的冲击,既造成换乘站换乘压力大,也造成市区轨道交通线在市区内运输能力不足。

但这种末端衔接方式工程实施难度最为简单,无须对原有城市轨道交通线路做大的改动,同时换乘枢纽设置在城市外围区域,用地和建设条件都比较宽松。

当市域快速轨道交通线敷设于中心城边缘及外围地区时,应定位为与外围城镇或机场、枢纽之间客流的辐射和互动联系的快速通道。一般该通道所处的交通走廊客流强度较低,这种情况下应体现快速送达与辐射能力,即设站少,站间距大,并符合区段的时间目标和速度指标,从而保证市域快线的旅行速度以及服务水平。

(4)布局关系建议。为提高市域快速轨道交通的服务水平和与市区轨道交通的衔接紧密性,有条件下,应优先选择"穿越式"发展模式,该模式既解决了外围到中心的多点可达,同时又兼顾了中心城内长距离快速出行,功能最优。但需要及早对城区内的轨道交通廊道进行控制预留,协调与城区轨道路由的关系。

当市域快速轨道交通穿越方案难以实施时,应退而求其次,选择中心城枢纽换乘衔接方案。选择的枢纽位置应尽量靠近中心,并尽可能多地衔接中心城轨道网络的换乘节点,疏解换乘压力。当中心城枢纽方案难以实施时,应退而求其次,选择端部换乘衔接方案,但也应尽可能多地将市域快速轨道交通在外围与中心城轨道网多条线路相交,增加换乘点。

(5)适宜的技术标准。市域快速轨道交通线的功能定位和客流特性均不同于市区轨道交通,切不可采用现有地铁设计规范或标准对市域快速轨道交通进行规划设计,市域快速轨道交通的技术标准在一定意义上介于我国地铁和国铁之间,在站间距、运行速度、运营方式上具有鲜明的特点。表5-3是针对客流特点提出的技术标准要求,可供参考。

应对市域快速轨道交通客流特性的技术要求   表5-3

	客流特性	技术要求
空间分布	外围地区与中心区段分布存在明显的客流不均衡	(1)可采用城市轨道交通小编组、高密度的运行模式,根据客流分布特征合理安排运营交路; (2)外围可设置支线,中心区段共线运营
时间分布	(1)高峰小时客流规模较大,平峰客流规模较小; (2)全日客流时间分布不均衡,带来成本出行效益不如市区轨道交通	(1)加大高峰发车间隔,平峰减少发车间隔,提高运行准点率,强化交通衔接效率和信息公告,能够确保按时间计划; (2)采用地面、高架线为主,降低造价
出行距离	(1)出行距离长,远大于市区轨道交通; (2)对运行速度要求高,最远距离的出行时间小于1h; (3)舒适性要求高	(1)加大站间距(不小于2km),采用更高速度的列车(通常100~160km/h); (2)采用越行、快慢混跑的运营组织; (3)提高车辆座位率,以座席为主,不低于30%

(6)灵活的支线设置和运营组织。市域快速轨道交通具有覆盖范围大、线路长、外围客流断面较低等特点,因此市域快速轨道交通在线路设置和运营组织上通常不同于城区轨道。从国外成熟的市域快速轨道交通发展经验看,市域快速轨道交通通常设有支线,以提高外围覆盖率,并提高中心区的通道利用率,支线发车间隔虽然相对较大,但能够做到按照运行时刻表运行,以实现定时有计划出行。同时,为提高市域快速轨道交通的旅行速度,实现通勤时间目标要求,往往在外围设有越行站,以根据乘客出行需求而开行直达车、大站快车、站站停等多种灵活的运行组织方案。

5.5 轨道交通机场线

随着机场运量的增加及机场规模的进一步扩大,当机场旅客吞吐量达到一定规模后,道路交通将越来越无法满足机场与城市之间的客运需求,机场陆侧交通拥挤程度的增加使旅客到离机场的时间增加,航空运输的总体出行效率下降,而快速轨道交通以其高速、便捷、舒适的特点对时间价值较高的机场旅客最具有吸引力,在城市道路网基本完善的情况下,建设机场快速轨道交通成为许多拥有大型机场的城市关注的话题。

5.5.1 机场线的应用与发展概况

20世纪60年代,英国伦敦南部的盖特维克机场就使用国铁伦敦维多利亚——弗莱顿线作为机场专用铁道;20世纪70年代,轨道交通以地铁的形式进入了芝加哥的国际机场。根据国际机场轨道组织(IARO)统计资料,2003年,全球已经接入轨道交通的机场共有62个,将建机场轨道交通的有116个;2010年,共有100多个机场开通了各种类型的机场轨道交通线;目前,世界上共有600多个机场已经开通或正在规划建设各种类型的机场轨道交通线(包括机场专线、地铁、高铁、轻轨和普通铁路等)。从长远来看,机场的地面交通系统应及早考虑铁路、地铁、轻轨等轨道交通与机场航空运输之间的衔接,将机场与轨道交通作为一个整体考虑,这已经是未来国际机场的建设趋势,是大型机场改善地面交通系统的一个基本方针。受航空运输业及轨道交通发展的制约,我国机场轨道交通发展起步较晚。

1)伦敦希斯罗国际机场线

伦敦希斯罗国际机场(London Heathrow International Airport),通常简称为希斯罗机场,位于英国英格兰大伦敦希灵登区,离伦敦中心24km。该机场为伦敦最主要的联外机场,2010年旅客吞吐量为6588万人次,全球排名第四,欧洲第一。希斯罗机场有2条轨道交通线路:机场高速列车和地铁,如图5-16所示。机场高速列车,即希斯罗轨道机场线,长约26.5km,最高速度可达160km/h,是一条连接机场和市中心区直达线,到市中心行程时间为15min;地铁,即皮卡迪利线,长71km,设站53个,是一条连接机场、贯穿伦敦北部、中心区和西部的地铁线,到市中心行程时间约1h。

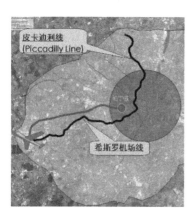

图5-16 希斯罗机场轨道交通衔接示意图

从机场的轨道交通衔接来看,地铁(皮卡迪利线)将机场连接了整个伦敦地铁网,实现了伦敦市区与机场之间的紧密衔接;机场高速列车(希斯罗轨道机场线)直接联系中心区的火车站,实现了机场轨道与整个英国铁路网和地铁网的换乘。整个轨道机场线既有多点网络换乘,也有枢纽集中换乘;伦敦希斯罗机场轨道交通既实现了空港—城市联结,又有空港—区域联通。

2)巴黎夏尔·戴高乐机场线

巴黎夏尔·戴高乐国际机场(Aéroport international Charles de Gaulle)位于巴黎东北25km处,是欧洲主要的航空中心。2010年戴高乐机场旅客吞吐量达到了5685万人次,全球排名第七,欧洲第二。夏尔·戴高乐国际机场轨道交通线有两种:法国高铁TGV以及巴黎区域快铁RER-B,如图5-17所示。法国高铁TGV连接机场和高铁沿线城市,列车速度可达320km/h以上。巴黎区域快铁RER-B线连接机场和中心区,南北纵贯城市,线路长度约为80km,运行时速为90~120km/h。

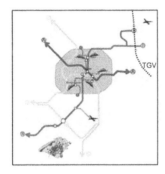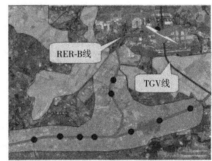

图5-17 戴高乐机场轨道交通衔接示意图

从戴高乐机场轨道线与城市之间的关系来看,城市沿着巴黎区域快铁RER-B轴向集中发展。高铁线(TGV)将机场融入大区域交通网,巴黎区域快铁RER-B线将机场接入整个巴黎大区快线网和城区地铁网。

3)慕尼黑国际机场线

慕尼黑国际机场(Munich International Airport)位于慕尼黑市区东北方29km,是为德国第二大机场(仅次于法兰克福国际机场)。2010年慕尼黑国际机场旅客吞吐量为3472万人次,在欧洲排名第九,世界第30位。慕尼黑市有着良好的轨道交通网络,整个轨道交通网络由地铁网、市郊列车以及铁路网组成;地铁网服务城区、市郊列车服务都市区、铁路网(含德国城际列车ICE系统)联系德国和欧洲其他城市;另外市郊列车沿线车站均设停车换乘(P+R)设施,规模少到几十个,多到500个泊位不等。轨道机场线由两条市郊线路(S1线、S8线)连接机场和城市,S1、S8市郊线均接入位于市中心的中央火车站;通过火车站可以很方便地换乘地铁以及铁路,如图5-18所示。

从轨道机场线与城市空间结构来看,S1、S8市郊线都市区范围的站点附近,均形成了沿市郊线"指状"集中布局的组团型城镇,沿轨道线和围绕轨道站点,实施高品质和高强度开发;由于城市沿轨道轴向集聚发展,能为轨道交通提供充足客流,形成"公交都市",避免了郊区城市化的无序蔓延。

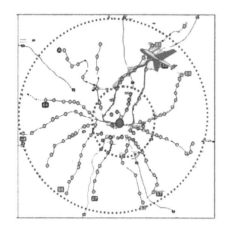 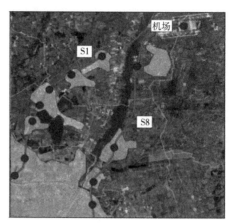

图 5-18　慕尼黑机场轨道交通衔接示意图

4）轨道机场线建设经验总结

轨道机场线的建设主要呈现以下特点：

（1）轨道机场线的使用在国际上是广泛而成熟的，而非"国际大都市"的奢侈品。从国际上来看，轨道机场线已经广泛应用于各大枢纽及干线机场，它的建设有着非常成熟的经验。国外年客运量达到 3000 万人的机场大部分均已经建设了轨道机场线。我国机场众多，现状及规划年客运量超过 3000 万人的机场不在少数，加之随着我国近年来经济快速发展，航空运输量一直处于高速增长状态，因此当前我国机场（尤其是枢纽门户机场）引入铁路和轨道线的工作应大力推进。

（2）轨道机场线最大的价值和意义（也是其成败的关键）是将航空港、都市发展、交通体系融为一体；功能单一的"机场专线"很难维持，其客流往往难以保障。国外发展较好的轨道机场线往往都是将航空港、都市发展、交通体系融为一体，航空港不是一个单一的交通端点，而是城市轨道线网的一个中途节点。轨道机场线与都市区其他交通系统融为一体，既完善了航空港的交通衔接又有力地支撑了都市发展。只能实现点对点形式的"机场专线"既不能带动沿线发展，又缺乏与其他交通系统的对接，客流来源比较单一，在实际应用中很难维持。

（3）轨道机场线是都市轨道交通线网的组成部分，以支持网络型城市发展为目标，将空间上相邻的城市、城镇、机场和其他重要交通枢纽，串联成有机整体。现代化的大都市要避免"摊大饼"式发展，应构建"小而大、大而小"的网络型城市，即：每个结点城市的发展规模不大，避免"摊大饼"城市的各种城市病；而网络城市整体非常强大，城市集聚效益和竞争力。轨道机场线则是都市轨道交通线网的组成部分，支持网络型城市发展，串联空间上相邻的城市、城镇、机场以及其他重要交通枢纽，围绕站点与交通节点实施高强度的开发，使整个都市区成为一个有机整体。

（4）轨道机场线原则上要进入城市和城镇中心，而非在外围换乘。为了最大程度地发挥轨道机场线支撑城市网络型发展的作用，轨道机场线原则上要进入城市和城镇中心，以提高轨道机场线的串联和引导作用。单纯在城市外围换乘，既不方便乘客，也不能发挥轨道机场线应有的作用。

(5)轨道机场线与城市交通网(主要是公共交通)、区域交通网之间,要实现多点网络换乘、枢纽集中换乘。轨道机场线不是单一的"点对点"的客运专线,而是支撑和引导城市发展的轴线;为了更好地支撑和引导城市发展,轨道机场线应与城市交通网(尤其是公共交通)、区域交通网之间实现多点网络换乘、枢纽集中换乘,最大限度地发挥轨道机场线的作用。

(6)有条件的机场,应直接引入铁路客运干线,使诸如"城市群"的周边区域共享机场,无须再经城市交通系统转运。从国外成熟的轨道机场线应用经验来看(尤其是欧洲和日本),轨道机场线往往有短途和中长途两种衔接方式,短途线以地铁和市郊列车为主,中长途则采用高铁形式。如此一来,轨道机场线除了连接城市中心及沿线节点外,周边城市也能通过高铁干线直接进入机场,无须再经城市交通系统转运。大大提高了航空港的辐射范围,从而进一步提高了空港的客流量,减少了城市交通系统转运的压力。

5.5.2 机场线特征分析

轨道机场线的功能定位是整个项目规划首先要研究的工作,其最重要的设计要求是专用性突出。按照服务对象和线路特性的不同,轨道交通机场线可以分为专用服务型和共享服务型。专用服务型主要服务的对象是进出机场的客流,包括机场客流、迎送人员、机场工作人员等,服务功能较为单一,线路中间经停站很少,运行速度快,但是线路整体客流效益普遍不好,如伦敦希思罗国际机场"希思罗特快"线、北京首都国际机场快轨、上海浦东国际机场磁悬浮线等;共享型是结合沿线用地规划,线路中间适当设置经停站,以服务于机场客流为主要目的,同时兼顾沿线居民日常出行,线路整体客流效益较好,但是由于中间设置站点较多,运行速度会减慢,航空旅客与通勤旅客的出行效率降低,如伦敦希斯罗机场的皮卡迪利线、广州白云机场的地铁3号线等。

(1)用地省、运能大

机场轨道交通可采用地下和高架敷设方式,充分利用地上和地下空间的开发,节省土地资源,同等运输能力下,机场轨道占地比高速公路、高架公路及普通公路均低。列车可以根据客流的大小编组运行,能够达到10~12辆编组,列车发车间隔时间短,使得机场轨道交通的运输能力较大,能够满足进出机场交通流的需要,同时根据高峰期的较大流量及非高峰期小流量的需要、机场近期和远期发展的需要,对列车的编组辆数及行车间隔进行调整,尽量使供需达到平衡,实现机场轨道交通系统的经济运行。

(2)高速、准时性

与常规交通相比,机场轨道交通在封闭或者半封闭的专用车道上运行,受其他交通工具及天气状况的影响较小,列车能够严格按照运行图准时运行,节省出行时间。具有较高的运行速度和启、制动加速度,实现高密度运转,有效降低候车时间,由于乘客上下车迅速方便,缩短了停站时间。机场轨道交通的高速、准时性特点对时间价值较高的机场客流具有很大的吸引力。

(3)安全舒适

由于机场轨道交通运行在专用轨道上,受外界干扰因素较小,极少发生交通事故,能够为乘客提供更为安全的候车、乘车条件。同时,由于机场轨道交通的车辆具有良好的运行特性,车内及站台设施先进,都装有空调、引导装置等提高乘客候车、乘车条件的设施,提高了乘客的舒适感。

(4)系统运营费用较低

虽然机场轨道交通前期建设周期长,且费用高,但是机场轨道交通车辆的使用年限比道路车辆长,维修费用和折旧费用也相对较低;相比于常规的城市道路交通系统的单车运行,能够节省运营所需要的人工费用,能源消耗较低;机场轨道交通系统能够促进沿线地区及城市经济的发展,改善机场与城市间的道路交通拥挤状况。

(5)对环境影响小

机场轨道交通系统一般采用电力牵引,无空气污染,相对其他交通方式,车辆自身噪声较小。同时,由于其运量大、安全快捷等特点,对航空旅客的吸引力度大,减少了往返机场和城市之间的道路交通流量,降低了汽车废气排放量和噪声污染,改善了机场周边区域及城市内部的交通客运环境。

5.5.3 机场线布设形式

1)线路布局

由于机场离城市距离较远,连接机场与城区的轨道交通线路一般较长,且为城市与航空港之间的重要交通走廊。影响机场轨道交通的线路布局的因素有很多,如机场规模、功能定位、施工条件、用地规划、投资规模等,综合考虑各影响因素,机场轨道交通线路一般可以采用射线、环线、径线、切线、支线几种类型,线路类别为地铁或者轻轨(多数城市选用),单轨或郊区重轨(部分城市选用),或者与城市高速铁路相连。

2)车站布局

机场轨道交通线的车站分为起始站、机场站和沿线中途站三种类型。

(1)起始站:机场轨道交通的起始站点设置应考虑到经济商业发展、交通条件等,一般设置在城市中心区的商业繁华、交通便利的交通枢纽附近,或者直接引入与市内交通换乘方便的铁路枢纽,应与市区轨道交通、常规公共交通、公路客运班线、铁路等形成方便的衔接换乘关系。

(2)机场站:机场站设置在临近候机楼的位置,当有多个候机楼时可稍加延伸,增设站点,形成机场内部衔接系统,以尽可能地方便旅客,节省登机及离港时间。

(3)沿线中途站:专用型机场线在必要的情况下设置一两座沿线中途站,便于沿线开发强度较高的地区与机场和市区的交通衔接,或作为换乘站与城市轨道交通线衔接换乘;共享型机场线沿线中途站设置较多,依据城市用地规划,若整个沿线开发强度都很高,机场线兼顾沿线公共交通的作用,服务于日常通勤客流及其与市区的交通衔接。

(4)城市候机楼:指建设在城市里的旅客候机服务系统,与机场候机楼不同。城市候机楼没有跑道等飞行区域设施,是机场航空服务及机场候机楼基本功能向机场周边城市的延伸和拓展。其功能是与机场实时信息共享,为乘机旅客提供航班动态信息、票务销售服务、行李托运等相关服务。城市候机楼一般设置在商业中心、交通便利的城市中心或者大型交通枢纽,拥有轨道交通系统的机场城市候机楼可与机场轨道线的站台融为一体。

3)接入机场模式

当大型机场的旅客吞吐量达到一定规模后,现有道路交通无法满足机场客流的输送需求时,可考虑修建机场轨道交通。大型机场占地面积大,航站楼多,出租车或私人汽车停车区距离航站楼的距离很远,旅客到离港或者转机不方便,为了更好地解决机场内部交通问题及机场与轨道交通的换乘衔接问题,轨道交通接入机场的模式一般有以下四种:

(1)轨道线引入航站楼内:各航站楼通过自动扶梯、电梯或者旅客输送系统与地铁站相连,便利省时。如东京的成田机场,京成线快速列车接入航站楼,并在航站楼的底层设置轨道交通车站,旅客从航站楼的一层出入口乘坐自动扶梯即可直达地铁站,日本大阪的关西机场线、伦敦希思罗机场线都是直接引入候机楼内。对于新建的大型机场,室内疏散空间充足的情况下,可以采取此种模式,使旅客能够迅速接近机场服务,实现机场与轨道交通的"无缝换乘"。

(2)轨道线终点设在各航站楼之间:通过穿梭轨道系统或穿梭巴士、摆渡车来解决机场内部交通问题,服务于需要在机场内部穿梭客流和机场工作人员,穿梭轨道系统可以采用轻轨、独轨和自动导轨等运载量较小、建设成本较低的轨道交通形式。如首尔仁川机场线、上海机场线、法兰克福机场线等。

(3)各航站楼较远时,轨道交通机场线直接接入各航站楼内或者航站楼附近,在机场内部设置多个站点,如巴黎戴高乐机场线、北京首都国际机场线、纽约肯尼迪机场线等。

(4)轨道线的机场站设在机场范围以外,在航站楼和机场轨道车站之间提供固定的公交接驳服务。如美国波士顿洛根国际机场,高速运输系统的站点设在机场外面,由机场公共汽车为旅客提供轨道站与航站楼之间的交通服务。这种模式除非有非常好的连续性,否则会因换乘不便降低其对机场客流的吸引力度。

4)接入城市交通网的方式

机场轨道交通一般是在城市地铁已经开通且城市交通十分便利、客运交通系统较为完善的情况下引入的,机场一般为大型枢纽机场或者规划向大型枢纽机场发展,根据机场线服务功能的不同,其接入城市交通网络主要有以下三种形式:

(1)沿线不设站的专用型机场线。这种一站式到达机场的轨道交通机场线只为进出机场的旅客提供服务,机场客流量大,选取城市其他的大型枢纽点中的一个客流集散点为连接点,如法国戴高乐机场线。

(2)沿线设换乘站的专用型机场线。此类型的机场线也是主要为机场客流服务,中间设有几个换乘点有城市现有或规划的轨道交通线换乘,比如香港国际机场线、北京首都国际机场线。

(3)共享型机场线。主要承担城市公共客运的城市轨道交通的延伸线或者兼顾沿线通勤客流的机场快线,引入城市地铁网中,如伦敦的皮卡迪利线、广州白云机场的地铁3号线。

5.5.4 轨道交通机场线的规划要点

(1)充分考虑多因素论证机场线规划和建设的必要性

机场轨道交通线路的规划建设受多因素影响,包括吞吐量和客流分担目标、机场距中心区距离、道路交通条件、区域战略发展需要等。

具体而言,客流需求是机场线规划和建设应首要考虑的因素,仅从吞吐量看,一般吞吐量在3000万人以上的机场均建设有机场轨道交通,而机场线能够分担的客运比例一般为

20%~30%比较现实。在机场距离市中心距离较远情况下,出租车的价格较高、道路交通的不稳定性增大,机场线对客流的吸引力增强。此外,社会、政治价值也是机场轨道交通规划和建设中应考虑的重要因素。

(2)明确适宜的机场线发展模式

机场轨道交通发展模式,应具体结合机场客流需求、机场位置、沿线土地利用、道路交通条件、既有可利用轨道交通资源等,对机场发展模式进行综合比选,对机场专线应深入研究其必要性。条件允许情况下,宜尽可能采用共享型线路模式为机场提供专列服务,以保证较高的旅行速度和服务品质,同时尽可能为沿线居民的日常出行提供市域快轨服务,提升客运效益和投资效益。

(3)把握合理的机场线系统规模

机场的客流分布不同于常规的城市轨道交通线路,承担的是非通勤客流,而且全日分布较均衡,因此国内机场轨道交通应在满足一定服务水平的条件下,把握供需匹配程度,避免盲目扩大线路系统规模。

(4)合理确定技术标准与运营组织

机场线路吸引力的最重要表现是时间效率,一般出行时间为30min,因此机场轨道交通线路的车辆运行速度、车站设置、发车间隔等应满足时间要求,并结合灵活的运营组织,通过开行直达车或者大站距列车,以缩短旅行时间。同时,按照旅行速度和设站条件合理选择车型,合理安排车内座位布置和选择恰当的站立密度指标,以满足机场客流的需求。

结合机场线建设城市航站楼已成为国际机场发展新趋势,越来越多的城市结合机场线车站建设城市航站楼,为旅客提供更加便捷的服务。但建议国内大型机场审慎选择设置带行包托运系统的城市航站楼,在经过客流构成、托运需求等方面的严格论证后,可考虑预留随机场线列车运输行李的条件,在适宜时机进行使用。

(5)注意机场线与城市轨道交通的衔接

与市区轨道交通网络紧密衔接、与城区网换乘方便,是决定机场线客流吸引力的重要方面。轨道交通机场线应纳入城市轨道交通网络中统筹规划,与市区轨道交通网络实现良好衔接,并尽量串联市中心的大型综合交通枢纽,深入城市中心区。

此外,机场应尽可能与市域轨道交通、城际铁路相衔接,提高机场的辐射范围。

(6)深化机场车站与枢纽的一体化设计

强化机场线车站与机场航站楼的一体化设计,结合乘客购票、办理值机及托运行李、乘车的业务流程,合理布置建筑空间,以缩短旅客换乘距离、提高流线顺畅性,是增强机场线客流吸引力的重要方面。

5.6 超长线路

5.6.1 超长线路的界定

《城市轨道交通工程项目建设标准》(建标104—2008)提出"每条线路长度不宜大于35km","对超长线路应以最长交路运行1h为目标"。条文说明中进一步解释"拟建新线建设长度不宜大于35km,与当前轨道交通35km/h旅行速度,1h运程的适应性基本相符"。"1h的全程运行,是避免司机驾驶疲劳,属劳动安全问题"。"若特大城市或城市形态规模为带状城市,可根据实际情况适当增加建设长度,但应考虑车辆段分布的合理性和运营的经济性"。

《城市轨道交通工程项目建设标准》(建标104—2008)之所以对超长线路进行限制,是由于在以往规划和建设中出现了诸多超长线路,有的线路长达100km以上。线路由城区向郊区、向外围城市(城镇)延伸的随意性,强调了一种简单的"贯通、直达、快速"的概念,而忽视了今后长年运营成本、能耗和财政补贴的计算。有的将城际铁路、城市轨道交通不同客流性质混淆,运营概念模糊,线路长度随意延长,对超长线路的问题认识不足。

合理约束线路长度有其必要性,但在实际规划建设中容易出现"矫枉过正"的现象。当前,随着城市空间尺度的增大,尤其是市域快轨需求的出现,超长线路的规划和建设不可避免,这在行业引起争议,甚至出现望"长"生畏,见"长"即断的现象。如何正确看待、合理规划超长线路值得研究。

5.6.2 超长线路的应用与分类

(1)超长线路的应用

随着城市空间布局结构的改变,城市卫星城、新城逐步建立,城市轨道交通的服务范围从市区扩展到郊区,城市轨道交通超长线路(包括市域快速轨道交通线)开始大规模出现。据统计,国内外超长线路在城市轨道交通中所占比例可达到20%及以上(表5-4)。超长线路的出现将优化城市空间布局、解决市中心交通拥堵问题,还可吸引新城区客流、为城市客运走廊提供良好条件,促进城市健康良性发展;但超长线路将导致线路客流的时空分布更具有多样性,对运营组织管理提出了新的挑战。

国内外城市轨道交通超长线路统计 表5-4

线 路 名 称	超长线比例(%)	线 路 名 称	超长线比例(%)
香港地铁	28	首尔地铁	58
伦敦地铁	55	上海地铁	71
北京地铁	24	深圳地铁	63
广州地铁	36		

资料来源:王晓.超长轨道交通组合交路方案研究[D].北京:北京交通大学,2017.

(2)超长线路的分类

城市中地理位置不同的地区彼此作用和空间变化造就了城市轨道客流特征的差异。超长轨道交通线路的出现是为了满足城市轨道交通客流圈的扩大,同时超长轨道交通线路也引导城市空间布局的变化。依据其客流服务范围分布的差别,将其分为以下三类,如图5-19所示。

类型a):服务于主城区。我国一些特大型城市面积较大,人口密集,属于高密度单中心同心圆结构。因其城市水平发达,客流强度高,依靠地面常规公交已经无法满足客流需求。而城市轨道交通具有运量大、快捷、准点、安全、舒适等特点,建设超长轨道交通线路能有效提升群众出行品质、改善出行结构和增强城市交通可达性。如上海将地铁4号线与3号线接轨从而使其形成环线,更好地服务于主城区的出行需求。再如北京市地铁 13 号线,由东直门到西直门,全线路呈 n 字形。

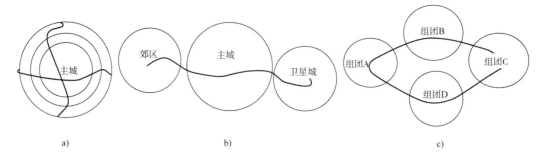

图 5-19 城市超长轨道交通线路的分类

类型 b):服务于主城区与郊区、卫星城。因为主城区人口过密,故需要通过拓展郊区或卫星城来缓解城市中心的人口压力。凭借建设超长轨道线路来连接主城区与拓展区之间的出行通道,以此满足郊区通勤客流的需求,使主城区与郊区等协同发展。新建超长轨道交通线路还有利于引导构建新的城市结构,科学地将城市资源进行有效重组。国内部分城市郊区发展良好,机场、车站、物流园区等通常在郊区。超长轨道交通线路可连接各大型交通枢纽,用于满足客流需求。如上海地铁 12 号线连接闵行、徐汇等 8 个行政区,增强了上海中心城区向郊区形成交通辐射的能力,地铁沿线连接数个大型居住区、旅游区、经济开发区、商务区以及出口加工经济区等多个重要区域。再如上海地铁 9 号线穿越松江、闵行和徐汇,途经松江大学城、佘山国家旅游度假区、漕河泾新兴技术开发区等多个重点区域,并服务于世博园区。

类型 c):服务于各组团之间。城市由许多相对独立的组团组成,各组团有各自的中心,内部设施完善,休闲、工作、居家和服务等自成一体。超长轨道交通线路服务于各组团之间,增强各组团间的关联性。重庆市为典型的组团式城市,如轻轨 2 号线主要是连接鱼洞组团、大渡口组团、渝中组团;轻轨 3 号线主要连接李家坨—鱼洞组团、南坪组团、观音桥组团、两路组团;轻轨 6 号线连接北碚组团、大竹林—礼嘉组团、观音桥组团、渝中组团、南坪组团和茶园组团。

5.6.3 超长线路客流需求特征

城市轨道交通线路的客流需求特征主要由乘客出行的距离分布和目的分布两方面体现。一般情况下,在乘时间小于 20min 是短距离出行,大于 40min 是长距离出行,二者之间为中距离出行。而乘客的出行目的大体可分为两大类:一为基本出行,即上(下)班、上(放)学、生活购物等;二为非基本出行,即其他业务、休闲、旅游、对外交通换乘等。

超长线通常贯穿城市中心区和外围组团,中间线段一般处于城市中心区,两端线段一般延伸至城市的外围组团。城市中心区和外围组团使用轨道交通的乘客,其出行特征并不一样,中心区的乘客由于城市的各项功能较为集中,区内出行占多数,即以中短距离、基本出行为主。而随着城市经济的发展及规模的扩大,中心区的人口和职能向外疏解,外围组团与城市中心区的联系逐渐紧密,轨道交通承担的外围组团乘客除了组团内部的出行外,还有很大一部分是跨区出行,即以中长距离、非基本出行为主(在有通勤客流的通道上,早、晚高峰也会有较大的基本出行)。因此,超长线各线段的需求特征会存在较大区别,中间线段以中短距离、基本出行为主,两端以中长距离、非基本出行为主。

不同的需求特征对系统的要求有较大的不同。中短距离出行由于在乘时间一般小于或等于非在乘时间,乘客对缩短在乘时间的要求不太强烈,即对轨道交通运行速度的要求并不太高,而更关注于轨道交通的发车间隔、车站候车时间的长短及进出站换乘的方便性。中长距离出行由于在乘时间一般远大于非在乘时间,乘客对缩短在乘时间的要求较高,需要平均旅速较高的轨道交通系统来满足中长距离出行的需求。由于超长线全线各段的需求特征不同,选择的系统将很难同时适应各段的需求。

由于超长线贯通城市中心区和外围组团,且全线需求特征有较大区别,使得超长线各线段的需求量也有较大差异,相应的各线段断面客流量也不同,导致超长线路的客流不均匀性问题比较突出。在市区中心地段客流大断面集中,而在市区外延长线路客流断面将迅速减小,造成外围地段的客流断面与中心区客流断面的量级相差甚大,带来的最大问题是运营经济性问题。

5.6.4 对超长线路的再认识

(1)"宜35km"的长度主要针对城区普速轨道交通,但不能一概而论

在城区范围,轨道交通多为地下敷设,通常为站间距为1~2km、运行速度为35km/h的普速线路层次,以35km长度进行约束,主要是控制运行时间在1h之内。同时也避免按照市区轨道交通的建设标准无限制延伸线路,这对于提高运营效率、降低建设成本、提高驾驶安全性和方便性有其合理性。

但即使在城区范围,一方面随着城市规模的扩大和网络规模化后,长度35km以上的轨道交通线路有些情况也在所难免,表现为带状城市的长轴上直径线或"L"线路,如石家庄的中心城区1号线(39km);或者环线,如北京的10号线(57km)、成都9号线快速环线(60km)等。另一方面,当都市区范围的外围组团与城区成连绵发展而且相互联系紧密时,也会出现超长线路,如果受线路长度限制而人为断开,则会导致人为增加换乘惩罚,使出行便捷性降低,同时由于大量转乘客流增加了换乘站的运营压力。

以北京八通线和大兴线为例,北京八通线与1号线之间采用的是换乘方式,而大兴线与4号线之间采用的是贯通运营方式,对比两者不难发现,贯通运营显然具有明显优势,不仅大大提高了出行效率,还通过灵活地交通组织提高了运营经济性,同时也避免了像四惠、四惠东换乘站的运营组织压力。

(2)市域快速轨道交通不应单纯受线路长度限制,关键是把握服务水平和技术标准

《城市轨道交通工程项目建设标准》(建标104—2008)提出,对线路长度约束的本意是避免线路以城区建设标准无理由向市域范围延伸,而出现这种问题的关键是外围线路的功能定位和服务水平不明确,从而导致建设标准和建设模式出现了问题。如用城区线路随意延伸去服务外围组团,即将不同运量等级、不同服务特性的两条线路简单组合成超长线路。而实际上,城区线路客流断面较高、主要服务相对中短距离的轨道交通出行,要求站间距较小、系统运能大、发车频率高;而外围线路客流断面较低、主要服务相对长距离的轨道交通出行,要求速度快、舒适性高。若在没有明确线路的功能定位情况下,简单进行线路

延伸,必然带来线路的技术标准混乱,难以兼顾内外部的服务水平要求,给运营组织带来难度,运营经济性下降。

反之,如果在明确线路功能定位和服务水平情况下,市域快速轨道交通线路长度不应过于受限。对于特大城市的发展趋势,参考国内外大城市的发展历程,通勤出行半径基本都大,市域线路必然较长,而对于穿越中心的轨道交通线路更是不可避免地大于35km。如北京空间划分为三个圈层,半径为60~85km,在第三圈层与中心城之间未来必然规划有长大线路。从世界特大城市都市圈的市域快轨长度统计,线路长度跟随需求而定,差异较大。如巴黎的RER线路、日本东京的通勤铁路,以及北京的S2线、上海的市域快轨线路等。因此,线路长度主要受交通需求的影响,应尽可能从乘客使用角度出发,满足交通出行的便捷性要求,提高轨道交通吸引力。

东京都市圈市域快轨主要服务半径为50km的区域,分为JR和私铁。通过JR山手线与市区轨道交通换乘(部分线路改造为贯通运营),为典型的环放射式线网布局。每条放射走廊有2~4条线路敷设,而且支线较多,采用了多种运营组织方式,形成了高效的轨道交通网络。东京市域快轨线路长度参差不齐,有的长达几百公里,有的线路只有十几公里或二十几公里,很多是历史原因造成的。

巴黎市域快轨(RER线)为穿越中心式的市域快线系统,为典型的放射式,具有直达性好、支线多、覆盖区域广、车站间距大以及为了适应线路各区段客流不均衡而采取灵活的运营组织方式等特点。从各RER线路的长度看,长度为50~186km,均较长且差异较大。

上海轨道交通网络中,9号线、11号线和16号线为真正意义的市域快轨系统,线路长度均在50km以上,而11号线更是长达72km。

(3)对市域快速轨道交通的运行时间应以外围至中心运行1h来界定,而不是全程1h

将"超长线路"的定义界定为"全程运行时间大于1h"本身存在问题,对于市域快速轨道交通是不适宜的。市域范围一般交通出行为向心式,尤其是当线路穿越中心时,大多数乘客的出行时间是外围至中心的线路运行时间,因此外围起点至中心的线路长度应满足1h出行时间,而不是全线运行的1h时间。

(4)超长线路并不可怕,要有相应的技术标准和运营组织相对应

对应长大线路的功能定位和服务水平要求,线路的技术标准和运营组织必然不同于常规的城轨系统。超长线客流特征与常规线路有所差异,单一的交路模式已不能较好地符合超长线客流特征。城区线路可以设置为更大站间距来缩短运行时间,或不同运营交路来应对断面的不均衡;市域快轨通常需要更高车辆运行速度(120km/h以上)和较大站间距来满足1h通勤时间要求,运营组织可采用大站快车、大小交路、列车编组大小组合等方式来提高车底运用效率,避免运能虚糜,使行车组织经济合理,同时也能满足不同层次乘客出行需求,应对客流分布不均衡性。

对于运营安全和列车驾驶员上厕所的需求,可以通过灵活的运营管理来实现。例如,日本东京的市域快线列车驾驶员可在车站处进行交接班。

总之,轨道交通建设应兼顾经济性和可能性,但根本上应从客流需求出发,再考虑运营组织和管理的要求。

5.6.5 超长线路的规划要点

(1) 深入分析线路上的出行需求,合理确定线路功能定位和技术标准

分析线路客流断面分布,合理选择线路起终点。若外围线路客流过低,则不应采用轨道交通服务(通常高峰小时客流量小于 5000 人次/h 时不宜考虑),可将末端站设为区域的交通枢纽,用常规公交、自行车等方式进行衔接换乘。

分析跨区 OD 分布,尤其对连接外围新城与中心城之间的长大线路,分析进入城区的长距离出行需求的比例,以及外围区域内部交换出行比例,若以进城出行为主,线路宜采用贯通,不断开,以提高出行直达性。

以合理的出行时间为目标,进一步确定线路在车辆最高速度、站间距、座位率等方面的技术标准。

(2) 对超长线路在运营组织和管理上的应对措施建议

确定线路长度,最根本在于满足交通需求,但同时需考虑运营经济性。对于贯通城市中心区和外围组团的超长线路,一方面要满足出行时间要求,另一方面要应对客流断面的不均衡性。对于时间要求,主要采用设置越行站,开行直达车或大站快车的运营方式来应对。而对于客流分布不均衡带来的运营组织难度增大以及运营经济性下降,则需要进行灵活的运营组织。

例如,全线高峰小时单向最高断面一般出现在城区中心区段,外围断面与最高断面甚至相差 1~2 个量级。在采用大小交路套跑的运营组织上,可以采用两种应对措施:

①通过全线采用同一列车编组、大小交路套跑的方式,如图 5-20a) 所示。此种方式下,当外围线路断面客流较低时,若使外围区段的运能与断面需求匹配,提高满载率,势必增大发车间隔,而导致外围区段的候车时间增长。

②采用不同列车编组,外围采用小编组,内部采用大编组,并结合大小交路套跑的方式,如图 5-20b) 所示。此种方式下,可以平衡外围区域车辆满载率和发车间隔的问题,但还要考虑中心区段的运能要满足断面客流需求。因此,具体采用哪种运营组织方式,要综合考虑确保各区段的能力与断面需求相匹配,并保证具有适宜的发车间隔。

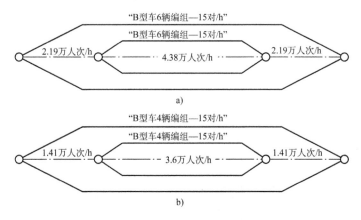

图 5-20 超长线路的列车运营交路示意图

思 考 题

1. 简述环线的作用与设置条件。
2. 分析半径线的优缺点。
3. 半径线的客流特征有哪些？
4. 分析半径线在我国城市轨道交通建设中的适用性。
5. 主—支组合线有哪些特征？
6. 超长线路有哪些分类？如何应对超长线客流不均衡问题？
7. 我国在市域快线建设中存在哪些问题？应如何应对解决？
8. 我国应如何发展轨道交通机场线？

第6章 城市轨道交通综合选线

城市轨道交通选线依据城市轨道交通线网规划,确定线路的走向和路由、车站的分布及位置、线路的交叉形式及敷设方式等。城市轨道交通选线是进行线路设计的基础,又与线路设计密不可分,对线路的工程建设和城市发展影响重大。本章重点介绍线路走向及路由、线路敷设方式、车站分布及站位、选线方案比选等内容。

6.1 城市轨道交通选线概述

6.1.1 选线的内容

在城市轨道交通线网规划中,关于各条线的走向和路由一般已经有了较粗略的规划,然而在城市轨道交通线网建设过程中会发生一些变化,如城市用地规划的调整、建设时序的变化、大的客流集散点重新选址等。这些变化不可避免地对已经规划的线路走向与路由产生影响。因此,工程建设前仍需要对此加以研究。

城市轨道交通的选线工作是城市轨道交通设计的"龙头",具有牵涉面广、复杂性强、劳动强度大、责任重大等特点,应做到宏观控制、微观分析、分层规划,确保城市轨道交通的可持续发展。

线路选线主要发生在线网规划、建设规划与可行性研究阶段,主要内容包括线路走向、线路路由、车站分布、配线分布、线路交叉形式以及线路敷设方式等的选择。

6.1.2 选线的特点

与城市间铁路比较,城市轨道交通的选线有以下特点。

(1)依据城市轨道交通线网规划进行。起讫点和必经点,即线路走向,需要体现城市轨道交通线网规划中所确定的线路功能定位。线路应结合大型公共设施、成熟社区、客流集散点等,沿着主客流方向布置。

(2)一般为地下线或高架线。城市轨道交通线路一般为全封闭系统,为减少对地面道路交通的干扰,综合利用城市的立体空间,城市轨道交通一般选择地下线或高架线。

(3)受建筑物及市政管线干扰大。城市轨道交通建在市中心区或郊区,市内高层建筑、保护建筑及城市内的地下市政管线较多,线路选线应充分考虑规划的地面建筑物和地下管线对施工的干扰及线路条件的影响,尽量选择施工条件好的城市主干道铺设,合理选择线路基本走向,对全线的规划方案进行深化研究、综合分析及调整优化。

(4)充分考虑与其他交通方式及规划的线路换乘衔接。同时,根据需要和具体条件考虑联络线和共用设备的设置。

(5)运距短,站点密。线路沿线的车站及站位确定后,站间的线由基本确定,但车站及站位的选择必须考虑到线路设计的可行性。

(6)线路允许的设计坡度较大。线路主要用于客运,列车质量较小,基本不受牵引力的限制。

6.1.3 选线的基本原则

(1)符合城市总体规划

城市轨道交通是为城市繁荣和发展经济服务、为市民的出行提供快速便利的交通工具,可减轻日趋严重的城市交通拥堵问题,并促进城市建设可持续发展,因此城市轨道交通的选线设计必须符合城市总体规划。

城市轨道交通是污染较小的交通设施,有利于构建宜居城市,但是其高速运行也会产生振动与噪声。在对轨道交通进行布局时,要考虑其振动与噪声对周边的影响,应根据建设城市的历史、人文、地理、经济等多方面因素,认真研究、权衡轨道交通投资、社会效益、经济效益、环境景观等多种因素,以确定其最佳敷设方式(如地下线、高架线、地面线)。

(2)符合城市轨道交通线网规划

城市轨道交通选线应依据城市轨道交通线网规划,确定线路走向,拟定车站位置,注意与相邻线路的平行间距和相交换乘关系,稳定线路起讫点、接轨点和换乘节点。周边为待开发用地的车站应尽量考虑与对外交通场站结合,并预留相应的规划用地。

根据城市轨道交通线网规划中的线路走向,重点分段研究线路平面位置及敷设方式,并进行多方案的比选,初步确认线路路由的走向及与其他轨道交通线、道路、桥梁、河流及地下管线的空间布局关系,同时结合路由方案优化站点分布。

(3)节约城市土地资源

城市轨道交通线路必须为节约土地及空间进行精心设计,尽可能与城市道路共用通道,尽量与道路红线及城市主要建筑物平行,隧道、车站、出入口等有条件与城市建筑结合的,应尽量结合。需要对沿线土地的现状利用情况、现行规划情况进梳理,对站点影响范围内的土地利用情况进行统计分析。在此基础上,经与相关部门协作,对站点影响范围内的可储备土地进行筛选统计,并提出其规划优化调整的原则建议,为确定线路走向、车站位置等提供规划依据,为轨道交通与土地利用的互动协调创造条件。

(4)减少城市拆迁工程

城市轨道交通不同于一般铁路,它往往受城市道路和建筑物限制,线位选择自由度小,选定线位必须仔细勘测、设计,经多方案比选确定,尽量避免或减少建筑物拆迁和沿线各类管道迁改工程。

(5)合理衔接其他交通方式

研究沿线及相交道路市政管线规划条件,考虑城市轨道交通与其他交通方式换乘衔接。

换乘站点应结合沿线相交的在建及建成轨道交通线路条件,设计换乘方案,并考虑预留换乘条件。

(6)便利运营组织

根据客流预测结果考虑运营交路、旅行速度及车辆配置等。应根据运营组织、行车交路,结合线路条件优化折返线、渡线、联络线及出入段线配置方案,达到方便折返停车、灵活调度、有利运营、缩短折返时间及折返线长度的目的。

(7)注重环境与文物保护

研究沿线文物保护方案,综合考虑地质环境、生态环境保护、城市防洪规划等控制因素。

(8)考虑施工建设条件

考虑城市地形、道路、高压走廊、地下管线、重要建筑、环境景观、地质水文条件、施工方法与交通疏解等条件,以便为将来的施工提供便利。

6.1.4 选线所需资料

选线工作开展之前及其过程中,一般由建设单位向设计单位提供下列资料作为开展线路设计工作的依据:

(1)城市轨道交通线网规划报告。
(2)城市轨道交通建设规划报告及其批复文件。
(3)市政府及其上级部门或领导对城市轨道交通项目建设的指示。
(4)客流资料。
(5)城市总体规划资料。
(6)城市的经济统计资料。
(7)水文气象资料。
(8)工程地质及水文地质资料。
(9)地形图资料。
(10)线路可能经过区域内的文物保护场地及建筑物等资料。
(11)线路可能穿越的街坊建筑区内主要房屋及其基础资料。
(12)线路可能经由区域内的市政及人防设施资料等。

6.1.5 影响选线的因素

影响线路的走向与路由确定的因素主要有:

(1)线路的性质、作用及地位

主要包括线路在城市轨道交通线网中的作用及地位、所承担的客流性质以及工程建设规模和线路等级等。

(2)客流集散点和主客流方向

主要包括设计年限内线路所经过的大型客流集散点的建设状况,可能形成的客流走廊状况以及主客流方向等。

(3)城市道路网及建设状况

城市轨道交通线路必须与城市的规划道路网建设密切配合,在未建成规划道路的地段建设城市轨道交通时,要注意城市轨道交通线路与规划道路的关系,在能力运用上要配套、合理。

(4)线路的敷设方式和技术条件

线路的敷设方式以及采用的技术条件对线路的走向及路由也会产生很大影响,在不满足线路技术要求的地段,需采用绕行的方式或另选路由。

(5)与城市发展的近、远期结合

选择线路走向和路由时一个重要的方面就是要考虑城市建设的近、远期发展条件,要与城市建设发展时序相协调,发挥城市轨道交通建设对城市建设的牵引作用。

此外,某些场合下,还有一些其他因素也会对线路路由产生决定性的影响,如某一时期的战备要求、与一些重要设施的衔接要求等。

线路路由方案的研究要在分析上述因素的基础上进行。线路走向和路由方案的研究一般在1/50000~1/10000地形图上进行,特殊地段可采用1/2000地形图。一般说来,根据线路技术条件和地形地貌,可提出2~3个方案作为比选和论证的基础方案。

6.1.6 选线的实施流程

城市轨道交通与规划、交通、市政、环保、文物等部门关系复杂,这决定了线路选线不可能一蹴而就,需要在反复的比较、优化中选出一条"适应规划、促进发展、社会效率和运营效益相结合"的最佳线位。具体实施步骤如下:

(1)确定初步线站位方案。在对城市总体规划、城市综合交通规划、线网规划等基础性文件充分研究的基础上,明确线路功能定位,结合沿线主要客流集散点,确定初步线站位方案。

(2)现场踏勘。选线的最终目标就是把方案"画在图上,落到地上",因此需对轨道交通沿线的城市现状及规划特征进行深入的了解。初步方案确定后,应组织经调、行车、建筑、结构、区间、暖通、车辆等相关专业沿线踏勘,确定工程的重点和难点。

(3)方案优化。结合踏勘情况,落实规划、道路红线、管线、文物及其他控制性建(构)筑物基础资料的收集。根据客流预测资料,初步确定列车编组、交路、有效站台长度、限界等边界条件,对初步线路方案进行优化调整。针对重要节点应做多方案比较,必要时应多次踏勘现场。

(4)征求规划部门意见。线路方案初步稳定后,由业主组织,向规划部门汇报全线站位和场段、控制中心、主变电站等选址方案,并向市生态环境部门、交通管理部门、文物保护部门、园林部门、重要建筑物业主等征求意见,进行协调。根据相关部门意见,进一步完善线路、车站和场段方案。

(5)坐标定线。待评审确定列车编组、交路等边界条件后,基本确定线路走向及车站分布方案。及时开展沿线各控制性建(构)筑物坐标、基础类型、埋深等测量工作,核实既有资料,结合道路红线,坐标定线,进一步稳定线路方案,确保工程的可实施性。

以上是正常的选线流程,在实际的设计过程中还应根据不同城市、不同线路的不同特点进行相应的线路设计,从而最终达到系统功能、工程造价、运营能力等综合性能最优的目的。

6.2 线路走向与路由

6.2.1 线路方向及路由的确定

(1) 根据线路的功能定位对线路进行总体布局

依据城市轨道交通线网规划进行选线布站，明确线路性质、运量等级和速度目标。

线路起讫点不应设在市区内大客流断面位置，也不宜设在高峰小时断面流量小于全线高峰小时单向最大断面流量 1/4 的位置。这是为了使线路建成运营后能吸引更多的客流和促进城市的经济发展，同时又为合理组织列车运行提供条件。如果线路两端起讫点选在大断面客流处，说明大量乘客还未达到出行目的地，还要继续前进。这样，一方面会使得起点站的上车客流过大，车厢满载过高，限制了下一个车站的上车客流量，不利于组织运行；另一方面终点站下车客流量过大，必将延长清客时间，影响发车密度，降低运营能力。如果线路终点断面客流量过小，在一定的列车运营间隔和服务水平条件下，必然会降低线路两的列车满载率和运营效益，不利于行车组织交路的合理匹配。

每条线路长度不宜大于 35km，对超长线路长度应以最长交路运行 1h 为目标。

(2) 确定线路的必经控制点

为城市居民的生产、生活提供交通服务，是修建城市轨道交通系统的主要目的。起讫点和必经点，即线路走向，体现了线网规划或建设规划所确定的功能定位。在线路基本走向确定以后，利用大型客流集散点（如大型住宅区、商业中心、娱乐中心等）、交通枢纽（如公交枢纽、火车站、长途汽车站等）和换乘站点进行线路固定。这些重要节点，为线路走向的深化提供了依据和基础。

(3) 调整控制点之间的路由，最大限度地吸引客流

无论是从城市轨道交通系统的内部效益，还是从方便市民出行的社会效益出发，都要求城市轨道交通系统最大限度地吸引客流，其线路应尽量多地经过一些大客流集散点，一般要放弃控制点间的最短路由方向。

(4) 结合地质、地形现状进行选线

选线应充分考虑地质、地形现状，尽可能地沿着城市主干道并在道路规划红线范围内布置，减少拆迁和施工难度，尽可能地设在地质较好的地层，以减少工程难度。同时，要充分考虑市政管线、河道等控制性因素的影响，高架线要满足桥下道路净空要求，保证工程的可实施性。

(5) 根据施工方案和施工条件进行选线

隧道主体结构施工方法很多，不同施工方法的土建费用和对城市的干扰程度差别很大。明挖法是一种经济快捷的施工方法，该工法适用于各种不同的地质条件，施工工艺简单、综合造价较低。但缺点是对周边环境、市政管线和道路交通有较大影响，从而制约了明挖法在城市中心区的使用。矿山法施工工艺简单灵活、适应性较强，施工时对道路交通及市政管线的干扰较小。但在一般情况下，矿山法施工引发的地面沉降较大、工期较长、造价较高、风险较大且工程质量较难保证。矿山法适用于结构埋置较深、覆土层较厚、岩层具有一定的自稳

能力的地层。当施工中不允许中断城市交通或道路无疏导条件时,或根据配线需要在区间变化断面时,在地质条件满足要求的条件下,通常考虑采用矿山法施工。盾构法是利用盾构机切削土体在地层中推进,一般为单圆形结构。盾构法以其工艺先进、安全快速、结构及防水质量好、对地面交通干扰小、对地层沉降控制好等特点受到了设计人员的青睐。近年来,盾构法在国内地铁区间隧道施工中得到了广泛应用。

选线时,要结合施工方法和施工条件,进行综合的技术经济比较,从施工难度、工程造价、施工时对周边环境及道路交通的影响等方面进行综合比选。

(6) 结合土地利用进行选线

为保证轨道交通运营安全,以轨道交通线路为中心线、宽度近50m 的通道范围内,不得建有影响其安全的建筑。因此轨道交通对穿越地块以后的综合开发影响很大。轨道交通的选线要支持城市和区域发展总体规划。在线路选线过程中,应注意减少线路对地块开发的不利影响。

(7) 根据城市经济实力进行选线,减少拆迁工程

城市轨道交通线路不同于一般铁路,它往往受城市道路和建筑物限制,线位选择自由度小,必须仔细勘测、设计,经多方案比选后确定。为了降低造价,除有计划地与旧城改建结合之外,要尽量避免或减少建筑物拆迁和沿线各类管道迁改工程。此外,各城市应根据各自经济状况有计划地分期、分批建设。

(8) 尽量避让保护建筑

线路应充分重视历史保护建筑的价值,尽最大可能进行避让,不可影响历史保护建筑的安全。在满足线路技术标准条件下应尽量避让,需穿越的应进行穿越可行性和可实施性分析,并进行必要的安全保护设计。

除了根据以上方法进行选线以外,在轨道交通选线过程中,还需要结合实际情况具体研究,经综合分析,选用最佳方案。

6.2.2 通过特大型客流集散点的路由选择

通常,产生上下车3万人次/h 或20万人次/d 及以上客流量的地点,可称为特大型客流集散点。城市的对外交通枢纽(如铁路客运站、航空港、客运码头、长途汽车总站)、市内公交总站、大型商业中心、大型公园广场、大型展览中心、大型体育中心等都有可能成为特大型客流集散点。

城市轨道交通线路必须照顾到特大型客流集散点,并在乘客使用方便的地点设站。当特大型客流集散点离开线路直线方向或经由主路时,线路路由有下列方式可供选择。

(1) 路由绕向特大型客流集散点。这是一种主要的选择方式,能为特大型客流集散点提供两个方向的服务,给乘客提供较大的方便,宜尽量选用。

(2) 采用支路连接。当特大型客流集散点位于郊区,线路绕向它长度增加过多,不利于直通客流时,可以考虑采用支线连接。

(3) 延长车站出入口通道,并设自动步道。若特大型客流集散点距线路不超过300m,但线路绕向它很困难时,可以考虑自动步道方案。

(4) 调整线网部分线路走向。这种方式已在北京新建的铁路西客站地铁线路预留工程

中采用。在原规划城市轨道交通线网中,西客站南侧约700m处,有东西走向的丰台—广安门—广渠门线(7号线);西侧约1km处,有莲花池—八里庄—阜成门—朝阳门线(6号线)。为了使7号线经过北京西客站,对规划线网做了调整,即将广渠门—广安门线转向西客站,丰台方向来的线路转向西客站后,继续向北至动物园与3号线换乘。西客站地下建换乘站一座,供广安门线及丰台线的客流换乘之用。阜成门—八里庄—莲花池改为由八里庄向西。

(5)调整特大型客流集散点。城市轨道交通线网确定后,规划及拟建中的特大型客流集散点应主动靠近车站,统一规划,综合设计,从而节省建设资金,给乘客带来方便,取得事半功倍的效果。

6.3 敷设方式选择

线路敷设方式是线路的三维空间规划概念,主要是根据城市总体规划的要求,结合城市现状以及工程地质、环境保护等条件,选择采用地下线、高架线或地面线。

6.3.1 地下线

地下线适用于城市中心区、建筑密度高的地区、规划的重点地区以及对环境要求高的地段和区域。地下线路多处于城市中心以及街道较窄、车辆和客流较多的地段,它能较好地解决立交问题和城市景观问题,能节省土地,使土地资源得到合理的利用。

地下线线路设计的一般原则是线位尽可能沿城市道路敷设,尽量不侵入两侧的规划红线。在偏离道路或穿越街坊时,主要考虑躲避沿线的构筑物桩基础和地下各种市政管线,以确保安全和减少拆迁。地下线的施工方法主要有明挖法、暗挖法等。暗挖法包括盾构法和矿山法。盾构法又分为单圆盾构和双圆(双线)盾构。线路在平、纵面的设计上要紧密结合具体的环境情况,根据所采用的施工方法来决定线间距和线位埋深。采用单圆(单线)盾构施工时,如图6-1所示,左右线一般平行布置,并且为了确保施工安全,隧道净距和隧道覆土厚度要求大于或等于一倍盾径(6.2m)。双圆盾构施工隧道横剖面如图6-2所示。因盾构施工对城市交通和环境影响较小,故多被采用。

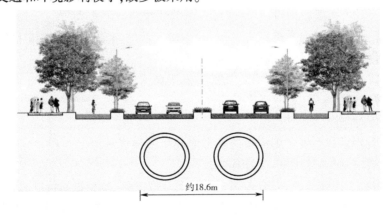

图6-1 地铁单圆盾构区间隧道横剖面

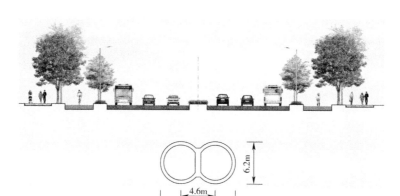

图 6-2 地铁双圆盾构区间隧道横剖面

盾构法施工在国内地铁建设中已成为首选的施工方法。该工法不但对环境影响小，还能有效地躲避市政管线，节省了管线改移的麻烦和投入成本。此外，由于盾构施工的隧道埋深在一定程度上对造价和施工难度影响不大，因此线路在纵断面上可设计成理想的"高站位、低区间"的节能坡，这对运营和节能都极为有利。

在线间距及覆土等不能满足盾构施工条件的地段，可用明挖法施工。因为该工法要挖开路面，不但会影响城市交通、破坏市容，还要考虑施工时的交通疏解及市政管线的搬迁改移等问题，因此该工法通常是在不得已的情况下才采用。

在极其困难的情况下，有时也采用左右线隧道上下重叠的敷设形式。这种形式可以把线路在水平方向上占用的空间减至最小，更有效地避让两侧的建筑物桩基础，但是这种重叠形式会增加施工难度，且纵断面的坡度会受限制，影响将来的运营。这种重叠的线位一般有两种形式，图 6-3a)是采用明挖或盖挖方法施工，隧道断面形式为矩形，左右线隧道紧密重叠，两隧道之间没有土体，这种形式可适合较长距离的重叠，如深圳地铁罗宝线罗湖至大剧院段线路就建成长 1km 的重叠形式的隧道；图 6-3b)是采用单圆盾构法施工，因施工安全的需要，两洞体之间要有一倍盾径的间距，以避免盾构施工时左右线相互影响，要满足此要求，在纵断面坡度设计上一般较困难，往往造成在下部的线路坡度较大，在上部的线路出站为上坡，不利于运营，且这种重叠形式不宜过长，因为运营后的振动可能会造成上下线重叠段洞体间的土体液化，从而引起隧道沉降。

地下线具体采用哪种敷设形式和工法，应根据具体的周围环境条件和地质状况从全局考虑，既要考虑施工难度，又要考虑将来的运营。

地下线设计时应注意以下几点：

（1）穿越河流地段时，要了解河道的现有河底高程和规划河底高程，然后根据隧道的工法来确定隧道结构顶部与河底的安全距离。

（2）要探明地下市政管线，以合理确定线位和站位，尽量减少管线拆迁改移；尤其是对一些粗大的重要管线，如军缆、雨污水管等，因搬迁困难、影响大、费用高，应尽量躲避。

（3）线路经过有桩基的建筑物时，要探明桩基类型和深度，以确定采用的施工方法和安全距离，并根据建筑物性质采用合理的加固保护措施，确保工程安全。

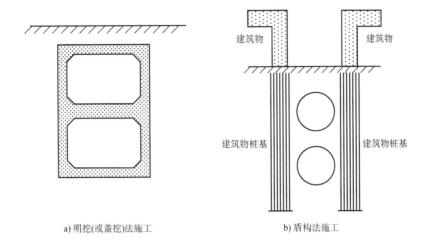

图 6-3 地下线的上下重叠形式

(4) 线位尽量布置在城市道路红线以内,隧道体尽量避免侵入道路两侧的地块,以免影响两侧土地的开发利用。

6.3.2 高架线

高架线适用于非城市中心区,一般在市区外建筑稀少及空间开阔的地段采用,其线位一般沿道路的一侧或路中布置,具体设在路侧还是路中,要根据规划和设站情况来决定,并结合具体情况做深入研究和经济比较。桥梁的净空一般由沿线所跨越的道路通车高度及河流的通航高度要求来确定。桥梁跨度非特殊地段按最经济跨距布置,一般为 20~30m,具体根据桥梁结构形式计算确定。

高架桥的选型,首先要满足列车安全行驶的要求,其次要考虑结构合理、经济适用,并结合城市规划周围环境、施工方法等一系列因素来确定,既要达到美观协调的效果,又要便于施工。目前,国内外采用梁的结构形式主要有:槽形梁、下承式脊梁、T 形梁、板梁和箱梁等。

高架线具有全封闭、全立交、占地少、造价低、工期短等特点,更有利于穿越地质情况比较复杂的地段。但高架线除了噪声、振动等对环境的影响之外,还对城市景观、沿线日照等有一定的影响。

高架线设计时应注意以下几点:

(1) 应了解道路的规划位置和净空要求,以确定高架桥的桥底高度和跨度;要与河道管理部门和水务管理部门协调,了解河道的规划宽度、防洪要求和通航等级,以便确定梁下的净空高度和梁的跨度。

(2) 线位距离楼房较近的地段,要充分考虑噪声和振动对周围楼房的影响,可考虑设置隔声屏,采用减振效果较好的道床。对噪声和振动有特殊要求的,可考虑改为地下线或采取绕避的方式。

上海在个别路段设计了一体化高架结构,将城市的地面道路、轨道交通线及高架道路三者组合在一起(图 6-4)。三者合理的结合,较好地解决了城市空间紧张的问题。

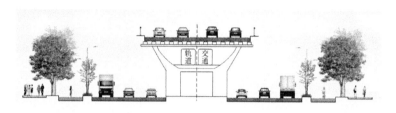

图 6-4　一体化高架路段横断面示意图

6.3.3　地面线

地面线是指在较空旷、道路和建筑物稀少的地带,采用类似普通铁路的路基作为轨道基础的线路形式(图 6-5)。地面线的路基高度一般要高出通过地段的最高地下水位和当地 50 年一遇的暴雨积水水位,以避免路基出现淹没、翻浆冒泥而影响运营。

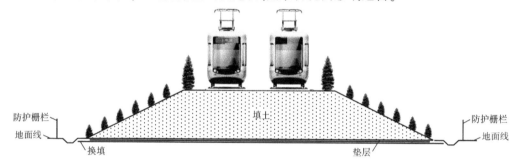

图 6-5　地面线路基横断面

地面线适用于非城市中心区、城市绿化隔离带和地质条件差的地区。地面线要求道路红线不小于 60m,并需协调好与相交道路的关系,保证道路的行人、车行通道需求。地面线的最大优点是可以节省大量的土建费用,但会占用一定的土地,而且会隔断线路两侧的地面交通,使线路两侧难以沟通,不利于两侧土地的商业开发利用,同时运营时噪声较大。城市轨道交通中的市域线在偏远市郊路段多采用此种形式。

地面线设计时应注意以下几点:

(1)要结合沿线土地的使用性质,从长远规划上综合慎重考虑是否设置地面线,因城市轨道交通的行车密度大,地面线要防护隔离,这将隔离线路两侧的联系,并带来较大的噪声。轨道交通是百年大计,不要因节省初期的建设投资而对沿线周围环境的发展造成不良的影响。

(2)在南方地区,要充分考虑路基的防淹和排水问题,以确保线路的运营安全。应调查搜集当地的暴雨积水强度来确定最小路肩高程。例如,上海地铁 9 号线经过一处高压走廊,因受高压线安全距离要求控制,局部线路由高架线降为地面线;其路肩高度根据当地 10 年一遇的暴雨积水高度确定,并采取了一定的排水和保护措施。

城市轨道交通线路要根据需要采用不同的敷设方式,不同的敷设方式用地规划控制条件也会有很大不同,对城市用地、环境以及城市轨道交通系统自身的工程代价也有重大的影响,见表 6-1。

各线路敷设方式特点一览表 表6-1

比较项目	地面线	高架线	地下线
适用范围	非城市中心	非城市中心	城市中心、建筑密度高的地区;规划的重点地区以及对环境要求高的地段区域
对城市土地利用的影响	隔断了线路两侧土地		与城市规划配合最好,能促进沿线土地利用
对道路红线的要求	道路红线宽度不小于60m	道路红线宽度不小于50m	无特殊要求
对城市交通的影响	隔断了线路两侧的横向交通,需根据情况处理	影响较小	基本无影响
对工程地质条件的适用性	好	好	地质不良地带将付出较高工程代价;岩溶、煤层采空区等不良地质地区不适用
占地	大	较大	在地下,地面以上占地很少
对环境的影响	城市景观上有影响;运营时产生的噪声和振动对沿线一定范围有影响	城市景观上有影响;运营时产生的噪声和振动对沿线一定范围有影响	城市景观上无影响,对沿线主要影响是运营产生的振动
工程造价	最低	较低	高

6.3.4 敞开式线路

敞开式是线位由地下线过渡为地面线或高架线时(或相反时)的一种过渡形式(图6-6),敞开式线路一般包括U形槽段和填土路基段。

还有一种近似于地下线和敞开式线路之间的线路敷设形式,即线位结构顶部几乎与地面相平,只在穿越道路时稍微增加埋深和覆土厚度。当这种线路敷设距离较长时,为防止雨水的大量汇入,应在上部加顶棚(最好为透明材料,以便于自然采光)。另外,可根据环控要

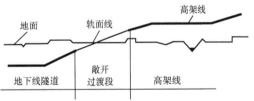

图6-6 敞开过渡段线路形式示意图

求在一定位置加设换气窗,采用自然通风。线路两侧可设计为由里向外、由高到低的绿化树木,既可降低噪声,又可让列车运行于绿色长廊下。这种线路埋深浅、施工难度小、造价低,还可节省环控设备及照明,适合一些特定地段采用。

敞开式线路设计时应注意以下几点:

(1)过渡段位置的确定要慎重考虑。敞开沟堑形式对线位两侧环境影响较严重,不但产生噪声和振动,而且隔断线路两侧的沟通,对城市景观也不利。

(2)注意排水。顶部敞开会形成雨水汇聚,排水系统要结合当地的暴雨强度考虑排水能力,必要时可在敞开段顶部设置透明材料的防雨罩棚,如天津地铁1号线土城站南端敞开段即按此设计。

总之,线路敷设方式的选择应结合城市的总体规划、线路所穿越地区的地理环境、工程技术要求及造价综合比选后确定,因地制宜地进行选择,其中与城市规划相结合是最重要的方面。线路敷设的选择需要考虑以下原则:

(1)线路敷设方式应根据城市总体规划的要求,结合城市现状以及工程地质、环境保护等条件进行选择。当采用全封闭方式时,在城市中心区宜采用地下线,但应注意对地面建筑、地下资源和文物的保护。在城市中心区外围且街道宽阔地段,宜首选高架。有条件的地段也可采用地面线,但应处理好与城市道路的关系。

城市中心区因建筑物密集,道路交通拥挤,道路两侧管线复杂,为节省工程投资和工程实施时不过多地影响城市正常生活秩序,线路宜选用地下线方式敷设。

城市中心区外围泛指城市新开发区,城市各类建筑和设施均按城市规划实施,道路较宽且交通流量相对城市中心区较少。当道路红线宽度大于60m时,采取相应的减振降噪工程措施后,列车运行时产生的振动对道路两侧建筑物处产生的噪声低于《声环境质量标准》(GB 3096—2008)是可以接受的。在此区域线路宜首选高架方式,不仅可节省初期投资,还可降低长年运营成本和能耗。有条件的地段也可以采用地面线,但应谨慎。

(2)线路敷设的位置应尽量选择在道路红线以内,以避免或减少对道路两侧建筑物的干扰。在线路偏离红线而进入建筑区的地段,应予统一配合规划或做特殊处理。

(3)地上线应选择道路红线较宽的街道敷设,其中高架线(包括过渡段)要求道路红线宽度一般不小于50m(困难情况下,区间可降至40m),地面线要求道路红线宽度为60m。高架线地段,应注重结构造型,控制建筑体量,注意高度、跨度、宽度的和谐比例,既要维护地面道路的交通功能,又要注意环境保护和景观效果,做好环境设计。

(4)当采用部分封闭方式时,在平交道口必须设置"列车优先通过"信号,同时兼顾道路的通行能力。

(5)线路的敷设方式还要从整个线网协调统一考虑,尤其是在线网上的交织(交叉)地段,要处理好两线间的换乘或相互联络的问题。

6.4 线路平面位置选择

6.4.1 地下线

(1)位于道路规划红线范围内

轨道交通位于城市规划道路范围内是常用的线路平面位置,对道路红线范围以外的城市建筑物干扰小。地下线位于道路规划红线范围内常用以下3种代表位置,如图6-7所示。

①A位:城市轨道交通线路居道路的中心,对两侧建筑物影响小,地下管网拆迁较少,有利于截弯取直,减少曲线数量,并能适应较窄的道路红线宽度。但是当采用明挖法施工时,会破坏当前的道路路面,对城市交通干扰大。

②B位:城市轨道交通线路位于慢车道和人行道下方,能减少对城市交通的干扰和机动车路面的破坏。

③C位:城市轨道交通线路位于待拆的已有建筑物下方,对现有道路及交通基本上无破坏

和干扰,地下管网也极少。但房屋拆迁及安置量大,只有与城市改造同步进行,才十分有利。

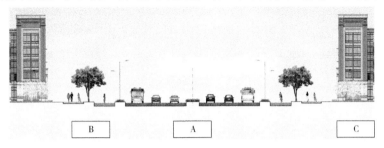

图6-7 地下线

(2)位于道路范围以外

在有利的条件下,地下线置于道路范围之外,可以达到缩短线路长度、减少拆迁、降低工程造价的目的。有利于地下线置于道路范围之外的条件如下:

①地质条件好,基岩埋深很浅,隧道可以采用矿山法在建筑物下方施工。
②城市非建成区或广场、公园、绿地。
③老的街坊改造区,可以同步规划设计,并能按合理的施工顺序施工。

除上述条件外,当线路从既有多层、高层房屋建筑下面通过时,不但施工复杂、难度大,并且造价高昂,选线时要尽量避免。

6.4.2 高架线

高架线在城市中穿越时一般沿道路设置,一般应结合规划道路的横断面考虑,设于道路中心或快慢车行道分隔带上,如图6-8所示。

图6-8 高架线

高架线位于道路中心线上,对道路景观较为有利,噪声对两侧房屋的影响相对较小,在路口交叉处,对拐弯机动车影响小。但是,在无中间分隔带的道路上敷设高架线时,改建道路工程量大。

高架线位于快慢车分隔带上,可充分利用道路隔离带,减少高架桥柱对道路宽度的占用和改建,一般偏房屋的非主要朝向面,即东西街道的南侧和南北街道的东侧。但是采用高架线产生的噪声对一侧市民的影响较大。

除上述两种位置外,还可以将高架轨道交通线路置于慢车道、人行道上方及建筑区内,它仅适用于广场、公园、绿地及江、河、湖、海岸线等空旷地段或将高架线与旧房改造规划成一体时。

6.4.3 地面线

在城市道路上设地面线,一般有两种位置:一种是位于道路中心分隔带上,如图6-9a)所示;另一种是位于快车道一侧,如图6-9b)所示。

a) 位于道路中心带上　　　　　b) 位于快车道一侧

图6-9　地面线

地面线位于道路中心分隔带上,带宽一般为20m左右。当城市快速路或主干道的中间有分隔带时,地面线设于该分隔带上,不阻隔两侧建筑物内的车辆按右行方向出入,不需设置辅路,有利于城市景观及减少噪声干扰。其缺点是乘客均需通过地下通道或天桥进出车站。

地面线位于快车道一侧,宽一般为20m左右。当城市道路无中间分隔带时,该位置可减少道路改移量。其缺点是在快车道另一侧需要修改辅路,增加了道路交通管理的复杂性。

当道路范围之外为江、河、湖、海岸滩地以及不能用于居住建筑的山坡地等时,可考虑将线路设于这些地带上,但要充分考虑路基的稳固与安全。城市轨道交通地面线一般应设计成封闭线路,防止行人、车辆进入,与城市道路交叉一般应采用立体交叉。

6.5　车站分布及站位选择

6.5.1　车站分布

1)影响车站分布的因素

(1)大型客流集散点

大型客流集散点往往是城市的政治经济活动中心,是城市的窗口地段。该地段不但客流数量大,而且集中,对地面交通压力很大。

(2)城市规模大小

城市规模的大小包括城市建成区和规划区域的面积及人口。城区面积大、人口多且线路上客流量大、乘距长时,地铁应以长距离出行乘客为主要服务对象,车站分布宜稀疏一些,以提高地铁乘客的交通速度。反之,车站分布宜密集一些。

(3)城区人口密度

人口密度越大,在同样的吸引范围内,发生的交通客流量越大,因此车站分布宜密集一些。

(4)线路长度

一条线路的长度,短则十几公里,长则几十公里。不同的线路长度,车站的疏密宜有所不同,短线路宜多设站(小站间距),长线路宜少设站(大站间距)。

(5) 城市地貌及建筑物布局

城市中的江、河、湖、山和铁路站场、仓库区等，人口密度低，甚至无人，地铁在穿越这些地区时可以不设站。但若有开发公园的条件，则应在主出入口处考虑设站。

(6) 城市轨道交通线网及城市道路网状况

两条城市轨道交通线路交叉时，在其交叉点应设换乘站；城市轨道交通与城市主干道交叉时，为了让乘坐城市其他交通工具的乘客方便换乘地铁，也宜设车站。

(7) 对站间距离的要求

在车站分布数量上，除大型客流集散点及换乘站外，其他车站的设置主要受人们对站间距离要求所支配。对于平均站间距离，世界上有两种趋向：一种是小站间距，平均站间距为1km左右；另一种是大站间距，平均站间距为1.6km左右。香港地铁平均站间距为1050m，其中港岛线仅947m；莫斯科地铁平均站间距为1.7km左右。香港、莫斯科都以公共交通为主要运输工具，地铁都有很好的运营业绩。

我国在吸收世界地铁建设经验的基础上，在《地铁设计规范》（GB 50157—2013）中规定"车站间距在城市中心区和居民稠密地区宜为1km；在城市外围区宜为2km。超长线路的车站间距可适当加大"。

除上述各因素外，线路平面、纵剖面、车站站位的地形条件，城市公交线网及公交车站的位置，也会对城市轨道交通车站分布数目造成一定影响。

2) 车站分布对市民出行时间的影响

车站数目的多少直接影响市民乘地铁的出行时间的长短。车站多，市民步行到车站距离短，节省步行时间，可以增加短程乘客的吸引量；车站少，则恰恰相反，可以提高旅行速度，减少乘客在车内的时间，从而增加线路两端乘客的吸引量。快捷省时是市民出行对交通工具选择所考虑的重要因素之一。例如，芝加哥市滨湖线的不同站间距比较结果显示大站距（1.6km）比小站距（0.8km）多吸引客流量3%。

3) 车站间距的确定

(1) 站间距对工程、运营及城市发展的影响

车站造价很高，其建筑费及设备费在初始投资中占很大比重。站间距越小，车站数量越多，地铁的造价就越高。但是站间距过大，会增加乘客的步行距离。站间距增大，车站数量可以减少，全线车站总造价可以节省，但是乘客步行距离及时间加长，城市轨道交通的客流吸引能力会降低，同时车站的负荷有所增加。在站距缩短、车站数量增加的同时，列车运营费用也会上升。站间距缩短会降低运营速度，进而增加线路上运营的列车对数，还会因频繁地起停车而增加电能消耗、轮轨磨耗等，从而增加运营费用。从车站在城市中的作用看，如果车站之间的间距合理，各车站会发展成为综合性的公共活动中心及交通枢纽，并逐渐集社会、生产、行政、商业及文化生活职能于一体，发展成为吸引居民居住和工作的核心。因此，车站的间距大小会对乘客出行时间、运营费、工程费及车站在城市中的作用等多方面产生错综复杂的影响，应综合考虑，合理确定。

站间距很小或站间距很大时，总的出行时间都会很高，当站间距很小时，每位乘客在线路上的旅行会被很多中间站中断；当站间距很大时，乘客到离站的出行时间就会加长，并可能超过在车行程部分所节省的时间。一些行为研究的结果表明，若乘客的步行及等待时间

约等于或超过在车旅行平均时间的 2 倍时,乘客就会感到有所损失,因而会改换其他出行方式。因此在大、小站间距之间存在着某个总出行时间最短的最优站间距。

(2)从乘客的角度优化站间距

乘客一次门到门的单程出行过程包含下面几个部分:

①步行至轨道交通车站。

②等车。

③上车。

④列车加速至稳定速度。

⑤列车以稳定速度运行。

⑥列车到站制动减速。

⑦中间站停站等候。

⑧下车。

⑨步行至目的地或换乘站换车。

从乘客利益出发,存在乘客总出行时间最短的站间距,可考虑以此为依据优化站间距。

(3)最优站间距的变化

不同的城市,不同的轨道交通系统,在实际运营中,其乘客平均出行距离、到站方式及距离、车站内部走行距离、停站时间、车辆的起动性能、制动性能、车辆最高运行速度等因素都会有所差别,这些因素的差异都会影响最优站间距的大小。通过改变各种因素的值,计算最优站间距,可得到如下结果:

①如果平均出行距离增大,则最优站间距将增大。

②如果加速度或减速度增大,则最优站间距将缩短。

③如果稳定速度提高,则最优站间距增大。

④如果到、离站速度增加,最优站间距将增加。

⑤如果停站时间减少,最优站间距将减小。

原则上车站间的距离应根据现状及规划的城市道路布局和客流实际需要确定,一般在城市中心区和居民稠密地区宜为 1km 左右,在城市外围区应根据具体情况适当加大车站间的距离,一般在 2km 左右。车站之间的距离选定应根据具体情况确定,站间距离太短虽能方便步行到站的乘客,但会降低运营速度,增加乘客旅行时耗,并增大能耗及配车数量,同时,由于多设车站也增加了工程投资和运营成本。站间距离太大,会使乘客感到不便,特别是对步行到站的乘客,而且也会增大车站负荷。通常,市区范围内和居民稠密的地区,由于人口密集,大集散点多,车站布置应该密一些;郊区建筑稀疏,人口较少,车站间距可以大一些。

4)车站分布比选

由于车站造价高,车站数量对整个城市轨道交通的工程造价影响较大,在进行线路规划时,一般要做 2~3 个车站数量与分布方案的比选。比选时,要分析乘客使用条件、运营条件、周围环境以及工程难度和造价等方面,通过全面、综合地评价,确定推荐方案。

6.5.2 车站站位选择

1)车站站位选择的原则

(1)车站选址要满足城市规划、城市综合交通规划及轨道交通线网规划的要求,并综合考虑该地区的地下管线、工程地质、水文地质条件、地面建筑物的拆迁及改造的可能性等情况合理选定。

(2) 方便乘客使用。客流的吸引要靠车站,为最大限度地吸引客流和方便乘客,车站通常应设置在客流量大的地方,如商业中心、文化娱乐中心、大的居住区及地面交通枢纽等处,同时为方便不同线路间的乘客换乘,在不同线路间交会处也应设置车站。为获得较好的客流吸引能力,车站应与既有或规划客流集散点、道路系统和其他交通方式枢纽靠近;尽可能靠近大型客流集散点、人口密集区和商业区,最大限度地方便乘客出行,为乘客提供方便的乘车条件。

(3) 车站站位应为乘客使用提供方便,使多数乘客步行距离最短。尽量通过短的出入口通道,将购物、游乐中心、住宅、办公楼与车站连通,为乘客提供无太阳晒、无雨淋的乘车条件。对于大型客流集散地段的车站,还应考虑乘客进出站行走路线,尽量避免行人流线不顺畅、出入口被堵塞和车站站厅客流分布不均匀的现象。对于突发性的大型客流集散点,如体育场,车站不宜太靠近观众主出入口处。

(4) 与城市道路网及公共交通网密切结合。轨道交通线网密度和车站数目均比不上地面公交线路网,因此必须依托地面公交网络为轨道交通车站往返输送乘客,使其成为快速大运量的骨干系统。一般将轨道交通车站设在道路交叉口,公交线路在轨道交通车站周围设站,方便公交与轨道交通之间的换乘。车站可设在广场、干线街道交叉点、城市交通枢纽、城市轨道交通线路交叉点(包括地铁线路与地铁线路、地铁线路与轻轨线路、地铁线路与市郊铁路之间的交叉点)上,铁路车站、运动场或公园附近,使之与道路网及公共交通网密切结合,为乘客创造良好的换乘条件。

(5) 设站要考虑该地区的发展,与城市规划相协调;应与城市建设密切结合,与周边土地利用性质和发展意图匹配;与旧城房屋改造和新区土地开发结合。

(6) 方便施工,减少拆迁,降低造价。满足工程可实施方面的要求,如线路、土建、设备或施工组织等。具体站位还要考虑施工条件、道路状况、交叉口等道路形态及地面交通情况。

(7) 兼顾各车站间距离的均匀性。

(8) 满足运营在最短站间距、旅行速度、列车牵引特性等方面的要求。

(9) 尽量避开地质不良地段,尽可能减少对周围环境的干扰。

2) 一般车站站位

一般车站按纵向位置分为跨路口、偏路口一侧、两路口之间三种,按横向位置分为道路红线内、外两种,如图 6-10 所示。

(1) 跨路口站位

站位跨主要路口,并在路口各个角上都设有出入口,乘客从路口任何方向进入地铁均不需要过马路,有利于乘客安全,减少路口的人车交叉。与地面公交线路衔接好,使乘客换乘十分方便。

(2) 偏路口站位

车站不易受路口地下管线影响,减少车站埋深,方便乘客乘坐,减少施工对路口交通的干扰,减少地下管线拆迁,降低工程造价。不足之处是乘客集中于车站一端,降低了地铁车站的使用效能,增加了运营管理上的困难。

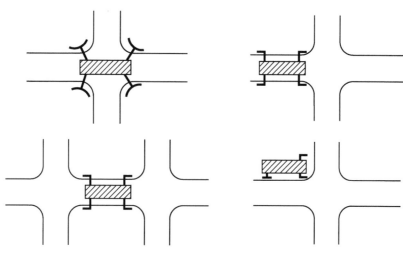

图 6-10 车站位置与路口关系

(3)站位设于两路口之间

当两路口都是主路口且相距较近(小于400m),横向公交线路及客流较多时,将车站设于两路口之间,以兼顾两路口。

(4)贴道路红线外侧站位

一般在有利的地形地质条件下采用。基岩埋深浅、区间可采用矿山法暗挖、道路红线外侧有空地或危旧房区改造时,地铁可以与危旧房屋改造结合,将车站建于红线外侧的建筑区内,可少破坏路面,少动迁地下管线,减少交通干扰,充分利用城市土地。

3)大型突发客流集散点站位

大型体育场等公共设施具有突发性客流,地铁车站不宜靠得太近,以防止集中客流对地铁车站的冲击,车站出入口离体育场主出入口一般应在300m以上。突发客流强度越大,距离应越大些。

4)大型商业区站位

乘客到大型商业区购物,一般会货比三家,因而不太计较时间和步行距离,地铁站位距离商业区中心不宜超过500m。

6.6 选线方案比选

不同选线方案的比选主要包括吸引客流条件、线路条件、施工条件、施工干扰、对城市的影响、工程造价等多方面的比选。具体内容如下:

(1)吸引客流条件

吸引客流条件包括客流量大小、吸引范围内居住及工作人口多少、照顾客流集散点的多少、乘客便利条件及与其他交通工具换乘条件等。

(2)线路条件

线路条件包括线路长度、曲线半径、转角等。对于小半径曲线,在拆迁数量、拆迁难度、工程造价增加不多的情况下,宜推荐较大半径的方案。若半径大于或等于400m,则不宜增加工程造价来换取大半径曲线。

(3) 施工条件

施工条件包括施工方法、施工场地安排、施工运输道路以及施工难易条件的评价。

主体结构施工方法比较主要包括对施工难度、安全度、工期、质量保证、对市民生活的影响等方面的综合分析评价。

(4) 施工干扰

施工干扰包括房屋、地下地上管线等拆迁量的大小，对道路交通的影响，对商业经营的影响等。房屋拆迁比较包括房屋数量、质量、使用性质、拆迁难易等的比较。例如，质量差的危旧房屋可以拆；住宅房易拆迁，办公房次之，工厂厂房难拆迁；学校、医院等单位一般要邻近安置，商贸房异地搬迁，拆迁难度大。管线拆迁比较包括上下水管网、地下地上电力线、地下地上通信电缆、煤气管、热力管等的数量、规格、费用及拆迁难度比较。大型管道改移费用高，下水管改移难度大。改移道路及交通便道面积比较包括施工时改移交通的临时道路面积及便桥，恢复被施工破坏的正式路面及桥梁等。不属于上述拆迁内容的其他拆迁。

(5) 对城市的影响

对城市的影响，主要是评价线路路由与城市改造发展规划的一致性及结合程度，包括施工期对城市道路、商业以及居民的影响和运营后线路的景观、噪声的影响等。

(6) 工程造价

工程造价主要包括施工造价、运营费和工期等。

在某些特定项目中，根据情况还可能需要增加某些比选条件，以全面反映方案的优劣。

思 考 题

1. 与城市间铁路比较，城市轨道交通的选线有什么特点？
2. 为了做好轨道交通选线工作，需准备哪些基础资料？
3. 城市轨道交通线路必须照顾到特大型客流集散点，当特大型客流集散点离开线路直线方向或经由主路时，应如何处理？
4. 请从乘客总出行时间最短的角度出发，试着构建城市轨道交通车站间距优化模型。
5. 如何确定轨道交通车站站位？

第7章 城市轨道交通线路设计

城市轨道交通线路按其与地面的关系可分为地下线路、地面线路和高架线路;按其在运营中的作用可分为正线(包括支线)、配线和车场线。正线是指两相邻车站之间贯通的线路,一般为双线;配线是为保证正常运营,合理调度列车而设置的线路,包括车辆基地的出入线、联络线、折返线、停车线、渡线、安全线;车场线简称场线,是车辆段场区作业的全部线路,包括牵出线、车底空车列停留线、检修线及综合维修基地内的各种作业线。

7.1 线路设计内容与设计原则

轨道交通项目中,线路设计很重要,其中线路平、纵断面设计尤为重要,做好线路设计最基本的是要掌握设计重点、收集各种与线路有关的基础资料及与相关部门协调。线路平面设计、线路纵断面设计是其他专业开展工作的基础,成功的线路设计能做到:线路开放后,其他专业基本无意见或意见较少。线路设计方案的每一次变化都会影响到从事该工程项目的每一个专业,其他专业服从性很强,也会引起工程投资的变化。

线路设计是一个涉及众多专业、需多部门协调配合研究的一项复杂工作,要全面了解线路在线网中的路径和大致走向、与换乘线的换乘关系、线路的功能定位、车站分布、沿线地质和水文情况等。带上初步的线路方案图进行现场踏勘,了解线路沿线地形是否与图上一致。

根据收集到与线路相关的各类基础资料,清理出沿线的控制点,综合协调控制点与线、站位的关系,进行多方案比选,定出相对可行优化后的线、站位方案。方案拟定后向业主汇报,经业主同意后,在征求得与其他相关众多部门的意见后,进行必要的协调,根据协调情况进行线路方案调整,最终定出相对合理稳定的线、站位方案。

7.1.1 线路设计的主要阶段

线路设计一般分为四个阶段,即可行性研究阶段、总体设计阶段、初步设计阶段、施工图设计阶段。

可行性研究阶段主要是通过线路多方案比选,完善线路走向、路由、敷设方式,基本确定车站、配线等的分布,提出设计指导思想、主要技术标准、线路平纵断面及车站的大致位置等。

总体设计阶段是根据可行性研究报告及审批意见,通过方案比选,初步确定线路平面、车站的大体位置、配线的基本形式、不同敷设方式的过渡段位置,提出线路纵断面的初步高程位置等。

初步设计阶段是根据总体设计文件及审查意见,完成对线路设计原则、技术标准等的确定,基本上确定线路平面位置、车站位置及进行右线纵断面设计。

施工图设计阶段是根据初步设计文件及审查意见以及有关专业对线路平纵断面提出的要求,对部分车站位置及个别曲线半径等进行微调,对线路平面及纵断面(包括左线)进行精确计算和详细设计,提供施工图纸、说明文件等。

通过不同的设计阶段,可逐步由浅入深进行研究与设计,确定线路在城市三维空间的准确位置。

7.1.2 线路设计的主要内容

1)线、站位方案研究

线、站位方案比较研究是城市轨道交通项目可行性研究的基础,是各专业开展工作的前提和条件。线、站位方案比较研究时,要从多方面因素综合考虑,进行各方面的综合比较研究,确定最优、最合理的方案。影响线、站位方案比较的主要因素见表7-1。

线、站位方案比选条件　　　　　　　　　　表7-1

影响因素	研究重点内容
与上位规划的符合性	需充分研究并领会上位规划的内容及意图,把握线路的功能定位。上位规划主要有城市总体规划、土地利用规划、综合交通规划、拟建线路沿线城市建设规划、城市轨道交通线网规划和建设规划等
客流吸引效果	考虑沿线既有和规划道路周边居住、商业和办公用地等客流情况,并与城市综合交通网络规划相协调,与各类交通枢纽相衔接,以利最大限度地吸引客流
线路技术条件	从线路长度、曲线半径、配线设置、线路平顺程度和转角、车站设置和线路敷设方式等多方面的技术条件比较论证各方案的优缺点
可实施性及实施难度	结合沿线建(构)筑物、控制点和施工工法分析各线、站位方案的可实施性及实施难度和施工风险,确定合理的线、站位方案
拆迁及管线迁改	对各方案车站和区间的房屋拆迁类型、拆迁面积、管线迁改类型和迁改费用进行综合比选,确定最合理的方案
交通疏解	结合沿线道路交通量的需求,根据车站和区间施工工法,制订合理的交通疏解方案;根据交通疏解方案合理确定线、站位方案
环境、景观和文物	线、站位方案尽可能减少对环境景观的影响,避让文物保护地带;根据线路对环境、景观和文物的影响合理确定线、站位方案
工程造价	根据各方案的工程造价合理确定线、站位方案
运营效果及经济效益	结合全线配线设置、车站设置、线路平面线形、纵断面条件、节能坡和客流吸引效果等因素综合比选,确定合理的线、站位方案
轨道交通用地规划	车辆段、停车场等轨道交通工程建设用地会影响线、站位方案,需根据车辆段和停车场用地合理确定线、站位方案,特别是接轨站的选择

(1)线路路由方案比选

路由方案比选是线、站位方案研究的基础,只有稳定路由方案,才能为下一步车站站位方案比选打下坚实的基础。路由方案比选是在城市轨道交通线网规划和建设规划的基础上,结合城市道路现状及沿线规划情况、工程可实施性及实施难度、沿线建(构)筑物和工程造价等因素对路由做多方案比选的过程,以便确定推荐路由。

(2)车站站位方案比选

车站站位方案比选主要是针对两个或两个以上不同位置并且可行性较强的车站方案进行研究和比选,最终根据各个方案的优、缺点,综合比较车站服务功能、工程可实施性、工程造价和交通疏解等因素确定推荐方案。

(3)车站加站和减站方案研究

车站加、减站需结合站间距和客流需求进行研究。

(4)线路敷设方式比选

线路敷设方式主要有地下、地面和高架3种。线路敷设方式的比选主要针对地下、地面和高架方式。

(5)车站埋深方案研究

车站埋深方案研究主要是为了确定合理的车站轨面高程。车站埋深的主要受制因素有两侧分布的河流、湖泊、管线、车站及前后区间隧道地质情况和拆迁等。

(6)区间埋深方案研究

区间隧道埋深主要控制因素有地质情况、沿线建(构)筑物及管线情况、河流和湖泊、节能坡和其他相交线路等。

2)平面设计

线路平面设计是在线网规划路径相对确定的前提下,对整条线路的平面位置、站点分布位置、控制点位置和全线行车配线设置进行详细研究,确定出线路准确的位置,最终得到精确的线、站位。线路平面设计时,要尽量做到线路顺直,尽量选用较大半径曲线,区间中部要避免使用小半径曲线,以满足设计的最高设计速度。在区间要避免使用大—小—大的曲线半径组合形式。

3)纵断面设计

在线路平面稳定的基础上进行线路纵断面设计,同时又可对稳定的线路平面进行校核调整来实现线路的三维定位,以达到最终确定稳定线路的目的。纵断面设计应体现灵活性,在满足规范的前提下避开控制点,通过不同的纵断面拉坡来进行多方案比较,择优选用。

4)横断面设计

轨道交通工程的地面线和高架线通常对道路影响较大,因此地面或高架线与道路有矛盾的地段要结合既有道路、规划道路、道路两侧建(构)筑物以及高架桥工程情况进行横断面设计,进行既有道路改造或调整道路规划,最终确定出线路的精确位置。

5)配线设计

配线包括车辆基地出入线、联络线、折返线、停车线、渡线、安全线,配线的设置是为了满足行车需求,实现车辆的正常运营和行车的合理调度,满足列车发生故障和灾害时,行车组织的临时运营和维修,在线路方案稳定的情况下,根据行车方案将配线合理地布置在线路上。配线设计要体现运营方案的灵活性,以应对将来客流的不确定性。

6) 调坡调线设计

调坡调线是在地下线洞通和车站竣工后,根据实测出的横断面数据,计算出结构侵入限界的数值,在不降低线路技术标准、满足设计规范要求的前提下,对侵限地段的线路平面或线路纵断面进行满足结构不侵入限界的有限调整。

7) 换乘线路设计

换乘线路设计主要对相交线路的前后 3 站 2 区间进行平、纵断面设计,判定换乘线路平面和纵断面的可行性,以稳定换乘车站的换乘方案。

7.1.3 线路主要设计原则

(1) 线路走向应符合城市总体规划、线网规划和建设规划的要求,满足城市综合交通规划及客流需求,预留城市轨道交通线网规划未来发展、衔接的条件。

(2) 线路平面尽可能沿城市主干道行进并在道路规划红线范围内布置,站位应靠近客流集散点、交通枢纽,并方便与公交及其他交通工具衔接,方便乘客出行,提高城市公共交通体系的服务水平,真正体现"以人为本"。

(3) 车站分布应以规划线网的换乘节点、城市交通枢纽点为基本站点,结合城市道路布局和客流集散点分布确定。车站间距在城市中心区和居民稠密区地区宜为 1km,在城市外围区宜为 2km。超长线路的车站间距可适当加大。

(4) 线路敷设方案的选择必须符合城市总体规划的要求,根据地形、道路、工程地质、施工方法、地上地下建筑物及其基础结构埋深的情况,从降低工程造价和运营成本、减少对市民生活环境的干扰,保护城市生态环境、合理利用土地资源等方面进行综合比选。

(5) 根据运营组织、行车、相交线路,结合线路条件和工程条件设置配线,达到方便折返、停车、灵活调度,有利于运营和控制土建规模的目的。

7.2 线路平面设计

7.2.1 概述

1) 线路设计的基本要求

轨道交通工程线路是一条三维空间带状实体。一般所说的线路,是指构造物中心线在空间的位置,以路基横断面上距外轨半个轨距的铅垂线 AB 与路肩水平线 CD 的交点 O 在纵向上的连线表示,如图 7-1 所示,简称为线路中心线。

线路在空间的位置是由它的平面和纵断面决定的。线路平面是指线路中心线在水平面上的投影,表示线路在平面上的具体位置;线路纵断面是沿线路中心线所作的铅垂剖面在纵向展直后,线路中心线的立面图,表示线路起伏情况,其高程为路肩高程或轨顶高程。

线路平面和纵断面设计必须满足以下基本要求:

(1) 必须保证行车安全和平顺。主要指不脱钩、不断钩、不脱轨、不途停、不运缓与乘客乘车舒适等,这些要求反映在轨道交通线路设计相关规范所规定的技术标准中,设计时要遵守相关规定。

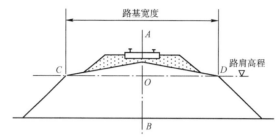

图 7-1　路基横断面

(2)应力争节约资金。即既要力争减少工程数量、降低工程造价,又要考虑为施工运营、维修提供有利条件,节约运营支出。从降低工程造价考虑,线路最好沿地面爬行,但因起伏弯曲太大,给运营造成困难,会导致运营支出增大;从节约运营支出考虑,线路最好又平又直,但这势必增大工程数量,提高工程造价。因此,设计时必须根据设计线的特点,分析设计路段的具体情况,综合考虑工程和运营的要求,通过方案比较,正确处理两者之间的矛盾。

(3)既要满足各类建筑物的技术要求,还要保证它们协调配合、总体布置合理。城市轨道交通要修建车站、桥涵、隧道、路基和支挡、防护等大量建筑物,线路平面和纵断面设计不但关系到这些建筑物的类型选择和工程数量,并且影响其安全稳定和运营条件。因此,设计时不仅要考虑各类建筑物对线路的技术要求,还要从总体上保证这些建筑物相互协调、布置合理。

2)平面基本线形

行驶中的轨道车辆导向轮旋转面与车身纵轴之间存在 3 种关系,即角度为零、角度为常数和角度为变数,与 3 种状态对应的行驶轨迹线为:

(1)曲率为零的线形:直线。
(2)曲率为常数的线形:圆曲线。
(3)曲率为变数的线形:缓和曲线。

城市轨道交通的线路平面设计,就是将这 3 种线形进行组合,以便为列车运行提供一个安全、平顺的运行轨迹。从这个意义上看,列车运行轨迹应当具有以下特点:

(1)列车运行轨迹应当是连续且圆顺的,即在任何一点上不出现错头和破折。
(2)其曲率是连续的,即轨迹上任一点不出现两个曲率。
(3)其曲率的变化率是连续的,即轨迹上任一点不出现两个曲率变化率。

满足上述三个条件的城市轨道交通线路平面,是一个由曲线和与之相切的直线组成,且由圆曲线和缓和曲线构成的曲率连续的线路,如图 7-2 所示。

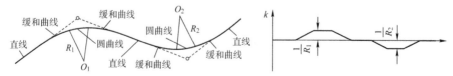

图 7-2　曲率连续的线路平面

线路平面设计的主要技术要素包括:最小曲线半径、夹直线最小长度、最小圆曲线长度、缓和曲线线形和长度等。

7.2.2 直线

1) 直线设计的一般原则

直线作为平面线形要素之一,具有短捷、直达,列车行驶受力简单和测设方便等特点,但过长的直线不利于绕避既有设施和障碍物。因此,在选线设计中,应综合考虑工程和运营两方面的因素,合理选用直线线形。

(1) 设计线路平面时,相邻两直线的位置不同,其间曲线位置也相应改变。因此,在选定直线位置时,要根据地形、地物条件使直线与曲线相互协调,使线路所处位置最为合理。

(2) 设计线路平面,应力争设置较长的直线段,减少交点个数,以缩短线路长度,改善运营条件。只有因遇到地形、地质或地物等局部障碍而引起较大工程时,才设置交点绕避障碍。

(3) 选定直线位置时,应力求减小交点转角的度数。转角大,则线路转弯急,总长度增大;同时列车行经曲线要克服的阻力功增大,运营支出相应加大。

转角 α 与每辆列车克服的曲线阻力功 A_r 的关系式为:

$$A_r = \omega_r \cdot L_y = \frac{600}{R} \cdot \frac{\pi \cdot \alpha \cdot R}{180} = 10.5\alpha \tag{7-1}$$

式中:A_r——列车克服的曲线阻力功,J/kN;

ω_r——单位曲线附加阻力,N/kN;

L_y——圆曲线长度,m。

2) 两相邻曲线间的夹直线长度

在曲线毗连路段,为了保证线形连续和行车平顺,两相邻曲线间应有一定长度的直线段,该直线段即前一曲线终点(YZ_1 或 HZ_1)与后一曲线起点(ZY_2 或 ZH_2)间的直线,称为夹直线,如图 7-3 所示。两相邻曲线,转向相同者称为同向曲线,转向相反者称为反向曲线。

图 7-3 夹直线

(1) 最小夹直线长度

夹直线长度应力争长一些,为行车和维修创造有利条件。但是,在绕避障碍物困难地段,为减小工程量,可以设置较短的夹直线。但不应短于下列条件所要求的最小夹直线长度。

① 保证线路养护维修的要求

夹直线太短,特别是反向曲线路段,列车通过时,因频繁转换方向,车轮对钢轨的横向推力加大,夹直线的正确位置不易保持。同时,由于直线两端曲线变形的影响,夹直线的直线方向也不易保持。

维修实践证明:为确保直线方向,夹直线长度不宜短于 2~3 节钢轨,钢轨标准长度为 25m,即 50~75m;地形困难时,至少应不小于一节钢轨长度,即 25m。

②车辆横向摇摆不致影响行车平顺

列车从前一曲线通过夹直线进入后一曲线的运行过程中,因外轨超高和曲线半径的变化,引起车辆横向摇摆和横向加速度变化,反向曲线地段更为严重。为了保证行车平稳,乘客舒适,夹直线长度不宜短于 1~3 节客车长度。我国地铁 A 型和 B 型车全长分别为 25.0m 和 20.0m,故夹直线长度采用 A 型车时不宜短于 25.0m,采用 B 型车时不宜短于 20.0m。

③车辆振动不致影响乘客舒适性

列车通过夹直线时,要跨过夹直线前后的缓直点和直缓点,车轮在缓直点和直缓点处与钢轨冲击引起转向架弹簧的振动,为避免这两次振动的叠加,以保证乘客的舒适性,夹直线应有足够长度,保证列车以最大行车速度通过夹直线的时间 t 不小于转向架与弹簧振动消失的时间t_Z。如进一步考虑客车后转向架后轴在后方缓直点产生的振动,不与前转向架前轴在前方直缓点产生的振动叠加,则夹直线长度L_J中还需减去客车全轴距L_q再计算时间。由 $t \geq t_Z = n \cdot T$,得:

$$\begin{cases} \dfrac{L_J - L_q}{V/3.6} \geq n \cdot T \\ L_J \geq \dfrac{n \cdot T \cdot V}{3.6} + L_q \end{cases} \quad (7\text{-}2)$$

式中:L_J——夹直线长度,m;

t_Z——弹簧振动消失时间,s,与车辆构造和弹簧装置性能有关;

n——转向架振动消失所经历的周期数,根据试验结果,一般取 1.5~2.0;

T——车辆振动周期,s,根据试验结果为 1.0~1.5s;

V——设计速度,km/h;

L_q——客车全轴距。

考虑到车辆并非刚体,可取$L_q = 0$,则式(7-2)可简化为:

$$L_J = \tau \times V \quad (7\text{-}3)$$

其中,τ 为具有时间量纲的系数,可根据设计速度的高低和工程条件的难易程度确定。

《地铁设计规范》(GB 50157—2013)规定,正线、联络线及车辆基地出入线,两相邻曲线间,无超高的夹直线最小长度,应按表 7-2 确定。道岔缩短渡线,其曲线间夹直线可缩短为 10m。

夹直线最小长度(单位:m)   表 7-2

正线、联络线、出入线	一般情况	$L_J \geq 0.5V$	
	困难时最小长度	A 型车	B 型车
		25	20

注:V 为列车通过夹直线的运行速度(km/h)。

(2)夹直线长度的保证

线路平面设计时,在设置圆曲线与缓和曲线后,应检查夹直线长度是否满足相应最小长度要求,即应保证

$$L_\mathrm{J} \geqslant L_\mathrm{Jmin} \tag{7-4}$$

当曲线地段不设缓和曲线时,相邻两圆曲线端点(YZ_1 与 ZY_2)间直线长度 L_J 应满足下列条件:

$$L_\mathrm{J} \geqslant \frac{l_{01}}{2} + L_\mathrm{Jmin} + \frac{l_{02}}{2} \tag{7-5}$$

式中:L_Jmin——夹直线最小长度,m,当曲线超高顺坡延伸至直线范围内时,此长度应为直线上左端超高顺坡终点与右端超高顺坡起点间的长度;

l_{01}、l_{02}——相邻两圆曲线所选配的缓和曲线长度,m。

夹直线长度不满足要求时,应修改线路平面设计。如减小曲线半径或选用较短的缓和曲线长度,或改移夹直线的位置,以延长两端点间的直线长度和减小曲线偏角,如图7-4a)所示。当同向曲线间夹直线长度不够时,可采用一个较长的单曲线代替两个同向曲线,如图7-4b)所示。

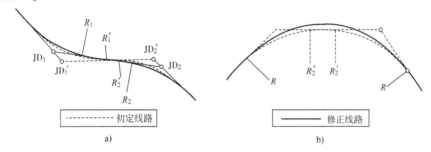

图 7-4 夹直线长度不够时的修正设计

7.2.3 圆曲线

1)最小曲线半径计算原理

(1)曲线超高的设置及其允许值

①曲线超高的设置

当列车通过曲线时,产生离心加速度 a_L,其值与列车通过速度 V 的平方成正比,与曲半径 R 成反比,即:

$$a_\mathrm{L} = \left(\frac{V}{3.6}\right)^2 \cdot \frac{1}{R} \tag{7-6}$$

式中:V——列车通过速度,km/h;

R——圆曲线半径,m。

列车在曲线上行驶时,由于离心力的作用,将列车推向外股钢轨,加大了外股钢轨的压力,也使乘客感到不适。因此需要将曲线外轨适当抬高,使列车的自身重力产生一个向心的水平分力,以抵消离心力的作用,使内外两股钢轨受力均匀和垂直磨耗均等,满足乘客舒适感,提高线路的稳定性和安全性。曲线外轨抬高后产生的外轨顶面与内轨顶面的水平高度之差 h 称为曲线超高,如图7-5所示。

曲线超高的设置方法主要有外轨提高法和线路中心高度不变法两种。外轨提高法是保持内轨高程不变而只抬高外轨的方法,为世界各国和我国轨道交通普遍采用。线路中心高

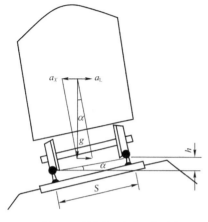

图 7-5 列车离心和向心加速度

度不变法是内轨降低和外轨抬高各为超高值的一半而保证线路中心高程不变的方法,仅在建筑限界受到限制时才采用。

独轨系统、磁悬浮交通系统的超高通过将轨道表面绕中心线实施,其曲线超高用轨道表面相对于水平面的倾斜角 $\alpha(°)$ 或坡度率(%)来表达。

曲线超高在缓和曲线内过渡,对于有砟轨道,曲线超高在道床上实现;对于板式轨道,曲线超高均在底座上实现;对于双块式无砟轨道,桥梁和隧道地段曲线超高在道床上实现,土质路基地段曲线超高在基床表层上实现。

曲线上由于外轨超高 h,使重力加速度在圆心方向产生一个分量,称为向心加速度,其值为:

$$a_X = g \cdot \tan\alpha \approx g \cdot \sin\alpha = g \cdot \frac{h}{S} \tag{7-7}$$

式中:g——重力加速度,取 $g = 9.81 \text{m/s}^2$;

h——外轨超高,mm;

S——两轨中心线之间的距离,mm,对于标准轨距,取 $S = 1500 \text{mm}$。

若通过设置外轨超高产生的向心加速度正好平衡掉列车做曲线运动产生的离心加速度,列车的运动状态处于最理想的状态,则 $a_L = a_X$,即:

$$\left(\frac{V}{3.6}\right)^2 \cdot \frac{1}{R} = g \cdot \frac{h}{S} \tag{7-8}$$

相应的曲线半径与外轨超高值的关系为:

$$h = \frac{S}{g \cdot R} \cdot \left(\frac{V}{3.6}\right)^2 \tag{7-9}$$

对于普通标准轨距轨道交通系统,有:

$$h = \frac{1500 \cdot V^2}{3.6^2 \times 9.81 \times R} = \frac{11.8 V^2}{R} \tag{7-10}$$

对于磁悬浮和独轨交通系统,超高坡为:

$$i = \frac{V^2}{3.6^2 \times 9.81 \times R} = \frac{V^2}{1.27R} \tag{7-11}$$

磁悬浮和独轨交通轨道超高横坡角为:

$$\alpha = \tan^{-1}(V^2/127R) \tag{7-12}$$

可见,对于任一半径的曲线,随着速度的提高,可通过增大外轨超高值来平衡因速度提高而增大的离心加速度,其外轨超高值的大小与列车运行速度的平方成正比。以上述公式确定的超高 h,当列车以速度 V 通过曲线时,可达到最佳舒适度、内外轨磨耗均等和受力均衡状态,称之为平衡超高(或均衡超高)。

②实设超高最大允许值

低速列车行驶于超高很大的曲线轨道时,存在向内倾覆的危险。为了保证行车安全必须限制外轨超高的最大值。

设曲线外轨最大超高为h_{max},与之相适应的行车速度为V,产生的惯性离心力为J,车辆的重力为G,J与G的合力为R,它通过轨道中心点O,如图7-6所示。当某一车辆以$V_1<V$的速度通过该曲线时,相应的离心力为J_1,J_1与G的合力为R_1,其与轨面连线的交点为O_1,偏离轨道中心的距离为e,随着e值的增大,车辆在曲线上运行的稳定性降低,其稳定程度可采用稳定系数n来表示。

令$n=\dfrac{S_1}{2e}$,当$n=1$,即$e=\dfrac{S_1}{2}$时,R_1指向内轨断面中

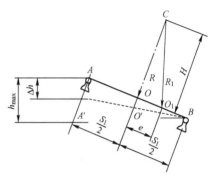

图7-6 外轨最大超高计算

心线,车辆处于临界稳定状态;当$n<1$,即$e>\dfrac{S_1}{2}$时,车辆丧失稳定性而倾覆;当$n>1$,即$e<\dfrac{S_1}{2}$时,车辆处于稳定状态;n值越大,车辆稳定性越好。根据国内外铁路运营经验,为保证行车安全,n值不应小于3。对应的最大超高应满足:

$$h_{max} \leqslant \dfrac{S_1^2}{6H} \tag{7-13}$$

式中:H——车体重心至轨顶面的高度,城市轨道交通地铁动车可取2000m,城际快速铁路动车组取1370mm;

S_1——两轨头中心线距离。

若普通客车H为2000×1.25mm,快速动车H为1370×1.25mm,计算标准轨距轨道交通的最大超高值分别为150mm和218mm。

磁悬浮交通和独轨交通系统的横坡角应满足:

$$\alpha_m \leqslant \tan^{-1}\left(\dfrac{S}{2nH}\right) \tag{7-14}$$

若系数n取与轮轨系统安全系数相同的值,即$n=3$,车辆重心高度H为1200mm,导向轨钳距为S,则相应的轨面横坡角为:

国产样车

$$\alpha_m \leqslant \tan^{-1}\left(\dfrac{1860}{2\times3\times1200}\right)=14.5(°) \tag{7-15}$$

日本HSST车

$$\alpha_m \leqslant \arctan\left(\dfrac{1700}{2\times3\times1200}\right)=13.3(°) \tag{7-16}$$

若进一步减小合力作用的偏心距,取$n=5$,即合力作用线位于距轨面中心线$S/10$的范围内,则相应的横坡角为6.7°。

考虑侧向风力等因素,上述计算所得的最大横坡角通常应留有10%~20%的余地,即可

设置的轨面横坡角为6°。

确定曲线最大实设超高还应考虑到当列车在曲线上停车时,乘客对处于倾斜车体中的舒适度反应,以及车辆处于倾斜状态时机构的可靠性条件等。我国铁道科学研究院于1980年所做的试验表明,当列车停在超高为200mm或横坡角8°及以上的曲线上时,部分乘客感到站立不稳、行走困难,且有头晕不适之感。

在我国铁路设计速度低于160km/h的普通铁路线上,上下行列车速度相差悬殊的地段,如设置过大的超高,将使低速列车对内轨产生很大的偏压并使稳定系数降低。从工程经验出发,规定其最大超高度为125mm。

城际快速旅客列车由于对车辆结构和车内设施的优化,提高了舒适性;同时,城际快速旅客列车的速度比较一致,故其超高允许值可以比在客货共线运营时大大提高。国内外取值一般为150~180mm。

《地铁设计规范》(GB 50157—2013)规定曲线最大超高为120mm。

日本进行了大量的轮轨动力学试验,从2001年开始,将曲线最大超高提高到150mm,并且对轨道做了其他一些改进,采用了防震轨枕和弹性轨枕,以及新的扣件和防脱护轨等。

香港地铁的最大超高设置为150mm。

重庆的单轨系统最大超高率达到12%,横坡角相当于6.8°。

直线电机超高可设置得较大,可为150mm。

中低速磁浮轨道交通系统和独轨系统超高横坡角最大允许值为6°,相应的超高横坡率为10%。

(2)欠超高度及其最大允许值

按设计速度V确定的外轨实设超高所产生的向心加速度只能平衡一种速度的离心加速度。当实际通过速度$V_G > V$时,会产生未被平衡的离心加速度。未被平衡的离心加速度可以理解为由于外轨超高不足所产生的。当列车以V_G通过时,可以用欠超高的形式表示,其值为:

$$h_q = 11.8 \frac{V_G^2}{R} - h \quad (7\text{-}17)$$

欠超高h_q与未被平衡的离心加速度a_L之间存在如下关系:

$$h_q = \frac{S}{g} a_L = 153 a_L \quad (7\text{-}18)$$

中低速磁悬浮轨道交通系统和独轨系统欠超高横坡率为:

$$\Delta i = \frac{1}{g} a_L = 100 \frac{a_L}{g} \quad (7\text{-}19)$$

式中:h_q——欠超高值,mm;

Δi——欠超高横坡率,%;

a_L——未被平衡的离心加速度,m/s²。

欠超高使内外轨产生偏载,引起内外轨不均匀磨耗,并影响乘客的舒适度。此外,过大的欠超高度还可能导致列车倾覆,因此必须对欠超高最大值加以限制。

欠超高允许值主要根据乘客舒适度来考虑。一般认为未被平衡的离心加速度a_{Ly}为

0.3~0.65m/s² 时不致影响乘客的舒适度,最大不超过 1m/s²。行车速度越大,要求舒适度越高,允许欠超高应小些。我国城市轨道交通系统取 a_{Ly} 为 0.4m/s²,对应的欠超高允许值为 61.2mm,可取 60mm。

城际快线的离心加速度允许值一般取 0.4m/s²,困难条件下取 0.55m/s²,对应的欠超高分别为 50mm 和 80mm。

中低速磁悬浮交通系统未被平衡的离心加速度允许值在舒适度条件良好时取 1.0m/s²,舒适度一般时取 1.25m/s²。

(3)最小曲线半径计算条件

满足乘客舒适度是轨道交通设计的基本要求。最小曲线半径应保证列车以最高设计速度 V_{max} 通过时,欠超高 h_q 不超过允许值 h_{qy},以保证乘客舒适度,利用式(7-10),当曲线设置最大超高,即 $h = h_{max}$ 时,可得满足乘客舒适条件的最小曲线半径 R_{min} 为:

$$R_{min} = \frac{11.8 V_{max}^2}{h_{max} + h_{qy}} \qquad (7-20)$$

独轨系统最小曲线半径按下式计算:

$$R_{min} = \frac{V_{max}^2}{1.27(i_{CM} + \Delta i_{CM})} \qquad (7-21)$$

或者

$$R_{min} = \left| \frac{(V/3.6)^2 \cdot \cos\alpha}{a_{Ly} + g \cdot \sin\alpha} \right| \qquad (7-22)$$

式中:R_{min}——满足欠超高要求的最小曲线半径,m;

V_{max}——轨道交通设计速度,km/h;

h_{max}——最大超高值,mm;

h_{qy}——欠超高允许值,mm;

i_{CM}——超高横坡率,‰;

Δi_{CM}——欠超高横坡率,‰;

α——超高横坡角,(°);

其余符号意义同前。

2)最小曲线半径选择

(1)最小曲线半径计算

最小曲线半径是轨道交通线路允许采用的曲线半径最小值。它是主要技术标准之一,应根据设计速度、车辆类型、乘客乘坐舒适性和运行平稳度等因素比选确定。

①设计速度

设计速度是设计线路可能实现的最高速度。我国城市轨道交通系统的设计速度见表 7-3。

各种轨道交通车辆运行速度　　表 7-3

主要技术参数	地铁车	轻型轨道车	悬吊式独轨车	跨坐式独轨车	线性电机车(MKII 型)	中低速磁悬浮轨道列车	城际客运专线
旅行速度(km/h)	35~80	25~35	20~30	27~43	38~41	40~80	128~200
最大运行速度(km/h)	80~140	60~70	65	80	80~100	100~160	160~250

②最小曲线半径计算值

根据采用的参数,按式(7-20)计算,并结合我国城市轨道交通的工程和运营实践及科研成果,得到各级不同设计速度的最小曲线半径值,见表7-4。

设计最高速度时的最小曲线半径计算实例　　　　表7-4

铁路类型		城际轨道交通快线				地铁和轻轨			中低速磁悬浮与独轨系统			
设计速度(km/h)		200	160	140	120	100	80	70	120	100	80	70
超高(mm)		150	150	150	150	120	120	120	(10)	(10)	(10)	(10)
欠超高(mm)	一般	40	40	40	40	60	60	60	(10)	(10)	(10)	(10)
	困难	80	80	80	80	80	80	80	(12)	(12)	(12)	(12)
最小曲线半径(mm)	一般	2500	1600	1250	900	600	420	330	570	400	250	200
	困难	2050	1350	1050	750	590	380	290	520	350	250	150

注:括号内数字为磁悬浮与独轨系统超高横坡率、欠超高横坡率(%)。

(2)最小曲线半径的合理选择

城市轨道交通的最小曲线半径标准将会对工程、运营、换乘设计方案等方面产生较大影响。400m以下的小半径曲线具有限制列车速度、养护比较困难、钢轨侧面磨耗严重及噪声大等缺点,特别是在轨道交通运量大、密度高的情况下,上述缺点更加突出。因此,曲线半径宜按标准半径系列从大到小合理选用,在实际工作中,最大曲线半径一般不超过3000m。同时,从运营角度出发,最小曲线半径应尽量少用,并应有一定限制。我国《地铁设计规范》(GB 50157—2013)规定的线路最小曲线半径标准见表7-5;《城市轨道交通工程项目建设标准》(建标104—2008)规定的线路工程主要技术标准见表7-6。

圆曲线最小曲线半径(单位:m)　　　　表7-5

车型	A型车		B型车	
	一般地段	困难地段	一般地段	困难地段
正线	350	300	300	250
出入线、联络线	250	150	200	150
车场线	150	—	150	—

线路工程主要技术标准　　　　表7-6

基本车型		A	B	C/D	L	单轨
		一般地段/困难地段				
最小曲线半径(m)	正线	350/300	300/250	100/50	150	100
	联络线	250/200	200/150	80/25	100	50
	车场线	150	110/80	80/25	65	50

注:1.正线包括支线范围,联络线包括车辆出入线。

2.特殊困难地段的技术标准,应按国家现行有关技术规范执行。

美国、日本、法国等国家为了降低工程造价而采取了较为灵活的最小曲线半径标准值,主要线路上的曲线半径比我国的标准小得多。纽约地铁的最小曲线半径为107m,芝加哥和波士顿地铁为100m;东京、大阪等城市的地铁线路最小曲线半径大部分不足200m;巴黎地铁的最小曲线半径仅为75m。

车站站台段线路应尽量设在直线上。因为站台上有大量乘客活动,直线站台通视条件好,有利于行车安全;而且城市轨道交通多为高站台,曲线站台与车辆间的踏步距离不均匀,不利于乘客上下车和乘车安全。《地铁设计规范》(GB 50157—2013)规定:车站站台宜设在直线上。当设在曲线上时,其站台有效长度范围的线路曲线最小半径应符合表7-7的规定。

车站曲线最小半径(单位:m)　　　　　　　　　　　　　　　　　　表7-7

车型		A 型车	B 型车
曲线半径	无站台门	800	600
	设站台门	1500	1000

7.2.4 缓和曲线

曲率半径和外轨超高均逐渐变化的曲线,称为缓和曲线。为使列车安全、平顺、舒适地由直线过渡到圆曲线,在直线与圆曲线之间要设置缓和曲线。

缓和曲线的作用是:在缓和曲线范围内,其半径由无限大渐变到圆曲线半径,从而使车辆产生的离心力逐渐增加,有利于行车平稳;在缓和曲线范围内,外轨超高由零递增到圆曲线上的超高量,使向心力逐渐增加,与离心力的增加相配合;当曲线半径小于250m、轨距需要加宽时,在缓和曲线范围内,由标准轨距逐步加宽到圆曲线上的加宽量。

1)缓和曲线线形

缓和曲线线形近似于缓和曲线曲率的二次定积分,而曲率又和超高具有一定的比例关系,所以缓和曲线线形可以形象地用外轨超高的顺坡形式表示。目前国内外采用的超高顺坡有以下几种主要形式:

(1)直线形超高顺坡,平面为三次抛物线。我国和俄罗斯、英国、法国、美国、日本等国客货共线运行的铁路(V_{max}≤160km/h)都采用这种线形。

(2)S形超高顺坡,德国在V_{max}<200km/h的线路上广泛采用。

(3)中间为直线、两端为二次抛物线的超高顺坡,缓和曲线称为4-3-4型,在法国V_{max}<160km/h的线路上采用。

(4)半波正弦形超高顺坡,在日本新干线(V_{max}为200~260km/h)上采用。

(5)一波正弦形超高顺坡,于德国福赫海姆—班堡的高速试验线铺设。

我国铁路和城市轨道交通的缓和曲线线形一般采用直线形超高顺坡三次抛物线形式。

直线形超高顺坡的三次抛物线缓和曲线线形,具有线形简单、长度较短、设计方便、平立面有效长度长、易于铺设养护等优点。尽管直线形超高顺坡理论上在缓和曲线起、讫点处一阶导数不连续,而实际上,由于轨道结构自然圆顺,线路与车辆结构具有一定弹性,因此能使列车运行条件相应改善。另一方面,可通过在维修中规定一定的维修精度,以维持其曲度连续变化。

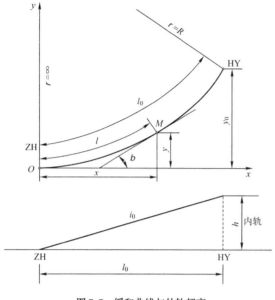

图 7-7 缓和曲线与外轨超高

如图 7-7 所示,三次抛物线形缓和曲线的参数方程、直角坐标方程和外轨超高顺坡坡度的计算式分别为:

参数方程

$$x = l\left(1 - \frac{l^4}{40\,R^2 l_0^2} + \frac{l^8}{3456\,R^4 l_0^4} - \cdots\right) \approx l$$

(7-23)

$$y = \frac{l^3}{6R\,l_0}\left(1 - \frac{l^4}{56\,R^2 l_0^2} + \frac{l^8}{7040\,R^4 l_0^4} - \cdots\right) \approx \frac{l^3}{6R\,l_0}$$

(7-24)

直角坐标方程

$$y = \frac{x^3}{6R\,l_0}\left(1 + \frac{2x^4}{35\,R^2 l_0^2} + \cdots\right) \approx \frac{x^3}{6R\,l_0}$$

(7-25)

超高顺坡坡度

$$i_0 = \frac{h}{l_0}$$

(7-26)

上述式中:x、y——分别为缓和曲线上任意点 M 的横坐标和纵坐标;

l——缓和曲线上任意点 M 距 ZH 点的长度,m;

l_0——缓和曲线全长,m;

R——圆曲线半径,m;

i_0——超高顺坡的坡度,‰;

h——圆曲线上的外轨超高,mm。

2)缓和曲线长度计算

缓和曲线长度影响行车安全和乘客舒适性,拟定标准时,应根据下列条件计算并取其较长者。

(1)缓和曲线长度计算条件

① 超高顺坡不致使车轮脱轨

在缓和曲线上,由于外轨超高所引起的相对于内轨顶面的外轨顶面纵坡度为:

$$i = \frac{\mathrm{d}h}{\mathrm{d}l}$$

(7-27)

对于直线形外轨超高顺坡的缓和曲线,在缓和曲线终点的外轨超高为 h(mm),缓和曲线长度为 l_{01}(m),则

$$i = \frac{h}{1000 l_{01}}$$

(7-28)

设缓和曲线的最大容许坡度为 i_0,要使 $i \leqslant i_0$,缓和曲线长度应满足:

$$l_{01} \geqslant \frac{h}{1000 i_0}$$

(7-29)

轨道车辆行驶在缓和曲线上时,假设车辆无弹簧,轨道无弹性,则车架一端的两轮贴着钢轨顶面,另一端的两轮,在外轨上的车轮贴着钢轨顶面,而在内轨上的车轮是悬空的,如图7-8所示。要使车轮轮缘不致爬越内轨,内轨的悬空高度不应大于轮缘高度,因此超高递增坡度应满足:

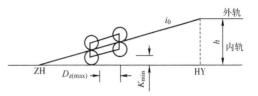

图7-8 内轮悬空示意图

$$i_0 \leqslant \frac{K_{\min}}{D_{z(\max)}} \qquad (7\text{-}30)$$

式中:$K_{\min}$——最小轮缘高度,mm;

$D_{z(\max)}$——机车、车辆的最大固定轴距,mm。

显然,轮缘高度越小,固定轴距越大,安全条件要求的缓和曲线超高顺坡越小。若车辆中最大固定轴距取6.5m,轮缘计算高度为轮缘陡峻部分的高度取20mm,代入上式得:

$$i_0 = \frac{K_{\min}}{D_{Z(\max)}} = \frac{20}{6500} = 3.1(‰)$$

考虑到列车运行过程中车辆走行部分的振动、钢轨磨耗、轨道变形等众多因素,并考虑必要的安全系数,《地铁设计规范》(GB 50157—2013)规定超高顺坡不宜大于2‰,困难地段不应大于2.5‰。

②超高时变率不致使乘客不适

列车通过缓和曲线,外轮在外轨上逐渐升高,其升高速度即超高时变率;为了保证列车通过缓和曲线时的行车舒适度,超高时变率不应大于保证乘客舒适的容许值f(mm/s),即:

$$\frac{h}{l} = \frac{h}{l_{02}/(V_{\max}/3.6)} = \frac{h \cdot V_{\max}}{3.6 l_{02}} \leqslant f \qquad (7\text{-}31)$$

故得

$$l_{02} \geqslant \frac{h \cdot V_{\max}}{3.6 f} \qquad (7\text{-}32)$$

式中:l_{02}——保证超高时变率不超限时的缓和曲线长度,m;

$V_{\max}$——列车最高行车速度,km/h,可采用设计速度,但当曲线限速时应采用曲线限制速度的计算结果;

f——保证乘客舒适的超高时变率容许值率,mm/s,其值与最高行车速度及工程条件有关,我国在制定相关标准时,超高时变率容许值取值为:客运专线铁路,良好条件下为25mm/s,一般条件下为28mm/s,困难条件下为31mm/s。《地铁设计规范》(GB 50157—2013)规定f取40mm/s。

③欠超高时变率不致影响乘客舒适

列车通过缓和曲线,欠超高逐渐增加,其增加速度即欠超高时变率,不应大于保证乘客舒适的容许值b(mm/s),即:

$$\frac{h_q}{t} = \frac{h_q}{l_{03}/(V_{\max}/3.6)} = \frac{h_q \cdot V_{\max}}{3.6 l_{03}} \leqslant b \qquad (7\text{-}33)$$

故得

$$l_{03} \geqslant \frac{h_q \cdot V_{max}}{3.6b} \tag{7-34}$$

式中：l_{03}——保证欠超高时变率不超限时的缓和曲线长度，m；

h_q——列车以最高速度通过圆曲线时的欠超高，mm，可由式(7-17)计算；

b——保证乘客舒适的欠超高时变率容许值，mm/s，可根据工程条件难易程度取值，工程容易时取小值，工程困难时取大值。

我国在制定客运专线铁路相关标准时，欠超高时变率容许值取值为：客运专线，良好条件下为23mm/s，困难条件下为38mm/s。《地铁设计规范》（GB 50157—2013）计算相关参数时，取未被平衡的离心加速度时变率为 0.3m/s^3，即 b 为46mm/s。

（2）最小缓和曲线长度计算

综上分析，缓和曲线长度 l_0 的计算公式为：

$$l_0 = \max\{l_{01}, l_{02}, l_{03}\} = \max\left\{\frac{h}{i_0}, \frac{h \cdot V_{max}}{3.6f}, \frac{h_q \cdot V_{max}}{3.6b}\right\} \quad (\text{m}) \tag{7-35}$$

按相关工程条件取 f 和 b 的值，按式(7-35)计算并检算，按缓和曲线长度进位取整为5m，不足20m取20m，《地铁设计规范》（GB 50157—2013）规定各种设计速度下常用曲线半径的缓和曲线长度见表7-8。

线路曲线超高和缓和曲线长度　　表7-8

R	V	100	95	90	85	80	75	70	65	60	55	50	45	40	35
3000	L	**30**	**25**	**20**	**20**	20	20	20	—	—	—	—	—	—	—
	h	40	35	30	30	25	20	20	15	15	10	10	10	5	5
2500	L	**35**	**30**	**25**	**20**	**20**	20	20	20	—	—	—	—	—	—
	h	50	45	40	35	30	25	25	20	15	15	10	10	10	5
2000	L	**45**	**40**	**35**	**30**	**25**	**20**	20	20	20	20	—	—	—	—
	h	60	55	50	45	40	35	30	25	20	20	15	10	10	5
1500	L	**55**	**50**	**45**	**35**	**30**	**25**	**20**	20	20	20	20	—	—	—
	h	80	70	65	60	50	45	40	35	30	25	20	15	15	10
1200	L	**70**	**60**	**50**	**40**	**40**	**30**	**25**	**20**	20	20	20	20	—	—
	h	100	90	80	70	65	55	50	40	35	30	25	20	15	10
1000	L	**85**	**70**	**60**	**50**	**45**	**35**	**30**	**25**	**20**	20	20	20	20	—
	h	120	105	95	85	75	65	60	50	45	35	30	25	20	15
800	L	85	80	75	**65**	**55**	**45**	**35**	**30**	**25**	**20**	20	20	20	20
	h	120	120	120	105	95	85	70	60	55	45	35	30	25	20
700	L	85	80	75	**75**	**65**	**50**	**45**	**35**	**25**	**20**	20	20	20	20
	h	120	120	120	120	110	95	85	70	60	50	35	35	25	20
600	L	—	80	75	75	**70**	**60**	**50**	**40**	**30**	**25**	**20**	20	20	20
	h	—	120	120	120	120	110	95	85	70	60	50	40	30	25

续上表

R	V	100	95	90	85	80	75	70	65	60	55	50	45	40	35
550	L	—	—	75	75	70	65	55	40	35	25	20	20	20	20
	h	—	—	120	120	120	120	105	90	75	65	55	45	35	25
500	L	—	—	—	75	70	65	60	45	35	30	25	20	20	20
	h	—	—	—	120	120	120	115	100	85	70	60	50	40	30
450	L	—	—	—	—	70	65	60	50	40	30	25	20	20	20
	h	—	—	—	—	120	120	120	110	95	80	65	55	40	30
400	L	—	—	—	—	—	65	60	55	45	35	30	20	20	20
	h	—	—	—	—	—	120	120	120	105	90	75	60	50	35
350	L	—	—	—	—	—	—	60	55	50	40	30	25	20	20
	h	—	—	—	—	—	—	120	120	120	100	85	70	55	40
300	L	—	—	—	—	—	—	—	55	50	50	35	30	25	20
	h	—	—	—	—	—	—	—	120	120	120	100	80	65	50
250	L	—	—	—	—	—	—	—	—	50	50	45	35	25	20
	h	—	—	—	—	—	—	—	—	120	120	120	95	75	60
200	L	—	—	—	—	—	—	—	—	—	50	45	40	35	25
	h	—	—	—	—	—	—	—	—	—	120	120	120	95	70

注：表中 R 为曲线半径(m)；V 为设计速度(km/h)；L 为缓和曲线长度(m)；h 为超高值(mm)。

独轨胶轮系统，当曲线半径小于 2000m 时，在直线与圆曲线间(除站线及道岔区曲线外)应采用回旋曲线线形的缓和曲线连接。缓和曲线长度不小于按下式计算出的值，最短缓和曲线长度不小于 15m。

一般地段：

$$L = \frac{V^3}{14R} \tag{7-36}$$

困难地段：

$$L = \frac{V^3}{17R} \tag{7-37}$$

式中：V——通过曲线的行车速度，km/h；

R——曲线半径，m。

线路平面设计时，缓和曲线长度应根据曲线半径，设计最高行车速度和工程条件合理选用，有条件时宜采用较长的缓和曲线。

3) 不设缓和曲线的曲线半径

从上述缓和曲线长度计算中可见，设计速度小于 100km/h 的轨道交通系统，当曲线半径大于 3000m 时，缓和曲线长度小于 20m。

列车通过直线与曲线连接点时，如果不设缓和曲线，列车通过直圆点(ZY)或圆直点(YZ)时，未被平衡的离心加速度会突然发生变化，圆曲线半径越大，突变程度就越小。列车通过曲线时的舒适度受未被平衡的离心加速度大小的影响。当圆曲线半径超过 3000m 时，这种突变对城市轨道交通行车影响很小。

另一方面,缓和曲线是一段平面曲率不断变化、纵向外轨高度不断变化的曲线。如果缓和曲线太短,其线形的设施和维护均不易实现。

因此,轨道交通曲线地段既要设置一定的缓和曲线,以缓和直线与圆曲线之间的突变;同时,缓和曲线也不能太短,以减轻曲线线形维护的难度。城市轨道交通列车通过曲线舒适度良好的条件是离心加速度变化率不大于 $0.3 \mathrm{m/s^3}$,因此,可以此为设置缓和曲线的分界条件,即不设缓和曲线的圆曲线半径标准应按允许的未被平衡离心加速度时的变率计算确定:

$$R \geqslant \frac{S \cdot V^3}{3.6^3 l(S \cdot \beta + 0.5 fg)} \tag{7-38}$$

式中:l——车辆长度,m;

S——轨道中心距,mm;

β——允许未被平衡离心加速度时变率,$0.3 \mathrm{m/s^3}$;

f——允许超高时变率,$40 \mathrm{mm/s}$;

g——重力加速度,$9.8 \mathrm{m/s^2}$;

V——设计速度,km/h。

对于普通标准轨线路:

$$R \geqslant \frac{11.8 V^3 g}{3.6 l(1500\beta + 0.5 fg)} \tag{7-39}$$

当 B 型车 $l=19\mathrm{m}$,速度为 100km/h 时,由上式可得 $R=2619\mathrm{m}$,即 $R \geqslant 2619\mathrm{m}$ 时,可不设缓和曲线;当 A 型车 $l=22.1\mathrm{m}$,速度为 100km/h 时,$R \geqslant 2251\mathrm{m}$ 时可不设缓和曲线。

因此,《地铁设计规范》(GB 50157—2013)规定:在正线上,当曲线半径大于 3000m 时,可不设缓和曲线。当曲线半径等于或小于 3000m 时,圆曲线与直线间应根据曲线半径及行车速度设置缓和曲线。车场线上由于运行速度低,可不设缓和曲线和超高。

4)缓和曲线间圆曲线的最小长度

两缓和曲线间圆曲线的最小长度,应保证行车平稳,并考虑维修方便。

在线路平面设计时,为保证圆曲线有足够的长度,曲线偏角 α、曲线半径 R 和缓和曲线长度 l_0 三者间的关系应满足下式:

$$\frac{\pi \times \alpha \times R}{180} - l_0 \geqslant L_{y(\min)} \tag{7-40}$$

式中:$L_{y(\min)}$——圆曲线最小长度,m。当圆曲线两端的超高顺坡延伸至圆曲线范围内时,此长度应为圆曲线上左端超高顺坡终点与右端超高顺坡起点间的长度。

城市轨道交通圆曲线长度短,对改善条件、减少行车阻力和养护维修有利,但当圆曲线长度小于车辆的全轴距时,车辆将同时跨越在三种不同的线形上,会危及行车安全,降低列车的稳定性和乘客的舒适度。因此,《地铁设计规范》(GB 50157—2013)规定,圆曲线最小长度,在正线、联络线及车辆基地出入线上,A 型车不宜小于 25m,B 型车不宜小于 20m;在困难情况下,不得小于一节车辆的全轴距;车场线不应小于 3m。

在设计线路平面时,若曲线偏角较小,设置缓和曲线后,圆曲线长度达不到规定值,即式(7-40)得不到满足,则宜加大半径,增加圆曲线长度,若条件限制,不易加大曲线半径或加大后仍不能满足要求时,则可采用较短的缓和曲线长度,或适当改动线路平面,增大曲线偏角。

《地铁设计规范》(GB 50157—2013)规定,新建线路不应采用复曲线,在困难地段,应经技术经济比较后采用。复曲线间应设置中间缓和曲线,其长度不应小于20m,并应满足超高顺坡率不大于2‰的要求。

7.2.5 平面设计计算

在确定出线路平面方案的基础上,要进行线路平面的详细计算。线路平面设计计算一般按以下步骤进行。

1) 交点坐标计算

以城市道路红线或建筑物坐标为控制点,首先确定线路任意点的坐标和沿线路走向的直线方位角,以此作为计算的基础。

从起点开始,先用已知直线相交公式及点间距离公式求出起始边长,然后用坐标公式计算交点坐标。用交点坐标及第二直线方位角作为新起始边直线,继续采用上述方法计算第二个交点坐标。这样交替计算边长和坐标直至全线交点坐标计算完成。

2) 曲线要素计算

轨道交通曲线根据是否设置缓和曲线,分为简单曲线(未加设缓和曲线)和普通曲线(缓和曲线+圆曲线+缓和曲线)。线路设计时,在选定的交点处,根据线路的设计标准,选用合理的曲线半径,线路平面圆曲线与直线之间根据曲线半径、超高设置及设计速度等因素设置缓和曲线。

(1) 简单曲线

未设缓和曲线的曲线称为简单曲线(图7-9),其曲线要素包括偏角 α、半径 R、切线长 T_y、曲线长 L_y 和外矢距 E_y。偏角 α 在平面图上量得,曲线半径 R 系选配得出,切线长 T_y、曲线长 L_y 和外矢距 E_y 由下列公式计算:

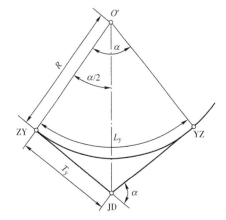

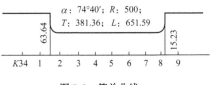

图7-9 简单曲线

$$T_y = R \cdot \tan\frac{\alpha}{2} \tag{7-41}$$

$$L_y = \frac{\pi \cdot \alpha \cdot R}{180} \tag{7-42}$$

$$E_y = R \cdot \left(\sec\frac{\alpha}{2} - 1\right) \tag{7-43}$$

(2) 普通曲线

加设缓和曲线的曲线,称为普通曲线(图7-10),通过加设曲率渐变的缓和曲线,使曲线内移 p 和外延 m,其曲线要素为偏角 α、半径 R、缓和曲线长 l_0、切线长 T、曲线长 L 和外矢距 E。偏角 α 在平面图上量得,圆曲线半径 R、缓和曲线长 l_0 由选配得出,切线长 T、曲线长 L 和外矢距 E 由下列公式计算:

$$T = (R+p) \cdot \tan\frac{\alpha}{2} + m \tag{7-44}$$

$$L = \frac{\pi(\alpha - 2\beta_0)R}{180} + 2l_0 = \frac{\pi \cdot \alpha \cdot R}{180} + l_0 \tag{7-45}$$

$$E = (R+p) \cdot \sec\frac{\alpha}{2} - R \tag{7-46}$$

上述式中：p——内移距，m，$p = \frac{l_0^2}{24R} - \frac{l_0^4}{2688R^3} \approx \frac{l_0^2}{24R}$；

m——切垂距，m，$m = \frac{l_0}{2} - \frac{l_0^3}{240R^2} \approx \frac{l_0}{2}$；

β_0——缓和曲线角，°，$\beta_0 = \frac{90l_0}{\pi R}$；

l_0——缓和曲线长度，m。

当曲线两端设置不等长度的缓和曲线时(图 7-11)，其切线长度计算公式为：

$$T_{1S} = (R+p_1) \cdot \tan\frac{\alpha}{2} + (p_2 - p_1)/\sin\alpha + m_1 \tag{7-47}$$

$$T_{2S} = (R+p_2) \cdot \tan\frac{\alpha}{2} + (p_1 - p_2)/\sin\alpha + m_2 \tag{7-48}$$

$$L_S = \frac{\pi R \alpha}{180} + (l_1 - l_2)/2 \tag{7-49}$$

式中符号含义如图 7-11 所示。

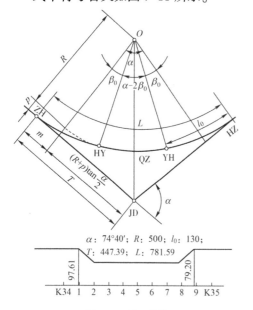

图 7-10 普通曲线

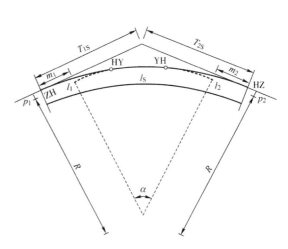

图 7-11 不等长缓和曲线的曲线切线长度计算示意图

3) 里程计算

里程计算一般从起点开始，以千米标 K0+000 表示，依此推算各点里程。按照《地铁设计规范》(GB 50157—2013)要求，线路历程分享应为从南往北或从西往东。

里程计算一般包括起讫点、直缓、缓圆、圆缓、缓直、车站中心、道岔中心以及特殊点的里程等。

需要时,左右线的里程分别进行计算,先右线后左线,一般在车站中心里程相同。当左右线线路长度不同时,左线设断链进行调整。

4) 关键点坐标及距离计算

这一步主要是采用点线间垂距计算方法,对一些工程控制点距线路的距离以及线路左右线的线间距进行计算,以验算和确定工程设计的条件。

以上简要介绍了平面计算的一般做法,不同的设计阶段,计算要求的内容和深度也不一样,应在实践中加以运用和总结,提高设计质量。

7.3 线路纵断面设计

7.3.1 概述

城市轨道交通的线路纵断面是由坡段和连接相邻坡段的竖曲线组成的。坡段的特征用坡段长度和坡度来表示。坡段长度 L_i 为该坡段前后两个变坡点之间的水平距离,坡段坡度 i 为该坡段两端变坡点的高程 H_i 除以坡段长度 L_i,其值以千分数表示(图7-12)。坡度上坡取正值,下坡取负值。如坡度为30‰,即表示每千米高差为30m,则坡度的计算公式为:

$$i = \frac{H_i}{L_i} \cdot 1000(‰) \tag{7-50}$$

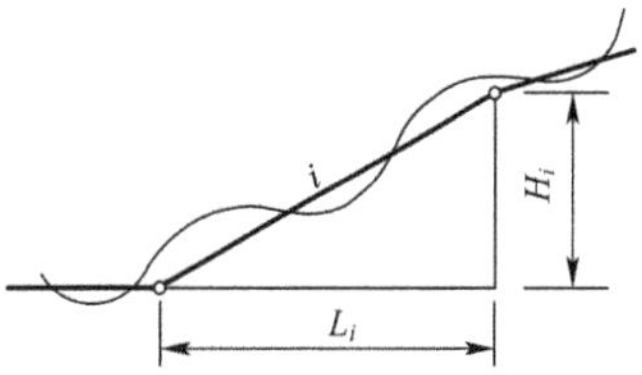

轨道交通线路纵断面设计,主要包括确定最大坡度、坡段长度、坡段连接等问题。

图7-12 坡长与坡度示意图

纵断面设计应遵循以下原则:

(1) 纵断面设计要保证列车运行安全、平稳及乘客舒适,高架线路要注意与城市景观相协调,坡段应尽量长些。

(2) 线路纵断面要结合不同的地形、地质、水文条件、线路敷设方式与埋深要求、隧道施工方法、地上地下建筑物与基础情况以及线路平面条件等进行合理设计,力求方便乘客使用和降低工程造价,必要时,可考虑变更线路平面及施工方法。

(3) 尽量设计成符合列车运行规律的节能坡,即遵循"高站位、低区间"的设计原则:车站一般位于纵断面高处,区间位于纵断面的低处。

7.3.2 线路坡度设计

1) 线路最大坡度

轨道交通线路的最大坡度是纵断面设计采用的设计坡度最大值,正线最大坡度是线路的主要技术标准之一,对线路的埋深、工程造价及运营都有较大的影响。因此,合理地确定线路最大坡度具有重要的意义。

城市轨道交通由于载质量小、运距短,坡度已不是限制列车牵引质量的主要因素。城市轨道交通线路纵断面的最大坡度,不包含曲线阻力、隧道内空气阻力等加算坡度,与我国客货共线铁路设计中的限制坡度定义有区别。

(1)最大坡度确定

正线允许的最大坡度,主要受行车安全(与制动设备性能有关)、乘客舒适度、运营速度三方面影响。

①动车功率确定的最大坡度

动车组无论是采用动力集中型还是采用动力分散型,其所确定的线路最大坡度主要取决于动车组的功率、牵引特性和制动性能。

对于特定动车组,动车功率所确定的线路纵断面最大坡度按下式计算:

$$i_{\max} = \frac{(\lambda_y F_j - W_0) \times 10^3}{M \cdot g} \tag{7-51}$$

式中:$i_{\max}$——最大坡度,‰;

M——列车质量,t;

F_j——动车组最大牵引力,kN;

W_0——计算速度下列车的运行基本阻力,kN;

λ_y——动车牵引力使用系数,取 0.9;

g——重力加速度,取 $g = 9.81 \text{m/s}^2$。

或按下式计算:

$$i_{\max} = \frac{3600 p_k - \omega_0 \cdot g \cdot V_{\max}}{g \cdot V_{\max}} \tag{7-52}$$

式中:p_k——每吨列车质量所需功率,kW/t;

$V_{\max}$——列车运行最高速度,km/h;

ω_0——最高速度时的列车运行单位基本阻力,N/kN。

根据资料可得城市轨道车辆牵引电机功率与最大运行速度的关系,见表 7-9。

城市轨道车辆牵引电机与速度的关系(B 型车) 表 7-9

车辆编组形式	最大运行速度(km/h)	电机功率值	
		$a = 0.35 \text{m/s}^2$	$a = 0.4 \text{m/s}^2$
二动一拖 (四动两拖)	80	—	186.7
	100	—	233.3
	120	245.0	—
三动一拖 (六动两拖)	100	—	207.4
	120	217.8	—
	140	254.1	—
五动二拖	100	—	—
	120	228.7	217.8
	140	366.8	—

续上表

车辆编组形式	最大运行速度(km/h)	电机功率值	
		$a=0.35\text{m/s}^2$	$a=0.4\text{m/s}^2$
五动三拖	80	—	199.1
	100	—	248.9
	120	161.3	—
全动车	120	163.3	—
	140	190.6	—
	160	217.8	—

城市轨道交通列车为了适应小站间距的频繁起动、制动,要求具有良好的动力性能,一般采用全动轴或2/3动轴列车,起动加速度要求达到1m/s^2及以上,这就意味着列车可以爬较大的加算坡度(最大坡度加上曲线阻力坡度、隧道附加阻力坡度)。

例如,三动一拖动车组以80km/h最高速度持续运行的最大坡度计算如下：

编组质量 = 动车质量(取35t)×3 + 拖车质量(取32t) = 137(t)

列车以80km/h的速度恒功运行时,最大牵引力为22.5kN,相应的总功率为1800kW,计算可知动车组的吨均功率为13.14kW/t,单位基本阻力为：

$$\omega_0 = 2.27 + 0.00156V^2 = 2.27 + 0.00156 \times 80^2 = 12.254 \text{ (N/kN)}$$

则

$$i_{max} = \frac{3600p_1 - \omega_0 \times g \times V_{max}}{g \times V_{max}}$$

$$= \frac{3600 \times 13.14 - 12.254 \times 9.81 \times 80}{9.81 \times 60} = 48.02(‰)$$

可见,在给定编组条件下,城市轨道交通列车可在48‰的坡道上以80km/h的速度持续运行。增加动车数量,可增加动车组总功率,从而提高吨均功率;减少编组辆数,可减少列车总编组辆数,从而达到提高吨均功率的目的。

②安全条件所限制的最大坡度

从保证行车安全出发,要求列车在失去部分(最大可达到一半)牵引动力的条件下,仍能用另一部分牵引动力将列车从最大坡度上起动。因此,最大坡度阻力及其他各种附加阻力之和不宜大于列车牵引动力的一半。

最大坡度按下式计算：

$$i_{qmax} = \frac{F_q - (P\omega'_q + T\omega''_q)g}{(\sum T + \sum P)g + \sum R} \tag{7-53}$$

式中：F_q——最大起动牵引力,N;

P——牵引动车质量,t;

T——被牵引车总质量,t;

ω'_q——牵引动车单位起动阻力,电力动车取8N/kN;

ω''_q——被牵引车单位起动阻力,取5.62N/kN;

R——黏着力,N。

这部分主要验算超员载客列车停在大坡道上的起动问题,目前地铁车辆一般采用动拖车编组方式,两辆动车加两辆拖车编组的列车,运行时一辆动车失去动力为最不利情况,此时,要以一辆动车拉三辆拖车,并在超员情况下,验算最大起动坡度。

《城市轨道交通工程项目建设标准》(建标104—2008)规定各类车型线路的最大坡度见表7-10。

线路工程主要技术标准　　　　　　　　　　　　　　　表7-10

基本车型		A	B	C/D	L	单轨
		一般地段/困难地段				
最大坡度(‰)	正线	30/35	30/35	60	50	60
	联络线、出入线	40	40	60	70	60
	车场线	1.5	1.5	1.5	1.5	3

注:1. 正线包括支线范围。
　　2. 特殊困难地段的技术标准,应按国家现行有关技术规范执行。

《地铁设计规范》(GB 50157—2013)规定:正线的最大坡度宜采用30‰,困难地段最大坡度可采用35‰;在山地城市的特殊地形地区,经技术经济比较,有充分依据时,最大坡度可采用40‰;联络线、出入线的最大坡度宜采用40‰。《地铁设计规范》(GB 50157—2013)此处关于最大坡度规定不应计各种坡度折减值。

(2)最大坡度选择

城市轨道交通线路坡度在满足排水及标高控制要求的前提下应尽可能平缓,一般应在20‰以下。

俄罗斯的地下铁道设计规范(1981年7月1日起执行)规定的地下路段以及隐蔽地面路段的纵断面坡度不大于40‰,而敞开的地面线段的纵断面坡度则应不大于35‰。法国巴黎市区地铁线路最大坡度为40‰,地区快车线最大坡度为30‰,困难地段的坡度还更大一些。我国香港地铁的线路最大坡度为30‰,个别地段允许超过这个值。由此可见,我国《地铁设计规范》(GB 50157—2013)及《城市轨道交通工程项目建设标准》(建标104—2008)中规定的最大坡度值,与世界城市轨道交通建设标准是大体一致的。

2)线路最小坡度限制

《地铁设计规范》(GB 50157—2013)规定:

(1)区间隧道的线路最小坡度宜采用3‰;困难条件下可采用2‰;区间地面线和高架线,当具有有效排水措施时,可采用平坡。

(2)车站宜布置在纵断面的凸形部位上,可根据具体条件,按节能坡理念,设计合理的进出站坡度和坡段长度。

(3)车站站台范围内的线路应设在一个坡道上,坡度宜采用2‰。当具有有效排水措施或与相邻建筑物合建时,可采用平坡。

(4)具有夜间停放车辆功能的配线,应布置在面向车挡或区间的下坡道上,隧道内的坡度宜为2‰,地面和高架桥上坡度不应大于1.5‰。

(5)道岔宜设在不大于5‰的坡道上。在困难地段应采用无砟道床,尖轨后端为固定接头的道岔,可设在不大于10‰的坡道上。

(6)车场内的库(棚)线宜设在平坡道上,库外停放车的线路坡度不应大于1.5‰,咽喉区道岔坡度不宜大于3.0‰。

7.3.3 坡段连接

1)相邻坡段坡度差

纵断面的坡段有上坡、下坡和平坡,上坡的坡度为正值,下坡的坡度为负值,相邻坡段坡度差的大小,应以代数差的绝对值 Δi 表示。如前一坡段的坡度 i_1 为6‰(下坡),后坡段的坡度 i_2 为4‰(上坡),则坡度差 Δi 为:

$$\Delta i = |i_1 - i_2| = |(-6‰) - (+4‰)| = 10‰$$

相邻坡段的坡度差,都是以保证列车不断钩来制定的。城市轨道交通线路上行驶的列车质量小,因此相邻坡段的坡度差不受限制。

另一方面,列车通过变坡点时,车钩产生附加应力,并致使车辆的局部加速度增加,其值与相邻两坡段的坡度代数差成正比。坡度代数差太大,会影响乘客舒适度,我国《地铁设计规范》(GB 50157—2013)没有对坡度代数差加以限制,但规定了两相邻坡段的坡度代数差等于或大于2‰时,应设圆曲线形的竖曲线连接。根据国内外传统的经验,当两反向坡段的坡度值均超过5‰时,通常采用一段坡度不大于5‰的坡段连接。

2)竖曲线

在线路纵断面的变坡点处,为了保证行车的安全平顺,设置的与坡段直线相切的竖向曲线称为竖曲线。

常用的竖曲线有两种线形:一种为抛物线形,即用一定变坡率的20m短坡段连接起来的竖曲线;另一种为圆弧形竖曲线。因圆弧形竖曲线测设、养护方便,目前国内外均大量采用。我国城市轨道交通线路采用圆曲线形竖曲线。

轨道交通线路的竖曲线的半径应根据乘客舒适度、运行安全和养护维修三个条件拟定。

(1)竖曲线半径

①竖曲线半径限制条件

圆曲线形竖曲线的半径应根据以下三个条件拟定。

a. 乘客舒适条件

列车通过竖曲线时,产生的竖向离心加速度不应大于乘客舒适要求的允许值 a_{SH}。竖曲线的半径 R_{SH},根据列车的最高速度 V_{max} 用下式计算:

$$R_{SH} = \frac{V_{max}^2}{3.6^2 \cdot a_{SH}} \tag{7-54}$$

竖向离心加速度的允许值 a_{SH},国外一般取 $0.07 \sim 0.31 \text{m/s}^2$。若 a_{SH} 分别取 0.08m/s^2 和 0.15m/s^2,则竖曲线半径应分别满足:

$$R_{SH} \geq V_{max}^2 \text{ 和 } R_{SH} \geq 0.5 V_{max}^2 \tag{7-55}$$

因此,当列车最高速度 V_{max} = 120km/h 时,R_{SH} 分别为7200m 和5760m;列车最高速度 V = 100km/h 时,R_{SH} 分别为5000m 和4000m。

我国地铁设计参考国内外资料,a_{SH}值一般取 $0.1 \sim 0.154 \text{m/s}^2$,困难条件取 $0.17 \sim 0.26 \text{m/s}^2$,则竖曲线半径应分别满足:

$$R_{SH} \geq (0.8 \sim 0.5)V_{max}^2 \text{ 和 } R_{SH} \geq (0.45 \sim 0.3)V_{max}^2 \tag{7-56}$$

b. 保证车轮不脱轨条件

列车通过凸形竖曲线时,产生向上的竖向离心力,使车辆有上浮倾向,上浮车辆在横向力作用下容易产生脱轨事故。

列车以速度 V_{max} 运行在半径为 R_{SH} 的竖曲线上时,产生的列车竖向加速度为 a_{SH},相应的竖向离心力(或向心力)为 F_{SH}。F_{SH} 由下式计算:

$$F_{SH} = m \cdot a_{SH} = \frac{m}{3.6^2 \cdot R_{SH}} \times V_{max}^2 \tag{7-57}$$

式中:a_{SH}——竖向加速度,m/s^2;
F_{SH}——竖向离心(向心)力,N;
V_{max}——列车最高运行速度,km/h;
R_{SH}——竖曲线半径,m;
m——车辆质量,kg。

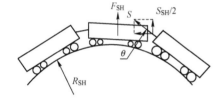

图 7-13 车辆在凸形竖曲线上受力

列车运行在竖曲线上所产生的离心力对列车运行的安全性有影响。

另一方面,列车运行于凸形竖曲线上时,受到向上的竖向离心力 F_{SH} 的作用,如图 7-13 所示。考虑最不利运行情况,即假设此时列车进行制动,制动产生的列车纵向压力为 S,其向上的分力为 $S_{SH}/2$,即:

$$S_{SH} = 2S \cdot \sin\theta = \frac{l}{R_{SH}} \cdot S \tag{7-58}$$

这两个力的合力 ΔW 对列车有减载作用,其计算式如下:

$$\Delta W = F_{SH} + S_{SH} = \frac{1}{R_{SH}}\left(m \cdot \frac{V^2}{3.6^2} + l \cdot S\right) \tag{7-59}$$

由此产生的减载率为:

$$\frac{\Delta W}{W} = \frac{1}{m \cdot g \cdot R_{SH}}\left(m \cdot \frac{V^2}{3.6^2} + l \cdot S\right) \tag{7-60}$$

式中:W——车辆重力,N,$W = m \cdot g$;
g——重力加速度,取 $g = 9.81 \text{m/s}^2$;
l——车辆钩舌距,m。

根据日本相关资料,从运行安全方面考虑,列车运行在竖曲线上时产生的垂直方向的离心力使轴重减载率不大于10%,即 $\Delta W/W \leq 0.1$,则从运营安全角度考虑的竖曲线半径应满足:

$$R_{SH} \geq 0.08 V_{max}^2 \tag{7-61}$$

表 7-11 列出了几种列车最高运行速度与竖曲线半径计算值及建议值的关系。

列车最高运行速度与竖曲线半径 表 7-11

V_{max}(km/h)	R_{SH}(m)	
	计算值	建议值
80	512	600
100	800	800
120	1152	1200
160	2048	2050
180	2592	2600
200	3200	3200

c. 养护维修条件

采用大的竖曲线半径,可提高列车通过变坡点的运行平稳性和乘客舒适度;但当竖曲线半径大到一定程度时,养护维修很难达到其设置要求。根据养护维修经验,最大竖曲线半径不宜大于 40000m。

② 竖曲线半径取值标准

综合分析限制竖曲线半径取值的各项因素可知,对竖曲线最小半径起控制作用的是乘客舒适度条件。《城市轨道交通工程项目建设标准》(建标 104—2008)规定各类车型线路的竖曲线半径不应小于表 7-12 的规定值。

线路工程主要技术标准 表 7-12

基本车型		A	B	C/D	L	单轨
		一般地段/困难地段				
竖曲线半径(m)	正线	5000/3000	5000/2500	1000	5000/3000	2000~3000
	联络线、出入线	2000	2000	1000	2000	1000

注:1. 正线包括支线范围;
2. 特殊困难地段的技术标准,应按国家现行有关技术规范执行。

《地铁设计规范》(GB 50157—2013)规定:对正线的区间线路,竖曲线半径一般情况下不应小于 5000m,困难情况下不应小于 2500m;对于车站端部,竖曲线半径一般情况下不应小于 3000m,困难情况下不应小于 2000m;对联络线、出入线、车场线,竖曲线半径不应小于 2000m。

(2) 竖曲线几何要素

竖曲线的几何要素如图 7-14 所示。

① 竖曲线切线长度 T_{SH}

$$T_{SH} = R_{SH} \cdot \tan\frac{\alpha}{2} \approx \frac{R_{SH}}{2}\tan|\alpha_1 - \alpha_2|$$

$$= \frac{R_{SH}}{2}\left|\frac{\tan\alpha_1 - \tan\alpha_2}{1 + \tan\alpha_1 \cdot \tan\alpha_2}\right|$$

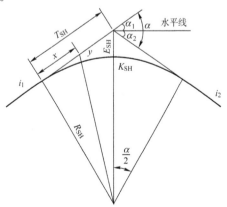

图 7-14 竖曲线的几何要素

$$\approx \frac{R_{SH}}{2} | \tan\alpha_1 - \tan\alpha_2 |$$

$$= \frac{R_{SH}}{2} \left| \frac{i_1}{1000} - \frac{i_2}{1000} \right| = \frac{R_{SH} \cdot \Delta i}{2000} \quad (m) \tag{7-62}$$

式中：α——竖曲线的转角，°；

α_1、α_2——前、后坡段与水平线的夹角，°，上坡为正值，下坡为负值；

i_1、i_2——前、后坡段的坡度，‰，上坡为正值，下坡为负值；

Δi——相邻坡度代数差的绝对值，‰。

②竖曲线长度 K_{SH}

$$K_{SH} \approx 2 T_{SH} \quad (m) \tag{7-63}$$

③竖曲线纵距 y

因为 $(R_{SH} + y)^2 = R_{SH}^2 + x^2$，$2 R_{SH} \cdot y = x^2 - y^2$（$y^2$ 值很小，可忽略不计），所以

$$y^2 = \frac{x^2}{2 R_{SH}} \quad (m) \tag{7-64}$$

式中：x——切线上计算点至竖曲线起点的距离，m。

变坡点处的纵距称为竖曲线的外矢距 E_{SH}，其计算公式为：

$$E_{SH} = \frac{T_{SH}^2}{2 R_{SH}} \quad (m) \tag{7-65}$$

变坡点处的施工线路施工高程，应由变坡点的设计高程减去（凸形变坡点）或加上（凹形变坡点）外矢距的高度。路基填挖高度应根据施工高程计算。

例：某轨道交通线路凸形变坡点 A 的地面高程为 476.50m，设计高程为 472.36m，相邻坡段坡度为 $i_1 = 6‰$，$i_2 = -2‰$，竖曲线半径取 10000m，求 A 点的挖方高度。

解：A 点的坡度差：

$\Delta i = |6 - (-2)| = 8‰$

A 点的竖曲线切线长：

$$T_{SH} = \frac{10000 \times \Delta i}{2000} = 5 \times \Delta i = 40 (m)$$

A 点的竖曲线外矢距：

$$E_{SH} = \frac{T_{SH}^2}{2 R_{SH}} = \frac{40^2}{2 \times 10000} = 0.08 (m)$$

A 点的施工高程为：

$472.36 - 0.08 = 472.28 (m)$

A 点的挖方高度为：

$476.50 - 472.28 = 4.22 (m)$

(3)设置竖曲线的限制条件

①需要设置竖曲线的最小坡度代数差

a. 保证列车不脱轨条件

在线路纵断面上，若各坡段直接连接成折线，列车通过变坡点时，产生的车辆振动和局部加速度增大，乘车舒适度降低；在车辆的前转向架中间轴未通过变坡点前，动车前轮将呈

悬空状态;当悬空高度大于轮缘高度时,将导致脱轨,所以必须在变坡点处用竖曲线把折线断面平顺地连接起来,以保证行车的安全和平顺。

脱轨要求的坡度差条件为:

$$\Delta i \leqslant \frac{d_{\min}}{L_z} \qquad (7\text{-}66)$$

式中:L_z——车辆重心至前转向架第一轮中心的距离,m;
$d_{\min}$——轮缘高度,m。

若车辆重心至前转向架第一轮中心的距离取最大值5.6m,轮缘高度取0.025m,则相应的坡度差为4.5‰。

b.轨道自然柔顺条件

根据运营实践,普通轨道在纵距为5mm左右而不设竖曲线时,在施工、养护时变坡点处轨面能自然形成竖曲线,据此可得相应竖曲线半径与最小坡度差的关系,见表7-13。

竖曲线半径与最小坡度差的关系　　表7-13

R_{SH}(m)	15000	10000	5000	3000
$\Delta i_{\min}$(‰)	1.6	2	2.8	3.6

可见,对于上述曲线半径,当坡度代数差小于2‰时,变坡点处纵距很小,无须在基础表面做出圆弧,轨道扣件可自动将连接处顺为圆弧。

c.相关规定

综合各项影响因素,我国规定各级铁路需设置竖曲线条件为:设计速度为160km/h及以上的区段,相邻坡段的坡度差 $\Delta i \geqslant 1‰$ 时,应设置竖曲线;设计速度小于160km/h的区段,相邻坡段坡度差Ⅰ、Ⅱ级铁路 $\Delta i > 3‰$,Ⅲ级铁路 $\Delta i > 4‰$ 时应设置竖曲线,即在路基面上做出竖曲线线形。竖曲线长度不宜小于25m。《地铁设计规范》(GB 50157—2013)规定,两相邻坡段的坡度代数差大于或等于2‰时,应设圆曲线形的竖曲线连接;车站站台有效长度内和道岔范围内不得设置竖曲线。

②竖曲线与平曲线的重叠设置

碎石道床线路竖曲线范围内,轨面高程以一定的曲率变化;缓和曲线范围内,外轨高程以一定的超高顺坡变化。若两者重叠,一方面在轨道铺设和养护时,外轨高程不易控制;另一方面外轨的直线形超高顺坡和圆形竖曲线都要改变形状,影响行车的平稳。因此,竖曲线不得与平面缓和曲线重叠设置;当不设平面缓和曲线时,竖曲线不得与超高顺坡段重叠。

为了保证竖曲线不与缓和曲线重叠,纵断面设计时,变坡点离开缓和曲线起讫点的距离,不应小于竖曲线的切线长(图7-15)。

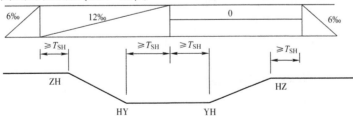

图7-15　变坡点距缓和曲线起讫点的距离

③竖曲线不应设在明桥桥面上

在明桥(无砟桥)面上设置竖曲线时,其曲率要用木枕高度调整,每根木枕厚度都不同,若要按固定位置顺序铺设,会给施工、养护带来困难,为了保证竖曲线不设在明桥桥面上,变坡点距明桥桥面端点的距离不应小于竖曲线的切线长。

④竖曲线不应与道岔重叠

道岔的尖轨和辙叉应位于同一平面上,若将其设在竖曲线的曲面上,则道岔的铺设与转换都有困难;同时道岔的导曲线和竖曲线重合,列车通过道岔的平稳性降低。

为了保证竖曲线不与道岔重叠,变坡点与车站站坪端点的距离,不应小于竖曲线的切线长。车站站台计算长度内和道岔范围内不得设置竖曲线,竖曲线离开道岔端部的距离不应小于5m。

渡线应设在5‰以内的坡度上,而且竖曲线不应伸入道岔范围。竖曲线起点至道岔基本轨起点的距离,或距辙叉跟端以外短轨端点的距离,均不应小于5m。

7.3.4 坡段长度

相邻两坡段的坡度变化点称为变坡点。相邻两变坡点间的水平距离称为坡段长度。城市轨道交通线路,为避免列车运营过程中的频繁起伏,提高舒适程度,不宜连续采用"N"形短坡段。采用大坡度的路段,宜避免采用"V"形纵断面。最短坡长的限制主要是从列车行驶平稳性的要求考虑的。

(1)保证同坡段两端的竖曲线不重叠

从列车运行平稳性的角度考虑,最小坡段长度应保证同坡段两端所设的竖曲线不在坡段中间重叠,如图7-16所示,因此要求坡段长度满足:

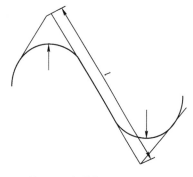

图7-16 竖曲线不重叠的坡段长度

$$l_{min} \geq \frac{R_{SH1} \cdot \Delta i_{max}}{2000} + \frac{R_{SH2} \cdot \Delta i_{max}}{2000} \quad (7-67)$$

式中:l_{min}——最小坡段长度,m;

Δi_{max}——相邻坡段最大坡度差,‰;

R_{SH1}、R_{SH2}——竖曲线半径,m。

(2)竖曲线上产生的车辆垂向振动不致影响乘客舒适度

列车经过坡段两端的竖曲线时,除了在曲线上产生的离心加速度外,在线形变化点前后由于线路曲率的变化,将产生一定的振动激扰,前后两个线形变化点产生的激扰振动的相位差(即两个激扰振动产生的时间差)受列车运行速度和竖曲线间直坡段长度控制,其激扰振动是否会产生叠加还与列车振动衰减特性有关。

理论上列车垂向运行平稳、乘客乘坐舒适所要求的夹直坡段的最小长度由"列车在竖曲线出入口产生的振动不致叠加"限制(图7-17),它与列车振动、衰减特性和列车运行速度有关。根据试验结果,列车在竖

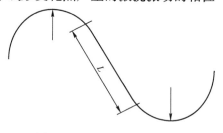

图7-17 竖曲线间夹坡段长度

曲线出入口产生的垂向振动通常在半个周期前后达到反向最大,在一个半至两个周期内基本衰减完。假设车辆垂向振动的周期为 $T(s)$,则竖曲线间的夹直坡段最小长度 L_J 为:

$$L_J \geq \frac{n \cdot T \cdot V_{max}}{3.6} + L_q \tag{7-68}$$

式中:n——转向架振动消失所经历的周期数,根据试验结果,一般取 1.0~1.5;

T——车辆振动衰减时间,s,可根据相关试验结果或仿真分析确定;

V_{max}——设计速度,km/h;

L_q——客车全轴距。

考虑到车辆并非刚体,可取 $L_q = 0$;取 $n = 1$,则式(7-68)可简化为:

$$L_J \geq \frac{T \cdot V_{max}}{3.6} \tag{7-69}$$

轨道车辆经过竖曲线后的振动衰减基本完成需要的时间为 1.25~1.65s,相应的夹坡段长度为 120~160m,换算长度为 $0.35V_{max}$ ~ $0.46V_{max}$。

(3) 列车不同时跨两个变坡点条件要求的坡段长度

为了提高列车运行平稳性,应使列车不同时跨两个或两个以上变坡点,以免列车过变坡点时各个变坡点所产生的附加应力和局部加速度因叠加而加剧,从而影响列车的平稳运行和乘客的舒适性。因此,线路坡段长度不宜小于远期列车计算长度。

按每节车厢 19.11m 计算,当列车编组为 8 节车厢时,约为 150m;当列车编组为 6 节车厢时,约为 115m;当列车编组为 4 节车厢时,约为 75m。

(4) 最小坡段长度取值

两变坡点之间的坡段长度由两段竖曲线切线长和中间夹坡段长度两部分组成。

由于城市轨道交通线路的竖曲线半径一般不是定值,坡度代数差又不受限制,因此其切线长部分很难确定统一标准。

轨道交通线路坡段长度应满足下式要求:

$$l_{min} \geq \frac{R_{SH1} \cdot \Delta i_{max}}{2000} + \frac{R_{SH2} \cdot \Delta i_{max}}{2000} + l_{jmin} \tag{7-70}$$

式中:l_{jmin}——竖曲线之间的最小夹坡段长度,线路坡段长度不宜小于远期列车长度,并应满足相邻竖曲线间夹直线坡段长度的要求。

不同速度轨道交通线路最小夹坡段长度可按下式计算确定,或按表 7-14 取值。

$$l_{jmin} = \begin{cases} 0.45V_{max}, & \text{一般情况} \\ 0.4V_{max}, & \text{困难情况} \end{cases} \tag{7-71}$$

夹坡段最小长度(单位:m)   表 7-14

设计速度(km/h)		200	160	120	100	80
工程条件	一般情况	90	75	55	45	40
	困难情况	80	65	50	40	35

《地铁设计规范》(GB 50157—2013)规定,相邻两竖曲线间的最小直线长度不宜小于50m。

从列车运行品质上看,当凸形纵断面位于曲线时,由于凸形变坡点竖曲线产生向上的离心力而相应加大了水平未被平衡的加速度,相对增加了欠超高。在直线上,若坡段太短,将导致列车频繁起伏运行,导致竖向离心加速度变化率增大,也可能使乘客感到不适。因此,纵断面坡段长度的设计,应综合考虑工程量和乘客舒适性因素。在工程量相差不大时,宜尽量设计为较长的坡段。

7.3.5 纵断面设计步骤

1）新建项目纵断面设计

对于新建项目,纵断面设计工作包括收集基础资料、确定高程控制点、右线纵断面坡度设计和左线坡度设计等。

（1）收集基础资料

根据不同的设计阶段、设计深度,设计纵断面需综合考虑自然条件、社会环境、工程设计等要求,为此需收集以下资料：

①地面线（道路线）及其跨越道路立交桥、河床底、航行水位、洪水位、铁路、高压线高程等资料。

②地下管道及主要房屋、人防工程基础高程等资料。

③道路、立交桥、铁路、河渠、地下管道等规划高程资料。

④地质剖面及地下水位高程资料。

⑤线路平面及附属结构物设计资料。

（2）确定高程控制点

根据设计原则、标准、隧道结构外轮廓尺寸、覆土厚度、桥下净高、距建筑物的最小距离、地铁排水位置等要求,查询相关资料,确定纵断面设计的高程控制点及其控制高程。

（3）右线纵断面坡度设计

①右线坡度设计

城市轨道交通以右线为基准线,右线坡度设计贯穿于各个设计阶段。初步设计及以前各阶段,坡段长度宜为 50m 的倍数,变坡点一般落在百米里程及 50m 里程处。施工设计阶段,右线坡段长度一般取整为 10m 的倍数,变坡点落在整 10m 的里程上,坡度一般用千分整数表示,以方便其他设计和施工人员应用。设计高程应为轨顶高程。

②右线竖曲线设计

竖曲线设计包括竖曲线半径选择、竖切线长度计算及竖曲线高程改正值计算。初步设计阶段只进行竖曲线半径设计,施工设计阶段才进行竖曲线高程改正值计算,精度至毫米。

施工图设计阶段的内容还包括左线坡度设计、左线竖曲线设计、左右线轨顶详细高程计算等。左右线轨顶详细高程计算包括百米及千米标、控制加标、车站中心、道岔中心、附属结构物中心或接口中心、线路最低点、断链,有时还应包括隧道结构变形缝等高程的计算。高程值计算至毫米。

（4）左线坡度设计

①左线与右线并行于同一隧道内

左线与右线位于同一隧道结构体内,无论隧道结构是单孔（跨）还是多孔（跨）,无论是车站隧道结构还是区间隧道结构,左线坡度都应与右线一致,同断面的左右线高程都应相等。

曲线地段，左、右线(内、外曲线)长度不同，左线坡度应做调整，使曲线范围内同一法线断面上的左右线高程相同。调整坡度段与原坡段视为同一坡段，调整坡度段的变坡点最好位于缓和曲线中部的整 10m 里程位置上，并验算左右线同断面高程是否相同，允许高程差不大于 2cm。在小曲线小坡度地段，可以调整变坡点位置，避免零碎坡段和坡度，但要满足相同断面高程差不大于 2cm 的要求。调整坡度值与调整变坡点也可以同时进行。

左线与右线常上下重叠于同一隧道内，是一种立体并行形式。这种形式的左线坡度与右线应完全相同，高程相差一常数。

②左线与右线分设于单线隧道内

车站范围内的左线坡度及高程宜与右线一致(左右线站台位于同一平面上)或高程相差一常数(左右线站台不位于同一平面上)。虽然车站范围内左线与右线的隧道是单独的，但站台之间、站台与站厅之间都有通道相互联络，左右线坡度及高程一致(或差一常数)，有利于车站各部分的设计与施工。

区间地段的左线坡度不要求与右线相同，坡度设计较为灵活。但左右线宜共用一个排水站，要求左线最低点位置处于右线最低点同一断面处，如错动不应大于 20m，最低点高程宜相等，但允许有 30cm 以内高差。左右线之间若有连接通道，其左右线高程宜相同，允许有 50cm 以内的高差。

(5)施工方法和工程结构对纵断面设计的影响

地下隧道车站的纵断面设计，除了满足相应的坡度、坡段长度、坡段连接要求外，还要综合考虑隧道类型、拟采用的施工方法及运营特点等因素。

对于浅埋隧道，一般采用明挖法施工，宜接近地面，以减少土方工程量，简化施工条件。同时，又要考虑在隧道上面预留足够的空间来设置城市地下管线，并有足够厚度的土壤层来隔热，使隧道内不受地面温度变化的影响。通常浅埋区间隧道衬砌顶部至地面距离不小于 2m。由于车站本身要求的净空高度大于区间的要求高度，因而浅埋车站一般位于凹形纵断面的底部。这种纵断面形式是进站下坡、出站上坡，导致列车进站制动和出站加速都需要耗费更多的能量，不利于运营。

对于深埋隧道，通常位于比较稳定的地层内，其顶部以上的地层厚度要能够形成承载拱，因此应埋深一些。在保证车站净空要求的前提下，深埋隧道的车站应埋浅一些，尽量接近地面，因为这样设计的车站土建工程量较少，还可节省升降设备投资，乘客上下地面的时间也相应减少。在这种情况下，车站位于线路凸形纵断面顶部，便于进站减速、出站加速，节省运营成本。

2)纵断面修改设计

通常在软土地基及软硬土层交界地段，不同施工方法、新老施工段相隔时间久、利用隧道上方场地大量存土等原因，将造成建好的隧道结构不均匀下沉；又由于隧道结构净空限制，致使轨道无法按原纵断面设计坡度及高程铺设，必须修改纵断面坡度及高程。

纵断面坡度修改设计标准与新线设计标准基本相同，允许的最小坡度为 2‰，但排水沟要特殊施工，以保持水沟不积水。变坡点位置可以设在整数米的位置，坡度可以采用非整数千分坡。

修改纵断面设计的关键工作是准确掌握已完工的隧道结构沉降、断面净空尺寸及其误差情况。设计人员应深入现场,实地检查,在此基础上提出横断面净空测量及加密底板面高程测量要求。一般对底板面高程,沿线路中心线每隔 5~20m 距离测量一次。对断面净空尺寸及顶板底面高程,一般每隔 10~50m 测一次。

纵断面修改设计的步骤如下:
(1)审阅线路平面贯通测量及隧道底板高程资料,现场踏勘检查。
(2)提出左右线隧道结构断面净空及高程测量要求。
(3)标绘隧道结构底、顶板净空的放大纵断面图。
(4)分析隧道结构净空放大纵断面图,找出高程控制点。
(5)纵断面坡度修改设计。
(6)检查净空高度及道床厚度是否满足要求。

在困难条件下,限界中可以适当扣除施工误差,道床可做特殊设计,减薄厚度。在采取上述措施仍不能满足净空要求时,由施工单位采取补救措施,扩大隧道净空,并根据施工补救方案进行纵断面修改设计。

7.4 配线设计

城市轨道交通配线包括车辆基地出入线、联络线、折返线、停车线、渡线、安全线,是通过道岔与正线相互联络的轨道线路,是保证列车正常运行、实现合理调度和确保行车安全的线路。配线在运行过程中为列车提供收发车、折返、联络、安全保障、临时停车等功能服务。

7.4.1 折返线

列车通过进路改变、道岔转换,经过车站的调车进路由一条线路至另一条线路运营的方式称为列车折返,具有列车折返能力的车站称为折返站。实现列车折返的配线称为折返线。折返线主要供运营时的列车折返(包括始发、终点站的折返和中间小交路的折返)及非运营时的存车,以实现列车的合理调度和正常运行。

《地铁设计规范》(GB 50157—2013)规定:折返线应根据行车组织设计确定,起、终点站和中间折返站应设置列车折返线;折返线布置应结合车站站台形式确定,可采用站前折返或站后折返形式,并应满足列车折返能力要求。

1)折返线的布置形式

图 7-18 给出了折返线的常用布置形式。按折返方式,折返线的布置形式可划分为站前折返[图 7-18d)、f)]和站后折返[图 7-18a)、b)、c)、e)]两种。

站前折返的优点是列车空走少,折返时间较短,上下车乘客能同时上下车,可缩短停站时间,渡线设置在站前,可以在一定程度上减少项目的投资,减少费用。缺点是列车在站前折返的过程中会占用区间线路,从而影响后续列车的闭塞,对行车安全有一定威胁,对行车安全保障要求较高。客流量大时,可能会引起站台客流秩序的混乱。城市轨道交通行车组织中较少采用这种折返模式,特别是当行车密度高、列车运行间隔短的条件下,一般不会采用站前折返方式。如果车站尾部受建筑物(基础)或地质条件限制,必须采用站前折返时,为防止上下车客流拥挤,可设计为两岛一侧站台形式。中间大岛站台为乘客上车站台,两侧的站台为下车站台,小岛站台的另一侧还可固定作为故障列车和存车之用,以便使事故列车对其他列车的影响减到最小限度。

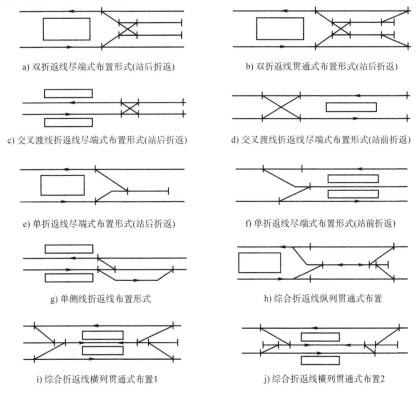

图 7-18 折返线的常用布置形式

站后折返在国内外城市使用的最多。采用站后折返方式,站间接发车采用平行作业,不存在进路交叉,安全性能好,而且站后列车进出站速度较高,有利于提高旅行速度。一般来说,站后尽端线折返是国内外城市轨道交通最常见的折返方式,站后渡线方法则可为小交路提供方便;环形线折返设备可保证最大的通过能力,但施工量大,钢轨在曲线上的磨耗也大。站后折返的主要不足是列车折返时间较长。

按折返线与站台的位置关系,折返线布置形式可分为纵列式[图 7-18a)、b)、e)、h)]和横列式[图 7-18f)、i)、j)]两种;按折返线与正线衔接方式,可分为尽端式[图 7-18a)、c)、d)、e)、f)]和贯通式[图 7-18b)、h)、i)、j)]。

尽端式折返站车站客运业务与列车折返作业分离进行,列车控制简单,作业安全性好;对于双折返线车站,当出现故障列车时,可借用折返线暂时停放列车,迅速恢复行车秩序。其主要缺点是车站工程数量相对较大;当采用站后折返方式时,折返作业周期比较长,且只适应于一端列车折返作业。

贯通式折返线的优点是车站作业组织灵活,可满足双向折返需要,实现列车越行、待避等作业。纵列贯通式折返线的相邻两车站均可组织折返作业,横列贯通式折返线还能兼作列车到发作业线使用。横列贯通式折返线的缺点是车站横向规模较大,站台利用率低,乘客上下车易发生混乱;纵列式的缺点是车站纵向规模较大,折返线结构较复杂,远端道岔距车站过远,不利于管理和维修。

按折返线的性质,折返线布置形式又可以归纳为双折返线[图7-18a)、b)]、交叉渡线折返线[图7-18c)、d)]、单折返线[图7-18e)、f)]、单侧线折返线[图7-18g)]和综合折返线[图7-18h)、i)、j)]等。

双折返线可设于中间折返站或线路端部折返站上,折返能力可大于30对/h,当折返列车对数较少时,可以留出一条线作为停车线。在端部正线继续延伸后,仍可作为折返线或停车线使用,没有废弃工程,特别适用于明挖法施工的岛式车站上。在北京、上海、广州等城市地铁线路中得到了广泛使用,是最常用的一种折返线形式。折返线尾部加设渡线[图7-18b)],可以实现另一方向站前折返,增加列车运营组织灵活性。

交叉渡线折返线分别为站前和站后正线折返,作为正常列车运行的折返,只适应于终端站上。若采用站后正线折返,车站可用侧式站台,渡线短,节省折返时间;若采用站前正线折返,车站一般采用岛式站台,方便乘客乘车。采用渡线作为折返线,可节省建设资金,但是当正线延伸后,其正常运营列车难以折返,需另设折返线车站。

单折返线的折返能力和灵活性稍差,折返与存车不能兼顾,一般多单独用作折返线。

单侧线折返线是一种比较简便、经济的区段列车折返线形式,主要用在高架线上。需要折返的列车利用正线折返,后续前进列车在高峰时间内,可以通过侧线越行,在平峰时间内,后续前进列车仍可沿正线运行。

综合折返线是指除了列车折返功能外还有乘客上下车、列车越行、列车出入段以及列车转线联络等多种功能中的一项或多项功能的折返线形式。图7-18i)所示布置形式集列车折返乘客上下车、列车越行、故障列车临时停车等功能于一体,使用灵活,但车站规模大、效率较低。

2)折返线设计原则

(1)线路起终点或每期工程的起终点站,因列车需要转线返回,必须设置折返线或渡线;对于一次建成的线路尽端站,可根据运营组织要求和工程技术条件等因素决定折返线形式,原则上应设尽端式折返线(含站前折返);对于分期建设的临时尽端站,在能力满足要求的条件下可优先采用渡线折返方案;在靠近车辆段一端,一般可不设独立的折返线而设渡线折返线,利用正线折返,但必须根据列车对数和信号要求核算列车折返能力。

(2)当线路上客流断面发生变化时,为了经济合理地使用运输能力,在大客流断面的区段上增加开行列车对数,或在小客流断面的区段上减少开行列车对数,即一部分列车需要中途折返,在这些车站应设置区段折返线。在折返作业量大的车站可采用站后折返,折返作业量小的车站可采用渡线折返。有采用贯通式条件的,尽量选用贯通式折返线,以增强线路运营的调整能力。

(3)为了缩短折返时间,保证最小的行车间隔,折返线的有效长度应满足《地铁设计规范》(GB 50157—2013)的规定。

(4)尽头式折返线末端应设置缓冲车挡。

(5)在靠近隧道洞口以内或临近江河岸边的车站,应根据非正常运营模式和行车组织要求,研究确定车站配线形式。

3)折返线设计长度

从减少投资和运营费用的角度,折返线长度不宜过长,但是折返线的长度也不能太短,主要是考虑以下两个因素:一是停车线端距道岔基本轨端留有必要的距离,如该距离太短会影响列车加速,从而影响列车折返能力;二是列车进入折返线通过最后一组道岔时,不希望降低速度以便尽快给其他列车开通线路。根据以上情况,折返线留有足够的长度对保证列车折返安全和折返能力是必要的。为此,《地铁设计规范》(GB 50157—2013)规定:折返线、故障列车停车线有效长度(不含车挡长度)不应小于表 7-15 的规定。

折返线、故障列车停车有效长度　　　表 7-15

配线名称	有效长度+安全距离(不含车挡长度)(m)
尽端式折返线、停车线	远期列车长度+50
贯通式折返线、停车线	远期列车长度+60

4)折返线平纵断面技术标准

(1)平面技术标准

折返线宜设在直线上。困难情况下,除道岔区外,可以设在曲线上,并可不设缓和曲线,超高应为 0～15mm。但在车挡前应保持长度不小于 20m 的直线段。

列车进折返线仍处于 ATP 系统(列车自动防护系统)保护下,一般会降低速度,并且随时准备停车。《地铁设计规范》(GB 50157—2013)规定道岔直向允许通过速度不应小于区间设计速度,侧向允许通过速度不应小于 35km/h。因此,原则上其平面连接曲线半径可采用与正线相同的标准,但尾部需保证有一节车辆长度和车挡位于直线上。

(2)纵断面坡度设计标准。

隧道内的折返线,为保障车辆停放和检修作业的安全,线路坡度要求尽量平缓,但为保证隧道内的排水,线路又必须保持最小的排水坡度。在《地铁设计规范》(GB 50157—2013)中规定隧道内的坡度宜为 2‰,地面和高架桥上的坡度不应大于 1.5‰。同时,为了防止列车向车站溜车,确保停车安全,折返线应布置在面向车挡或区间的下坡道上。

7.4.2 停车线

1)停车线布置形式

停车线主要用于故障列车临时停放及夜间存车,以减少故障列车对正常行车的干扰和组织线路局部事故时的列车折返。通常,依据其与车站站台的位置关系,停车线可分为纵列式和横列式两种布置形式(图 7-19 和图 7-20)。

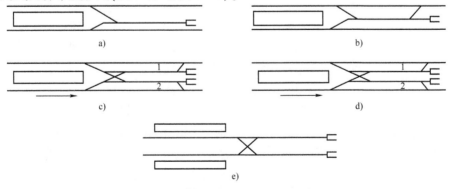

图 7-19　纵列式停车线布置形式示意图

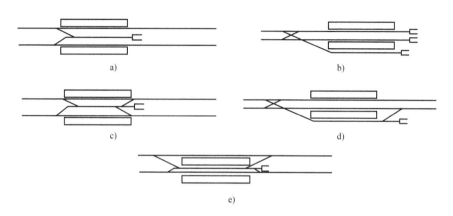

图 7-20 横列式停车线布置形式示意图

(1) 纵列式停车线

停车线布置在车站的一端,与站台纵列,有尽头式和贯通式之分。

纵列尽头式停车线[图 7-19a)、c)、e)]往往与折返线结合布置,在车站一端设两条尽头线,其中折返与停车各占 1 条。在使用上两者无严格的区分,可以混用。在列车自动控制系统(ATC 系统)中,一般明确某线折返为优先模式。图 7-19c)、d)为站后折返线/停车线结合布置车站的配线布置图,列车运行方向如图所示,当两条折返线都空闲时,列车优先采用折返线 1 折返,只有当折返线 1 存有车辆时,才使用折返线 2 折返。此种布置形式,在终端站(折返)使用的比较多。

纵列贯通式停车线[图 7-19b)、d)]是将停车线布置在车站的一端,可贯通两条运行正线,双方向的暂存列车进出更方便。对于岛式车站,在尽头式停车线末端增设渡线,即可构成贯通式停车线。

纵列式停车线的优点:乘客乘降与列车技术作业位置分离,便于列车检查与工程车存放;对于岛式车站,可利用车站两端"喇叭口"地形条件设置停车线,工程量增加不多。

纵列式停车线的缺点:通常,纵列式停车线的建设成本略高于横列式停车线;对于尽头式的停车线,存放列车仅能从一端进出,不便于反方向列车出入停车线,不能采用故障列车重联牵引入停车线故障处理模式,作业灵活性较差。

(2) 横列式停车线

停车线位于站台长度范围内,与站台成平行布置,也有尽头式和贯通式之分。

横列尽头式停车线[图 7-20a)、b)]一般设于车站内侧或外侧,可兼顾停车、存车和折返功能。横列贯通式停车线如图 7-20c)、d)、e)所示,列车可从两端进出,根据停车线与正线、站台的位置关系,可以分为内侧式、外侧式和岛侧式。内侧贯通式[图 7-20c)]双方向列车进出停车线都顺畅,进路灵活,使用方便;外侧贯通式[图 7-20d)]有一个方向的列车进出停车线需要切割正线,车站作业影响较大,不方便;岛侧式贯通式如图 7-20e)所示,它与内侧横列式的不同点是车站站台布置采用了"两线夹两台"形式,停车线和正线均有站台面,其优点是具有停车兼折返功能,特殊情况下(如组织临时小交路折返)可当作折返线使用或白天运营期间当作折返线使用。这种布置形式使用较多,如德国慕尼黑地铁 6 条线路的 35 处停车线中,贯通式停车线设计有 13 处(近 40%)。

横列式停车线的优点:布置紧凑,相对纵列式工程量较小;尤其采用横列贯通式布置形式时,由于停车线贯通上、下行正线,双方向列车进出停车线都顺畅,使用方便。

横列式停车线的缺点:车站横向距离宽,高架(或地下)车站建筑难度增加;横列尽头式布置的停车线,列车进出需要折返走行,对正线行车有一定的干扰。

为提高停车线使用的灵活性,贯通式停车线的末端可与一侧或两侧正线连通,形成3方向或4方向停车线。尽头式停车线末端应设车挡;贯通式停车线末端连接正线时宜设安全线,在困难条件下可设置列车防溜设备。

2)停车线设计原则

(1)为了使故障列车尽快退出正线运营,每隔一定距离的车站站端应加设车辆临时停车线,供故障列车临时停放或检修。

(2)停车线应与正线贯通。

(3)为满足故障列车运行工况,正线应每隔5~6座车站或8~10km设置停车线,其间每相隔2~3座车站或3~5km应加设渡线。

(4)停车线仅作为故障列车临时停放时,一般不进行日常技术检查,可不设检查坑。

(5)有时故障列车还需要救援车或其他列车牵引回段,停车线的长度除满足故障列车停放外,还应考虑采用救援车或其他列车与故障列车连挂作业的要求。

(6)停车线应具备故障车待避和临时折返功能。停车线设在中间折返站时,应与折返线分开设置,在正常运营时段,不宜兼用。停车线尾端应设置单渡线与正线贯通。

(7)远离车辆段(或停车场)的尽端式车站配线,除应满足折返功能外,还应满足故障列车停车、夜间存车和工程维修车辆折返等功能要求。

3)停车线平纵断面设计标准

停车线设置与折返线相同,宜设在直线上。困难情况下,除道岔区外,可设在曲线上,并可不设缓和曲线,超高应为0~15mm。但在车挡前宜保持长度不小于20m的直线段。

为了防止列车向车站溜车,确保停车安全,停车线应布置在面向车挡或区间的下坡道上,隧道内的坡度宜为2‰,地面和高架桥上的坡度不应大于1.5‰。

7.4.3 渡线

1)渡线的布置形式

渡线形式一般有单渡线[图7-21a)]、"八"字形渡线[图7-21b)]和交叉渡线[图7-21c)]三种。

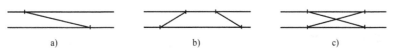

图7-21 渡线的布置形式

单渡线,两副单向反开道岔中间插入一段短轨,沟通两条线路之间的联系。该形式应用最为广泛。除了可以实现折返作业外,还可用于沟通上下行正线或其他相邻线路,形成多种的列车运行进路,也可以在枢纽站增加列车接发(平行)进路,实现列车的转线运行。

"八"字形渡线,用四副单开道岔和两段夹直线,沟通两条线四个方向之间的直通联系。该方式结构简单,使用和维修方便。一般分开设置在车站的两端,长度较长,往往由功能相同的交叉渡线所替代,但"八"字形渡线可缩小线间距(如9号道岔交叉渡线所需的最小线间距为4.6m,"八"字形渡线可缩减至4.2m)。一般不在车站一端咽喉区设置,但为了节省工程量,也可酌情采用。

交叉渡线,作用与"八"字形渡线相同,但结构形式不同,由4副单开道岔和一组菱形交叉以及连接短钢轨组成,长度比前者要缩短50%以上。在实现折返转线功能的基础上,可最大限度地缩短车站的长度,节省工程数量及费用,同时也增加线路使用上的灵活性。

2)渡线的设计原则

(1)城市轨道交通线路,一般每隔3~5座车站设渡线,或配合折返线、停车线设置。

(2)单渡线应设在车站端部,一般中间站的单渡线道岔,宜按顺岔方向布置。

(3)单渡线与其他配线的道岔组合布置时,根据功能需要,可按逆向布置。

(4)在采用站后折返的尽端站,宜增设站前单渡线,并宜按逆向布置。

7.4.4 安全线

安全线是为防止车辆段出入线、折返线或岔线(支线)上行驶的列车未经允许进入正线,与正线上行驶的列车发生冲突,确保正线列车安全、正常运行的一种安全防护设备,主要是为了确保正线列车安全、正常运行。安全线一般设在尽端线的末端,或其他线路列车进入正线区间线路前。

(1)支线与干线接轨的车站应设置平行进路;在出站方向接轨点道岔处的警冲标至站台端部的距离,不应小于50m,小于50m时应设安全线。

(2)车辆基地出入线,在车站接轨点前,线路不具备一度停车条件,或停车信号机至警冲标之间小于50m时,应设置安全线。采用"八"字形布置在区间与正线接轨时,应设置安全线。

(3)列车折返线与停车线末端均应设置安全线,其长度应符合表7-15的规定。

(4)安全线自道岔前端基本轨缝(含道岔)至车挡前长度应为50m(不含车挡)。在特殊情况下,缩短长度可采取限速和增加阻尼措施。

7.4.5 联络线

1)联络线分类

城市轨道交通线一般是按独立运行设计的,联络线是为沟通两条单独运营线路而设置的必要设施,为两线车辆过线服务。根据设置位置和目的的不同,联络线基本上可分为以下两类:

(1)城市轨道交通网络对外联络线,主要是指城市轨道交通网络与国铁或地方铁路之间的联络线。其作用是通过国铁、地方铁路运输城市轨道交通建设和运营中所需的设备车辆、大型机具等与材料。例如上海地铁1号线在新龙华车辆段与国铁沪杭铁路间修建的联络线。

(2)城市轨道交通网络内部的联络线,指城市轨道交通网络中线路之间的联络线。其作用主要有为线网中不同线路共享车辆段及其他设备创造条件,做好不同线路间的资源共享,达到优化配置的目的,节约工程建设成本,使无条件与国铁线路直接联通的线路间接与国铁联通,为实现线网内不同线路共线或跨线运营创造条件,为事故救援、运行故障处理、车辆调度等提供方便条件。

在以上两类联络线中,城市轨道交通网络对外联络线的接轨点应根据条件确定,在条件允许时应优先选择在车辆综合基地处。城市轨道交通系统内部两线间的联络线则一般设于两线交汇处。原则上联络线的设置以后者为主,这是因为采用后者可使检修车辆走行距离缩短,调度方便。在轨道交通系统初期,网络尚未成形,城市轨道交通线路间的相互联络条件较差,可适当利用国铁相互沟通。但随着城市轨道交通系统的发展,网络逐步成形,城市轨道交通线路间的联络条件较好,因此应多考虑城市轨道交通线路之间的联络线。

2)联络线的布置形式

联络线在线网中的作用和两线的交叉条件决定了联络线的布置形式,主要有以下三种形式。

(1)单线联络线

在两条交叉的线路,或者在两条相近的平行线路之间,仅为车辆送修或调转运营车辆需要而设置的联络线,可用单线联络线,如图7-22所示。

(2)双线联络线

跨线运营或者作为临时运营正线使用的联络线可采用双线联络线,如图7-23所示。双线联络线分为两种形式:

①立体交叉形式,双线联络线通常是立体交叉形式。

②平面交叉形式,在某些特殊条件下,也可与正线平面交叉。

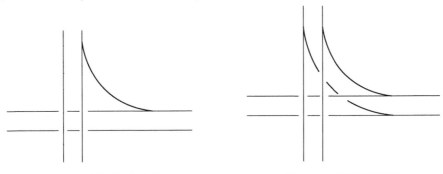

图7-22 单线联络线图示　　图7-23 双线联络线图示

(3)联络渡线

当两条线路在某站采用同站台平行换乘时,其车站可采用平面双岛四线式车站和上下双岛重叠四线式车站,车站采用单渡线将两条线路联通形成渡线联络线,如图7-24所示。

3)联络线设置的规定

联络线是一种配线路,利用率较低,因此多数情况下都按单线双向运行设计。为大修车辆运送设置的联络线,要尽可能设在最短路径上,同时要考虑到工程实施的可能性。联络线的设置要考虑线网的修建顺序,使后建线路通过联络线从先建的线路上运送车辆和设备。联络线的布局,应从线网的整体性、灵活性和运营需要综合考虑,使之兼顾

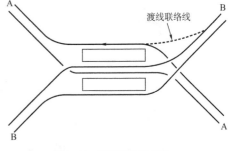

图7-24 渡线联络线图示

多种功能,发挥最大的经济效益,要注意线路制式及限界的一致性。联络线的设置原则是以最少的联络线数量提供最大的运营灵活性,且走行距离最短、运营费用最低。联络线的设置应根据工程条件并考虑和其他建设项目的关系,在确保联络线功能的同时,减少对其他项目的影响。

《地铁设计规范》(GB 50157—2013)指出,联络线的设置应符合下列规定:

(1)正线之间的联络线应根据线网规划、车辆基地分布位置和承担任务范围设置。

(2)凡设置在相邻线路间的联络线,承担车辆临时调度,运送大修、架修车辆,以及工程维修车辆、磨轨车等运行的线路,应设置单线。

(3)相邻两段线路初期临时贯通且正式载客运行的联络线,应设置双线。

(4)联络线与正线的接轨点宜靠近车站。

(5)在两线同站台平行换乘站,宜设置渡线。

4)联络线布局方法

针对城市轨道交通建设成本大,线路建成后土建工程难以改变的特点,考虑远期线网发展,目前有主通道增长法和建设成本优化法两种联络线布局方法。

(1)主通道增长法

主通道增长法是按照"循序渐进"的思路,随线网发展的步骤和顺序逐渐确定联络线的布局,适用于既有城市轨道交通线路格局已定、不便更改和线路数量不多、线路间连通关系较为简单的线网。主通道增长法的基本思路是:以通往车辆基地的线路为一级主通道,在与其他线路的交点处布设联络线形成二级通道,再在二级通道线路与其他线路的交点处布设联络线形成三级通道,依此类推,连接全网。具体步骤如下:

①在轨道交通线网中明确车辆基地。这个车辆基地一般是大修厂或者功能齐全的车辆段或综合检修基地,因为其功能齐全所以服务于多条线路,经常有调车作业和检修作业等车辆往来。

②确定一级主通道。按照建设先后,通常通往车辆基地的第一条线路为一级主通道。

③与一级主通道有直接交点的后续线路在交点上建设联络线,车辆经由第一条线路进入车辆基地。同时这些线路又形成与另外一些线路相连接的二级通道。

④线网中有部分线路与主通道无直接交点,或虽有交点但由于工程或其他原因不可能建设联络线的还需要通过二级通道再与车辆基地相连。

这样延续下去,就形成了以车辆基地为根,以一级主通道线路为干,以二级通道为枝,逐级增长、互通互连的城市轨道交通网络,如图 7-25 所示。

主通道增长法线路调车负荷不均,一级主通道负荷较大,二级通道次之,三级更次,一部分二、三级通道线路之间的调车作业必须通过一级主通道绕行,造成这些线路之间联络不畅,一级主通道线路上联络线数量过多,建设条件不易满足等。主通道增长法其实也是图论中树的一种形式,所以此方法适合于线路数量不多、线路间连通关系比较简单的线网的联络线布局。主通道增长法简单直观,联络线设置容易。但是,目前城市

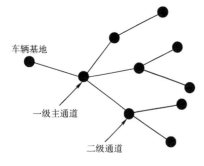

图 7-25 主通道增长法连通图

轨道交通线网规模较大,线路数量较多,线路之间的连通关系复杂,显然不宜采用主通道增长法进行联络线的设置。

(2)建设成本优化法

建设成本优化法则是从"面向全局,整体策划"思路出发,确定联络线的布局,适用于城市轨道线网规划之初,线路数量较多,线路间连通关系较为复杂的线网,按联络线建设总成本最低的原则比选出最优方案。该方法适用于规模较大,线路之间连通关系复杂的线网。

建设成本优化法是在现场调查数据和网络图论基础上,以联络线建设总成本最低为目标,获得较为优化的联络线设置方案的设计方法。该方法规划出的线网是环形网络结构。当线网规模较大,线路数量较多时,可借助计算机程序,迅速得出联络线设置方案。

建设成本优化法的具体步骤如下:

①设定不同地点建设联络线的成本等级。如:空地为0,平房区为1,2层楼房为2,3层楼房为3……。总之,修建拆迁难度大的成本等级高。

②在稳定的城市轨道交通线网规划范围内对每个线路交叉点进行现场调查,将各个象限可能的联络线建设成本等级标注在图上,如图7-26所示。

③从城市轨道交通规划的任意一条线路出发,考察沿线各交叉点各个象限成本等级,选择其中最小的进行连接,进入第二条线路,如图7-27中A-1-F。

④进入第二条线后,考察除第一条线外各交叉点各个象限成本等级,选择其中最小的进行连接,进入第三条线路,如图7-27中F-3-C。

⑤继续前面过程,考察各条未连接线交叉点各个象限成本等级,选择其中最小的进行连接,进入下条线路,如图7-27中A-1-F-3-C-5-D-9-B-2-E。

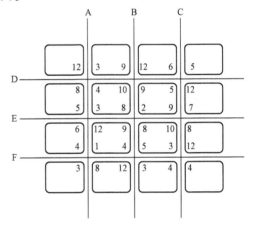

图7-26 建设成本优化法设计图1

⑥将最后一条线与第一条线在交叉点进行连接,形成一个闭环联络线建设方案。

⑦从其他线路出发重复步骤③~步骤⑥,或在某条线相同建设成本不同交叉点、不同象限进行连接,得出不同联络线建设方案,如图7-28中A-1-F-3-B-2-E-7-C-5-D-5-A。

⑧按联络线建设总成本最低的原则比选出最优方案。

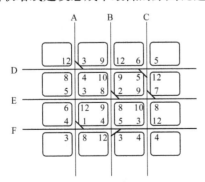

图7-27 建设成本优化法设计图2

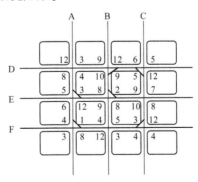

图7-28 建设成本优化法设计图3

建设成本优化法的优缺点如下：

①该设计方法从城市轨道交通线网规划全局出发，提出总成本最低的联络线建设方案。

②建设成本优化法规划出来的网络是单环形结构，联络线建设数量较少，各条线路连通性较好，联络线负荷均匀。

③应用该方法编程计算，可迅速提出方案，效率较高。

④由于该方法规划的是环形网络结构，某些线路通往车辆基地可能途经多条线路，必要时应加修联络线形成多环方案。

思 考 题

1. 轨道交通线路设计一般分为哪几个阶段？每个阶段的线路设计主要工作内容是什么？
2. 轨道交通线路最小夹直线长度是如何确定的？
3. 轨道交通线路最小曲线半径如何计算确定？
4. 在确定出线路平面方案的基础上，如何进行线路平面的详细计算？
5. 《地铁设计规范》（GB 50157—2013）中对线路最大纵坡有何规定？
6. 简述轨道交通线路纵断面设计的步骤。
7. 折返线都有哪些布置形式？各自有什么优缺点？
8. 简述停车线、渡线、安全线的设计原则。
9. 简述联络线布置的"主通道增长法"和"建设成本优化法"的具体思路和步骤。

第8章 城市轨道交通车站设计

8.1 车站设计概述

8.1.1 车站分类

城市轨道交通车站是系统与服务对象的接口处。各类车站的设置、线路布置、设施的配置对提高服务质量、增强客流吸引、保证行车安全有重大影响,进而决定了系统的效率和效益,应引起规划、设计者的高度重视。车站是城市轨道交通中最复杂的建筑物,有很多类型。车站按运营特点可分为中间站、折返站、换乘站、接轨站、越行站、终点站等,如图8-1所示。

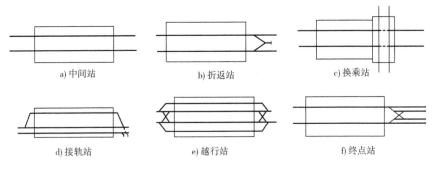

图 8-1 各类车站的示意图

(1) 中间站
中间站是仅供乘客乘降车之用的车站,其设施比其他各类车站都要简单。
(2) 折返站
折返站是在车站内有尽端折返设备的中间站,能使列车在站内折返或停车。
(3) 换乘站
换乘站是能够使乘客实现从一线到另一线换乘的车站,它除了配备供乘客乘降车的站台、楼梯或电梯之外,还要配备供乘客由一线站台至另一线站台的换乘设施。
(4) 接轨站
接轨站是位于轨道交通线路分岔处的车站,其中有一条是正线,可以在两个方向上接车和发车。

(5)越行站

越行站是每个行车方向具有一条以上停车线的中间站,其中一条供站站停的慢车使用,其他供非每站都停的快车使用。

(6)终点站

终点站是位于线路起、终点处的车站,除了供乘客乘降车外,还用于列车折返及停留,因此终点站一般设有多股停车线。如果线路需要延长时,则终点站可作为中间站或折返站来使用。

8.1.2 车站设计一般原则

根据《城市轨道交通项目建设标准》(建标104—2008)和《地铁设计规范》(GB 50157—2013),车站布局与设计应遵照以下原则:

(1)车站的总体布局应符合城市规划、城市综合交通规划、环境保护和城市景观的要求,并应处理好与地面建筑、城市道路、地下管线、地下构筑物及施工时交通组织之间的关系。

(2)车站应布设在主要客流集散点和各种交通枢纽点上,其位置应有利于乘客集散,并应方便与其他交通换乘。

(3)高架车站应控制造型和体量,中运量城市轨道交通的车站长度不宜超过100m,站厅落地的高架车站宜设置站前广场,有利于与周边环境和交通衔接相协调。

(4)车站间距应根据线路功能、沿线用地规划确定,在全封闭线路上,在城市中心区和居民稠密地区宜为1km,在城市外围区宜为2km,超长线路的车站间距可适当加大。

①通常认为城市轨道交通的直接吸引半径是500m,如果站间距小于1km,会使直接吸引范围重叠,不利于城市轨道交通作用的充分发挥。在满足功能的前提下设站数宜尽量少一些,以节省投资和提高列车旅行速度。

②在城市中心区出行密度很高的路段,为了提高服务水平,站间距小于1km有时是必要的,主要原因如下:

a. 中心区出行密度高,各种交通方式的配置也多,在这样具备多种选择条件的路段,人们不太愿意步行10min去找城市轨道交通车站。

b. 客流集散点不会全在线路上,可能一部分在线路的垂直方向上。

c. 由于出行密度高,站间距缩短100m对吸引客流可能带来较大的利益。

d. 事实上几乎每一个城市的中心区都有站间距小于1km的情况。

(5)当线路经过铁路客运车站时,应设站换乘。有条件的地方,可预留联运条件(跨座式单轨系统除外)。

(6)车站设计应满足客流需求,并应保证乘降安全、疏导迅速、布置紧凑、便于管理,同时应具有良好的通风、照明、卫生和防灾等设施。

(7)车站的站厅、站台、出入口通道、楼梯、自动扶梯和售、检票口(机)等部位的通过能力应按该站超高峰设计客流量确定。超高峰设计客流量为该站预测远期高峰小时客流量或客流控制期高峰小时客流量乘以1.1~1.4的超高峰系数。

(8)车站设计应满足系统功能要求,合理布置设备与管理用房,并宜采用标准化、模块化、集约化设计。

(9) 车站设计宜考虑地下、地上空间的综合利用。
(10) 车站应设置无障碍设施。
(11) 地下车站的土建工程不宜分期建设,地面、高架车站及相关地面建筑可分期建设。
(12) 车站出入口与风亭的位置,应根据周边环境及城市规划要求进行布置。出入口位置应有利于吸引和疏散客流;风亭位置在满足功能要求前提下,尚应满足规划、环保、消防和城市景观的要求。
(13) 车站出入口附近,应根据需要与可能,设置非机动车和机动车的停放场地。
(14) 车站应设公共厕所,管理人员厕所不宜与公共厕所合用。
(15) 车站各建筑部位的最小宽度和最小高度,应分别符合表 8-1、表 8-2 的规定。

车站各部位的最小宽度 表 8-1

名　称		最小宽度(m)
岛式站台		8.0
岛式站台的侧站台		2.5
侧式站台(长向范围内设梯)的侧站台		2.5
侧式站台(垂直于侧站台开通道口设梯)的侧站台		3.5
站台计算长度不超过100m且楼、扶梯不伸入站台计算长度	岛式站台	6.0
	侧式站台	4.0
通道或天桥		2.4
单向楼梯		1.8
双向楼梯		2.4
与上、下均设自动扶梯并列设置的楼梯(困难情况下)		1.2
消防专用楼梯		1.2
站台至轨道区的工作梯(兼疏散梯)		1.1

车站各部位的最小高度 表 8-2

名　称	最小高度(m)
地下站厅公共区(地面装饰层面至吊顶面)	3.0
高架车站站厅公共区(地面装饰层面至梁底面)	2.6
地下车站站台公共区(地面装饰层面至吊顶面)	3.0
地面、高架车站站台公共区(地面装饰层面至风雨棚底面)	2.6
站台、站厅管理用房(地面装饰层面至吊顶面)	2.4
通道或天桥(地面装饰层面至吊顶面)	2.4
公共区楼梯和自动扶梯(踏步面沿口至吊顶面)	2.3

8.2　车站总平面布局设计

车站平面布置的原则是力求紧凑,能设于地面的设备尽量设于地面,以降低造价。站台是车站中最基本的部分,不论车站的类型、性质有何不同,都必须设置。其余各部分在特殊情况下,在满足功能需求的前提下,可能会被省略或部分省略。城市轨道交通中,乘客在车站逗留的时间较短,且没有行李积存与货物运输等业务。在中间站上,客流只有往返两个方向,因而乘客在站内活动形成的客流线及车站服务设施较简单。乘客进、出站活动流线如图8-2所示。

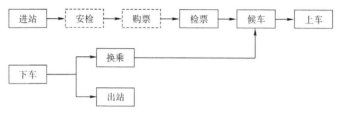

图8-2 乘客进、出站活动流线示意图

车站总平面布局包括车站中心的位置(站位)、车站的外轮廓的范围以及出入口风亭的确定等,它是车站设计的关键环节。由于影响因素甚多,在设计中往往很难落实,一般需反复研究论证,才能获得好的设计方案。车站总体布局应按照乘客进出车站的活动顺序,合理布置进出站的流线。流线宜简捷、顺畅,尽可能使流线不相互干扰,为乘客创造便捷的乘降环境。

8.2.1 车站平面布置原则

(1)站厅层布置应分区明确,依据出入口的位置和数量、楼梯与扶梯的位置和数量、售检票系统的位置和数量以及换乘要求对客流进行合理的组织,避免和减少进出站客流的交叉,合理布置管理、设备用房,满足各系统的工程要求。

(2)站台层布置需以车站上下行远期或客流控制期超高峰小时设计客流量来计算站台宽度,根据线路走向及换乘要求确定站台形式,根据车站需要布置设备或管理用房区。

(3)车站出入口应设置于道路两边红线以外或城市广场周边,需具有标志性或可识别性,以利于吸引客流、方便乘客。有条件的出入口考虑地面人行过街的功能。出入口规模应满足远期预测客流量的通过能力,并考虑与其他交通的换乘和接驳大型公共建筑所吸引的客流量。

(4)车站主要服务设施应包括自动扶梯、电梯、售票机、检票机、空调通风设施等。

8.2.2 车站总平面布局设计的步骤

为尽可能减少方案的重复,车站总平面布局的设计可按以下步骤进行:

1)分析影响因素,确定边界条件

影响车站站位和总平面布局的因素主要有以下几个方面:

(1)周围环境。主要包括:现状道路及交通条件、公交及其他交通方式站点设置、周围建筑物功能性质及基础,规划落实情况以及文物古迹和可能的山地、河流等自然条件。

(2)建筑物拆迁和管线改移条件。主要包括:车站周围现状建筑物和地下管线的使用情况,拆迁改移条件以及规划建筑物、管线方案和可能的实施时间。

(3)施工方法。不同的施工方法对车站站位和总平面布局影响很大,要结合地质条件和周围自然状况,提出可能的施工方法,结合总平面方案一同考虑。

(4)客流来源及方向。车站的主要功能是最大限度地吸引客流,要根据主要客流的来源和方向考虑站位、出入口通道的设置。

(5)综合开发的条件。结合城市轨道交通车站建设进行综合开发越来越引起人们的重视,尤其在城市密集区,寸土寸金,应寻求可能条件,使车站与其他建筑物相结合。

上述因素中,哪些是作为边界条件确定下来的,哪些是应该在方案比较中进行取舍的,都要一一落实清楚,只有弄清这些,方案设计才有坚实的基础。

2)根据功能要求构思总体方案

在构思总体方案时,首先要弄清车站整体的功能要求,弄清车站的特点与性质,才能有的放矢地进行总体方案设计。不同的车站,除提供乘客上下车场所这一相同的功能外,各有其特点。具有某种典型功能的车站大致有以下几种:

(1)以换乘为主要功能的车站。主要应考虑乘客的换乘条件,以尽可能减少换乘距离为主要因素进行设计,并留有足够的换乘能力。

(2)接驳大型客流集散点的车站。要考虑突发性客流特点,留有足够的乘客集散空间,并创造快捷的进出站条件。

(3)有列车折返运行需要的车站。以列车在车站的运营能力为主,考虑车站配线的设置以及由此带来的车站站位及平面布局的变化。

(4)有与建筑物开发结合要求的车站。应考虑结构的统一性,并分清各种客流的流向,要使进出站客流有独立的通道并尽量减少与其他客流的交叉干扰。

(5)有其他特殊功能需要的车站。包括远期需进一步延伸的起终点站、与其他交通系统的联运站等。

当然,车站的功能需要远不止以上几种,一般是以上几种或其他功能需要的组合。在确定站位和布局时,对此要加以细致考虑。

3)确定出入口与风亭数量及位置

在总体构思完成、站位大致确定后,最重要的工作就是确定车站出入口和风亭的数量及位置。车站的出入口和风亭位置的确定,往往对总平面布局有很大影响,有时甚至是决定性的影响,"有出入口才有车站"在某种意义上也反映了出入口的重要性。

车站的出入口数量可根据进出站客流的数量以及方向确定:首先要满足进出站客流的通过能力;其次,应尽可能照顾各个方向的客流,以方便乘客进出站。

风亭的数量和采取的通风与空调方式有关,一般由环控专业确定。

4)绘制车站总平面布置图

在以上工作基础上,要根据设计的方案进行车站总平面布置图的绘制。根据设计阶段的不同,图纸内容深度也不同,一般在1/500地形图上进行,主要应包含以下内容:

(1)站中心的详细位置,包括线路里程、坐标等。

(2)车站主体的外轮廓尺寸,包括端点的线路里程、关键点的位置坐标等。

(3)出入口、风亭通道的位置、长度、宽度。

(4)出入口、风亭的详细位置、尺寸、坐标等。

(5)车站线路及区间的连接关系。

(6)车站周围地面建(构)筑物情况、地形条件等。

(7) 其他与车站有关的设施情况等。

车站总平面的确定过程是一个各种因素交汇,反复循环的过程,是车站设计中保证总体目标的首要工作,对此应充分重视。

8.3 车站结构形式选择与设计

城市轨道交通线路可能位于地面、地上和地下。当线路位于地面时,轨道结构铺设于路基之上,与传统的铁路基本相同;当线路位于地上时,线路采用高架结构;当线路位于地下时,线路采用地下结构。

8.3.1 地下车站结构

根据不同的施工方法,可对地下车站的结构形式进行分类,现简述如下:

1) 明挖法施工的车站结构

明挖车站可采用矩形框架结构或拱形结构。车站结构形式的选择应在满足功能要求的前提下,兼顾经济和美观,力图创造出与交通建筑相协调的气氛。现已有整体现浇全装配、与围护墙组合现浇以及部分装配等成型方法。

(1) 矩形框架结构

矩形框架结构是明挖车站中采用最多的一种形式,根据功能要求,可以设计成单层、双层、单跨、双跨或多层多跨等形式,其典型结构断面形式如图8-3所示。侧式车站一般采用双跨结构;岛式车站多采用三跨结构,站台宽度≤10m时站台区宜采用双跨结构,有时也采用单跨结构;在道路狭窄的地段修建地铁车站,也可采用上、下行线重叠的结构。

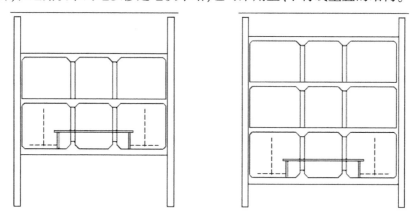

图 8-3 明挖法结构断面形式

(2) 拱形结构

一般用于站台宽度较窄的单跨单层或单跨双层车站,可以获得较好的建筑艺术效果。

(3) 整体式结构与装配式结构

现浇钢筋混凝土结构具有防水性和抗震性能好、能适应结构体系的变化、不需大型起吊和运输设备等优点,在我国地铁工程中获得了广泛应用。装配式结构在苏联采用较多。由于构件批量生产,质量较易控制,而且可加快施工进度,尤其适用于定型车站的修建,但接头是防水的薄弱部位,因此后来又发展了一种底板和边墙采用现浇构件,顶板和内部梁、板、柱等采用装配式构件的部分装配式结构。

明挖法施工的车站,施工方法简单、技术成熟、工期短、造价低、便于使用,但施工时对周围环境影响较大,适用于环境要求不太高的地段。

2) 盖挖法施工的车站结构

盖挖法施工的车站结构,从结构形式上看,与明挖法施工的车站相比并无大的不同,它是通过打桩或连续墙支护侧壁,加顶盖恢复交通后在顶盖下开挖,灌注混凝土进行施工。与明挖法比较,其特点是:在地面交通繁忙地区可以很快地恢复路面,尽可能小的影响交通,但其施工难度要大于明挖法。

盖挖车站也多采用矩形框架结构,与明挖车站矩形框架相同,其与明挖车站的主要区别在于施工方法和顺序不同。盖挖车站一般采用与围护墙结合现浇的成型方法,又分盖挖顺作法、半逆作法和逆作法。

软土地区地铁车站一般采用地下墙或钻孔灌注桩作为施工阶段的围护结构。地下墙可作为主体侧墙结构的一部分,内部现浇钢筋混凝土组成双层衬砌结构;也可将单层地下墙作为主体侧墙结构。单、双层墙应经工程造价、进度、结构整体性、防水墙漏、施工处理等综合比较后,根据不同地质、周围环境等选用。

单层侧墙即地下墙在施工阶段作为基坑围护结构,建成后使用阶段又是主体结构的侧墙。在地下墙中可采用预埋锥螺纹钢筋连接器,将板的钢筋与地下墙的钢筋相接,确保单层侧墙与板的连接强度及刚度。砂性地层中不宜采用单层侧墙。

双层侧墙即地下墙在施工阶段作为围护结构,回筑时在地上墙内侧现浇钢筋混凝土内衬侧墙,与先施工的地下墙组成叠合结构,共同承受使用阶段的水、土侧压力,板与双层墙组成现浇钢筋混凝土框架结构。

3) 矿山法施工的车站结构

矿山法施工的地铁车站,视地层条件、施工方法及其使用要求的不同,可采用单拱式车站、双拱式车站或三拱式车站,根据需要可做成单层或双层。

采用这种施工方法的车站一般位于岩石地层,在松软地层中,施工难度和土建造价要高于明挖法车站。

(1) 单拱车站隧道

这种结构形式由于可获得宽敞的空间和宏伟的建筑效果,在岩石地层中采用较多。近年来国外在第四纪地层中也有采用的实例,但施工难度大、技术措施复杂,造价也高。单拱车站如图8-4所示。

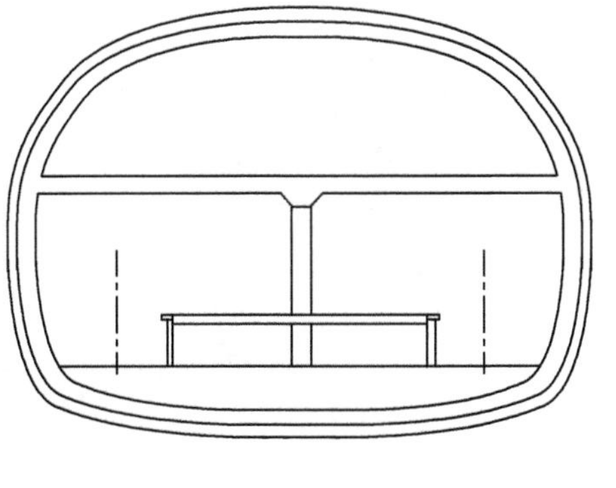

图8-4 单拱车站

(2) 双拱车站隧道

双拱车站有两种基本形式,即双拱塔柱式和双拱立柱式,如图8-5所示。

双拱立柱式车站早期多在石质较好的地层中采用,随着新奥法的出现,这种形式近年来在岩石地层中已逐渐被单拱车站取代。

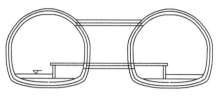
a)双拱塔柱式车站

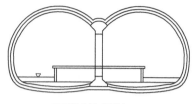
b)双拱立柱式车站

图 8-5 双拱车站

(3)三拱车站隧道

三拱车站亦有塔柱式和立柱式两种基本形式,但三拱塔柱式车站现已很少采用,土层中大多采用三拱立柱式车站,如图 8-6 所示。

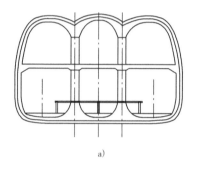
a)

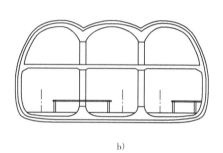
b)

图 8-6 三拱立柱式车站

4)盾构法施工的车站结构

盾构车站的结构形式与所采用的盾构类型、施工方法和站台形式等密切相关。传统的盾构车站是采用单圆盾构或单圆盾构与半盾构结合或单圆盾构与矿山法结合修建的。近年来开发的"多圆盾构"等新型盾构,进一步丰富了盾构车站的形式。盾构车站的站台有侧式、岛式及侧式与岛式混用(称为复合型)三种基本类型。盾构车站的结构形式可大致分为以下几种:

(1)两圆形隧道组成的侧式站台车站

这是一种最简单的盾构车站,一般每个隧道都设有一组轨道和一个站台,两隧道的相对位置主要取决于场地条件和车站的使用要求,多设于同一水平。在车站两端或车站中部两隧道之间设斜隧道以供乘客进出站台。在两个并列隧道之间可以用横向通道连通,两隧道之间的净距应保证并列隧道施工的安全并满足中间竖井(或斜隧道)的净空要求。其结构断面形式如图 8-7 所示。

图 8-7 盾构法结构断面形式

这种形式的盾构车站与其他形式盾构车站比,施工简单、工期短且造价低,适用于道路较窄和客流量较小的车站。

(2)三拱塔柱式车站

车站由并列的三个圆形隧道组成,两侧为行车隧道并在其内设置站台,中间为集散厅,用横向通道将三个隧道连成一体。与两圆形隧道组成的车站一样,一般在车站两端或车站中部两隧道之间设斜隧道以供乘客进出站台。典型的三拱塔柱式车站结构断面形式如图8-8所示。

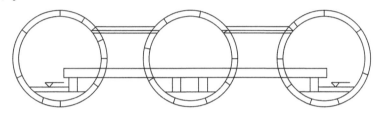

图8-8 三拱塔柱式车站

这种形式的车站施工也较为简单,在工程地质和水文地质条件较差的地段也可采用,但总宽度较大,一般为28~30m,需在较宽的路段内方可采用,适用于中等客流量的车站。

(3)立柱式车站

传统立柱式车站为三跨结构,先用单圆盾构开挖两旁隧道,然后施工站厅部分,将它们连成一体,乘客从车站两端的斜隧道进入站台。站台宽度应满足客流集散要求,一般不小于10m,站台边至立柱外侧的距离不小于2m。其结构断面形式如图8-9所示。

传统型的立柱式车站施工工序多,工程难度大,造价也高,但与三拱塔柱式车站相比,它具有总宽度较窄、能满足大客流量的优点。总宽度一般可以控制在20m左右。

针对传统盾构车站存在的问题,日本开发了"多圆形盾构"。这种新型盾构经组装或拆卸后,既可用于地铁区间隧道,也可用于车站隧道的施工,车站断面一次开挖成型。

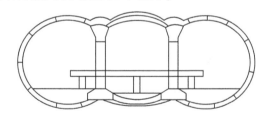

图8-9 三拱立柱式车站

以上三种盾构车站,均需按要求设计和加工盾构,所需费用较大,一般在一条线多个车站使用盾构才合理。

8.3.2 高架车站结构

高架线路适于城市地面资源紧张,但空间资源相对宽松的区域,其线路与车站的造价介于地面线与地下线之间。高架车站的结构形式选择与设计也与地下车站和地面车站有所不同。

1)结构设计

(1)荷载

结构设计荷载应根据结构类型,按结构整体和单个构件可能出现的最不利情况进行组合,依相应规范要求进行计算,并应考虑施工过程中荷载变化情况分阶段计算。

(2)结构形式

高架车站的结构形式,根据建筑要求(车站规模、使用功能、建筑造型等),可采用多种形式,归纳为站房与桥梁分建和合建两类。

①站房与桥梁分建的结构形式。两种结构自成独立受力体系,能相对自由沉降,以防列车运行及制动的作用对站房产生不利影响。当高架站下不能设置基础时,站台可架设在桥梁上。当站房下可设置基础时,可使高架桥穿过站房楼板,与区间桥梁结构协调一致。

②站房与桥梁合建的结构形式。一般采用钢筋混凝土框架和排架结构,轻型钢结构屋盖系统。在进行结构内力分析时,应考虑车辆移动荷载和水平力等因素,与站房建筑结构荷载进行组合。车站结构在车站两端处与区间桥梁结构分开。

(3)上部结构设计

①钢筋混凝土结构。钢筋混凝土结构在进行结构计算时,应采用整体的空间分析方法,使得模型能反映整体结构的纵、横、竖向的共同协调作用。至于某些单个的结构构件,在结构计算时,也可采用平面的分析计算方法对其进行验算。

②钢结构。钢结构的计算应按《钢结构设计标准》(GB 50017—2017)的有关规定进行。

③砖混结构。砖混结构可根据《砌体结构设计规范》(GB 50003—2011)和《建筑抗震设计规范》(GB 50011—2010)及有关规范、规定进行计算。

(4)人行天桥

人行天桥的结构形式应力求适用、简洁、美观。当其能独立形成静定或超静定结构时,则尽量使其成为一个独立的受力体系。在条件困难的情况下,可将天桥的一端搭接在车站结构的纵梁上。有两种连接方式:一种是桥面结构与车站主体结构刚接,此种结构要严格控制天桥结构与车站结构的不均匀沉降,以避免结构产生附加的位移作用而破坏整体结构,最终影响车站的功能;另一种是桥面结构采取止挡措施后直接简支在主体结构上,该连接方式的结构受力关系简单明了,对沉降差也无严格的要求。

(5)下部结构设计

基础形式应根据工程地质条件、受力情况、周边交通情况等具体条件经综合经济技术比较后确定。基础计算可根据《建筑地基基础设计规范》(GB 50007—2011)、《建筑桩基技术规范》(JGJ 94—2008)及有关规范、规定进行计算。

2)结构防水

(1)高架车站对结构防水无特殊要求,结构屋面防水主要通过建筑上的有组织排水系统和建筑防水层解决。

(2)选用的外防水材料应保证连续性,适应结构的伸缩变形,方便施工。

(3)结构施工缝和变形缝(伸缩缝)应有可靠的防水措施。

3)车站建筑平面设计

高架车站平面设计与地下车站相比有其相似之处,但也有其不同的特点。相同处在于站台候车方式、站台长度(根据车辆编组确定)、售票检票方式等方面;不同之处在于两者分别位于地上和地下,其客流行进的方向和站厅站台的组织顺序正好相反。高架车站的站台层在最上层,客流向上经站厅层检票后到达站台层候车。由于车站建于地面以上,具有空间开放的条件,不需设置庞大的空调机房而大大缩小了设备用房的面积。车站位置因线路走向的不同,有设于城市交通干道中央的,也有设于城市交通干道一侧的。车站站台的候车形式同样有岛式和侧式两种,一般以侧式站台候车为主。

设于城市干道中央的车站,客流需经道路两侧的人行天桥或地道进入车站的站厅层,其人行天桥和地道可兼作过街的通道,车站的站台宽度、疏散楼梯、自动梯的计算方法与地下车站相同,车站长度取决于该线路的列车编组数量。

车站本体分为站厅层和站台层两层,在站厅层设置客流出入大厅及售检票厅,利用回栏分隔付费区及非付费区,其过街人行天桥及地道的出入口必须设于非付费区内,管理及设备用房尽量设置于一端。由于站台候车方式的不同带来站厅楼梯位置及组合方式的不同,同时也影响到管理用房的布置及检票口的位置设置。

4) 车站形式

高架车站主要是根据所在位置和设置的站房来确定车站形式,它与采用的线路铺设方式有较大关系。高架岛式车站中,双方向客流可以同站台乘降,站台利用率较高,但线路结构复杂,站台宽度也较侧式站台的任一侧要求要宽,从而需要较多的、集中的空间,可能造成地面土地利用困难的情况。

侧式站台双方向客流流线分开考虑,不易造成客流的混乱,站台在建筑空间上可以适当分散处理,如横列或纵列处理等;有时也容易与地面客流组织及换乘方向设计结合。因此,实际工作中,高架车站较多地采用侧式站台形式,尽可能减少车站宽度,降低车站造价。图 8-10 为侧式站台的布置图。

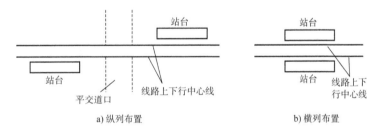

图 8-10 侧式站台

图 8-11 为某一设置在道路中间的高架车站示意图。

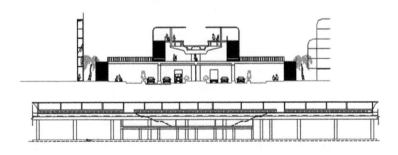

图 8-11 高架双层车站

8.3.3 地面车站

当城市轨道交通线路在市区边缘或郊区时,由于地面交通量不大,为降低成本,可以考虑将城市轨道交通车站设置在地面,尤其是轻轨系统。

地面形式的城市轨道交通主要是基于既有的街道,线路设计相对简单,重点是处理与道路交通的关系和先行权的问题。

地面轨道交通车站设计的重点在于考虑乘客及行人穿越道路时的干扰以及安全问题。这方面已经有很多成功的例子,如美国新泽西哈德逊—伯根(Hudson-Bergen)轻轨系统、英国曼彻斯特的轻轨系统(Tramlink)等。

地面车站一般分为单层、双层或结合周围环境进行开发的多层车站,它的形式主要是根据功能要求和环境特点来确定。地面车站主要是解决好乘客进出车站的流线,在此基础上,应尽可能简洁,缩小站房面积,降低车站造价。

图 8-12、图 8-13 为国外两个城市轨道交通地面站的图例。

图 8-12 城市轨道交通地面站(一)

图 8-13 城市轨道交通地面站(二)

图 8-14 为法国里昂改造后的帕雷里(Parilly)地铁车站示意图,它采用的是一种半地下形式,较好地结合了车站附近的地形条件。

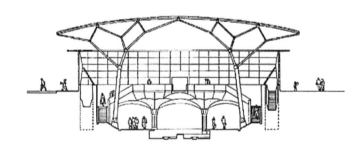
图 8-14 法国里昂帕雷里地铁车站

上面简述了几种典型的城市轨道交通车站形式,在实际工程中远远不止以上几种形式。在具体规划设计工作中,应根据具体工程特点确定车站类型。

8.4 车站设施选择与设计

8.4.1 站台设计

1) 站台形式

站台形式可分为岛式及侧式两种基本类型。前者站台位于上下行线路之间,后者站台位于线路两侧,如图 8-15 所示。

(1) 岛式站台

岛式站台位于上、下行线路之间,可供上、下行线路同时使用。在站台两端或中部有供乘客上、下的楼梯通至地面或站厅层。当升降高度大于 5.5m 时,一般要设自动扶梯。

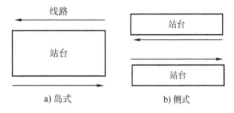

图 8-15 不同站台形式

当区间线路为深埋(埋设深度在 12m 以上)时,通常采取盾构法等施工方法将一条线建成两条独立的单线隧道。如果车站采用岛式站台,车辆宽度 2.8m,则车站上线间距(M)由站台宽度(B)决定,$M = B + 2.8m$(车辆宽度) $+ 0.1m$(安全距离),如图 8-16 左半部所示。区间线路的线间距一般等于车站处的线间距,以使区间隧道与车站隧道顺接。

当区间线路为浅埋(埋设深度在 12m 以内)时,区间隧道一般采用明挖法或盖挖法等施工方法建成双线隧道,这就要求区间采用线间距最小值。如果车站采用岛式站台,则靠近车站的地段必须将线间距加宽,形成一个喇叭状,如图 8-16 右半部所示。

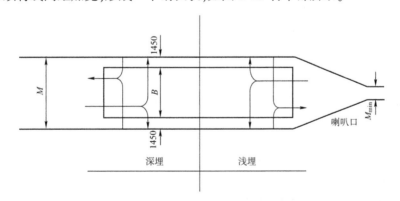

图 8-16 岛式站台与区间线路的连接(尺寸单位:mm)

(2) 侧式站台

站台位于线路两侧,线路一般采用最小间距在两站台之间通过。当区间线路为浅埋或高架时,因区间和车站处的线间距相同,故不需修建喇叭口。当区间线路为深埋时,由于区间两条单线隧道间要保持一定距离,此间距大于站上线间距,因此在车站两端需要修建渡线室,用来把车站处的最小线间距加宽到区间线间距(图 8-17)。

侧式站台的最小宽度视其上有无立柱而定,一般为 4~6m。因站台宽度较小,故不能在站台设置3条梯带的自动扶梯。因此,必须在车站的一端设置前厅,站台与前厅用楼梯相连,前厅的出口用自动扶梯与地面相联系。必要时,也可在站台中部设置出入口。

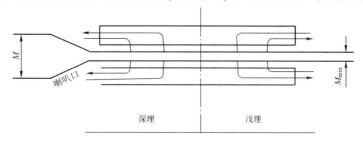

图8-17 侧式车站与区间线路的连接

岛式站台与侧式站台相比较,在运营方面有以下优点:

①可以更充分地利用站台面积,因为当一个方向的乘客很多时,可以分散到整个站台宽度上;而侧式站台则不然,它会出现一个方向的站台很拥挤、另一方向的站台尚未充分利用的不利情形。因此,两个侧式站台的宽度之和一般大于一个岛式站台的宽度。

②因所有的行车控制都集中在同一站台上,故运营管理比较方便。

③在站台的端部可借助于自动扶梯或楼梯直接通至地面,使得乘客上下很方便。

④对于乘错方向的乘客的折返也较为方便;若为侧式站台,则乘客折返时必须通过前厅或跨线设施转换。

此外,当车站深埋时,不用设置渡线室和喇叭口;当车站的天花板为拱形时,站厅的最高部分正好在站台上方,故站厅在建筑艺术上较好处理。而用侧式站台时,站厅的最高部分位于线路上方,视觉效果受到影响。

由于岛式站台优点较多,因此国外现有的地下车站绝大多数都采用这种形式。例如莫斯科地铁中除1座侧式站台以外,其余车站都采用了岛式站台。

然而,当车站位于地面或高架桥上时,修建侧式站台则是有利的。当车站位于地面时,站台上必须安装雨棚,站台外必须设围墙。在这种情况下,没有必要修建过渡线间距的喇叭口,同时,将乘客从站台上疏散出去也没有困难。当车站位于高架桥上时,将两条线路放在当中,可以使最大荷载位于桥梁结构的中间,便于增加结构稳定性及节省造价,乘客从两侧去站台也较方便。

在有些特殊情况下,有可能综合上述两种形式,形成混合型的三站台式车站(既有岛式站台又有侧式站台)。从运营方面看,这种车站可以实现上、下客流的分流,即中央的岛式站台用于上车,而两个侧式站台用于下车。初看起来似乎应该能够大大缩短停车时间而提高线路通行能力,但由于乘客上车要比下车慢得多,因而停站时间减少量很有限,效果并不明显。从工程方面看,这种车站造价较岛式高出50%~100%,占地面积也明显增加,乘客的竖向输送设备布置尤其复杂,因此,三站台式车站用得不多。

2)站台长度

站台是供乘客上、下列车的平台,设计中一般要保证所有车辆均在站台有效长度之内。站台有效长度是指乘客可以乘降的站台范围,由列车编组的计算长度决定。考虑到停车位置的不准确和车站值班员、驾驶员确定信号的需要,通常还需预留一段停车误差。随着车辆控制技术的进步,停车误差越来越小,其计算公式为:

$$L = nl + \Delta l \tag{8-1}$$

式中：L——站台有效长度，m；

l——车辆长度，包括车钩长度，m；

n——远期列车的车辆编组数；

Δl——停车误差，m，一般取 4~8m。

例如，某地铁线远期为 8 节编组（4 动 4 拖），动车 22.8m，拖车 22.14m，停车误差取 6m，则站台有效长度 = $4 \times 22.8 + 4 \times 22.14 + 6 = 185.76$(m)，取 186m。

站台两端一般还布置了一些其他的车站设备，整个站台长度与这些设备的布置方式也有关。将站台有效长度加上车站设备布置延长部分得到车站实际长度。在确定车站控制用地的实际长度时，还应考虑由于施工等因素所增加的用地范围，一般增加 2~10m。

3）站台宽度

站台宽度应满足远期预测客流量、列车编组长度、站台上横向立柱数量以及站台与站厅之间楼梯（自动扶梯）布置形式等因素的计算，并满足最小站台宽度要求。车站的站台类型对站台宽度有较大的影响。

（1）岛式站台

岛式站台宽度按式(8-2)计算：

$$B_d = 2b + n \cdot z + t \tag{8-2}$$

其中，

$$b = \frac{Q_{\text{上}} \cdot \rho}{L} + b_a \tag{8-3}$$

$$b = \frac{Q_{\text{上下}} \cdot \rho}{L} + M \tag{8-4}$$

式中：B_d——岛式站台宽度，m；

b——侧站台宽度，m，在式(8-3)、式(8-4)的计算结果中取大者；

n——站台横向的立柱数；

z——纵梁宽度（含装饰层厚度），m；

t——每组楼梯与自动扶梯宽度之和（含与纵梁间所留空隙），m；

$Q_{\text{上}}$——远期或客流控制期每列车超高峰小时单侧上车设计客流量，人；

$Q_{\text{上下}}$——远期或客流控制期每列车超高峰小时单侧上、下车设计客流量，人；

ρ——站台上客流密度，m^2/人，取 0.33~0.75m^2/人；

L——站台计算长度，m；

b_a——站台安全防护带宽度，《地铁设计规范》(GB 50157—2013) 规定为 0.4m，采用站台门时用 M 替代 b_a；

M——站台边缘至站台门立柱内侧的距离，m，无站台门时，取 $M = 0$。

一般岛式站台宽度为 8~10m，横向并列的立柱越多，站台宽度越大。

（2）侧式车站

侧式站台宽度按式(8-5)计算：

$$B_c = b + z + t \tag{8-5}$$

式中:B_c——侧式站台宽度,m;

其他符号意义同上。

一般侧式车站的站台宽度为 4~6m,无立柱时取小值,有立柱时取大值。

此外,站台宽度还要满足事故状态客流疏散时间小于 4min 的要求,相应的检算方法参见《地铁设计规范》(GB 50157—2013)。站台最小宽度应符合表 8-1 的规定。

4) 站台高度

站台高度是指站台面至钢轨顶面的高度,与车型有关。站台与车厢地板面等高,则称为高站台,站台高度一般为 900mm;站台比车厢地板面低一两个台阶,站台高度一般为 650mm(称为中站台)、400mm(称为低站台)。采用高站台时,考虑到车辆弹簧的挠度,在车辆满载时,车厢的地板下沉量一般在 100mm 以内,故站台设计高度宜低于车厢地板面 50~100mm。

5) 站台的平纵断面

站台的设计要有排水措施。通常,站台横断面应设 2% 的坡度,地下站可设 1% 的横坡。

站台应尽可能平直,以便车站员工能够监视全部站台情况和客流拥挤状况。《地铁设计规范》(GB 50157—2013)规定,站台边缘与静止车辆车门处的安全间隙在直线段宜为 70mm(内藏门或外挂门)或 100mm(塞拉门),在曲线段应在直线段规定值的基础上加不大于 80mm 的放宽值,实际尺寸应满足限界安装公差要求。车站站台宜设在直线上,当设在曲线上时,其站台有效长度范围内的线路曲线最小半径应符合表 8-3 的规定。

车站曲线最小半径 表 8-3

车型		A 型车	B 型车
曲线半径(m)	无站台门	800	600
	设站台门	1500	1000

6) 车站用房

车站用房包括运营管理用房、设备用房和辅助用房三部分。

(1) 运营管理用房是车站运营管理人员使用的办公用房,主要包括站长室、行车值班室、业务室、广播室、会议室和公安保卫室等。

(2) 设备用房是为保证列车正常运行、保证车站内良好环境条件和在灾害情况下乘客安全所需要的设备用房。它主要包括通风与空调用房、变电所、综合控制室、防灾中心、通信机械室、信号机械室、自动售检票室、冷冻站、配电室、公区用房等。

(3) 辅助用房是为保证车站内部工作人员正常工作生活所设置的用房,主要包括卫生间、更衣室、休息室、茶水间等。

车站用房应根据运营管理需要设置,在不同车站只配置必要房间,尽可能减少用房面积,以降低车站投资。

8.4.2 售检票设置

售票可分为人工售票、半人工售票及自动售票三种。人工售票亭与半人工售票亭的尺度相同。半人工售票的方式为人工收费找零、机器出票,售票机将作为主要售票设备。人工售票亭、自动售票机数量计算公式如下:

$$N_1 = \frac{M_1 K}{m_1} \tag{8-6}$$

式中：N_1——人工售票亭、自动售票机数量；

M_1——使用售票机的人数或上下行上车的客流总量(按高峰小时计)，人/h；

K——超高峰系数，选用1.1~1.4；

m_1——人工售票每小时售票能力，取1200人/h；自动售票机每小时售票能力取300人/(h·台)。

上述公式是标准的高峰小时客流单人次买票所需的售票亭或自动售票机的数量，随着票务形式的改变和社会售票点的增多，如部分票面采用储值磁卡、公交IC卡等，售票点不局限于地铁车站内设置，可在地下商场或地面各便利店出售，特别是当前手机支付乘车的推广，站厅内的售票机(亭)数量将大大减少。

进出站检票口的数量必须根据高峰小时客流量来计算。检票口数量计算公式如下：

$$N_2 = \frac{M_2 K}{m_2} \tag{8-7}$$

式中：N_2——检票口数量；

M_2——高峰小时进站客流量(上、下行)或出站客流量，人/h；

K——超高峰系数，选用1.1~1.4；

m_2——检票机每台每小时检票能力，三杆式取1200人/(h·台)，门扉式取1800人/(h·台)，双向门扉式取1500人/(h·台)。

8.4.3 楼梯、自动扶梯、电梯和站台门

自动扶梯和楼梯台数及宽度的计算，以出站客流乘自动梯向上到达站厅层考虑。

自动扶梯台数的计算公式如下：

$$N_3 = \frac{NK}{n_1 \gamma_1} \tag{8-8}$$

式中：N_3——自动扶梯台数；

N——预测客流量(上、下行)，人/h；

K——超高峰系数，选用1.1~1.4；

n_1——自动扶梯每小时输送能力(具体取值见表8-4)，人/h；

γ_1——自动扶梯的利用率，选用0.8。

楼梯和通道的尺寸 B 一般要在满足防灾的要求基础上，根据客流量计算确定，它可采用如下公式计算：

$$B = \frac{Q}{C} + M \tag{8-9}$$

式中：B——楼梯或通道宽度，m；

Q——远期每小时通过人数，人/h；

C——楼梯和通道的通过能力(具体取值见表8-4)，人/h；

M——楼梯或通道附属物宽度，m。

也可以利用如下公式计算：

$$B = \frac{NK}{n_2 \gamma_2} \tag{8-10}$$

式中：N——预测客流量（上、下行），人/h；

K——超高峰系数，选用1.1~1.4；

n_2——楼梯双向混行通过能力（具体取值见表8-4），人/(h·m)；

γ_2——楼梯的利用率，选用0.7。

上述公式根据目前的经济条件，以向上出站疏散客流乘自动扶梯，向下进站客流走步行楼梯的模式而设置。在实际使用中，步行梯也有向上的疏散客流。在有条件设置上、下都使用自动扶梯的情况下，步行梯的宽度计算将做适当调整，相当部分的进站客流将被自动扶梯分担，因此步行梯宽度将缩小。根据《地铁设计规范》（GB 50157—2013），在公共区中的步行梯宽度不得小于1.8m。

楼梯和通道最大通过能力见表8-4。

楼梯和通道最大通过能力 表8-4

部位名称		最大通过能力（人/h）
1m宽楼梯	下行	4200
	上行	3700
	双向混行	3200
1m宽通道	单向	5000
	双向混行	4000
1m宽自动扶梯	输送速度0.5m/s	6720
	输送速度0.65m/s	不大于8190
0.65m宽自动扶梯	输送速度0.5m/s	4320
	输送速度0.65m/s	5265

楼梯、自动扶梯、电梯和站台门应符合以下规定：

（1）乘客使用的楼梯宜采用26°34′的倾角，当宽度大于3.6m时，应设置中间扶手。楼梯宽度应符合客流股数和建筑模数。每个梯段不应超过18级，且不应少于3级。休息平台长度宜为1.2~1.8m。

（2）车站出入口、站台至站厅应设上、下行自动扶梯，在设置双向自动扶梯困难且提升高度不大于10m时，可仅设上行自动扶梯。每座车站至少有一个出入口设上、下行自动扶梯；站台至站厅应至少设一处设上、下行自动扶梯。

（3）车站出入口自动扶梯的倾斜角度不应大于30°，站台至站厅自动扶梯的倾斜角度应为30°。

（4）站台至站厅及站厅至地面上、下行均采用自动扶梯时，应加设人行楼梯或备用自动扶梯。

（5）车站作为事故疏散用的自动扶梯，应采用一级负荷供电。

（6）自动扶梯扶手带外缘与平行墙装饰面或楼板开口边缘装饰面的水平距离，不得小于80mm，相邻交叉或平行设置的两梯（道）之间扶手带的外缘水平距离，不应小于160mm。当扶手带外缘与任何障碍物的距离小于400mm时，则应设置防碰撞安全装置。

(7)两台相对布置的自动扶梯工作点间距不得小于16m;自动扶梯工作点至前面影响通行的障碍物间距不得小于8m;自动扶梯与楼梯相对布置时,自动扶梯工作点至楼梯第一级踏步的间距不得小于12m。

(8)车站主要管理区内的站厅与站台层间,应设置内部楼梯。

(9)电梯井内不应穿越与电梯无关的管线和孔洞。

(10)站台门应相对于站台计算长度中心线对称纵向布置,滑动门设置应与列车门一一对应。滑动门的开启净宽度不应小于车辆门宽度加停车误差。高站台门高度不应低于2m,低站台门高度不应低于1.2m。

(11)对于呈坡度的站台,站台门应同坡度垂直于站台面设置。安装站台门的地面在站台全长上的平整度误差不应大于15mm。

(12)设置站台门的车站,站台端部应设向站台侧开启且宽度为1.10m的端门。沿站台长度方向设置的向站台侧开启的应急门,每一侧数量宜采用远期列车编组数,应急门开启时应能满足人员疏散通行要求。

(13)站台门应设置安全标志和使用标志。

8.4.4 车站出入口

车站出入口设计应符合以下规定:

(1)车站出入口的数量,应根据吸引与疏散客流的要求设置;每个公共区直通地面的出入口数量不得少于两个。每个出入口宽度应按远期或客流控制期分向设计客流量乘以1.1~1.25的不均匀系数计算确定。

(2)车站出入口布置应与主客流的方向相一致,且宜与过街天桥、过街地道、地下街、邻近公共建筑物相结合或连通,宜统一规划,可同步或分期实施,并应采取地铁夜间停运时的隔断措施。当出入口兼有过街功能时,其通道宽度及其站厅相应部位设计应计入过街客流量。

(3)设于道路两侧的出入口,与道路红线的间距,应按当地规划部门要求确定。当出入口朝向城市主干道时,应有一定面积的集散场地。

(4)地下车站出入口、消防专用出入口和无障碍电梯的地面高程,应高出室外地面300~450mm,并应满足当地防淹要求;当无法满足时,应设防淹闸槽,槽高可根据当地最高积水位确定。

(5)车站地面出入口的建筑形式,应根据所处的具体位置和周边规划要求确定。地面出入口可为合建式或独立式,并宜采用与地面建筑合建式。

(6)地下出入口通道应力求短、直,通道的弯折不宜超过3处,弯折角度不宜小于90°。地下出入口通道长度不宜超过100m,当超过时应采取能满足消防疏散要求的措施。

8.4.5 车站环境设计

车站环境设计应符合以下规定:

(1)车站建筑设计应简洁、明快、大方,易于识别,装修适度,充分利用结构美,并宜体现现代交通建筑的特点。地面、高架车站设计应因地制宜,并宜减小体量和使其具有良好的空透性。

(2)装修应采用防火、防潮、防腐、耐久、易清洁的环保材料,同时应便于施工与维修,并宜兼顾吸声要求。地面材料应防滑、耐磨。

(3)照明灯具应采用节能、耐久灯具,并宜采用有罩明露式。敞开式风雨棚的地面、高架站的灯具应能防风、防水、防尘。照度标准应符合《地铁设计规范》(GB 50157—2013)的相关规定。

(4)车站内应设置各种导向、事故疏散、服务乘客等标志。

(5)车站公共区内可适度设置广告,其位置、色彩不得干扰导向、事故疏散、服务乘客的标志。

(6)不设置站台门的车站,车站轨道区应采取吸声处理。有噪声源的房间,应采取隔声、吸声措施。

(7)地面、高架车站应采取噪声、振动的综合防治措施。当采用声屏障时,宜同时满足功能和城市景观的要求。

8.4.6 风井与冷却塔

地下车站应按通风、空调工艺要求设置进风亭、排风亭和活塞风亭。在满足功能的前提下,根据地面建筑的现状或规划要求,风亭可集中或分散布置,风亭宜与地面建筑结合设置,但被结合建筑应满足地铁风亭的技术要求。

当采用侧面开设风口的风亭时,应符合下列规定:

(1)进风、排风、活塞风口部之间的水平净距不应小于5m,且进风与排风、进风与活塞风口部应错开方向布置或排风、活塞风口部高于进风口部5m;当风亭口部方向无法错开且高度相同时,进风与排风、进风与活塞风亭口部之间的水平净距不应小于10m,活塞风亭口部之间、活塞风亭与排风亭口部之间水平净距不应小于5m。

(2)风亭口部5m范围内不应有阻挡通风气流的障碍物。

(3)风亭口部底边缘距地面的高度应满足防淹要求;当风亭设于路边时,其高度不应小于2m;当风亭设于绿地内时,其高度不应小于1m。

当采用顶面开设风口的风亭时,应符合下列规定:

(1)进风与排风、进风与活塞风亭口部之间的水平净距不应小于10m。

(2)活塞风亭口部之间、活塞风亭与排风亭口部之间水平净距不应小于5m。

(3)风亭四周应有宽度不小于3m宽的绿篱,风口最低高度应满足防淹要求,且不应小于1m。

(4)风亭开口处应有安全防护装置,风井底部应有排水设施。

当风亭在事故工况下用于排烟时,排烟风亭口部与进风亭口部、出入口口部的直线距离宜大于10m;当直线距离不足10m时,排烟风亭口部宜高于进风亭口部、出入口口部5m。

风亭口部与其他建筑物口部之间的距离应满足防火及环保要求。

地下车站设在地上的冷却塔,其造型、色彩、位置应符合城市规划、景观及环保要求。

对于有特殊要求的地段,冷却塔可采用下沉式或全地下式,但应满足工艺要求。

8.4.7 车站无障碍设施

地铁车站为乘客服务的各类设施,均应满足无障碍同行要求,并应符合《无障碍设计规范》(GB 50763—2012)的有关规定。

(1)车站应设无障碍电梯。
(2)无障碍电梯宜设于付费区内,检票口应满足无障碍通行需要。
(3)无障碍电梯门前等候区深度不宜小于1.8m,当条件困难时等候区梯门可正对轨道区,但门前等候区不得侵占站台计算长度内的侧站台宽度。
(4)无障碍电梯井出地面部分应采取防淹措施。电梯平台与室外地面高差处应设置坡道,并应符合《无障碍设计规范》(GB 50763—2012)的有关规定。
(5)车站内设置的无障碍通道应与城市无障碍通道衔接。
(6)车站内应设无障碍厕所。

8.4.8 建筑节能设计

地铁车站节能设计应满足以下规定:
(1)地上车站宜采用自然通风和天然采光。
(2)地上车站不宜采用中央空调,但站台层宜根据气候条件设置空调候车室。
(3)地上车站的设备与管理用房,其建筑围护结构热工设计应符合《公共建筑节能设计标准》(GB 50189—2015)的有关规定。
(4)地上车站站台层雨篷应采取隔热措施。
(5)地下车站在满足功能的前提下应控制其规模和层数。
(6)位于严寒地区的地下车站出入口,应在通道口设置热风幕。
(7)地下车站降压变电所位置应接近车站负荷中心设置。
(8)设于地面的控制中心楼和车辆基地内的办公楼、培训中心、公寓、食堂等公共建筑,其围护结构的热工设计应符合《公共建筑节能设计标准》(GB 50189—2015)的有关规定。

8.5 换乘站设计

8.5.1 换乘站设计基本规定

(1)车站换乘形式应根据规划线网的走向及线路敷设方式确定。
(2)换乘设施的通过能力应满足超高峰设计换乘客流量的需要。
(3)换乘车站应采用付费区内换乘的形式。
(4)对预留的换乘节点,相邻车站及相应区间的线位应稳定,预留换乘节点两侧应留出不小于50mm的裕量。
(5)对于同步实施的换乘车站,车站内用房、设备和设施等资源应共享。

8.5.2 换乘方式类型及选择

换乘方式首先取决于两条线路的走向和相互交织形式。常见的有垂直交叉、斜交、平行交织等多种形式,但归纳到换乘方式,可分为站台直接换乘、站厅换乘、通道换乘、站外换乘等基本形式及其组合换乘形式。

1)站台直接换乘

(1)同站台换乘:两条不同线路的站线分设在同一站台的两侧,乘客可在同一站台由甲线换乘到乙线。分平面换乘[同层换乘,如图 8-18a)所示]和垂直换乘[双层换乘,如图 8-18b)所示]两种方式。这种换乘方式,对工程建设而言,要求两条线具有足够长的重合段,近期建设需要把车站预留线及区间交叉预留处理好,工程量大,线路交叉复杂,施工难度大,投资费较大。因此,应尽量选用在建设期相近或同步建设的两条线;对乘客而言,在同一站台即可实现转线换乘,是最佳方案。

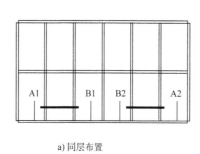

图 8-18 同站台换乘形式

(2)两站间换乘:乘客由一个车站通过楼梯或自动扶梯直接换乘到另一个车站的站台。

这种换乘方式要求换乘楼梯或自动扶梯应有足够的宽度,以免造成乘客拥挤,发生安全事故。

站台直接换乘的换乘线路最短,没有换乘高度的损失,乘客换乘非常方便,如工程条件许可,应积极采用。现以香港太子站、旺角站换乘设计举例说明。香港太子站、旺角站、油麻地站是地铁荃湾线和地铁观塘线之间的 3 个连续换乘站。在第一期工程建设时,就将该 3 个换乘站按两层结构进行设计和建造,通过两条线路在站间设置立体交叉,从而使所有 8 个方向的换乘都能在同站台上实现,如图 8-19 所示。

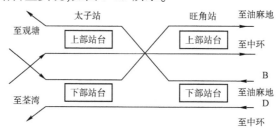

图 8-19 香港地铁太子站、旺角站换乘布置示意图

2)站厅换乘

站厅换乘是乘客由一个车站的站台通过楼梯或自动扶梯到达另一个车站的站厅或两站共用的站厅,再由这一站厅通到另一个车站的站厅的换乘方式。在此方式下,乘客下车后,须经过站厅再由导向标志进入另一站台继续乘车,其换乘距离较站台直接换乘长。

由于下车客流只朝一个方向流动,减少了站台上的客流交织,乘客行进速度快,在站台上滞留时间少,可避免站台拥挤,同时又可减少楼梯等升降设备的总数量,增加站台有效使用面积,有利于控制站台宽度规模。

站厅换乘一般用于相交车站的换乘,它的换乘距离比站台直接换乘要长,在很多情况下,乘客在垂直方向上要往返走行,带来一定的高度损失。

站厅换乘方式与站台直接换乘相比,乘客换乘路线通常要先上(或下)再下(或上),换乘总高度大。若站台与站厅之间是自动扶梯连接,可改善换乘条件。

站厅换乘方式的关键在于楼梯宽度往往因受岛式站台总宽度的限制,其通行能力不能满足换乘客流量的需要,使该方式的适用范围受到限制。此方式一般适用于侧式站台间换乘,或与其他换乘方式组合应用,可以达到较佳效果。

3) 通道换乘

两个车站之间设置单独的换乘通道供乘客使用称为通道换乘。

在两线交叉处的车站结构完全分开,车站站台相距有些距离或受地形条件限制不能直接设计通过站厅进行换乘时,可以考虑在两个车站之间设置单独的换乘通道为乘客提供换乘途径。

(1) 当两线在区间相交时,两线车站布置成"L"形,两线上的车站均应靠近交叉点设置,并用专用的人行通道相连接,如图 8-20 所示。

(2) 当一条线路的区间与另一条线路的车站"T"形相交时,可按如图 8-21 所示换乘站形式组织换乘。

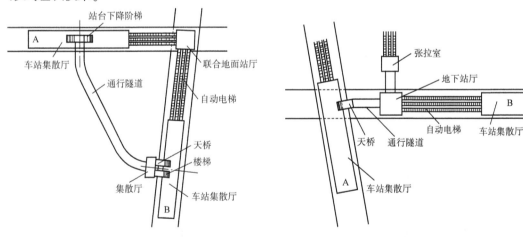

图 8-20　两线车站"L"形布置示意图　　图 8-21　两线车站"T"形布置示意图

4) 站外换乘

站外换乘是乘客在车站付费区以外进行换乘,实际上是没有专用换乘设施的换乘方式。它在下列情况下可能会出现:

(1) 高架线与地下线之间的换乘,因条件所迫,不能采用付费区内换乘的方式。

(2) 两线交叉处无车站或两车站相距较远。

(3) 规划不周,已建线未做换乘预留,增建换乘设施又十分困难。

采用站外换乘方式,往往是无线网规划而造成的后遗症。由于乘客增加一次进出站手续,步行距离长,再加上在站外与其他人流混合,因而显得很不方便。对轨道交通自身而言,这是一种系统性缺陷的反映。因此,站外换乘方式在线网规划中应尽量避免。

5)组合换乘

在换乘方式的实际应用中,若单独采用某种换乘方式不能奏效时,则可采用两种或多种换乘方式相组合,以达到完善换乘条件、方便乘客使用、降低工程造价的目的。例如,同站台换乘方式辅以站厅或通道换乘方式,使所有的换乘方向都能换乘;节点换乘方式在岛式站台中,必须辅以站厅或通道换乘方式,才能满足换乘能力;站厅换乘方式辅以通道换乘方式,可以减少预留工程量,等等。这些组合的目的,是力求车站换乘功能更强,既保证具有足够的换乘能力,又使得工程实施及乘客使用方便。

8.5.3 换乘站形式及设计

1)换乘站形式

根据换乘站的平面位置,可将换乘站形式分为以下5种:

(1)"一"字形换乘

两个车站上下重叠构成"一"字形组合的换乘车站(图8-22)。一般采用站台直接换乘或站厅换乘。

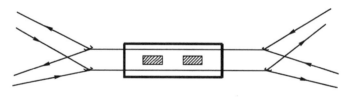

图8-22 "一"字形换站乘示意图

(2)"L"形换乘

两个车站平面位置在端部相连构成"L"形组合的换乘车站(图8-23)。一般在相交处设站厅进行换乘,也可根据客流情况,设通道进行换乘。

(3)"T"形换乘

两个车站上下相交,其中一个车站的端部与另一个车站的中部相连,在平面上构成"T"形组合的换乘车站(图8-24)。一般可采用站台或站厅换乘。

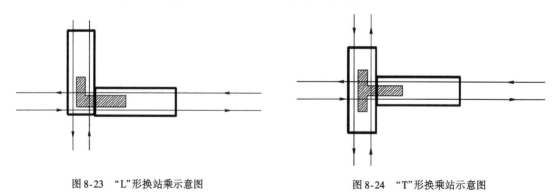

图8-23 "L"形换站乘示意图　　　图8-24 "T"形换乘站示意图

(4)"十"字形换乘

两个车站在中部相立交,在平面上构成"十"字形组合的换乘车站(图8-25)。一般可采用站台直接换乘或站厅加通道换乘。

(5)"工"字形换乘

两个车站在同一水平面设置,以换乘通道和车站构成"工"字形组合的换乘车站(图8-26)。一般可采用站厅直接换乘或站台到站台的通道换乘。

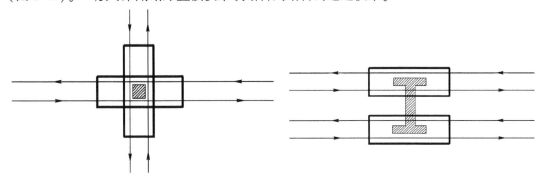

图8-25 "十"字形换乘站示意图　　　图8-26 "工"字形换乘示意图

2)换乘站设计

换乘站的设计,要在通常车站设计的基础上重点考虑以下几个问题。

(1)依据线路位置和客流方向,确定换乘关系

两条线之间的换乘关系一般取决于两条线路的走向和站位条件,在两条交叉的线路上一般采用"十"字形换乘、"T"形换乘或"L"形换乘。在两条平行的线路上,可选择"一"字形换乘或"工"字形换乘。

换乘站周围的客流来源和方向是在考虑换乘站关系时要重点考虑的因素,通常,"T"形、"L"形、"工"字形照顾的客流面比较大,可以使车站的客流吸引范围增大,但其客流换乘不如"十"字形和"一"字形;"十"字形和"一"字形换乘站可以提供很好的换乘条件,在以换乘客流为主的车站应尽可能采用。

(2)根据车站站台形式,设计客流流线

通常,根据车站站台形式确定的换乘方式可分为"岛岛换乘""岛侧换乘"和"侧侧换乘"等。

①"岛岛换乘"是指两个岛式站台车站之间的换乘。由于采用这种方式的两车站之间直接换乘的节点只有一个,换乘能力有限,因此一般需要辅以通道换乘来解决客流换乘问题。

②"岛侧换乘"是指岛式站台车站与侧式站台车站之间的换乘。

③"侧侧换乘"是指两个侧式站台车站之间的换乘。其换乘节点可增加到4个,为换乘客流创造了很方便的条件,可以根据站位和环境情况自如地处理客流的换乘。

无论采取哪种换乘方式,换乘客流的流线应与进出站客流分开,并尽可能便捷顺畅。

(3)根据预测客流量,计算换乘楼梯(通道)宽度

换乘楼梯(通道)宽度的计算除采用前文车站楼梯(通道)宽度的计算方法外,还应根据换乘客流的特点,加以具体分析考虑。

换乘客流一般属于集中的间断型客流,它是随着两条线列车的到发而形成的,因此在一段时间内,其换乘客流量除取决于预测的小时客流量,还与两条线列车的运营间隔有关。在计算换乘楼梯(通道)宽度时,要重点考虑这一因素,为换乘客流提供足够的条件。由于通道

间的输送能力不同,例如楼梯与通道交接处,会形成客流聚集,应在此考虑一定的空间集散条件。

(4)结合车站结构和施工条件,考虑远期预留

随着施工技术水平的进步,换乘车站的预留逐步从土建全部做成过渡到只预留将来可能施工的条件,即从土建预留到条件预留。这样可大幅度降低初期工程造价,避免投资的浪费。

要做到条件预留,必须对近远期的车站方案和工程实施方案进行周密的考虑,尤其要考虑在远期实施换乘车站时,不能影响已运营车站的使用,并确保运营安全。

8.5.4 衔接站

(1)支线衔接站

支线与主线的关系可有两种模式:

①支线独立运行,支线列车在衔接站全部折返,支线去主线的乘客在衔接站全部换乘主线列车,主线去支线的乘客在衔接站全部换乘支线列车。

②支线列车对主线直通运转,仅有部分折角乘客需在衔接站换乘。

图 8-27 所示的配置图可满足上述两种功能。

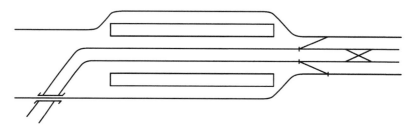

图 8-27 支线衔接站示意图

(2)终端换乘衔接站

如图 8-28 所示为并列式布置,可平面并列,也可立体并列(地下、地面或高架)。两线均以该站为终端折返站,列车在此处折返、乘客在此处换乘。

图 8-28 终端换乘衔接站并列式布置示意围

如图 8-29 所示为两站换乘的衔接,左线在右站折返,右线在左站折返,换乘乘客一般在始发站换乘。这种布置仅适用于该地区向两方向的客流都较大,而该地区又需设置两个城市轨道交通站的情况。

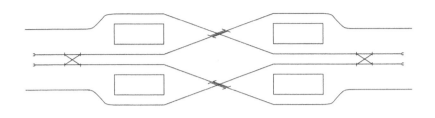

图 8-29 两站换乘的衔接示意围

8.5.5 方案评价

轨道交通换乘站是轨道交通线网的主要站点,也是城市客运交系统的主要枢纽点,换乘站配置对客运交通系统结构有重要影响。换乘站和衔接站的配置,在实际工程中如何采用,需要考虑多方面的因素才能确定。在选取方案时主要考虑以下指标:

(1)换乘时间

换乘站和衔接站配置的最主要原则就是最大限度地满足乘客换乘要求。因此,这是第一个主要考虑的指标。

(2)换乘能力

满足换乘能力是换乘站和衔接站配置的基本原则。换乘能力取决于换乘方式和通道能力,平面换乘能力最大,立体换乘能力最小。

(3)工程费用

包括土建工程费和设备费。在最大限度方便乘客换乘和满足换乘能力的前提下,应尽量节省工程费用,降低造价。

(4)运营费用

不同换乘站配置,列车走行里程不同,运营维护费也不同,因此,规划时就应考虑节省运营费用。

(5)其他指标

其他尚需考虑的指标有城市规划布局和换乘站区域的建筑拆迁情况等。

8.6 车站流线设计与容量校核

8.6.1 车站流线

1)流线分类

流线是在建筑设计中经常会用到的一个概念,在轨道交通车站内表现为乘客进行进站、出站、换乘等一系列活动所形成的一个流动的路径。不同目的、不同方向的乘客需求不同,因此站内的空间组织也是受流线的影响,通过对流线的分析设计来对空间进行分隔。

根据不同目的的乘客需求,可以将站内的流线分为 3 类,分别是进站流线、出站流线和换乘流线。

(1)进站流线

乘客从不同方向进入地铁站内乘车,因不同乘客的乘车时间不相同,进站客流比较分散,由四面八方向站厅聚集,线路比较简单,一般从出入口处的楼扶梯、通道等设施进入站厅内部,经过安检、检票进站(无交通卡则需先购票),后经过闸机检票,通过楼扶梯进入站台层乘车,如图 8-30 所示。站内流程为:进站→安检→(购票)→检票→候车→上车。

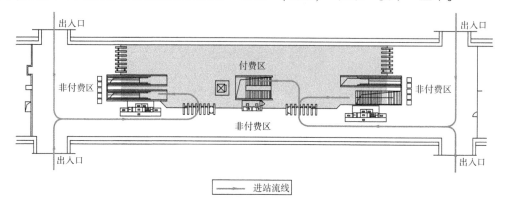

图 8-30 进站流线示意图

(2)出站流线

乘客的出站流线其实就是进站流线的反向形式,但因列车到站时间一定,客流具有瞬时性和突发性,高峰时期容易发生拥堵,乘客从列车下来经过站台的升降设备到达站厅的付费区,通过闸机后向各个目的方向的出入口出站,如图 8-31 所示。出站流程为:下车→楼扶梯→付费区→检票→出站。

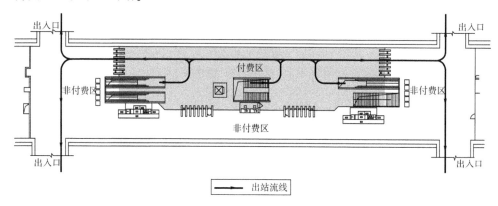

图 8-31 出站流线示意图

(3)换乘流线

换乘流线是相对于进、出站比较复杂的流线,乘客从一条线路不能直接到达目的地时,会在中间换乘站下车,通过换乘设施换乘到目的线路,换乘客流和出站客流一样也具有瞬时性和突发性,客流容易交织在一起,形成拥堵,同时随着换乘线路的增加所导致的选择的多样性,多条线路之间的换乘也会加剧流线设计的复杂程度,因此对换乘流线的设计更为复杂(除同站台换乘外),如图 8-32 所示。其换乘流程为:下车→换乘通道→目的站台→候车→上车。

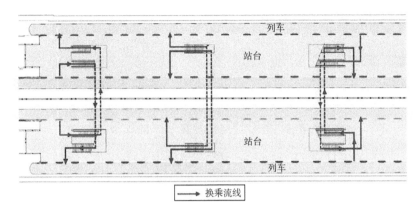

图 8-32 换乘流线示意图

2）流线特点

地铁车站不同于其他公共交通站点，因此流线也具有一定的特殊性。研究发现其具有以下几个特点：

（1）混合性。在车站内部乘客虽然目的明确，但是行走方向和路线却根据自我选择有极大的不确定性，这就容易引起进站客流、出站客流和换乘客流的交叉，互相干扰，在空间上这三股客流可能在一个时间点共用一个空间，而形成客流冲突。

（2）多向性。乘客因不同乘车目的、不同需求聚集在地铁站内，而每一个个体在空间内的行走路径都不相同，同方向的客流慢慢聚集又向不同方向疏散。

（3）连续性。在车站空间内，乘客的目的性都十分明确，不会在站内过多逗留、休息，在完成进站、换乘、出站一系列活动时在空间上都是连续发生的。

8.6.2 车站流线的设计内容及原则

在对建筑进行流线设计时，大都追求流线、空间、功能三者的平衡，具体表现在地铁车站中应首先明确车站的功能和类型以及整体的特点和性质，确定行人在站内的各类流线，然后通过对空间布局和设备设置等方法对这些流线加以分类、引导。具体表现为对车站出入口的设置、对通道及楼扶梯的设置以及其他站内设施的布置。

车站内部空间流线会对乘客的活动产生很大的影响，因此为了乘客能够更加快捷、舒适、安全的出行，流线的设计应遵循以下原则：

（1）流线互相不交叉。这个原则是流线设计中最基本的，应该尽量将各种类型的流线采用隔断、引导等方法分离，避免互相交叉引起拥堵。

（2）空间设施利用充分。地铁站中常常会存在空间及设施利用不均衡等问题，表现在有些空间内乘客会产生滞留，客流密度非常大，而有些空间乘客却寥寥无几，这样就需要在流线设计中尽量引导乘客流线均匀分布在空间内部，对其他设施的布置也应考虑这个原则。

（3）行人路径最短。从进站流线来说应把出入口和售检票之间的距离缩短，从换乘流线来说也应从乘客心理出发最大限度地缩短走行距离，避免流线的重复迂回，这是流线设计中很重要的一条原则。

8.6.3 车站流线的设计

1) 站厅流线设计

地铁车站的站厅公共空间分为付费区和非付费区两部分,作集散客流之用。乘客的行为主要是通过和滞留两种,但是滞留是短暂行为,通过应该是主要的行为,因此站厅的流线应体现人性化的理念,避免客流长时间滞留,让乘客集散都顺畅。

(1) 付费区流线设计

一般车站付费区位于站厅的中间部位,与非付费区会通过分隔栅栏或者其他设施隔离开来,如图 8-33 所示。付费区功能较单一,乘客从闸机检票后进入该区域会直接前往站台,出站则方向相反,在付费区内没有其他活动进行,因此一般面积较小。

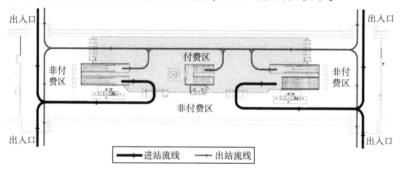

图 8-33 站厅流线设计

在付费区有进站和出站两股客流,为避免这两股客流的交叉,应合理安排闸机的位置。通常进出站的闸机均应垂直于客流方向设在付费区的两端,且为了将两股客流分开,进出站的闸机应分别对应设置。通常出站的客流在一定时间段内是比较集中的,易形成拥堵,因此出站的闸机应与从站台上来的楼扶梯保持一定的距离,避免乘客检票时的拥堵。

(2) 非付费区流线设计

地铁站的非付费区分布在站厅的四周,包括公共服务和部分商业设施,即自助售票机、售补票窗口、咨询台、自助购物机和进出站检票口。而车站的出入口是与非付费区直接连通的,因此为了保证客流的通畅,在不同出入口之间的通道不应设有障碍物。

2) 站台流线设计

地铁的站台层供乘客候车、列车停靠以及乘客上、下车,站台的有效长度范围内就是乘客可使用的区域。该区域内设施包括疏散通道、楼扶梯和候车区 3 部分,因站台形式的不同,流线设计也会有差别。对于单一形式的站台来说,一般用于普通中间站,流线组织较简单。而完全混合式站台则多用于功能复杂的换乘站,其流线组织的好坏会直接影响换乘效率,其站台形式还分为岛岛混合式、侧岛混合式以及侧侧混合式站台。

(1) 岛岛混合式站台流线

岛岛混合式站台由两个岛式站台组成,因其站台特点还可以分为平行换乘和垂直换乘。平行换乘是两条线路并列通行,而两条线路所使用的站台也平行处于同一个水平面;垂直换乘的列车线路是上下叠加建设,线路所使用站台是垂直布设,乘客换乘需经过换乘设备到达目的站台。

对于双岛式站台来说,水平换乘的方式也可称为同站台换乘的一种,两条线路同方向的乘客换乘可在同一个站台实现,而反方向换乘则需通过交通设施经过站厅到达对向目的站台,其流线较明确。而垂直换乘的双岛式站台分为同台换乘、节点换乘和通道换乘三种。同台换乘的流线与水平换乘大致相同;通道换乘的方式则是下车通过换乘通道到达目的站台,流线较简单;而节点换乘,是两条线路位置相交形成交点,换乘设施设在交点上,乘客换乘需经过专门的换乘梯到达目的站台。该换乘方式的优点是换乘和出站乘客通过交通设施分流,因此流线清晰,缺点是换乘乘客只能使用专门设施,上下班及节假日时期客流量增大时,换乘设施的能力需与高峰客流量匹配。

(2)侧岛混合式站台流线

侧岛混合式即一个侧式站台与一个岛式站台结合设置,这种设置方式一般都是用于垂直换乘,乘客下车经过换乘梯到达目的站台换乘。因侧式站台候车区分布两边的特点,两边各有1部换乘梯通向岛式站台。在某种意义上来说这种侧岛混合式的站台换乘效率会优于双岛式站台的垂直换乘,原因是两部换乘梯会在高峰时期将换乘客流压力分散,且在换乘标识明确的情况下从岛式站台所在线路换乘侧式站台线路的乘客经过换乘梯直接可到正确换乘方向的站台。

岛岛混合式站台垂直换乘流线示意图

岛岛混合式站台水平换乘流线示意图

侧侧混合式站台流线示意图

侧岛混合式站台流线示意图

(3)侧侧混合式站台流线

侧侧混合式站台为两个侧式站台结合设置,这种设置方式在实际案例中非常少见,但是香港地铁何文田站采用了此种换乘方式。因侧式站台的特点两线相交时站台应有四个节点,对应四部换乘梯,乘客通过换乘梯到达目的站台,但是侧侧混合式换乘方向不明确,线路较复杂,乘客不易辨别清楚,在面积一定的情况下一般会选择侧岛或者双岛式站台。

8.6.4 容量校核

《地铁设计防火标准》(GB 51298—2018)规定,站台至站厅或其他安全区域的疏散楼梯、自动扶梯和疏散通道的通过能力,应保证在远期或客流控制期中超高峰小时最大客流量时,一列进站列车所载乘客及站台上的候车乘客能在4min内全部撤离站台,并应能在6min内全部疏散至站厅公共区或其他安全区域。

乘客全部撤离站台的时间应满足下式要求:

$$T=\frac{Q_1+Q_2}{0.9[A_1(N-1)+A_2B]}\leqslant 4\min \tag{8-11}$$

式中:Q_1——远期或客流控制期中超高峰小时最大客流量时一列进站列车的载客人数,人;

Q_2——远期或客流控制期中超高峰小时站台上的最大候车乘客人数,人;

A_1——一台自动扶梯的通过能力,人/(min·台);

A_2——单位宽度疏散楼梯的通过能力,人/(min·m);

N——用作疏散的自动扶梯的数量,台;

B——疏散楼梯的总宽度,m,每组楼梯的宽度应按0.55m的整倍数计算。

在公共区付费区与非付费区之间的栅栏上应设置平开疏散门。自动检票机和疏散门的通过能力应满足下式要求:

$$A_3 + LA_4 \geq 0.9[A_1(N-1) + A_2B] \tag{8-12}$$

式中:A_3——自动检票机门常开时的通过能力,人/min;

A_4——单位宽度疏散门的通过能力,人/(min·m);

L——疏散门的净宽度,m,按0.55m的整倍数计算。

思 考 题

1. 简述车站总平面布局的设计步骤。
2. 列举地下车站、高架车站的结构形式。
3. 试从运营角度比较分析岛式站台与侧式站台。
4. 换乘站规划有哪些原则?
5. 根据换乘站的平面位置,换乘站形式可分为哪几种?
6. 换乘方式类型有哪几种?分别在什么条件下采用?

第9章 城市轨道交通运营规划

城市轨道交通规划、设计的核心思想:一切为了高质量地为乘客服务。"为乘客服务"和"创造企业经济效益"是并行不悖的两条基本原则,并且是相辅相成的。城市轨道交通各子系统间整体协调满足运营要求,才能使大系统高质量地为乘客服务。因此,城市轨道交通项目的各个规划、设计阶段都十分重视运营规划。

9.1 车辆选型与列车编组

对前期所确定的车辆选型和列车编组方案的校核是一项极为重要的技术决策,它决定着各项技术标准,一旦确定,几乎无法改变。

9.1.1 车辆选型

车辆选型应遵循以下基本原则:
(1)满足线路远期高峰小时的运量要求和运能储备。
(2)技术先进成熟,性能优越,车型外形美观,适应线路的自然环境和条件,确定合理的动、拖车比,满足车辆动力性能要求。
(3)满足城市轨道交通系统对车辆制式和主要技术参数的要求。
(4)在引进必要的国外先进技术的同时,满足国家发改委关于"城市轨道交通车辆国产化率70%"的要求,利于国产化、备品、补给、维护、保养和检修。
(5)结合城市轨道交通系统的线网规划,遵循尽量统一车辆制式的要求,利于实现资源共享。

9.1.2 列车编组辆数

影响列车编组方案的因素有:
(1)客流的大小。
(2)通过能力。
(3)车辆的选型。
系统能力要能满足远期的客流需求,唯一依据是远期高峰小时单向最大断面客流量。初期列车编组辆数宜与近期相同,当远期所需的编组与近期相近时,则初期列车编组辆数宜采用远期的编组辆数。

9.2 区间运行时间计算与停站时间的确定

根据线路平、纵断面和车辆牵引力、阻力资料,运用牵引计算软件计算各区间运行时间;然后根据各站高峰小时乘降量计算,确定各站停站时间。

9.2.1 列车区间运行时间

区间运行时间通过牵引计算得出。除车辆性能外,对区间运行时间产生影响的因素还有:线路平面曲线、线路纵断面、站间距。

区间运行时间计算按照正常情况下的列车运行取值,对于非正常情况下列车以最高速度运行赶点的区间运行时间暂不考虑。区间运行时间的计算公式为:

$$t_{运} = t_{纯运} + t_{起停} \tag{9-1}$$

式中:$t_{运}$——列车区间运行时间,s;

$t_{纯运}$——列车区间纯运行时间,s;

$t_{起停}$——列车起停附加时间,s。

根据试运行测试,起停附加时间一般为 30s 左右,在站间距短,速度较低的情况下,可取 20~25s;若站距超过了 1.5km,取 30~35s。

$$t_{纯运} = \frac{3.6l}{v_{运}} \tag{9-2}$$

式中:$t_{纯运}$——列车区间纯运行时间,s;

l——两相邻站间距,m;

$v_{运}$——列车运行速度,km/h。

9.2.2 列车停站时间

列车停站时间是控制城市轨道交通系统和车站通过能力的重要因素,列车停站时间越短,系统通过能力越高。列车在车站的停站时间计算公式如下:

$$t_{停} = t_{上下} + t_{开} + t_{关} \tag{9-3}$$

式中:$t_{上下}$——乘客上下车时间,s;

$t_{开}$——开门时间,s;

$t_{关}$——关门时间,s。

(1)乘客上下车时间。乘客上下车时间主要取决于上下车人数,列车的车门数量,车门宽度,乘客到达的不均衡系数,以及乘客上下车速度。计算乘客上下车时间要考虑超高峰系数和站台上乘客分布的不均衡系数,乘客上下车按每上或下乘客 0.6s/人计算。计算公式如下:

$$t_{上下} = \frac{0.6 \times Q_{上下}}{n_{高峰} \times M} \cdot \gamma\beta \tag{9-4}$$

式中:$t_{上下}$——乘客上下车时间,s;

$Q_{上下}$——高峰小时内一个方向本站上下客人数之和,人;

$n_{高峰}$——高峰小时通过本站的列车数,列;

M——每列车一侧车门数,个;

γ——超高峰系数;

β——站台上乘客分布的不均衡系数。

(2) 开门时间。从列车进站停稳,到列车车门和屏蔽门打开的时间。根据资料显示,带有屏蔽门的车站,列车到达的开门时间按 4s 考虑。

(3) 关门时间。从最后一名乘客走进车厢,到车门、站台屏蔽门全部关闭的一段时间。据国内外安装屏蔽门的线路资料统计,车门的动作时间为 3s,考虑到二次关门的可能性,关门时间采用 6s。

另外,考虑各门上下客不均匀延误时间 3s,以及关门后确认起动时间 2s,开关门时间合计 15s。

远期列车开关门时间在计算结果的基础上预留 2s 的富余。国内约定成俗:停站时间取值按计算值取 5s 的整数倍,不足 25s 的取 25s;停站时间不能大于 45s;在换乘站和折返站,停站时间按不小于 30s 取值。

9.3 列车运行交路设计

列车运行交路是城市轨道交通线路的主要技术决策之一,它是以各设计年度预测的高峰小时断面客流为主要依据,结合工程的可实施性、经济性,确定列车的运行区段、折返车站及按不同列车交路运行的列车对数。采用合理的列车运行交路,能够在不降低服务水平的前提下提高车辆运用效率,避免运能浪费。

9.3.1 常见的交路形式

不同的客流特征需要采用不同交路形式,而不同的交路形式对运营组织提出了不同的要求。表 9-1 对不同列车交路形式的优点、缺点以及应用案例进行了总结,包括单一交路、环线交路、跨线交路、大小交路、衔接交路、交错交路、多交路组合等多种形式。

不同列车交路形式总结　　　　表 9-1

交路名称	交路形式	优 点	缺 点	应用案例
单一交路		运营组织简单,对中间站折返设备没有要求	在区段客流不均衡程度较大时,容易造成运能浪费	最多,如:北京地铁 6 号线、7 号线等
环线交路		运营组织相对简单,可靠性较高	只适用于环形线路,且在正客流不均衡时易造成运能虚糜	较多,如:上海地铁 4 号线、北京地铁 2 号线等

续上表

交路名称		交路形式	优　　点	缺　　点	应用案例
跨线交路			线路间换乘量较大时,可有效缩短乘客出行时间,提高列车使用效率	运营较为复杂,当两线发车间隔不均衡时,共线区段相互干扰,影响线路通过能力	上海地铁10号线、11号线以及广州地铁3号线等
组合交路	大小交路		可满足客流量不均衡程度较高的需求,充分利用运力、降低运营成本	中间折返站的设置增加了运营复杂性,故障时运营调整较为困难	北京地铁4号线与大兴线、上海地铁6号线、广州地铁2号线等
	衔接交路		能较好地适应两个短交路内客流需求,运营较为经济,可不同区域不同编组开行	交路衔接的折返站配置要求较高,且跨区域出行乘客换乘时间增加	较少,如:上海地铁2号线
	交错交路		满足高比例的郊区—市区向心客流	运营复杂,增加了跨区客流换乘时间	较少,如:北京地铁1号线与八通线
	多交路组合		主要满足城市轨道超长线路,客流量不均衡程度较高的需求,有利于节省运营成本	对中间折返站的要求较高,增加了运营复杂性,故障时调整困难	巴黎RER、日本JR、柏林S-Bahn

实际运营组织中以单一交路、环线交路和大小交路最为常见,而多交路(又称混合交路或综合交路)和跨线交路较为少见。

9.3.2　列车运行交路方案设计

1)列车运行交路设计主要原则

(1)以客流预测为依据,结合客流分布及乘客出行特点,方便乘客在不同时间段、不同区段的出行要求,考虑"以人为本,服务至上"的原则,保持适当的服务水平。

(2)在尽可能地满足乘客出行方便的前提下,尽量减少车辆配备,提高车辆运用效率,节省列车的购置费用,兼顾降低运营成本,提高运营效益。

(3)"列车运行交路""中间折返站的设置"与"各期全日行车计划"三者应结合起来考虑。

(4)对客流增长较快的线路,宜初、近期采用同样的交路。列车运行交路不可变动过于频繁,在兼顾运营管理的可操作性和运营组织适当的灵活性的同时,考虑工程实施的可行性与经济性。

(5)对分期建设的线路二期工程的列车运行交路要统筹安排,合理利用一期工程的折返设备。

(6)当采用长、短交路套跑时,应注意平峰时段的服务水平,并且短交路的列车不宜太少,否则效益不明显反而使运营组织复杂化。因此应全面研究全日客流的时段分布,一般情况下采用长、短交路是指在客流较大的时段而不是全日。

2)列车开行交路方案

列车开行交路方案规定了列车运行区段、折返车站和不同交路开行的列车对数。交路方案设计的主要目的是在满足客运需求的同时合理分配运能,节省车辆设备。

客流预测是行车交路设计的主要设计依据之一,但未来城市发展和客流变化具有不确定性,因此在参考预测客流规模和特征的同时,还应综合考虑以下因素:一是初、近、远期结合,全线统筹考虑;二是适应客流特征,节省运用车辆;三是结合路网规划,方便换乘客流;四是避开大集散量车站,节省折返时间;五是交路折返点分开,提高线路通过能力;六是辅助线分布合理,工程实施可行。

9.4 运输能力的综合设计

9.4.1 运输能力

运输能力是通过能力和输送能力的总称。为满足客运需求、完成运输任务,轨道交通必须具备一定的运输能力。运输能力的大小主要取决于固定设备、活动设备、技术设备的运用、行车组织方法和行车作业人员的数量、技能水平等。根据使用性质的不同,运输能力可分为设计能力和可用能力。

1)设计能力

设计能力是指某线路上某一方向 1h 内通过某一点的乘客空间数量。设计能力相当于最大能力、理论能力或理论最大能力,一般很难实现。影响设计能力的要素主要包括线路能力和列车能力,其满足:

$$设计能力 = 线路能力 \times 列车能力 \qquad (9-5)$$
$$= 线路能力 \times 每列车辆数 \times 每辆车定员数$$

每辆车定员数包括座位数和站立面积上所容纳的乘客数。站立面积为可用面积,要扣除座位面积、乘客腿部所占面积和设备所占面积。根据《城市轨道交通工程项目建设标准》(建标 104—2008)规定:

(1)定员。每辆车的定员,由座席位和站席位的总和确定,为正常情况下载客能力的计算依据。

(2)座席。车辆的座位数宜占总定员的 15% ~ 20%。当全程线路大于 35km,平均运距大于 12km 时,根据客流性质,宜适当降低车辆定员。

(3)座席区。每位座席区面积计算范围包括座椅横截面宽度(0.45 ~ 0.5m)和座前区(0.20 ~ 0.25m),座席区横截面总宽按 0.7m 计。

(4)站席。车内面积扣除座席区及相关设施的面积后,按 6 人/m^2 计。

(5) 超员。每辆车的超员,按座席不变,站席以 9 人/m² 计,超员系数(超员与定员的比值)不宜小于 1.4,与车站客流的超高峰系数相适应,并应作为车辆构造强度和制动力计算的依据。

(6) 车辆客室的车门开启宽度不宜小于 1.3m,每侧车门数量应与定员相匹配。

车辆内乘客站立人员密度是舒适度标准,也是定员标准,以此评价满载率。经理论分析,并与日本和俄罗斯的标准对比,《城市轨道交通工程项目建设标准》(建标 104—2008)确定我国车内乘客站立人员密度评价标准宜符合表 9-2 的规定。

车内乘客站立人员密度评价标准　　　　　表 9-2

站席密度 (人/m²)	乘客拥挤情况	评价标准		
		中国	日本	俄罗斯
3 以下	乘客可以自由流动,十分宽松	舒适	舒适	好
4	平均每位乘客占有 0.5m×0.5m 的空间,有较大宽松度,乘客可以看书报	良好	正常	好
5	平均每位乘客占有 0.5m×0.4m 的空间,有一定宽松度,部分乘客可以看书报	良好	正常	好
6(AW_2)	平均每位乘客占有 0.5m×0.33m 的空间,感到不宽松、不拥挤,稍可活动,是舒适度的临界状态	临界状态(定员标准)	中间状态	好
7	平均每位乘客占有 0.47m×0.3m 的空间,感到有些拥挤,站席范围有些突破	有些拥挤	可接受	一般
8	平均每位乘客占有 0.42m×0.3m 的空间,身体有接触,需错位排列,并突破站席范围,感到比较拥挤	比较拥挤	可接受	一般
9(AW_3)	平均每人占有的空间非常拥挤,需突破站席范围,挤入座区,此情况偶有可能出现(车辆制造强度必须满足)	非常拥挤(超员标准)	非常拥挤	不好
10	需突破站席范围,挤入座区,极为拥挤,难以忍受,影响上下车行为和总时间,属极端情况	难以忍受	极为拥挤	不好

注:1. 表中乘客占有面积是立席区分配的计算面积。
　　2. AW_2 表示额定载荷(定员),AW_3 表示超载(超员)。

2) 可用能力

可用能力是指在容许乘客需求分散条件下,某一线路某一方向 1h 内所能输送的总乘客数。在城市交通网络上,运输能力计算还必须考虑乘客需求的变化。一般来说,高峰期能力利用系数为 0.75~0.95,其高限只有在纽约和墨西哥等少数系统才能达到,大多数系统的高峰期能力利用系数为 0.75~0.90。可用能力计算公式如下:

$$可用能力 = 设计能力 \times 高峰分散系数 \tag{9-6}$$

运输能力是轨道交通系统最重要的参数。运输能力计算涉及系统设计、扩展、改建、舒适性设计及系统在不同时期内的发展。

9.4.2　通过能力

1) 概述

城市轨道交通线系统通过能力指在一定的车辆类型、列车编组辆数、列车控制模式和列车折返方式(相应设备)条件下,1h内线路上可开行的列车对数(双向)或列车数(单向)。

为什么线路通过能力以1h来表达?因为城市轨道交通的需求特征和设备维护的需要,大部分线路不是一天24h连续运行的。

不同的折返方式及相应的折返站线路布置直接影响到1h可开行的列车对数。一般情况下,站前折返不能保证2min发车间隔,为了充分发挥系统能力,设折返线组织站后折返作业。如果列车编组数较多,折返走行距离延长,为了保证2min的折返发车间隔,可能需要在折返线上留置一列空车,交替驶向发车线。

列车控制系统决定着列车运行全过程中的最小追踪间隔。列车等间隔发车后,运行中的最小追踪间隔将出现在停站时间最长的那个车站的前方,为了保证2min发车间隔,最大停站时间一般不大于45s。

列车运行中前后车的最小间隔如图9-1所示。列车在各路段的走行时间与线路的平纵断面、运行阻力、车型与列车的动力配置等因素有关,精确数据需进行牵引计算,这里仅举例说明列车运行中追踪间隔的概念。

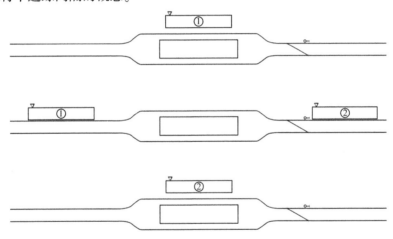

图9-1 列车运行中前后车的最小间隔示意图

如图9-1所示,列车在运行中最小追踪间隔为:从列车①到达停妥之时起,到列车②到达停妥之时止。上述过程由3段时间组成:

(1)列车①停站时间,45s。
(2)列车①驶离车站时间,约30s。
(3)列车②进站停车时间,约30s。

可见,若发车间隔为2min,则仅有15s的余量,而即便采用高效的列车自动驾驶系统(Automatic Train Operation, ATO)也需要有足够的时间余量。所以要保证2min发车间隔连续发车,最大停站时间一般不大于45s。

国外个别线路上有采用105s甚至90s发车间隔时间的,其停站时间一般不大于30s,甚至全线的停站时间一律采用20s。在我国城市轨道交通各站客流情况悬殊的条件下,这种加强通过能力的措施是不现实的,至少规划、设计阶段不宜采用这种标准。不是发车间隔时间越短越先进,平均等车时间的效用值是非线性的,小于2min不会再明显的增大,间隔时间越短,客流的不均衡性反而会加剧。

2）通过能力的计算和影响因素

地铁、轻轨的通过能力主要按照下列固定设备进行计算。

(1) 线路。其通过能力主要取决于信号系统的构成、列车的运行控制方式、车辆的技术性能、进出站线路的平面和纵断面情况、列车停站时间标准和行车组织方法等。

(2) 列车折返设备。其通过能力主要决定于车站折返线的布置方式、信号和连锁设备的种类、列车在折返站停站时间标准以及列车在折返站内的运行速度。

(3) 车辆段设备。其通过能力主要决定于车辆的检修台位、停车线等设备的数量和容量等。

(4) 牵引供电设备。其通过能力主要决定于牵引变电所的座数、容量等。

市郊铁路的通过能力主要按照下列固定设备进行计算。

(1) 区间。其通过能力主要决定于区间正线数、区间长度、线路的平面与纵断面情况、信号系统的构成和机车类别等。

(2) 车站。其通过能力主要决定于车站到发线数、咽喉道岔的布置等。

(3) 机务段设备和整备设备。其通过能力主要决定于电力和内燃机的定修台位、段内整备线等设备的数量和容量。

(4) 牵引供电设备。其通过能力主要决定于牵引变电所和接触网等。

根据以上各项固定设备计算出来的通过能力一般是各不相同的，其中通过能力最小的设备限制了整个线路的通过能力，因此该项设备的通过能力即为线路的最终通过能力。由此可见，通过能力实质上取决于固定技术设备的综合能力，因此各项固定设备的能力应力求相互匹配，避免造成某些设备的能力闲置。

在影响城市轨道交通通过能力的诸多因素中，权重最大的是列车运行控制方式和列车停站时间。

列车运行控制方式是指列车运行间隔、速度的控制方式和行车调度的指挥方式，取决于采用的列车运行控制设备类型。

由于多数城市轨道交通列车只能在车站正线停车办理客运作业，致使列车追踪运行经过车站时的间隔时间远大于列车在区间追踪运行时的间隔时间。因此，列车停站时间是限制城市轨道交通线路通过能力的又一主要因素。

3）通过能力计算

(1) 线路通过能力计算

线路通过能力的计算公式为：

$$n_{\max} = \frac{3600}{h} \tag{9-7}$$

式中：$n_{\max}$——1h 内线路能够通过的最大列车数，列；

h——城市轨道交通追踪列车间隔时间，s。

(2) 列车折返设备通过能力计算

列车折返设备通过能力的计算公式为：

$$n_{折返} = \frac{3600}{h_{发}} \tag{9-8}$$

式中：$n_{折返}$——1h 内列车折返设备能够通过的最大列车数，列；
　　　$h_发$——列车折返出发间隔时间，s。

列车折返方式主要有站后折返和站前折返两种。站后折返通常是列车利用站后尽端折返线进行折返，站前折返则是列车经过站前渡线进行折返。图 9-2 和图 9-3 分别为站前折返和站后折返的作业过程及时间标准示例。

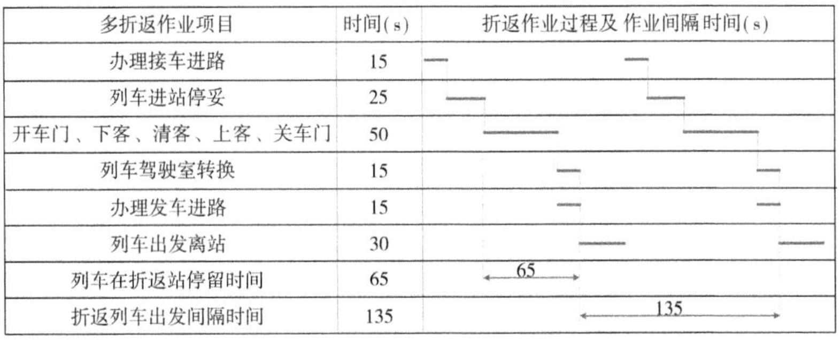

多折返作业项目	时间(s)	折返作业过程及作业间隔时间(s)
办理接车进路	15	
列车进站停妥	25	
开车门、下客、清客、上客、关车门	50	
列车驾驶室转换	15	
办理发车进路	15	
列车出发离站	30	
列车在折返站停留时间	65	65
折返列车出发间隔时间	135	135

图 9-2　列车在站前渡线折返站折返作业过程示意图

多折返作业项目	时间(s)	站后尽端线折返 作业过程及作业间隔时间(s)
办理接车进路	15	
列车进站停妥	25	
列车停站下客	30	
办理折返线进路	15	
列车进折返线运行	35	
列车换向作业	10	135
办理出折返线进路	15	
列车出折返线运行	35	
列车停站上客	30	
列车出发离站	25	
折返列车到达间隔时间	95	95
折返列车出发间隔时间	105	105
列车在折返站停留时间	145	145

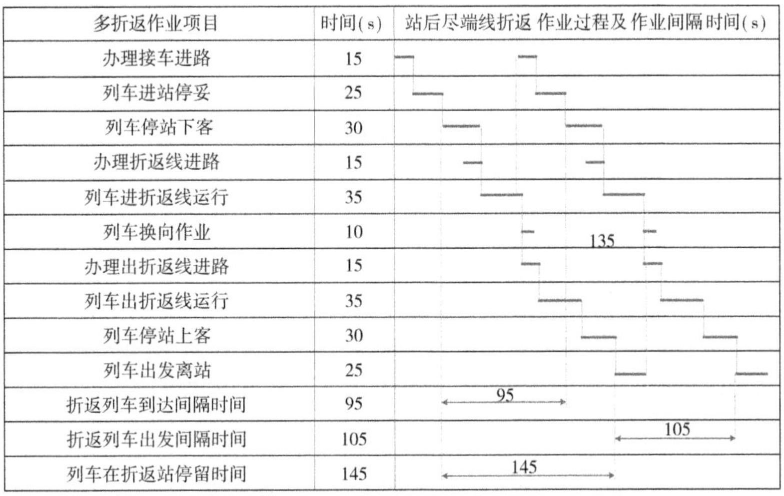

图 9-3　列车在站后尽端式折返站折返作业过程示意图

(3) 最终通过能力和使用通过能力

①最终通过能力

如果城市轨道交通的最终通过能力受限制于线路或列车折返设备的通过能力，则最终通过能力可用下式计算：

$$n_{\max}^{最终} = \frac{3600}{\max\{h, h_发\}} \tag{9-9}$$

式中：$n_{\max}^{最终}$——城市轨达交通在 1h 内最终能够通过的最大列车数量，列。

②使用通过能力

在日常行车组织中，因为列车运行时分偏离、设备故障、行车事故和外界影响等带来的通过能力损失是不可避免的,因此实际可使用的通过能力达不到理想作业状态下的理论计算能力。为合理安排列车运能,保证列车运行秩序,有必要计算确定使用通过能力,计算公式如下:

$$n_{使用} = \frac{3600}{h + t_{损失}} \tag{9-10}$$

式中:$n_{使用}$——扣除能力损失后,城市轨道交通在1h内能够通过的最大列车数量,列;

$t_{损失}$——平均每列车分摊到的损失时间,可根据列车运行统计资料计算确定,s。

9.4.3 输送能力

轨道交通线路的输送能力是衡量其服务水平和技术水平的重要指标。输送能力是指在一定的车辆类型、信号设备、固定设备和行车组织方法的条件下按照现有活动设备的数量和容量,轨道交通线路在单位时间内(通常是高峰小时、一昼夜或一年)所能运送的乘客人数。一般用所适应的高峰小时单向最大断面客流量(人次/h)来表示。可定义为:在一定的固定设备和作业方式条件下,1h内可通过线路某断面的单向最大客流量。

这里需要注意区分下列几个概念:

(1)客运量。即单位时间内各站上车人数。对换乘站而言,上车人数包括进站的和相关换入的客流量。

(2)高峰小时单向最大断面客流量。即一条城市轨道交通线路在全日高峰时段最大客流量断面上1h内单向通过的乘客数量(人次/h)。

(3)平均乘距。即本线运送全部乘客的平均乘车距离(km)。

(4)本线单位时间内所完成的出行量。即客运量减去换乘量,交通结构是按出行量所占比例计算。

"1h可运送多少万人"的概念是混淆视听的说法,这里忽略了"乘距"的概念,因此必须引入"周转量(人·km)"。而周转量是由输送能力和客流量特征共同决定的,如果短距乘客多,周转量可能不大,而客运量可能很大。要考察一条线的运营效率,应以"客运周转量/客位公里"来表达,其中客位公里为:

$$P = m \cdot p_c \cdot n \cdot L \tag{9-11}$$

式中:P——线路运营的客位公里(单向),人·km;

m——每列车辆编组数,辆/列;

p_c——车辆定员数,人/辆;

n——线路通过能力(单向),列/h;

L——线路运营长度,km。

在设计的规定设备、车底保有量和作业方式条件下,单位时间可通过某线路断面的单向客流量,称为设计输送能力。

$$p = n \cdot m \cdot p_c \tag{9-12}$$

式中:p——线路设计输送能力,人;

n——线路通过能力(单向),列/h;

m——每列车辆编组数,辆/列;
p_c——车辆定员数,人/辆。

当前有些运营线上,由于车底保有量太少,不能满足需求,而其原因不一定是系统能力太小,更不可全归咎于客流预测不准。

9.4.4 确定输送能力应考虑的因素

确定轨道交通输送能力的一个重要宗旨就是确保交通的供需平衡,而需求是动态的、不确定的。因此,虽然按照城市规划和轨道交通线网经过模型测试推定的远期需求,可以作为输送能力设计的依据,但这样重大的、影响深远的技术决策,还需要从不同层面多方面进行充分权衡。

1) 需求

具体的量化指标主要是远期高峰小时单向最大断面客流量。这项指标可持又不可持。可持是指其有规范可依;不可持是指形成这项指标的复杂背景(活的因素)。因此必须全面分析下列情况:

(1) 最高断面客流量能否得到客流高断面集合支撑。"客流高断面集合"是指与最高断面属于同一量级的高断面区间组成的集群。

(2) 断面客流的高峰系数是否都能够得到客运量高峰系数的支撑。如果下式成立,则断面客流的高峰系数都能够得到客运量高峰系数的支撑。

$$\frac{高峰小时最大断面客流量}{全日最大断面客流量} \geq \frac{高峰小时客流量}{全日客流量}$$

(3) 高峰小时单向最大断面客流量的形成因素。如果由换乘客流形成的比重大,则可能不稳定,可能变得更大,也可能变得更小,这要依靠线网层面来分析、定夺。

(4) 客流走势分析。

① 在线网发育过程中,远期客流量不一定最大。

② 远期客流量的发展趋势是否稳定。

2) 线网

本线在全网中的动态定位、作用和位置。

(1) 动态定位。① 主干线(骨架线);② 次干线(局域干线);③ 辅助线(加密线);④ 快线。不同性质的线路对发展余地应有不同的考虑。

(2) 作用。根据承担的客运量主体类型,分为综合性、工作出行、商业及业务、连接对外出行点、旅游。

(3) 在线网中的位置。

① 线网的中坚——有较多的迂回进路。

② 独立的交通走廊。

3) 城市

所在城市的规模、性质和发展潜力影响对轨道交通线路输送能力的要求。

9.4.5 制式系统对输送能力的适应范围

国产 3 种车辆各种编组情况下的输送能力适应范围见表 9-3。

系统适应能力　　　　　　　　　　表9-3

车　型	编组	30 对/h		24 对/h	
		系统最大输送能力（人/h）	系统适应输送能力（人/h）	系统最大输送能力（人/h）	系统适应输送能力（人/h）
A型车 (310人/辆)	4辆	37200	31620	29760	25296
	6辆	55800	47430	44640	37944
	8辆	74400	63240	59520	50592
	10辆	93000	79050	74400	63240
B型车 (动车250人/辆， 拖车230人/辆)	4辆	28800	24480	23040	19584
	6辆	43800	37230	35040	29784
	8辆	58800	49980	47040	39984
C型车 (215人/辆)	2辆	12900	10965	10320	8772
	4辆	25800	21930	20640	17544
	6辆	38700	32895	30960	26316

9.5　全日行车计划

全日行车计划是城市轨道交通营业时间内各个小时开行的列车对数计划，它规定了城市轨道交通线路的日常运输任务，是编制列车运行图、计算运输工作量和确定车辆运用的基础资料。

9.5.1　全日行车计划编制资料

（1）营业时间。主要考虑两个因素：一是方便乘客，满足城市生活的需要，即需考虑城市居民出行活动的特点；二是满足城市轨道交通系统各项设备检修养护的需要。营业时间一般在18～20h之间，也有24h的。

（2）全日分时最大客流断面量。根据站间OD客流数据计算出各站上下车人数，然后算出早、晚高峰断面客流量，最后得到早、晚最大断面客流量。

（3）列车运载能力。列车定员数 = 列车编组辆数 × 车辆定员数。

（4）线路断面满载率。线路断面满载率是指在单位时间内特定断面上的车辆载客能力利用率。在实际工作中，线路断面满载率通常是指在早（晚）高峰小时，单向最大客流断面的车辆载客能力利用率。计算公式如下：

$$\beta = \frac{p_{max}}{c_{max}} \times 100\% \quad (9-13)$$

式中：β——线路断面满载力，%；

p_{max}——单向最大断面客流量，人；

c_{max}——高峰小时线路输送能力,人。

9.5.2 编制步骤

(1)计算营业时间内各小时应开行的列车数

计算公式如下:

$$n_i = \frac{p_{max}}{p_{列}\beta} \times 100\% \tag{9-14}$$

式中:n_i——各小时应开行的列车数,对;

β——线路断面满载力,%;

p_{max}——单向最大断面客流量,人;

$p_{列}$——列车定员数,人。

(2)计算行车间隔时间

计算公式为:

$$I_i = \frac{p_{max}}{n_i} \tag{9-15}$$

式中:I_i——行车间隔时间,s;

n_i——某小时内开行的列车数,对。

(3)最终确定全日行车计划

提高服务水平和方便乘客是编制城市轨道交通系统全日行车计划时重点考虑的因素。根据《城市轨道交通工程项目建设标准》(建标 104—2008)第四十六条规定:在全封闭线路上,城市中心区地段的列车发车密度,初期高峰时段不宜小于 12 对/h(5min 间隔),平峰时段宜为 6~10 对/h(10~6min 间隔),其中 9:00~21:00 不宜小于 10 对/h(6min 间隔)。远期高峰时段钢轮钢轨全封闭系统不应小于 30 对/h,单轨胶轮系统不应小于 24 对/h,平峰时段均不宜小于 10 对/h。

9.6 全日列车运行图的编制

9.6.1 列车运行图要素

列车运行图有各种不同的类型,但是它总是由一些基本要素组成的。因此,在编制列车运行图之前,必须首先确定组成列车运行图的各项要素。城市轨道交通列车运行图的要素包含以下几项:

(1)列车区间运行时分。

(2)列车停站时间。

(3)列车在折返站停留时间。

(4)列车出入车辆段作业时间。

(5)追踪列车间隔时间。

(6)折返列车发车间隔时间。

9.6.2 列车运行图编制原则

(1) 在保证安全可靠的条件下,提高列车的旅行速度,缩小列车的运行时间。列车旅行速度较高是城市轨道交通系统的主要优势,在安全得到保障的前提下,通过提高列车旅行速度,可提高系统的运行效率和服务水平。

(2) 尽量方便乘客。根据客流变化的规律,尽量考虑在满足运行技术要求的前提下选择较小的列车发车间隔,以减少乘客的候车时间。在安排平峰时段列车运行时,最大的列车运行间隔不宜过大,以保持一定的服务水平。

(3) 充分利用线路和车辆的能力。以折返通过能力为例,折返设备通常是全线能力的限制因素,此时必须对折返线的折返作业时间进行精确的计算,合理安排作业程序,尽可能安排平行作业。

(4) 在保证运量需求的条件下,尽量降低运营车数。在保证运量需求的条件下,可通过综合考虑高峰时段列车运行速度、折返作业时间、列车开行方式等要素,使上线列车数量达到最少,降低系统的车辆保有量与运营成本。

9.6.3 列车运行图的编制步骤

城市轨道交通列车均为可载客列车,在车站只进行乘客上下车的客运作业,而且不存在车辆编组和车辆技术作业等问题,列车行车密度较高。

在新线开通或线路客流量、技术设备和行车组织方式发生变化时都需要编制列车运行图。其编制步骤如图9-4所示。

图9-4 列车运行图的编制步骤示意图

(1) 按编制要求和编制目标提出编图的注意事项。
(2) 收集编图资料,对需要进行数据校验的数据组织调查或研究试验。
(3) 总结分析现行列车运行图的完成情况和存在的问题,提出改进意见。
(4) 根据线路客流变化特点确定全日行车计划。
(5) 根据现有设备条件计算所需运用列车数量。
(6) 确定运行图所需的各种基础数据。
(7) 确定列车交路计划,并铺画列车运行图方案。
(8) 征求调度部门、客运部门、车辆部门意见,对列车运行方案进行必要调整。
(9) 根据列车运行方案铺画详细的列车运行图、列车运行时刻表和编制说明。
(10) 对列车运行图的编制质量进行全面检查,并计算列车运行图的评价指标。
(11) 将编制完毕的列车运行图、时刻表和说明报有关部门审批执行。

9.6.4 运行图指标计算

(1) 总开行列车数

$$总开行列车数 = 载客列车数 + 空驶列车数 + 调试列车数 \tag{9-16}$$

(2) 技术速度

$$v_{技} = \frac{L}{\sum t_{运}} \tag{9-17}$$

式中：$v_{技}$——技术速度，km/h；
　　　L——运营线路长度，km；
　　　$\sum t_{运}$——区间总运行时间，h。

(3) 旅行速度

$$v_{旅} = \frac{L}{\sum t_{运} + \sum t_{中停}} \tag{9-18}$$

式中：$v_{旅}$——旅行速度，km/h；
　　　L——运营线路长度，km；
　　　$\sum t_{运}$——区间总运行时间，h；
　　　$\sum t_{中停}$——总的中间站停站时间，h。

(4) 旅行速度系数

$$\beta_{旅} = \frac{v_{旅}}{v_{技}} \tag{9-19}$$

式中：$\beta_{旅}$——旅行速度系数；
　　　$v_{旅}$——旅行速度，km/h；
　　　$v_{技}$——技术速度，km/h。

(5) 运能利用率

$$运能利用率 = \frac{全日客流量 \times 平均运距}{列车定员 \times 全日开行列车数 \times 线路长度} \tag{9-20}$$

平均运距根据统计资料得到。

(6) 输送能力

$$输送能力 = 载客列车数 \times 列车定员 \tag{9-21}$$

(7) 高峰小时运用列车数

$$N_{运用} = \frac{n_{高峰} \theta_{列}}{60} \tag{9-22}$$

式中：$N_{运用}$——高峰小时运用车数，列；
　　　$n_{高峰}$——高峰小时开行列车数，列；
　　　$\theta_{列}$——列车周转时间，min。

(8) 全日车辆总走行公里

$$全日车辆总走行公里 = \sum(列车数 \times 列车编成辆数 \times 列车运行距离) \tag{9-23}$$

(9) 车辆日均走行公里

$$车辆日均走行公里 = \frac{全日车辆总走行公里}{全日车辆运用数} \tag{9-24}$$

9.6.5 正常情况下的列车运行组织

为实现按图行车，行车调度员要努力确保列车正点运行，行车调度员应在列车出场、列车折返方式和客流组织等方面进行科学组织,确保列车正点始发。由于途中运缓、设备故障等原因,会造成列车运行晚点,此时,行车调度员应根据列车运行图和行车安全原则,尽快使晚点列车恢复正点运行。列车运行调整的主要方法如下:

(1)区间临时短时间停车。行车调度员通知驾驶员将列车临时停在区间内,驾驶员必须用广播做好乘客安抚工作。区间临时停车是行车密度较大情况下调度调整运营的重要手段之一,目的是保证前方列车或车站有充分的时间处理突发事件,以减少对后续列车运行的影响。区间临时短时间停车时间应控制在 5min 之内。

(2)越站停车。采取越站停车方式时,必须充分考虑对乘客服务的影响,相关车站及驾驶员必须做好服务工作。行车调度员在办理列车越站停车时应掌握以下原则:客流较大的车站及首、末班车不安排列车越站停车,不允许办理连续多列车不停车地通过同一个车站,还要尽量避免一列车连续越站,列车经过不停车车站时应按规定速度减速通过。当列车上客流拥挤或前方车站出现突发情况时,也可以采用列车越站停车。列车越站停车原则上在始发站安排,中途进行列车越站停车时应至少提前两站广播通知乘客。

(3)变更列车折返方式。列车在终点站折返时,通常采用站后折返方式。这种方式车站接发车采用平行作业,不存在进路交叉,有利于行车安全,同时也避免了上下车客流汇合,有利于提高列车运行速度。如果站后道岔出现故障,如道岔挤岔无法办理进路,可以采用站前折返方式。由于站前折返时会占用区间线路,影响后续列车闭塞,对行车安全要求较高,在行车密度较大时,如果在站后折返轨处列车故障无法操作,可以从试车线折返,灵活利用各种信号设备,保证列车正常运行。

(4)扣车。当一条线路的列车由于车辆或其他设备故障引起运行不正常,造成乘客拥挤时,调度员可采取扣车措施,将列车扣在附近车站,以缓解压力,确保列车间隔。

(5)停运列车。当线路某区段中断,已不能满足在线列车运行时,调度员可适当抽调部分列车下线,拉大列车时间间隔运行。

(6)始发站列车提前或推迟出发列车。

(7)组织车站快速乘降作业,压缩停站时间。

(8)根据车辆的技术状态、线路允许速度,改变列车速度,恢复正点。

9.6.6 换乘站需求校核

(1)换乘站是线网的薄弱环节,原因有:
①集散客流量大,相交两线的超高峰客流和随机波动有"叠加效应"。
②换乘站上的换乘流线一旦不顺畅,可能危及 4 个方向的正常运行秩序。
③换乘设施建成后不易改造,影响久远。

(2)一般情况下换乘量的预测值偏小。
①一条线十几、二十几个车站,面对的是两三百个车站甚至更多车站的吸引,很难做到本线发送客流的大多数到站都在本线。因此线网密度越大,全网换乘总量占总客运量的比例应越高,而由于相邻线路(主要是截角线)的分流作用,各换乘站的换乘量可能降低。棋盘式线网分流换乘量的可能性会小一些,但产生二次换乘的机会会大一些。
②由于预测值偏小,需要研究一种校核的方法。

③可分方向计算"规划换乘量",这样设计中分方向的换乘量与全站的总换乘量均可应用,设计更加灵活。

④对现状资料注意走势分析,随着线网的发展,换乘量可能发生变化。

(3)独立于或尽量独立于"客流预测"之外的对换乘量进行校核的方法是非常必要的。因为当前"客流预测"的可变因素不易控制,软件的依赖性太强,分析、判断的能力又较差,而其结果又影响深远。

(4)"换乘量校核方法"的理论基础是"交通网络的能力均衡理论"。城市轨道交通线网的各组成部分可抽象成网络图进行拓扑分析,任何一个单元的能力形成"瓶颈",都会影响整体能力的发挥。因此决不能使关键"单元"变成"瓶颈"。换乘能力应与线路的输送能力相适应。

(5)换乘站前方区间进入换乘站的客流面临4种选择:

①下车出站。

②下车左转换乘。

③下车右转换乘。

④不下车继续前行。

(6)换乘能力校核。按各衔接方向的输送能力和可能的换乘比例来校核换乘能力。

思 考 题

1. 简述车辆选型基本原则。
2. 常用的交路形式有哪些?试分析各种交路形式的优点、缺点。
3. 简述列车运行交路设计主要原则。
4. 如何正确认识轨道交通系统能力?如何确定轨道交通系统输送能力?
5. 全日行车计划编制需要哪些基础资料?
6. 简述列车运行图的编制步骤。

第10章 车辆段规划与设计

10.1 概 述

车辆段是城市轨道交通车辆停放的基地,主要承担轨道交通车辆的停放、检查、维修、清洁、整备等任务,以及负责乘务人员的组织管理、出乘、换班等业务工作。由于车辆段占地面积大、场地集中,车辆段一般都集成综合基地,除了上述任务外,还承担行车设备设施、机电设备的维护检修,器材、材料、备品仓储保管和供应,组织和管理车辆段及综合基地职工的技术教育以及培训等任务。

10.1.1 车辆段的功能构成及技术要求

1) 车辆段的主要功能

车辆段的主要功能如下:
(1) 提供运用列车投入服务,确保所属线路列车运行图的实现。
(2) 列车的停放、调车编组、日常检查、一般故障处理和清扫洗刷。
(3) 列车的维修、临修、旋轮和定修、架修和厂修。
(4) 工程机车车辆的停放、检修等。
(5) 车辆段内通用设施及车辆维修设备的维护管理。
(6) 乘务人员组织管理、出乘计划编制、备乘换班的业务工作。
(7) 所属线路列车运行出现故障时的技术检查、处理和救援工作。

2) 车辆段的功能分区

车辆段是轨道交通运营的配套基础设施,通常包括车辆段基地、停车列检基地、设备仓库和供办公人员使用的生活场所。上述各种设备、设施性质相近,有着较紧密的联系,工程设计中通常布置在一起,形成综合体,既可节约工程投资又方便管理。

车辆段是供地铁车辆停放、清洗、整备、运用和修理的所在地。其中停车场一般用于车辆的停放与调度,占地规模相对较小,功能比较单一,所需要的净空要求相对不高,同时对外部环境产生的影响较小。通常来讲,车辆段从功能分区上划分,可以分为如下几个部分。

(1) 出入段线区。地铁车辆从轨道运行正线出入车辆段基地的缓冲区,车辆在此区域内降低车速驶入车辆段,或加速驶出车辆段,从平面上看,此区域一般呈现狭长的形状。

(2)轨道咽喉区。地铁列车进入车辆段后,为使其准确进入相应的车辆库房而对车辆进行变轨操作的一段区域,呈喇叭形,该区域轨道线路较为密集,限界因素较为敏感。

(3)车辆停放和检修区。此区域包括车辆段内主要的功能性用房,车辆库房占地面积大,功能通常在一层平面内解决,也有少数案例设有双层库房。地铁车辆的运用库、联合车库、洗车库等一般都设置在这个区域。

(4)试车区。部分车辆段承担着维修、试运行车辆的任务,此区域主要负责对车辆维修后的运行能力进行检测,也有部分车辆段不设有此区域。

(5)配套设施区。此区域包括牵引降压混合变电所、跟随所、动调试验间、污水处理站等设施。一般来说,这类配套用房功能紧凑,占地面积小,建筑体量比较小。但大多由于不同的功能需要,布置较为分散,通常位于出入段线区与咽喉区之间的区域。

(6)综合办公区。综合办公区是轨道交通车辆段工作人员办公的场所,包括车辆段的日常管理机构,车辆段工作人员的办公区,以及一些为工作人员提供生活服务的配套后勤用房。综合办公区处于车辆段内相对独立的位置,与城市空间结合比较紧密,方便工作人员进出车辆段区域。办公区大多进行落地开发,为节约用地一般为高层建筑。

10.1.2 车辆段的一般技术要求

(1)为满足轨道交通工程的运营和车辆及设备的维修保养和检修,设车辆段与综合基地。

(2)车辆段与综合基地的功能应根据城市地铁线路的规划和线网中车辆段与综合基地的分布及既有设施综合分析确定,避免重复建设。车辆段与综合基地包括车辆段、综合维修中心、物资总库和职工技术教育培训中心及必要的办公生活设施。

(3)车辆段与综合基地的建设应初、近、远期相结合,其股道、房屋和机械设备等均应按近期设计;用地规模应按远期规模进行控制。当近远期工作量变化不大时,停车库及检修库可按远期一次建成。

(4)车辆段与综合基地的设计应贯彻节约用地的方针,尽量减少用地范围的房屋拆迁和土石方工程量。

(5)车辆段与综合基地的设计应贯彻节约能源的方针。

(6)车辆段与综合基地的设计应有完善的消防措施。总平面布置、房屋建筑、设备和材料的选用等均应符合有关防火规范的要求。

(7)车辆段与综合基地的设计应积极推广采用行之有效的新技术、新工艺、新材料和新设备,并应推行设备本地化。选用机具设备时,宜采用国家标准系列产品;选用专用设备时,宜采用标准设备或成熟的非标准设备,其中涉及人身、行车安全者,必须经有关部门鉴定批准方可使用。

(8)车辆段与综合基地的设计,对其所产生的废气、废液、废渣和噪声等应进行综合治理,并应符合国家和地方现行的治理、排放标准及有关规定。环境保护设施应与主体工程同时设计、同时施工、同时投产。

(9)车辆段与综合基地的设计中,站场、房屋建筑、供电(含电力)、给排水及消防、通风空调各专业设计应符合《地铁设计规范》(GB 50157—2013)有关规定和现行国家、行业或地方的相关标准、规范和规定。

10.2 车辆段的选址

10.2.1 车辆段选址类型

由于城市轨道交通大多修建在城市的闹市区,很难在沿线找到一块设置车辆段的地方,在线路两头的终端一般都是城乡接合部,如把车辆段设在郊区则往往要延长线路修建长度,造价很高,如在市区边缘选段址也十分困难。例如:上海地铁1号线新龙华车辆段,在改移3.7km沪杭线以后,才找到勉强能放下车辆段的地方;又如,广州地铁1号线车辆段,在1号线两个终端广钢站和广州东站都没有条件设段的情况下,经过多个方案比较,才选定芳村站设段方案,上海地铁2号线的车辆段也因选址困难,段址确定经过较长时间的研究。

以地铁为例,从国内外的资料来看,车辆段(或停车场)在一条城市轨道交通线上的位置大致有以下几种情况:

(1)地铁在一个城市中的分布除少数呈环状外,大多数呈条状,因此车辆段多设在一条地铁线的两个尽端,车辆段设在尽端的好处是对一个方向列车早晚的出车、收车最为方便,没有空费走行,而另一个方向尽端常常设置有存车条件的折返站,以方便出车、收车。当一条地铁线比较长,其需要的配属车在250辆以上时,车辆段如集中在地铁线的一端,其停车库就会相当大,此时也可考虑在地铁线的另一端再设一个停车场。

(2)当一条地铁线的尽端没有条件设置车辆段时,也可以在邻靠终点站的邻站设置。例如广州芳村站车辆段选在广钢站与大花园站之间,停车库按通过式布置,一头接通广钢站,一头接通大花园站,方便列车进出段。

(3)一条地铁线的繁忙区段与非繁忙段的分界处,也可以考虑设置车辆段。

(4)在一个地铁网中,如果一个车辆段是为几条地铁线服务的,特别是检修系统,则车辆段位置可选在某一条地铁线的适当位置,例如,香港九龙湾车辆段、新加坡碧山车辆段都是设在地铁线中部的适当位置。国外早期修建的地铁都是一条线设一个车辆段,这种做法需要比较多的设备且不能充分利用,现在逐渐向集中化发展,例如,日本大阪的森之宫车辆工场,要负担四条地铁线的修理工作。但对运行系统而言,几条线混用设备的情况要慎用,因为列车频繁的回送对地铁正常的运行有很大的干扰,调度也非常的困难,且不安全。

10.2.2 车辆段选址要求

《地铁设计规范》(GB 50157—2013)中规定,车辆段与综合基地选址应满足下列要求:
(1)用地符合城市总体规划。
(2)有良好的接轨条件。
(3)宜避开工程地质和水文地质不良的地段。
(4)具有良好的自然排水条件。
(5)便于城市电力线路、给排水等市政管道的引入和道路的连接。
(6)有足够的有效面积及远期发展余地。

10.2.3 车辆段选址原则

车辆段选址的具体原则如下：

(1) 车辆段、停车场要选择地势平坦、地质良好、无大的水文地质影响的地域，用地应相对集中，一般为长方形，便于车辆段、停车场的布置。

(2) 城市轨道交通线路一般都穿越市区，线路中部多为市中心地区，要征用车辆段这种大规模用地很困难。因此，往往在郊外征用土地，采取在线路端部设置车辆段的方法。这种方式与线路起终点在郊外、线路中部穿过市中心的情况相配合，早上车辆由车辆段向市心方向发车，晚上向郊外方向驶入车辆段，配车的损失时间减少。

(3) 车辆段、停车场及本线路上的折返线三方面总的停车能力应大于本线远期的配属车辆总数。为便于列车进出，一条停车线存放的列车数不应超过2列。

(4) 由于车辆段上除了列车停车库外，还有试车线、车辆检修设备、综合维修中心等，为充分利用这些设备，减少车辆段用地总量，应尽量将车辆段集中于一处设置。若分散布置，则所需用地面积将会增大。在技术经济合理、城市用地规划许可时，可以两条线路共用一个车辆段。当一条线路的长度超过20km时，为减少列车空走距离，及时对车辆进行检查，可以在线路的另一端设一个停车场。

(5) 车辆段和停车场应靠近正线，且位于容易铺设较顺直的出入段线路的位置，以利于缩短出入线长度，降低工程造价，改善使用条件。

(6) 车辆段及停车场的选址要考虑防火灾、防水害的要求，周围应有雨、污水排放条件。

(7) 各车辆段线路应尽可能与地面铁路专用线相接，以便车辆及物资运输，部分车辆段不具备上述条件时，也可通过相邻线路过渡。

(8) 各车辆段和停车场的任务分工必须从全网着眼，统筹规划，合理布局，有序发展。试车线长度应根据场地条件和城市规划要求设定。

(9) 整个路网车辆的大修任务应集中统一安排，并集中设一处职工培训中心。

(10) 各综合检修基地及车辆段用地规模应按规划分工所承担的作业量，并考虑将来技术发展及适当留有余地进行规划。

(11) 车辆段和停车场用地性质应符合城市总体规划及环境保护要求。

在车辆段中，要设置能够对全部保有车辆按列车编组进行停、放的停车线。因此，各停车线的有效长度应为列车长度+8m或其2倍长。虽然这个条件非常苛刻，但是由于列车在运行间隔为2min或其以下的高密度行车状态下编组是不可能的，因此原则上要避免分开存车。

车辆段的选址不仅要考虑其技术条件，还要考虑其经济条件。选址要考虑尽量减少拆迁、少占农田，建成后尽量减少对周围居民生活的影响，以及对地面交通的影响。

10.3 车辆段的规模确定

10.3.1 基本步骤

在规划车辆段和选址过程中都要确定车辆段的规模。整个车辆段的规模主要取决于停车库和检修库两大部分的能力,再辅以其他场、库。停车库需要能力和检修库需要能力取决于一条轨道交通线路初、近、远期不同年限的配属车数量(包括运用车、在修车、备用车),一般配属车数量由以下步骤计算。

(1)流量资料。一般由城市交通规划部门提供,由全日通过客流最大的区段,推算高峰小时单方向最大断面流量。

(2)计算运行列车数。根据线路长度和平均旅行速度(一般用35km/h)算出运行时间,然后由往返运行时间加上折返时间除以高峰小时行车间隔的运行列车数。高峰小时行车间隔根据客流量确定。折返时间根据折返走行距离计算,一般采用5min左右。

(3)确定运能。根据运行列车数,不同年限的列车编组数及每辆车的满载、超载乘客量,计算出运能。

(4)确定配属车辆数。根据不同年限的运行列车数和车辆在修率、备用率,即可计算出在修车和备用车辆数,加上运用车辆数,其总和即为配属车辆数。

(5)确定停车库规模。除在修车常在检修库停留外,运用车和配用车大多停在停车库内。停车线的数量和长度由停车数量配置。库型为尽端式布置时,停车线应按一列位或两列位设计;库型为贯通式布置时,停车线应按两列位或三列位设计。

(6)确定检修库规模。以运用车辆作为基数乘以检修循环系数,可得各修程的年检修工作量,再乘以库停时间和不均衡系数然后除以年工作日,即可算出检修台位。为考虑设备的充分使用,往往部分检修项目(如定修、架修、大修)可负担两条线或多条线的工作。在轨道交通线网中,检修库规模要统筹安排。

在明确了每一个车辆段担当的不同任务后,就决定了车辆段的规模,根据初、近、远期车辆段能力要求,可一次规划,分期实施。

10.3.2 车辆检修制式和修程

城市轨道交通车辆的检修规程通常分为列检、周检、月检、定修、架修和厂修(大修)。根据修理规程的规定,各种修程包含的主要检修范围和内容如下:

(1)厂修。对车辆包括车体在内进行全面的分解、检查及整修,结合技术改造对部分系统进行全面的更换,对车辆各系统进行全面检测、调试及试验。

(2)架修。对车辆的重要部件,特别是走行部进行分解,全面检查、修理,并更换部分部件。对车辆各系统进行全面检测、调试及试验。

(3)定修。主要进行车辆的各系统状态检查、检测,各部件全面检查、清洁、润滑以及部分部件的修理及列车的调试。

(4)月检。主要进行车辆的重点部件及系统状态检查,部件清洁、润滑,更换磨耗件。

(5)周检。主要对易损件和磨耗件进行检查,部分部件清洁、润滑。

(6)列检。对与列车的行车安全相关的部分进行日常性技术检查,如果列车有故障指示,从诊断装置下载故障信息,并分析诊断数据。

《城市轨道交通工程项目建设标准》(建标104—2008)建议城市轨道交通车辆的检修周期及检修时间标准参见表10-1。

车 辆 检 修 周 期　　　　　　　　　表10-1

检修种类		定期检修			日常维修		
		厂修	架修	定修	月检	周检	列检
定检周期 （万 km）	A、B	120 (10年)	60 (5年)	15 (1.25年)	3.0 (3月)	0.5 (15d)	每日或 双日
	L_b	160	80	20	2	—	—
	单轨	全面检修 60(6年)	重点检修 30(3年)	换轮 10(1年)	三月检 (3月)	—	列检 (3日)

10.3.3　车辆段的规模估算

车辆段的规模主要取决于停车库和检修库两大部分的能力,再辅以其他的场、库。停车库和检修库的需求能力取决于城市轨道交通初、近、远期不同年限的配属车数量（包括运用车、在修车、备用车）。

（1）运用车计算

①按线路系统能力计算运用车列数,计算公式为：

$$N_y^{tx} = \frac{\frac{2L}{V} \times 60 + t_z}{60} \cdot \frac{60}{t_0} \tag{10-1}$$

式中：N_y^{tx}——按线路系统能力计算的运用车列数,列；

L——线路长度,km；

V——线路列车旅行速度,km/h；

t_z——线路两端列车折返时间之和,min；

t_0——线路的设计最小行车间隔,min。

②按线路高峰客流量计算运用车列数,计算公式为：

$$N_y^{kl} = \frac{\frac{2L}{V} \times 60 + t_z}{60} \cdot \frac{P}{S \cdot m} \tag{10-2}$$

式中：N_y^{kl}——按线路高峰客流量计算的运用车列数,列；

P——线路高峰小时单向最大断面客流量,人/h；

S——线路车辆定员,人/辆；

m——线路列车编组,辆；

其他符号意义同上。

③按线路最低服务水平计算运用车列数,计算公式为：

$$N_y^{fw} = \frac{\frac{2L}{V} \times 60 + t_z}{60} \cdot \frac{60}{t_0^{min}} \tag{10-3}$$

式中：N_y^{fw}——按线路最低服务水平计算的运用车列数,列；

t_0^{min}——按线路最低服务水平要求的最小行车间隔,min；

其他符号意义同上。

按系统能力计算的运用车列数,可以作为线路远景车辆段用地最大规模控制的依据;而按客流需求和按最低服务水平计算得到的运用车列数取其大者,作为确定线路远期车辆段实施规模的依据。

(2)车辆年检修工作量

厂修:
$$N_1 = (S/L_1) \cdot N_y \tag{10-4}$$

架修:
$$N_2 = (S/L_2) \cdot N_y - N_1 \tag{10-5}$$

定修:
$$N_3 = (S/L_3) \cdot N_y - N_1 - N_2 \tag{10-6}$$

月检:
$$N_4 = (S/L_4) \cdot N_y - N_1 - N_2 - N_3 \tag{10-7}$$

周检:
$$N_5 = (S/L_5) \cdot N_y - N_1 - N_2 - N_3 - N_4 \tag{10-8}$$

上述式中:N_1、N_2、N_3、N_4、N_5——线路车列厂修、架修、定修、月检、周检的年检修工作量,列次;
 S——线路车列全年走行里程(由行车组织专业提供),km;
 L_1、L_2、L_3、L_4、L_5——线路车列厂修、架修、定修、月检、周检的定检里程,km;
 N_y——线路运用车列数,列。

(3)日检修车列次计算

$$N_j = \sum_{k=1}^{5} \frac{N_k \cdot t_k \cdot a_k}{d} \tag{10-9}$$

式中:N_j——线路日检修车列次,列次;
 N_k——线路车列第 k 种修程的全年检修工作量,列次;
 t_k——线路第 k 种修程车列库停时间,d;
 a_k——线路第 k 种修程平衡系数,推荐值:厂修、架修、定修取1.1,月检、周检取1.2;
 d——全年法定工作日天数,251d;
 k——线路修程,$k=1$ 表示厂修,$k=2$ 表示架修,$k=3$ 表示定修,$k=4$ 表示月检,$k=5$ 表示周检。

(4)检修列位数

$$Q = \frac{N_j}{c} \tag{10-10}$$

式中:Q——线路检修列位数;
 c——线路检修工作班制;
 其他符号意义同上。

(5)日在修车列次计算

$$N_z = \sum_{k=1}^{5} \frac{N_k \cdot T_k \cdot a_k}{d} \tag{10-11}$$

式中:N_z——线路日在修车列次,列次;

T_k——线路第 k 种修程车列停修时间($T_k > t_k$),d;

其他符号意义同上。

(6)配属车列数计算

$$N_P = N_y + N_z + N_b \tag{10-12}$$

式中:N_b——线路备用车列数;

其他符号意义同上。

(7)车辆段规模

车辆段的规模应根据车辆技术条件、配属的列车编组和数量、列车年走行公里(或间隔年限)、车辆检修周期、检修作业时间等进行计算。车辆段内应根据列车运用整备和检修作业的需要设停车、列检库、周检/月检库、定修库、厂架修库、调机及工程车库等,并配备相应的设备和设施。

车辆段运用库的规模应按近期需要确定,并应预留远期发展条件。其中双周/三月检库远期扩建困难时,可按远期规模一次建成。停车列检库设计的总列位数,应按本段(场)配属列车数扣除在修车列数和双周/三月检列位数计算确定;列检列位数设计不应大于停车列检库总列位数的 50%。

车辆段应设机械洗车设施,配属车超过 12 列的停车场也可设置机械洗车设施。机械洗车设施应包括洗车机、洗车线路和生产房屋。

车辆段的用地规模一般在 $20 \sim 45 hm^2$ 之间,即 $0.20 \sim 0.45 km^2$;停车场的用地规模一般在 $5 \sim 20 hm^2$ 之间,即 $0.05 \sim 0.20 km^2$。具体应根据平面设计方案,逐项进行估算。

10.4 车辆段的基本图式

车辆段及停车场的平面布置应力求作业顺畅、工序紧凑合理。根据所需的各种线路的使用功能和有效长度,并结合地形的具体情况,车辆段及停车场一般可布置为贯通式或尽端式。贯通式布置中,车辆的入段、停车、检修、出段等作业基本顺向布置,如图 10-1 所示。尽端式布置中,若干种作业设备往往并列设置,列车折返走行较多,如图 10-2 所示。

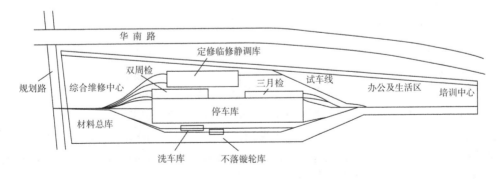

图 10-1 贯通式车辆段平面布置示意图

贯通式车辆段和尽端式车辆段布置形式各有特点,两者的比较可参见表 10-2。

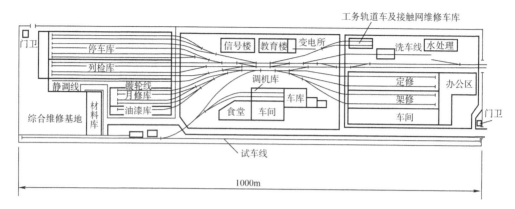

图 10-2 尽端式车辆段平面布置示意图

车辆段贯通式和尽端式布置形式的特点比较　　　表 10-2

车辆段布置形式	优　　点	缺　　点
尽端式车辆段	(1)工艺要求相对简单。 (2)只有一个咽喉区,在相同的停车条件下,占地面积小,线路短,铺轨工程量较小	(1)只能一个方向接发车。 (2)列车出入段灵活性差。 (3)列车折返走行较多,咽喉区交叉作业多
贯通式车辆段	(1)可向两个方向同时接发车。 (2)两端列车出入灵活、方便、迅速。 (3)列车折返走行较少,咽喉区交叉作业少	(1)工艺要求相对复杂。 (2)两端都布置咽喉区,占地较大,线路较长,铺轨工程量较大

10.5 车辆段线路设计

10.5.1 车辆段的线路种类及其技术要求

城市轨道交通系统所运用的车辆技术含量大、自动化程度高,与常规铁路车辆段相比,线路配置更为复杂,在工艺设计中应注意下列问题:

(1)出入段线。它是连接正线与车辆段的线路,分单线和双线。尽端式车辆段宜采用双线,贯通式车辆段可在两端各设一条单线。一般车辆段应有两条出入段线,以使进出车不互相干扰,或在信号、道岔等设备出现故障时,不至于影响正常运营。出入段线的出岔方式有平交和立交两种方式,在选用时应考虑以下因素:①远期正线通过能力;②出入段线与接轨站的相对位置;③工程上的可行性和工程造价;④对周围环境的影响;⑤其他特殊要求。一般在满足运营需要的前提下,应尽量采用平交方式,以降低工程造价。

(2)列车停放线。城市轨道交通系统不是全日运营,夜间列车需回段停放。列车停放线的数量应按车辆配属数量减去所设计的检修列位(检修列位一般兼作停放列位使用)来确定,使所有列车夜间可以全部回段停放。由于城市轨道交通列车编组较短,设计时可根据不同的车辆段布局形式,尽头式列车停放线长度按 2 列位考虑设计,贯通式列车停放线长度按 3~4 列位考虑设计。如果车辆段条件受到限制,设计中也可考虑利用始发站、折返站站线夜间停放部分列车。列车停放线数量应含备用列车停放线。

(3) 列检作业线。用于车辆的日常检查。列检作业线的数量一般为运用车数的30%,线间距为4.6~5.0m,并要求设置检查地沟,检查地沟的长度应满足最大列车编组长度。线路长度可按2列位或3列位设计。列车停放线和列检作业线的线间距要求不一样,设计中可将列车停放线与列检作业线混合设置或分开设置,这主要取决于车辆段布局形式。为便于列检作业,减少调车作业次数,设计中也可采用所有线路设置检查地沟的方法,但工程造价相应增加。

(4) 月检线。列车运行一至两个月左右,需要更换某些零部件,牵引、制动系统也要进行检查调试,这些工作需在月检线上进行,每条线都设检查坑,线间距为6.0m。当库形为尽端式时,月检线应按1列位设置;当库形为贯通式时,月检线可按两列位设置。

(5) 定修线。列车运行10万km后要架车进行局部分解,对一些关键部件进行检测、修理。完成这些工作的专门线路称为定修线,数量根据检修台位确定,并设有检查坑,线间距为70m。线路长度不宜采用多列位设置,一般采用1列位形式。

(6) 架修线。列车运行30万km后,在架修线上进行架车解体,根据检修工作量确定线路数,线间距为75m。线路长度不宜采用多列位设置,一般采用1列位形式,甚至可采用半列位(或一个单元)方案。

(7) 外皮清洗线。为保持运用列车的清洁,须设置列车外皮清洗线。外皮清洗线有尽端式和贯通式两种布置形式,以贯通式布置方式使用最为方便,但占地过长。设计中采用固定式自动洗车机的清洗线要求满足清洗库前后各一列位长度,且库两端应至少有一辆车长度的直线段,清洗作业时不得影响其他列车的正常作业和运行。一般情况下,列车外皮清洗线单独设置,不宜与列车出入段线共用。

(8) 不落轮线。它是保证轨道交通车辆安全运行,提高车辆运行效率的重要设备,对于列车运行过程中因摩擦产生的擦伤、偏磨等不良故障,可以在列车不解体的情况下进行镟轮作业,从而保障列车的安全运行。不落轮线的长度应满足不落轮镟库前后各有1列位长度要求,避免影响其他列车的正常作业和运行。作业区段应为平直线路,以保证镟轮精度。

(9) 牵出线。用于车辆段内调车作业,根据段内车库位置设1~2条。线路长度至少应满足1列位长度,并设置在方便调车作业、能与车辆段内各线路连通的位置。

(10) 试车线。列车经定修、架修或大修后,要求在线路上进行动态试验,检验列车维修后不同速度下的各种工况指标。试车线一般靠近检修库,便于列车上线试验。试车线长度应根据车辆性能和技术参数以及试车综合作业要求计算确定。试车线应为平直线路,困难条件下允许在线路端部设部分曲线,其线路应满足列车试验速度的要求;试车线的其他技术标准宜与正线标准一致。试车线线路上应设置一段检查坑,检查坑长度不应小于1/2列车长度加5m,检查坑深度应为1.2~1.5m,坑内应有照明和良好的排水设施。如果受用地限制,车辆段内无法设置试车线时,也可考虑先在段内进行中低速试验,并利用夜间停运间隙,再到正线进行高速动态试验。

(11) 回转线。列车长期运行,会产生轮缘偏磨。在有条件的情况下,可在车辆段内设置回转线。利用列车在车辆段停留时间上线运行,以平衡轮对偏磨情况。回转线可根据车辆段的地形和布置特点,采用灯泡线或三角线,也可根据出入段线的布置情况,采用外八字形布置方式。

(12)国铁联络线在有条件的情况下,车辆段内要求设置与国铁相连的联络线,以沟通轨道交通系统与国铁的联系,解决轨道交通系统材料、大型设备的运输以及新车入段的问题。

(13)调机停放线用于停放和检修段内配属调车机车,可根据配属的数量设置1~2条线路。

(14)救援列车停放线用于停放救援列车,在城市轨道交通系统发生事故或灾害时进行抢救。一般设在咽喉区附近,并有适当的场地。

(15)底架清(吹)扫线。为进行列车定修及架修(或大修)作业,需设置底架清(吹)线,对运行后的列车底架和车下设备进行清洁,以便列车解体和检修作业。线路作业长度按1列位长度设计,数量则根据检修工作量确定。为了不影响周围环境,吹扫线应尽量设在车辆段的下风方向。

(16)油漆线。列车大修、架修作业后一般应对车体重新喷漆,线路长度可按列位或单元长度设计,数量则根据检修工作量确定,油漆线应设在下风方向。

(17)材料装卸线。车辆段设置材料库,存放供全段使用的原材、备品、备件、工器具等,故应设计材料装卸线引入材料库区,便于外购设备、材料、备品备件的运输。

车辆段的线路种类和数量,按系统规模、车辆选型及检修种类的不同而有所变化,设计时应根据实际情况和工艺要求进行更改。

10.5.2 车辆段线路设计内容

(1)线路平面设计

车辆段线路设计的前提是满足车辆运用及检修工艺的要求,在此基础上进行平面设计。

①明确车辆段内各种用途的线路数量,然后确定所使用的道岔号数和最小曲线半径;道岔号数和曲线半径越大,车辆段的咽喉区就越长,占地面积就越大。一般情况下列车在车辆段内低速运行,速度在15km/h左右,完全可以选用小号码道岔以节约占地。苏联地铁规范规定车辆段采用5号道岔、60m的曲线半径,日本地铁多数车辆段采用6号道岔、80m的曲线半径。我国《地铁设计规范》(GB 50157—2013)规定车辆段内应采用不大于7号的道岔,目前国内城市轨道交通车辆段均采用7号曲尖轨道岔、150m的曲线半径。

②应按《地铁设计规范》(GB 50157—2013)的规定确定两相邻道岔间夹直线的最小长度、岔心至曲线起点的最短距离及车库前平过道的宽度。

③咽喉区道岔布置应力求紧凑,以减少占地。道岔与股道以梯线或倍角方式连接,并尽量使若干股道集成一束,有利于节约用地并便于设置股道间的排水沟。

④设计中应考虑将运用线路和检修线路分开布置,在其间要有便捷的联络线,并符合工艺流程,减少迂回走行和进路交叉。

(2)纵断面设计

纵断面设计是为了确定车辆段各控制点的高程,是车辆段横向和竖向设计的基础。

①结合现状地形、地物的高程、周围道路、河湖水面的高程、当地洪水位或邻近河流的内涝水位等因素,确定车辆段站场路基高程。

②根据接轨点高程、站场路基高程及出入段线的长度,设计出入段线及车辆段内线路的纵断面。出入段线最大纵坡不超过40‰,竖曲线半径为2000m。

车辆段库内线路宜设计成平坡,库外线路可设在不大于 1.5‰ 的坡道上,咽喉区最好设计成向段内方向的下坡道,以防车辆溜入正线。

(3)横断面设计

①车辆段横断面设计以总平面图、纵断面图、站场排水图为基础,根据站场排水需要确定车辆段断面形式,以及段内各控制点和主要构筑物如线路、房屋、排水沟及地下管线等的高程,计算土石方工作量。

②断面横向坡度一般采用2%,为了避免段内高差过大,站场内均采用锯齿形横断面。

(4)站场排水设计

为了保证安全生产,段内应有良好的排水系统。

站场排水主要是满足车辆段范围内雨水、融化雪水的排除。排水系统由雨水暗管、雨水井、盖板排水沟和雨水口组成。建筑密集区采用暗管排水,股道间及高程受控制地区采用盖板排水沟。沟管的纵向坡度一般不小于2‰,横向坡度不小于5‰。沟管的断面尺寸根据汇水面积、径流系数及当地的暴雨强度等因素进行流量计算来确定。段内汇集的雨水应就近排入车辆段附近的江、湖或市政雨水主干管中。

车辆段是城市用地大户,在总图设计中一定要紧凑布置,合理用地,并充分利用空间进行综合开发。线路设计是总图设计的基础,其优劣基本决定了总图设计的合理性,因此在设计中应不断优化线路方案,使车辆段的总体布局更趋于合理,以达到既满足使用功能,又节约用地的目标。

10.5.3 车辆段出入线

1)车辆段出入线的接轨形式

车辆段出入线是正线与车辆段之间的连接线,是正线车辆出入车辆段的通道。按车辆段出入线与正线的接轨点的不同可分为中部接轨与终端接轨;按与正线的交叉方式可分为平面交叉和立体交叉,具体形式如图 10-3 所示。

(1)终端接轨。此种方式车辆段设于线路终端,两正线作为车辆段出入线贯通车辆段,如图 10-3a)所示。无论是市区还是城际间的轨道交通,从车辆段在全线中的地位、列车追踪间隔时间及行车交路设计等情况来看,这种接轨方式对运营来讲都是最为理想的。

(2)中部接轨。车辆段两出入线与线路正线在中部接轨,存在如图 10-3b)、c)、d)、e)、f)、g)、h)所示的多种形式。

图 10-3b)所示终点站(中间折返站)采用站前折返。车辆段在终点站前接轨、与正线平面交叉,车辆段出入线与站前折返渡线相结合,列车行至终点站后直接入段,这种方式可以缩短车辆周转时间,减少车辆配属数量,工程也较省,适合于追踪间隔较大的轨道交通系统。

图 10-3c)所示终点站(中间折返站)采用站后折返。左端车辆段出入线与终点站站外区间正线衔接,右端车辆段出入线与终点站站后折返线衔接,避免了与正线的交叉干扰,同时增加了车站的折返能力。这种布置形式,运营更为方便、灵活:早晨发车或高峰加车时,左端车辆段出入线可直接发车,故障列车也可及时返库,不必让故障列车运行至终点站后再返库;收车时利用右端车辆段出入线入段。该方式在追踪间隔较小的轨道交通系统中优势比较明显,不必进行立体交叉即能满足运营需要。天津津滨轻轨车辆段即采用这种接轨方式。

当车辆段设于线路中部而无法采用终端接轨时,根据实际情况可优先采用图 10-3b)或图 10-3c)所示的接轨方式。

图 10-3d)所示的接轨方式,车辆段两出入线均可双方向使用,适合于环形线路车辆段出入线与正线接轨。左端车辆段出入线收车、右端车辆段出入线发车均与正线运营有干扰。当系统追踪间隔较大时,车辆段两出入线均可双方向使用,运营灵活。若系统追踪间隔较小时,两线固定使用可减轻或者避免收、发车对正线运营的干扰。

图 10-3e)所示的接轨方式,车辆段出入线与正线平面交叉,当系统追踪间隔较大时,在确保正线通过能力的前提下可采用。其优点是工程投资较省。

图 10-3f)所示的接轨方式,车辆段出入线与正线进行了立体交叉,解决了收发车与正线的交叉干扰问题。

图 10-3g)所示的接轨方式,车辆段两出入线并行与正线立交,接轨车站采用三线双岛式站台,车辆段两出入线均具备向两正线上下行收发车条件,且不干扰正常运营。虽然这种接轨方式在运营上非常灵活方便,适应能力强,但车站规模较大,工程投资较高。

图 10-3h)所示的接轨方式,设"八字"车辆段出入线与正线立交,两线双方向使用,上下行收发车均较顺;与正线形成三角线,具备掉头功能,在不增加较多投资的基础上较好地解决了车辆的偏磨问题。它适合于追踪间隔较小、车辆段两端客流较均衡的轨道交通系统。

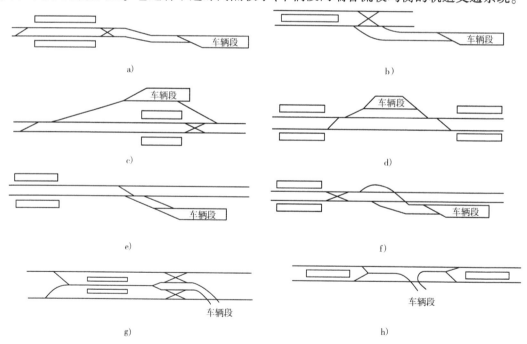

图 10-3 车辆段的接轨方式

车辆段与正线还有其他接轨方式,设计中应结合实际情况,兼顾与相关道路、管线、建筑物、周边环境的关系,做到技术可行、经济合理、运营安全方便。

2)车辆段出入线的设计原则

(1)车辆段出入线应连通上下行正线。当车辆段出入线与正线发生交叉时,宜采用立体交叉方式。但在确保满足远期区间线路通过能力和运营要求的前提下,也可采用平面交叉方式,以降低工程造价。

(2)车辆段出入线要以满足区间通过能力和运营要求为前提,同时要考虑城市规划的总体布局,按照节省工程造价的原则进行设计。车辆段出入线设置双线或单线,应根据远期线路的通过能力和运营要求计算确定。尽端式车辆段出入线宜采用双线,贯通式车辆段可在车辆段两端各设一条单线。停车场规模较小时,出入线可采用单线。

(3)车辆段出入线应在车站接轨,在接轨点外应具备一度停车再起动条件。在车站接轨点前,线路不具备一度停车条件,或停车信号机至警冲标之间小于40m时,则需设置安全线。采用八字形布置在区间与正线接轨时,应设置安全线。

(4)车辆段出入线应按双线双向运行设计,并避免与正线平面交叉。根据车辆基地位置和接轨条件,必要时也可设置八字形出入线。规模较小的停车场,其工程实施确因受条件限制时,在不影响功能前提下,可采用单线双向设计。

(5)车辆段出入线与正线运营有干扰时,车辆段发车、收车应进行运行组织和能力验算,保证正线高峰小时的设计运能。

3)车辆段出入线平纵断面设计标准

城市轨道交通车辆段出入线的平面最小圆曲线半径为:A型车一般地段为250m,困难地段为150m;B型车一般地段为200m,困难地段为150m。圆曲线最小长度A型车不宜小于25m,B型车不宜小于20m,在困难情况下不得小于一节车辆的全轴距。

城市轨道交通车辆段出入线的最大纵断面坡度为40‰(均不考虑各种坡度折减值),当两相邻坡段的坡度代数差大于或等于2‰时,应设圆曲线形的竖曲线连接,竖曲线最小半径为2000m。

10.6 车辆段上盖物业

随着城市地不断扩张,城市人口地不断聚集,城市地铁得到快速发展,与此同时对其配套基础设施的需求也不断增长。根据地铁规划建设的要求,每条地铁线路至少需要一个停车场为其日常的运营提供必要的服务保障。对于超过长度20km的地铁线路,必须设置一个停车场和一个车辆段。而目前国内单个地铁车辆段的占地规模普遍较大,因此未来地铁配套的车辆段占地将会对城市土地资源带来巨大的压力。与此同时,占地面积巨大的地铁车辆段成为新的分割城市的介质。

伴随对外开放的政策,国内经济高速发展,城市化进程明显加快,而大城市人口的不断聚集也导致了一系列的问题。城市土地资源紧缺便是其中一个主要的问题。北京、上海、广州、深圳等大城市都面临着城市土地后备不足的问题。

地铁车辆段综合开发规模大,开发权属复杂。而轨道交通车辆段的开发与上盖综合物业的开发所属建筑性质不同,在车辆段上方的物业开发将车辆段建筑与上方物业形成统一的整体,与此同时,上盖物业难免会影响下方基础设施的结构和相关设备等的正常使用。如果在设计中出现脱节,将对车辆段甚至整个地铁的运营带来极大的难度,同时可能造成与周边城市空间的冲突,打散并支离城市空间的整体性。

狭义的地铁车辆段上盖物业是指在车辆段的停车库、运用库和试车线的上方通过加盖大板的方式形成物业开发的基面,在其上方进行建筑、道路等的开发建设。广义的车辆段上盖物业,不仅包括在停车库和运用库等上放进行的上盖物业开发,还包括车辆段区域内其他用地的落地开发,以及部分地下空间的开发利用从而形成的一体化的物业综合体。

因此,地铁车辆段的建设与其上盖物业的一体化设计具有极其重要的意义,应在车辆段规划建设之初便考虑为上盖物业的开发保留一定的余地,而且需平衡各方面的需求,为城市空间形态的完整和城市生活的连贯性创造有利条件。因此,地铁车辆段物业综合体的规划设计对营造高效、舒适的城市环境极为重要。

思 考 题

1. 一般情况下,车辆段由哪些功能分区构成?
2. 简述车辆段的一般技术要求。
3. 简述车辆段选址原则。
4. 车辆段的规模是怎么确定的?
5. 试比较分析车辆段贯通式和尽端式布置形式的特点。
6. 车辆段内的线路包括哪些?简述各类线路的技术要求。
7. 简述车辆段出入线的设计原则。

第11章 城市轨道交通线网规划案例

《西安市城市快速轨道交通线网规划》的研究工作历时较长,其间进行了大量的交通调查和素材的积累、分析,并形成了不同时期的线网构架方案。较为系统、有序的研究工作始于2000年,于2005年编制完成,规划成果已纳入西安市第四次城市总体规划。该版线网规划确定了6条线路组成的251.80km城市轨道交通网络,目前除了6号线二期工程尚在建设中,其余各条线路均已建成运营。

11.1 研究目标

11.1.1 研究范围

重点研究区域:主城区范围,2020年规划建设用地600km^2,规划人口600万。

主要研究区域:西安市域范围,其中市区范围2020年规划建设用地788km^2,规划人口760万。市区外围2020年规划建设用地60km^2,规划人口240万(其中非农业人口60万)。

11.1.2 规划年限

远期年限为2020年;远景年限控制到2030年。

11.1.3 研究目标

(1)线网规划应适应西安市城市地位及未来发展的需要,科学论证线网的合理规模和合理结构,满足城市居民出行需求。

(2)线网规划能合理地支持和引导城市空间发展格局的形成和土地开发利用,成为城市总体规划的重要组成部分,并可有效地控制城市轨道交通走廊用地,保障城市轨道交通线网规划的可实施性。

(3)线网规划应充分体现保护历史名城的环境和整体形象,在不伤及文物古迹的前提条件下,促进以文物景点为主的西安旅游业的发展。

(4)线网规划应充分估计城市客运交通的分布特征,以有效缓解城市交通紧张、促进城市交通良序发展为主要目的,研究建设城市轨道交通的必要性和建设时机,指导城市轨道交通有序建设。

11.2 城市背景研究

11.2.1 社会经济发展分析

2004年,西安市国内生产总值完成1095.87亿元,比上年增长13.5%;全市财政总收入164.5亿元,同比增长14.2%。

西安市社会经济发展的总体目标是:2004—2010年,初步实现"经济强市"和"西部最佳"的目标;2011—2015年,经济增长速度要高于全国和全省平均水平,经济和社会发展状况在西部位居前列,在全国省会城市中位次前移,提前5年基本实现全面小康社会的总体目标;2016—2020年,完全实现小康社会,使西安市成为经济繁荣昌盛、基础设施完备、人民安居乐业、生活富足殷实、生态环境优美、城乡协调发展、社会有序和谐、政治民主文明的西部最佳城市。

11.2.2 城市建设与规划

(1)城市性质

西安是世界闻名的历史文化古都、旅游名城;中国重要的教育、科研、装备制造业、高新技术产业基地和交通枢纽城市;新欧亚大陆桥中国段和西部及黄河中上游重要的中心城市;陕西省省会。

(2)城市空间布局

西安的空间结构将形成一个既有连片发展又有分散点状布局的城市形态。西边以咸阳城市为中心的集中连片综合发展区;北边的渭北地区综合发展区;南边沿秦岭北麓自然生态环境区,可以点缀分散布置旅游休闲度假用地;东边围绕山、塬以及大量文物古迹也采取分散发展,以国际旅游为主。最终,西安将形成以唐长安城为核心区,外围六个副中心的城市结构。

(3)土地利用现状与规划

目前,老城区土地利用比较充分,已建设用地中居住用地比重最高,为46.57%,商业金融用地比重其次,为10.55%;另外,绿地、行政办公用地分别占10.54%、7.41%,是西安市的商业行政集中地带。城市南部区域用地结构中突出的特点是教育科研用地比重大,是西安市高等教育科研的聚集区,为全市居住、文教中心,土地使用以居住、办公为主,辅以商贸、金融等配套设施。城市北部区域集聚大量的文物古迹,包括一些大面积遗址保护区;其他用地以居住、工业为主,配以少量的教育科研、公共服务设施。城市东部区域以工业用地为主,占该区域总面积的17.16%。城市西部区域以工业用地为主,占该区域总面积的20.47%,制药厂集中,化工、机械工业较发达,教育科研用地占3.7%。

根据城市用地规划,未来老城区内的居住用地比重有所降低,公共设施地中商业金融仍是最主要的用地类型,文化娱乐用地有很大的增长,以商业金融、文化娱乐为代表的第三产业的不断发展,最终将演化为名城墙区的主体功能;随着行政中心的外迁,行政办公用地将会有大幅度的减少。城市南部区域以居住、教育科研为主,辅以较完备的行政办公、商业金融等公共设施。对比现状,居住用地面积变化不大,教育科研用地增加较多。城市北部区域用地以居住、工业、仓储为主。随着行政机构的北迁,该区域的行政办公用地将会大幅度增加,成为新的行政中心;随着铁路北客站的建成,该区域将成为对外交通枢纽地。城市东部区域用地功能结构向趋于均衡方向发展,用地结构规划分为三个大层次:一是作为西安城区的东边的防护屏障;二是增加居住用地、工业用地、道路用地等作为第二层次;其他用地类型如教育科研用地等为第三层次。城市西部区域的用地结构的发展方向也是多元化的。以居住、工业、绿化、道路为并重用地类型作为发展的重点,辅助以其他类型的用地,如科研教育、市政设施等,用地具有明显的层次性,重点突出。

11.2.3 城市道路交通现状与规划

(1) 城市道路

2003年,西安市区道路网总长度1274km,其中快速路44.87km,主干路128.53km,次干路179.36km,其余均为支路。道路系统的综合指标与发达国家以及国内其他大城市相比还有一定的差距。在旧城区,受古城道路网格局及历史遗迹保护的限制,虽有较高的道路网密度,但大部分道路等级低下,加之诸多的平交口,交通性能较差,道路的改扩建难度较大。

(2) 城市道路机动车出行分析

市区内机动车总出行量达146.78万车次/d,机动车出行分布以明城墙区为中心向周边放射。机动车高峰小时流量占全日24小时的比重较小(在6.39%~6.80%之间),说明市区大部分道路已趋于基本饱和状态,从时间上对机动车交通流进行了自发性强制分流,被动地延长了峰期。机动车交通中以小型车为主,占85.57%。西安市区一度实施"禁摩",交通流中摩托车较少。车辆行驶速度较低,大部分在30km/h左右,行程车速不足20km/h,延误较大,路网整体运行效率较低。此外,根据调查结果,每日进出西安市的机动车出行量为15.1万车次/d,过境交通为10.6万车次/d。

(3) 城市居民出行特征

2000年市区居民日出行总量为711万人次左右,人均日出行次数1.95次。客流走向以核心区为中心向四周呈放射状。沿城市道路两条轴线向核心区客流凝聚力强,是城市两条主要的客流走廊,以横向轴线为界南部客流大于北部客流。

居民工作日出行早高峰发生在7:00~8:00之间,其出行量占全日出行量的11.9%;晚高峰发生在18:00~20:00之间,其出行量占全日出行量的19.2%。

居民出行以自行车、公交车为其主要交通工具,占总日出行方式比例的57.15%。居民出行距离主要分布在7km以内,其出行量占总出行量的85.61%,其中6km以上的出行占27.67%。居民出行的平均时耗为44.6min。时耗在30min以上的出行占总出行量的57.50%;超过1h的占12%。

(4) 城市公共交通

据2003年底的统计资料,西安市共有公交线路159条,市区平均线网密度已达0.22km/km²,营运公交车辆共3736辆,公交客运量5.45亿人次。由于受城市布局和棋盘状路网格局的限制,西安市公交线网布局情况表现为"三多三少",即旧城区线路多,城郊区线路少;线路东西走向多,南北走向少;南半区走向多,北半区走向少。

居民乘坐公交出行的主要目的是工作、购物和回程,三者占公交出行目的的79.03%,乘客迫切希望快捷的公交系统。

(5)交通规划简介

未来西安城市交通发展坚持以下战略:

①交通一体化战略。建立多种交通方式、都市圈内部城市交通与城乡交通协调运作的机构、制度与合作机制,建立多种方式顺畅连接、高效快速的城市现代化交通体系。

②分散古城区交通压力的战略。通过建立富有竞争力的交通替代线路、能与小汽车交通竞争的大众交通方式,减少古城区内的道路交通量,分散古城区交通压力,缓解城市交通压力。

③支撑城市多心化战略。将现有中心的部分功能转移(如行政中心),需要在外围有一定条件、不在交通压力过大敏感点上的区域兴建公建商业设施,为规划的近期重点发展的副中心提供较高的可达性。

④交通建设注重古城保护的战略。西安古城区是西安城市魅力、城市竞争力的根源所在,需要耐心的呵护。在交通项目规划过程中,必须绕避开重大保护遗址,注重不破坏古城风貌。

⑤将城市区位优势转化为社会经济优势的战略。空间—距离—可达性对经济的发展具有先决性。要使西安市的区位优势获得大规模的开发和迅速发展,进而转化成社会经济优势,必须大力发展交通事业,完善公路、铁路、民航立体发展的综合交通运输体系。

⑥交通可持续发展的战略。可持续发展是今后交通发展的必然趋势,西安市交通规划必须从这一基本主题出发,用可持续发展的观念合理协调规划过程中城市社会经济、人口、用地、资源和交通的关系。

⑦公交优先战略。西安具有人口密集、活动频繁、设施集中、用地紧张等特点,反映在交通上则表现为人多地少、车多路少,"求"大于"供"的基本矛盾突出,交通拥堵日益严重。要想在有限的道路空间解决好车辆增加与道路畅通问题,仅靠传统的修路、扩路方法已不可能。因此,在解决西安市人的出行问题上,无疑应大力发展大运量、高效率的交通方式,实行"公交优先"。

规划城市道路网为"棋盘"加"环"加"放射线"的形式,规划城市道路4686.61km,平均路网密度$5.95km/km^2$。其中,快速路270.17km,占5.8%;主干路1238.14km,占26.4%。形成适应不同特性使用者要求,与交通枢纽、不同交通方式方便衔接的城市道路交通网络,即便于汽车交通快速出行的快速道路网,连接各种用地与快速路网的干线道路网。

坚持实施公交优先政策,居民公交出行比较便利,公交线网覆盖率较高,线网密度为$3.6km/km^2$;站点服务面积接近80%;出行时耗控制在45min以内。整体公交网络设施和公交出行服务指标在符合规范要求的基础上略有提高,达到国内中等偏上水平。形成"十纵、八横、三环、一放射"的公共交通网络体系。

11.3 线网功能定位及结构形态研究

11.3.1 线网功能定位

西安市轨道交通系统的功能定位是：在中心唐城以城市轨道交通为主体，在主城区以城市轨道交通为骨干的交通方式，而将其他方式定位为向城市轨道交通系统起集散作用的辅助交通方式，形成多层次、多功能、多方位的立体化交通模式。

11.3.2 线网结构层次

结合西安城市轨道交通的功能定位、主要客流集散点分布及城市客流主方向，基于城市发展各方面因素，考虑城市扩展的推进时序，确定西安城市轨道交通线网分为骨架线和辅助线两个层次。

（1）骨架线

骨架线路体现的是城市发展主方向，适应规划期的城市布局结构和主要发展方向、满足既定城市发展目标下的土地利用和交通运输需求、具有明显的城市轨道交通运输效果，支撑起整个线网，对整个城市轨道交通线网的结构起稳固作用，使线网兼有稳定性和扩展性，利于分期实施。

（2）辅助线

辅助线的作用是对线网进行加密，完善城市轨道交通的网络化，承担城市二级客流走廊运输任务，扩大城市轨道线网的覆盖范围，提高城市轨道交通的服务水平。

以上两个层次的线路通过线路功能的有机协作和轨道交通的换乘构成整个城市轨道交通网体，并通过大型换乘枢纽、汽车站和大型集散地等与其他交通方式（公共的和私人的）相互融合、相互补充，高质量地满足出行的不同需求。

11.3.3 线网结构形态研究

（1）城市核心区域线网基本结构形态分析

老城区是城市重要的历史文化遗产和标志，有众多历史遗迹和古民居建筑。道路严格按轴线棋盘式分布。因此从保持发展传统的城市格局及保护历史文化的角度出发，老城区内城市轨道交通线网密度应适中，不宜有太多线路进出。由于受区域内道路网分布和空间结构的影响，轨道线网的基本形态应沿轴线分布，形成以棋盘式（井字形）为基本结构形态的轨道线网，如图 11-1 所示。

（2）主城区线网基本结构形态分析

主城区是以中心唐城为核心由周边功能不同的区域紧密环绕的团状结构，形成具有传统城市空间特色的"九宫格局"模式，沿核心区中心轴线向外延伸。显然实现核心区与主城区各功能区域的紧密联系，支持和延伸各区域发展是轨道线网应体现的重要功能。由中心唐城的基本线网向外延伸即可基本实现该功能。因此其线网形态为由棋盘式沿轴线向不同区域放射的结构，如图 11-2 所示。

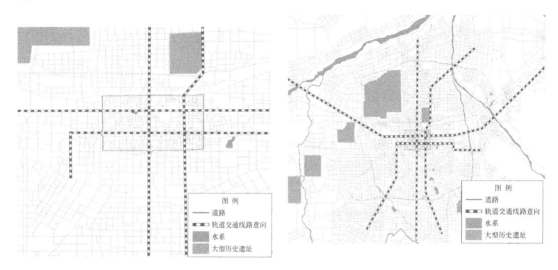

图 11-1　中心唐城线网基本形态示意图　　图 11-2　主城区线网基本形态示意图

主城区不同功能区域的发展是西安城市发展战略的重要特色,中心市区与各区域之间的联系已十分密切,已形成沿不同方向布局的出行分布,多中心现象已显现。城市轨道交通方式作为一种大运量、迅速、舒适、现代化的交通方式,提高了沿线的可达性,可改变城市轨道交通吸引范围的区位条件,把大量的商业、居住业、工业活动吸引到快速轨道沿线,有利于市中心区人口的疏散,引导城市土地利用向合理方向发展。因此,在中心市区周围,形成空间布局合理、吸引客流范围较大、强化不同区域向外围交通走廊扩展、能促进带状发展的辅助线,是主城区线网结构形态的重要补充。

(3)市区线网基本结构形态分析

城市轨道交通线网布局有助于大幅度改善副中心与主城区用地的不等价性,加快城市副中心的发展,减轻主城区在就业、交通、社会诸方面的压力,扩展组团式结构的城市发展空间,推进城市结构的合理调整,从而为组团式结构的城市居民提供良好的联系通道。六个副中心位于东西南北各条主轴线上,距离主城区20～30km。通过主城区沿轴线主骨架线网的直接延伸便可将外围副中心纳入城市轨道交通的服务范围。

11.4　线网合理规模匡算

西安市城市轨道交通线网规模主要从"需求"与"可能"两方面分析。

11.4.1　从"需求的角度"计算线网规模

(1)以城市交通需求推算线网线路总长度 L

预计远期(2020年)及远景年公共交通总客运需求量分别为772.25万人次/d、1019.00万人次/d,其中城市轨道交通的全日客运量分别为279.94万人次/d、764.25万人次/d。

2020年线网负荷强度 q 取2.0万人次/(km·d),则需轨道线路139.97km;远景年线网负荷强度 q 取3.0万人次/(km·d),则需轨道线路254.75km。

(2)以线网密度指标计算线网线路总长度 L

①中心圈层：以明城墙区为核心，东、西、南方向截至二环路，北到城市高架路，面积 57.33km²。线网的理论密度为 1.33km/km²，考虑到西安的经济水平实际情况及区域内分布有部分遗址，在计算时该密度指标可以降低，取 1.2km/km² 比较适宜。

②中间圈层：以中心圈层为内界线，以城市三环路为外界线，面积 307.67km²。线网理论密度为 0.5km/km²。考虑到区域内有汉长安城、唐大明宫等大型遗址，在计算时该密度指标可以降低，取 0.4km/km² 比较适宜。

③外围圈层：以三环路为内界线，以主城区外轮廓为外界线，面积 235km²。线网理论密度为 0.25km/km²。

计算得西安市远景年轨道线路规模为 250.61km，考虑到西安市城市空间发展战略规划中提出的未来城市重点发展各个方向的外围组团等，为满足未来各个方向的客流需求，还需 10~20km 的线网规模来外延线网或规划新的线路。因此，按合理线密度方法匡算的线网规模，西安市远景年线网规模为 260.61~270.61km。

11.4.2　从"可能的角度"计算线网规模

(1)适宜的城市财政经济承受能力

按每年 GDP 的 0.72% 的投资力度支持城市轨道交通，并以此作为城市轨道交通建设基金的年度积累目标。

2005—2010 年 6 年中，西安市可累计用于城市轨道交通的投资额为 65.69 亿~75.07 亿元，按目前我国城市轨道交通每公里综合造价 3.5 亿~4.5 亿元初步匡算，2010 年线网规划实施规模 14.6~21.45km。

2005—2020 年 16 年中，可累计用于城市轨道交通的投资额为 298.44 亿~331.6 亿元，按目前我国城市轨道交通每公里综合造价 3.5 亿~4.5 亿元初步匡算，西安市 2020 年线网规划实施规模 66.32~94.74km。考虑到资金筹措的多样性，这样的建设规模是完全可以实现的。

(2)工程实施的可能性

快轨建设速度相差较大，但总体上平均年进度在 3~4km 之间，这是比较接近实际可行的。西安市采用 4~5km/年的建设速度是完全可以实现的，到 2010 年按 6 年建设期计，宜修建 24~30km，到 2020 年按 16 年建设期计，宜修建 64~80km，考虑到未来伴随着技术的发展及施工队伍的进一步成熟，这一规模是完全可以实现的。

西安市 2020 年轨道网络总长度合理规模范围为 120km 左右，远景 2030 年轨道网络总长度合理规模范围为 220~270km。该规模比较适合西安市的城市规模和经济发展水平。

11.5　线网构架研究

11.5.1　城市客流集散点及主要交通走廊分析

(1)点

交通枢纽点指公交换乘枢纽、长途客运站、火车站、机场等；与用地性质相关的客流集散点主要包括大型企业、居住区、文化商业点等,其与城市功能区的现状布局及未来规划密切相关。西安市主要客流集散点如图11-3所示。

城市客流集散点的规模和分布,在一定程度上反映出城市主要交通走廊的规模和走向。

(2)线

根据未来西安市城市结构、人口、就业分布和未来出行OD的分析,对于整个城市而言,未来主要客流方向是:中心—西、中心—东、中心—南、中心—北、中心—东北、中心—西南。西安市现状公交客流断面图(图11-4),反映了目前城市客流的分布状况,以此为基础,同时在城市空间发展方向的指引下,结合城市客流主方向的预测结果,主要客流通道如图11-5所示。

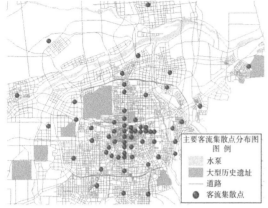

图11-3 西安市主要客流集散点分布

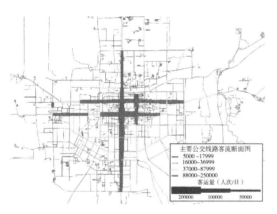

图11-4 西安市现状公交客流断面图

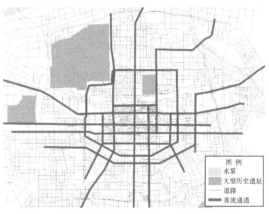

图11-5 西安市主要客流通道

(3)面

一般来说,城市用地越大,城市轨道交通线网覆盖面就应越大;城市人口越多,城市轨道交通线网密度应越高。城市轨道交通线网布局与城市现状布局相适应,能够吸引到充分的服务客流,与城市规划布局相协调,则可以发挥其引导城市合理布局的积极效应。

根据西安城市空间发展战略,西安城市空间发展是以协调区域共同发展和保持地区生态环境的平衡为前提,保护好历史文化名城,轴向延伸,带状发展,调整城市空间结构,完善城市功能,按照城市发展战略确定的产业发展方向,促进城市结构逐步由单中心向多中心转变,促进经济、社会、环境相互协调,实现城市的可持续发展。未来西安城市空间布局将分为三个层次:主城区、市区、市域。

西安城市空间布局的发展特点,决定了城市轨道交通的建设,不仅要彻底解决日益严重的主城区的交通压力问题,还要实现拉大城市骨架,带动区域共同发展的重任。具体地说,在主城区范围内,城市轨道交通要与常规公交协调配合、有效衔接,形成多方式多层次的综合公共交通体系,致力于提高公共交通的整体竞争力,吸引个体交通向公共交通转移;在外围区域,城市轨道交通需要与市郊铁路和城际铁路相配合、衔接,积极发挥西安中心城市的集散效应,实现西安都市圈、关中城市群,特别是西安市区外围六个副中心的共同发展。

未来西安市土地利用将依照"拉大城市骨架,发展外围新区;优化布局结构,完善城市功能;降低中心密度,保护古城风貌;显山露水增绿,塑造城市个性;南北拓展空间,东西延伸发展"的发展模式。市区居住用地将得以有效调整和均衡,居住用地重心整体向城市横向轴线的南部偏移;市区工业用地主要分布在城市东北和西南对角线上;市区商业金融用地主要分布在"明城墙区"和市区南郊;市区行政办公用地主要分布在城市的北部,南郊区域市区教育科研用地集中在城市横向轴线的南部;市区仓储用地集中在城市横向轴线的北部。为此,城市轨道交通线网的构架和布局必须与城市土地利用的布局现状与规划协调一致。

大规模的出行都集中在主城区以内。在主城区范围以内的区域,居民出行不但数量大,而且方向复杂;在主城区以外,出行方向明显减少,出行量也有下降。这说明,城市轨道交通需要覆盖的主要区域应当是主城区,在主城区以外,线网密度可以适当降低。

在主城区以外,存在着少数几个特定方向上的集中出行,如西向的咸阳方向的出行,东向的临潼方向的出行,北向的三原方向的出行,南向的韦曲方向的出行,以及西南向的郭杜方向上的出行。这些出行量方向比较单一、明确,但在数量上确有较大的规模,适合大运量交通方式的运送。这说明,在主城区以外,城市轨道交通还有必要在特定方向上予以延伸。

11.5.2 方案构思

结合西安市城市客运交通走廊和主要客运交通枢纽点,初步设想城市轨道交通线网构架布局关系如下。

(1)东西、南北骨架线形成十字构架

骨架线路体现城市发展主方向,与城市空间发展轴线相符合,两条骨架线形成的十字构架是线网的支撑,对整个城市轨道交通线网的结构起稳固作用,是城市与交通发展的双重骨架,如图11-6所示。

(2)骨架线与辅助线在明城墙内形成井字形结构的线网

辅助线作为骨架线路的补充,增加线网在主城区的覆盖密度,同时缓解骨架线路在明城墙内的客流压力,四条线路在明城墙内形成井字形结构的线网,如图11-7所示。

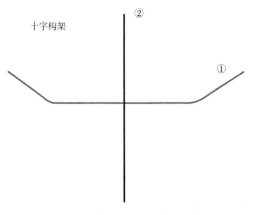

图11-6 线网构架布局关系构思(一)

注:图中数字为线路编号,下文图中数字意义同此图。

(3)西南、东北区位沿东南"L"形线连接,两极放射

采用"L"形线沿东南方向客流走廊连接西南、东北区位,串联东北、东南、西南区位中的客流集散点,与井字形结构形成换乘,并且向外放射可延伸至外围组团,如图11-8所示。

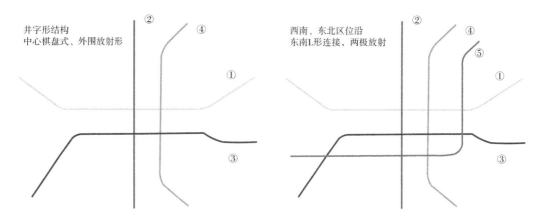

图 11-7 线网构架布局关系构思(二)　　图 11-8 线网构架布局关系构思(三)

(4)西北、东南区位沿西南"L"形线连接,两极放射

"L"形线沿西南方向客流走廊连接西北、东南区位,串联西北、西南、东南区位的客流集散点,与井字形结构形成换乘,并且向外放射可延伸至外围组团,如图11-9所示。

(5)西北、东南区位沿东北"L"形线连接,两极放射

以"L"形线沿东北方向客流走廊连接西北、东南区位,串联西北、东北、东南区位的客流集散点,与井字形结构形成换乘,并且两极向外放射可延伸至外围组团,如图11-10所示。

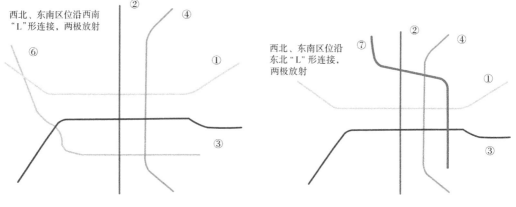

图 11-9 线网构架布局关系构思(四)　　图 11-10 线网构架布局关系构思(五)

(6)外围"U"形线连接东北、东、东南、南、西南线网在外围形成换乘

在城市外围以两个"L"线形连接形成"U"字形线路串联东北、东、东南、南、西南区位的客流集散点,形成中心唐城与外围功能区的联系,同时加强与井字形结构之间的联系,如图11-11所示。

(7)井字形构架 + 环形线

环形线在中心唐城区边沿与井字形结构交织衔接,提高了井字形结构各线之间的互通性和连接性,加强外围客流集散点的联系,同时也提高了中心唐城区内的线网的覆盖范围,如图11-12所示。

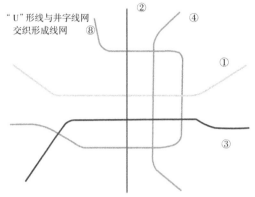

图 11-11 线网构架布局关系构思(六)　　图 11-12 线网构架布局关系构思(七)

11.5.3 预选方案的形成

本次线网规划所确定的预选方案通过对各类初始方案的定性比较分析后得到,每一类形成一个预选方案,共三个预选方案。

(1)方案一:棋盘+放射型

本线网方案由 6 条主线和 1 条支线组成(图 11-13),线网总长 249.72km,换乘站 16 座,中心唐城区线网密度为 0.818km/km^2,主城区线网密度为 0.337km/km^2。

图 11-13 线网方案一

(2)方案二:"U"形线+放射型

本线网由 6 条主线和 1 条支线组成(图 11-14),线网总长 248.27km,换乘站 17 座,中心唐城区线网密度为 0.690km/km^2,主城区线网密度为 0.345km/km^2。

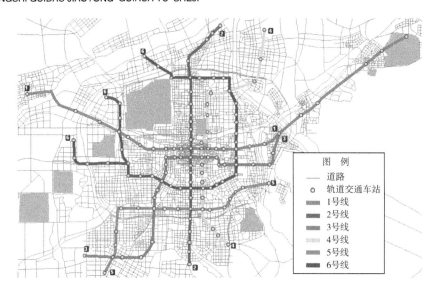

图 11-14　线网方案二

(3)方案三:环形线 + 放射型

本线网由 6 条主线和 1 条支线组成(图 11-15),线网总长 261.94km,换乘站 22 座,中心唐城区线网密度为 0.868km/km²,主城区线网密度为 0.354km/km²。

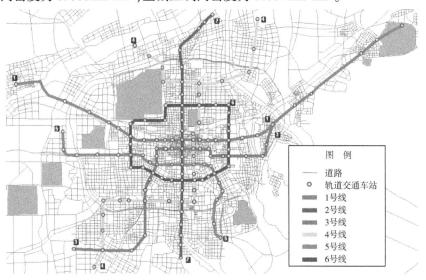

图 11-15　线网方案三

11.5.4　线网补充方案简介

上述三个预选方案经客流测试后,各自存在不足之处,通过吸收各方案好的构思,形成补充方案 A。本线网方案是方案一的变形,由 6 条主线和 1 条支线组成(图 11-16),线网总长 251.80km,换乘站 17 座,中心唐城区线网密度为 0.796km/km²,主城区线网密度为 0.338km/km²。

图 11-16 线网方案 A

1）方案构思要点

在方案一的基础上,重点调整了 3 号线与 6 号线线路走向,3 号线在中心唐城内由东西大街改走小寨东西路,目的是避免城市东北的大量客流途经明城墙区而进入西南高新开发区域,从而减小明城墙区内的客流压力,同时 3 号线与 6 号线在城市东部区域相交织,增强了线网的换乘功能和灵活性。

2）主要优点

(1) 线网层次分明,功能明确,结构灵活性强,对线网未来扩充调整充分留有余地,整体线网基本覆盖了城市主要客流走廊和大型客流集散点。

(2) 井字形结构紧扣明城墙区域交通特征,布局符合棋盘式道路网结构和中心唐城区域城市轨道交通功能定位。

(3) 1 号、2 号、4 号、6 号线在明城墙内交织于北大街、五路口、钟楼、大差市等主要大型客流集散点,在外围形成的八条放射线符合西安"九宫格局"的布局形态,加强了中心区向外辐射的能力,符合城市空间发展战略意图。

(4) 与方案一相比,3 号线与 6 号线在城东相交织,增强了线网的换乘功能和灵活性。

(5) 只需一次换乘即可到达城市任何一个方向。

3）主要缺点

(1) 城市北部区域线网密度偏低,横贯线偏少,这主要受汉长安遗址的限制。

(2) 5 号线南端走向不顺畅,增加了工程实施难度。

(3) 与方案一相比,东北及西南两个城市重点发展区域与城市中心区联系相对较弱。

在构建的几十个方案中筛选出三类共 3 个预选方案,即方案一(棋盘放射型)、方案二("U"形线 + 放射型)、方案三(环形型 + 放射型)作为本次线网规划的预选方案。在此基础上,通过客流测试,总结 3 个预选方案好的构思,形成一个补充方案,即方案 A(棋盘放射型)。

11.6 轨道线网方案客流测试

客流测试的主要目的,是对线网构思中定性分析形成的一些设想,进行定量的分析与检验,同时为线网方案综合评价提供客流数据。

11.6.1 交通生成预测

利用出行强度和人口数量来预测出行总量。预测时对常住人口和流动人口进行分别考虑,对周边城镇的居民出行与主城区的居民出行区别对待,此外还考虑周边城镇居民出行中进入主城区的比重,将对外交通枢纽产生的客流量进行专门的考虑。预测得到总出行量:2020 年 1826 万人次/d,远景年 2038 万人次/d。

西安市 2000 年 2 月的居民出行调查结果表明:现状出行中的工作、上学、购物和回程在日出行量中占 87.04%(工作日)和 80.31%(周日)。由于工作出行及相应的回程与就业岗位数密切相关,上学、购物及相应的回程与人口数有关,因此,在现状出行发生/吸引量与就业岗位、人口数关系的基础上,考虑未来各远景年的就业岗位数和人口数,得到各交通区在未来各远景年的发生/吸引量初始预测值;然后,根据日出行总量对各交通区的发生/吸引量初始预测值进行修正,从而得出各交通区在未来各远景年的发生/吸引预测量。

11.6.2 出行分布预测

出行分布预测采用双约束重力模型,其中阻抗函数采用负指数函数形式。利用 2000 年的调查结果和 2000 年的交通供给,对阻抗函数参数 β 进行了标定。标定结果:$\beta = 0.0326$。

11.6.3 出行方式划分预测

分别建立各种交通方式的道路网络,得到各类方式的时间最短路矩阵,并考虑到公共交通的换乘时间、两端步行时间以及票价,统一换算为价值以后采用改进的 Logit 模型描述居民的方式选择。最终结果见表 11-1。

西安市城市轨道交通规划区域个人出行方式结构预测结果　　表 11-1

年份	公交车+地铁	自行车	步行	出租车	其他
2010 年	33.04	27.93	19.15	6.25	13.63
2020 年	43.21	21.20	17.40	6.01	12.18
远景年	51.94	14.21	13.02	5.80	15.03

11.6.4 交通分配预测

采用用户均衡模型(UE)进行公交客流分配预测。用户均衡模型的基本原理即用户最优化(等时间)原理,其目的是分析运输网络均衡状态下的交通格局。在进行城市轨道交通客流分配时,其分析对象为包括所有地面公交和城市轨道交通线路的整个综合公交网络,分析的依据为:整个综合公交网络的用户广义时间最短。

11.6.5 客流测试结果

采用 TransCAD 软件中的公交分配模块,在各预选方案上进行网络流量分配(图 11-17 ~ 图 11-19),汇总后得到各预选方案的客流主要指标。

图 11-17 线网方案一远景年客流图

图 11-18 线网方案二远景年客流图

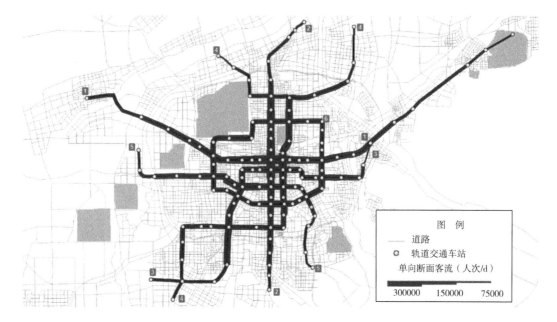

图 11-19 线网方案三远景年客流图

11.6.6 客流测试的比较分析

1) 方案一

(1) 客运量最大,线网平均客流强度也最大;换乘系数最小,说明相比较下方案一线网的直达性最好。

(2) 在明城墙区形成了一个很明显的客流核心,主要是将东北、西南地带发展新区的大量客流直接引入了明城墙区内,这将不利于客流的疏解,并且将造成过大的换乘站规模,同时也将会给本已不堪重负的明城墙区的地面交通带来更大的压力。

(3) 3 号线的北部端头有较长一段线路上客流量比较小。

2) 方案二

(1) 客运量最小,线网平均客流强度偏低,线网整体负荷很不均衡,换乘系数与方案一基本相当。

(2) 6 号线线路较长,客流强度不高,但其在城市南部区域的线路上客流量还是比较大的。

(3) 5 号线横亘在城市边缘地带,线路主要路段与城市三环快速路和南绕城高速公路平行,且离得很近,造成该线路客流效果比较差。

(4) 4 号线的北部端头有较长一段线路上客流量比较小。

3) 方案三

(1) 线网平均客流强度最小,线网整体负荷比较均衡,换乘系数较大。

(2) 环线上客流不大,运距较短,且北部与城市道路二环快速路重叠过多,同时也说明环线上的客流集散点不是每一对之间都存在必然的交通联系,但是由于环线的存在,对明城墙区内的客流压力有所缓解。

(3) 4 号线的南部线路客流不是很大,这跟该路段与城市三环快速路和南绕城高速公路平行且离的较近有很大关系。

(4) 5 号线南部端头有较长一段线路上客流量比较小。

11.6.7 补充方案 A 的形成

从客流测试结果上来看,方案一较为优越。因此,针对客流测试结果,综合各个方案中各条线路客流情况,在方案一的基础上调整 3 号、6 号线位,形成方案 A。在同等条件下,对方案 A 进行客流测试,如图 11-20 所示。

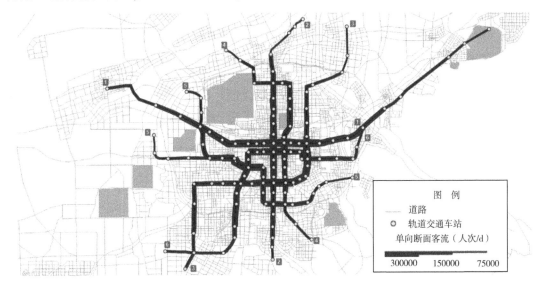

图 11-20 线网方案 A 远景年客流图

11.6.8 客流特征比较分析

各预选方案(包括方案 A)的客流预测结果汇总见表 11-2。

各预选方案的主要客流特征比较 表 11-2

项　　目	单　　位	方案一	方案五	方案八	方案 A
线路长度	km	249.72	248.27	261.94	251.80
客运量	万人次/d	744.29	720.85	741.12	752.31
客运周转量	万人·km/d	7213.48	7081.84	7174.49	7398.11
平均乘距	km/乘次	9.69	9.82	9.68	9.83
客流强度	万人次/(km·d)	2.98	2.90	2.83	2.99
换乘量	万人次/d	205.41	201.47	215.93	189.31
换乘系数	—	1.38	1.39	1.41	1.34
不均衡系数	—	1.502	1.525	1.424	1.496

方案 A 保持了方案一客流量大的优点,同时改善了线网结构,线网的直达性和均衡性都

得到了进一步提高,此外还兼顾了方案二、方案三的部分优点,对明城墙区内的客流压力有了较大缓解。从客流的角度来看,方案 A 的优化是成功的。

11.7 线网方案的综合评价

11.7.1 评价过程

在建立了评价指标体系和对指标标准化处理之后,用层次分析法确定指标权重,然后计算各方案的评价指标及其得分,最后分别计算各线网方案的广义效用函数值,以函数值的大小对各方案进行选优和排序。

11.7.2 线网综合评价指标体系的确定

线网评价指标体系及其权重见表 11-3。

线网评价指标体系及其权重　　　　　　　表 11-3

子系统	子系统权重(%)	评价指标	指标权重(%)
运营效果	25	线网客流强度	32.1
		客流断面不均衡系数	17.3
		日客运周转量	29.7
		换乘系数	20.9
网络结构	21	轨道网覆盖中心区面积率	38.5
		线网规模	25.3
		与主要客流集散点衔接程度	36.2
社会效益	19	占公共交通出行的比例	45
		公交平均出行时间的节约	55
战略发展	21	与城市空间形态协调指数	41.7
		沿线土地开发价值	31.6
		与城市自然景观风貌的协调	26.7
可实施性	14	工程难易度	50
		近期线网实施性	50

11.7.3 对各预选方案的综合评价

运用广义效用函数法,分别计算各线网规划方案的广义效用函数值,以效用函数值的大小,作为线网方案排序和优选的依据。对西安市城市轨道交通线网规划的预选方案(即方案一、方案二、方案三)和补充方案(即方案 A)进行综合评价,见表 11-4。

城市轨道交通线网方案综合评价结果　　　表 11-4

子 系 统	方 案 一	方 案 二	方 案 三	方 案 A
运营效果	0.81	0.79	0.78	0.85
网络结构	0.68	0.65	0.63	0.68
社会效益	0.82	0.75	0.79	0.85
战略发展	0.76	0.73	0.73	0.76
建设实施性	0.75	0.73	0.68	0.78
总评价	0.766	0.731	0.725	0.787

11.7.4　方案比选结果分析

（1）上述四个方案评价得分均大于 0.7，属于较好级别，说明以上方案作为入选方案都是有价值的，在此基础上进行评选是有意义的。

（2）线网方案总排序的结果依次为方案 A、方案一、方案二和方案三，得分分别为：0.787（较好）、0.766（较好）、0.731（较好）、0.725（较好）。方案 A 得分是最高的，说明通过客流测试后综合各方面的因素所形成的补充方案是成功的，作为候选方案是有根据的和无可争议的。

（3）进一步分析：方案 A 在运营效果、社会效益及建设实施性方面比方案一均有了改善和提高；在网络结构和战略发展方面与方案一相仿。方案 A 与方案二和方案三相比，在网络结构、运营效果、社会效益、战略发展与建设实施性方面各子系统得分也均优于这两个方案。但就各分指标来看，在轨道网覆盖中心区面积率与客流集散点衔接程度两个指标上，方案 A 比方案三稍弱，主要是由于其线网规模较预选方案三小。

最终确定方案 A 为西安市城市轨道交通线网的推荐方案。

11.7.5　对推荐方案的整体评价

（1）线网结构基本特征

西安市城市轨道交通线网规划推荐方案由六条线路组成，呈棋盘放射式，线路总长 251.8km，处于推荐的线网合理规模范围的中值。

线网客流覆盖率来看，覆盖了 52 个主要客流集散点，覆盖率达到了 85.2%；说明该方案较好覆盖了西安市的交通发生和吸引源。

从大范围整体布局上来看，西安市未来发展方向将具体形成东连临潼，西接咸阳，南拓长安，北跨渭河的格局。推荐方案 1 号线西连咸阳，东接临潼，2 号线北至渭河，南到长安。符合城市形态特点及未来城市空间结构特征和发展方向。推荐方案完全覆盖主城区人口规模 600 万人；线路直接连接或延伸方向辐射外围副中心范围，拉大了城市骨架，扩展了城市空间，带动了城市发展。基本实现了主城区与周边城镇之间的连接，又为线网未来扩充调整充分留有余地。

推荐方案（方案 A）由 6 条线路组成，线网层次分明，功能明确，共划分为两个功能层次，即骨架线和辅助线。1 号线、2 号线、3 号线构成推荐方案的骨架线网，在中心唐城区形成了三角形稳定结构。4 号线、5 号线、6 号线为线网的辅助线，缓解 1 号线、2 号线在中心唐城内的客流压力,扩大了南部区域线网的覆盖范围,提高了线网的整体服务水平。

(2)轨道线网的运营效果

推荐方案整体线网日客运周转总量为 7398.11 万人次·km,承担客运量为 752.31 万人次/日,将承担西安总出行量的 27.62%,占公交出行的 52.96%。这与城市轨道交通在未来城市客运交通中的骨干地位是相符合的。线网平均负荷强度为 2.99 万人次/(d·km),说明具有较好的运营效益,规划线网各条线路主要客流指标见表 11-5。

西安城市轨道交通线网规划推荐方案(方案 A)主要运营指标　　表 11-5

线路名称	1 号线	2 号线	3 号线	4 号线	5 号线(含支线)	6 号线	全线网
线路长度(km)	53.80	32.53	44.30	35.20	44.89	41.08	251.80
客运量(万人次/d)	140.96	117.52	143.79	106.39	122.69	120.95	752.31
客运周转量(万人次·km/d)	1832.63	1006.78	1415.52	863.90	1127.48	1151.81	7398.11
平均运距(km/乘次)	13.00	8.57	9.84	8.12	9.19	9.52	9.83
客流强度[万人次/(km·d)]	2.67	3.61	3.08	3.15	2.73	2.94	2.99
换乘量(万人次/d)	28.67	24.98	32.25	27.83	47.72	27.86	189.31
全日最大客流断面							
上行(万人次/d)	34.97	31.49	30.45	26.44	26.65	27.42	
断面位置	洒金桥—北大街	钟楼—北大街	大雁塔—小寨	大差市—五路口	高新四路—劳动南路	钟楼—大差市	
下行(万人次/d)	33.59	31.28	31.08	25.93	28.86	27.01	
断面位置	北大街—洒金桥	北大街—钟楼	小寨—大雁塔	五路口—大差市	劳动南路—高新四路	大差市—钟楼	
不均衡系数	1.413	1.464	1.509	1.461	1.722	1.406	1.496
高峰小时最大断面客流							
上行(万人次/h)	4.03	3.78	3.65	3.17	3.46	3.29	
下行(万人次/h)	4.20	3.75	3.73	3.11	3.20	3.24	

(3)对公共交通出行时效的提高

城市轨道交通作为城市客运体系中的快捷运输方式,其快速性、准时性在客运中形成强大的优势。在无城市轨道交通情景下,从钟楼出发利用公交 40min 的出行范围较小,大约只覆盖了主城区面积的 1/3,如图 11-21 所示。而在有城市轨道交通情景下,从钟楼出发利用公共交通 40min 的出行范围覆盖了整个主城区,即:从钟楼出发通过公共交通在 40min 内可以达到主城区任意一个角落,如图 11-22 所示。

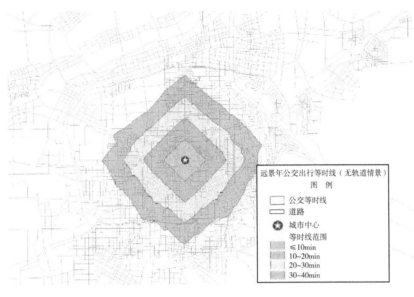

图 11-21 无城市轨道交通下公交出行等时线图

图 11-22 有城市轨道交通下公交出行等时线图

11.8 修建顺序规划研究

11.8.1 轨道线网总体建设时序分析

西安市城市轨道交通规划的 6 条线路的修建时序有两种方案:
方案一:2 号线、1 号线、3 号线、4 号线、5 号线、6 号线。
方案二:1 号线、2 号线、3 号线、4 号线、5 号线、6 号线。

这里需特别强调的是,以上分析不包含1号线西延伸线和东延伸线,两条延伸线的建设时序视咸阳和临潼发展的条件而予以动态调整。

11.8.2　2020年以前修建规模

(1)按客流需求计算,城市轨道交通线网规模应在139.97km左右。
(2)按财务实力分析,可修建线网84km左右。
(3)按工程一般实施进度计算,可修建线网90km左右。

城市轨道交通属于城市基础设施建设中的重点项目,应超前于城市的平均发展水平。经验表明,决定城市轨道交通线网规模的关键因素是"政策"的力度。

11.8.3　实施规划的总体分析

第一阶段(2010年):起步阶段。修建一条轨道线。

第二阶段(2015年):中心区基本骨架线网形成阶段。修建两条轨道线,满足中心城区主要客流走廊交通需求。

第三阶段(2020年):骨干线网充实、形成阶段。进一步扩大中心区线网结构规模,充实中心区,同时加强城市中心区与外围组团的联系,支持城市新中心的成长,支持城市沿轴向发展。

第四阶段(远景年):完善城市轨道交通线网,形成完整城市轨道交通网阶段。充实城市中心区内部以及向外交通联系,加大线网覆盖范围和密度,提高城市轨道交通系统服务水平。

11.8.4　近期修建方案分析

从客运效果来看,在2010年分别仅有1号线市区段或2号线市区段的情况下,1号线市区段的总客运量和客运周转量均比2号线市区段要小;但是,就单位投资形成的客运量与客运周转量而言,1号线市区段要比2号线市区段大。

从对外交通功能来看,1号线市区段串联城西客运站、城东客运站、纺织城客运站等长途客运站,并且贴近火车站及陕西省汽车站等交通枢纽,能够极大地增强城市对外交通能力;而2号线市区段则与规划的郑西客运专线相接引入西安铁路北客站。

从施工难易程度来看,1号线市区段的施工难度相对较大,尤其是三桥换乘站与纺织城换乘站的施工难度较大;而2号线市区段的施工相对简单,先修2号线有利于积累施工经验,培养精良的施工队伍。

从前期准备工作来看,对1号线市区段西安市政府已经进行了大量的前期准备工作,包括沿线的地质勘探、文物勘探、可行性研究等,先修1号线可以缩短前期准备工作时间,使其尽快建成投入运营;而2号线市区段还未开展过前期准备工作。

从运营组织来看,1号线市区段远期的运营组织要比2号线市区段复杂得多,如果将1号线市区段的修建时机稍微后延,届时可以更清晰地看到未来客流的发展特点,有利于进行合理的运营组织。

从整个线网中的作用来看,1号线市区段与2号线市区段均为骨干线,且均有能力成为线网建设的基线。

从沿线土地开发利用来看,由于 1 号线市区段与 2 号线市区段均处于市区发展轴线,沿线土地利用开发效益基本相当。

从城市空间发展来看,先修 1 号线市区段有利于促进东郊、西郊的发展,能够为西延伸线的修建提供基础;先修 2 号线市区段则有利于促进南郊、北郊的发展,有利于行政中心的北迁。

西安市轨道交通近期线路建设时序为:至 2010 年完成 2 号线市区段建设,至 2015 年完成 1 号线市区段建设,至 2020 年完成 3 号线建设。

11.9 车辆基地的选址与规模研究

11.9.1 车辆段规模估算

根据国内地铁车辆段设计经验,估算西安城市轨道交通线网各线车辆段各级修程所需列位,见表 11-6。

各线车辆段各级修程所需列位表 表 11-6

线路编号	各级修程所需列位			
	厂修	架修	定修	月检
1 号线	1.67	0.89	3.24	7.77
2 号线	0.94	0.5	1.81	4.35
3 号线	1.28	0.68	2.47	5.94
4 号线	0.99	0.53	1.91	4.60
5 号线	1.42	0.76	2.75	6.66
6 号线	1.21	0.64	2.33	5.60
合计	7.5	4.0	14.5	34.9

11.9.2 车辆段与综合基地用地规模估测

参考国内已建地铁城市车辆段、场用地情况和《城市快速轨道交通工程项目建设标准》,结合西安线网各段、场分工与承担的任务量,西安城市轨道交通线网各段、场占地规模估测见表 11-7。

车辆段与停车场占地面积表 表 11-7

线路编号	车场名称	占地面积(ha)
1 号线 (含东、西延长段)	三桥定修车辆段与综合基地	30
	纺织城停车场	17
	临潼车辆段	20
2 号线	北客站厂架修车辆段与综合基地	39
	西寨村停车场	16

续上表

线路编号	车场名称	占地面积(ha)
3号线	香湖湾定修车辆段与综合基地	29
	侧坡村车辆段	25
4号线	草滩停车场	13
	韦曲厂架修车辆段与综合基地	37
5号线	纺织城站定修车辆段与综合基地	21
	尤西停车场	10
	纪阳车辆段	17
6号线	科技园定修车辆段与综合基地	25
	田家湾车辆段	18
合计		317

以上车辆段与综合基地的位置与规划部门结合,规划位置已全部落实。

11.9.3 地面铁路联络线和出入段线

根据西安市周围国铁及铁路专用线分布情况,规划的与地面铁路接轨方案是:

(1)1号线三桥车辆段,规划修建联络线从三桥车站的专用线引出,向西接入地铁车辆段。

(2)2号线北客站车辆段,规划修建联络线从北客站东端引出,接入地铁车辆段。

(3)车辆段出入线按2条规划,停车场出入线按1条规划,已全部落实。

11.10 线路敷设方式及主要换乘节点方案研究

11.10.1 线路敷设方式规划

(1)线路敷设方式的规划原则

线路敷设方式的选择应根据城市总体规划,结合城市现状、沿线建筑、文物古迹、道路布局、景观规划、地形与地质条件及工程造价等,综合考虑确定。

线路的敷设方式还必须从整个线网统一考虑,尤其是在线网上的交叉地段,要处理好两线间的换乘或相互联络的问题。

将文物保护与线路敷设方式统一协调考虑,尽量保持古城既有的历史风貌。

(2)各线敷设方式设想

初步设想西安市中心城区在二环以内地铁全部为地下线,二环以外优先考虑采用地上线,困难地段采用地下线。

11.10.2 车站站位规划

根据西安城市轨道交通线网规划的推荐方案,本线网共有6条线,初步确定设置车站150座(不含1号线东、西延伸段),其中地下站89座,地上站61座。

1号线:共设车站17座,其中地下站11座,地上站6座。
2号线:共设车站23座,其中地下站14座,地上站9座。
3号线:共设车站30座,其中地下站16座,地上站14座。
4号线:共设车站23座,其中地下站17座,地上站6座。
5号线:共设车站31座,其中5号线26座,地下站16座,地上站10座;支线5座,全部为地上站。
6号线:共设车站26座,其中地下站15座,地上站11座。

11.10.3 换乘站规划研究

(1)换乘站点的分布情况

推荐线网方案由6条线构成,共有17处交织点,整个线网规划共设16个换乘点。位于线网中心区范围内的有13个换乘点,占换乘点总数的81.25%。换乘点分布集中在1、2、3号骨架线上,共有13个换乘点,占换乘点总数的81.25%。地下线之间的换乘点有13处,占全部换乘点的81.25%,基本确定为地下线与高架线之间的换乘节点有1处,约占全部换乘点的6.25%,高架线与高架线换乘的节点有2处,约占全部换乘点的12.5%。

(2)换乘站方式分析

由于西安市道路网为棋盘式布局,城市轨道交通线网主要沿城市道路敷设,所有线网交叉绝大部分为垂直的"十"字形交叉,只有少量为斜交或平行。因此,西安城市轨道交通线网规划中的换乘站以站厅换乘和站台换乘方式为主,只有钟楼换乘站由于所处地理位置的特殊性,两条线路的交叉点受钟楼限制,线路要避开钟楼敷设,两个换乘车站不能相交在一起,采用通道换乘方式。

根据换乘点上两条或多条线的修建顺序、车站的平面位置、车站的结构形式和施工方法以及换乘点周边环境和实施时对地面交通的影响程度,确定西安城市轨道交通换乘站形式主要选择"十"字形、"T"形和"L"形,具体见表11-8。

车站换乘方式一览表　　　　　　　　　　　　　　　表11-8

换乘方式	换乘地点					
	1号线	2号线	3号线	4号线	5号线	6号线
1号线		北大街	金花路	五路口	三桥	纺织城
2号线	两地下车站(2上1下)"T"形换乘形式		小寨	张家堡	长延堡	钟楼
3号线	两地下车站(1上3下)"T"形换乘形式	两地下车站(2上3下)"T"形换乘形式		大雁塔北	吉祥村	科技二路 咸宁中路

续上表

换乘方式	换乘地点					
	1号线	2号线	3号线	4号线	5号线	6号线
4号线	两地下车站（1上4下）"T"形换乘形式	两地下车站（2上4下）"十"字形换乘形式	两地下车站（3上4下）"T"形换乘形式		雁南路	大差市
5号线	两座高架车站（1下5上）"L"形换乘形式	一座高架和一座地下车站（2上5下）"L"形换乘形式	两地下车站（3上5下）"T"形换乘形式	两地下车站（4上5下）"十"字形换乘形式		劳动南路
6号线	两座高架车站和一座地下车站（1上6上，1东延伸下）"一"字形换乘形式	两地下车站（2上6下）"L"形换乘形式	两地下车站（3上6下）"T"形换乘形式	两地下车站（4上6下）"十"字形换乘形式	两地下车站（5上6下）"L"形换乘形式	

11.11 运营管理规划

11.11.1 制式选择

1、2、3号线为骨架线网，客流量相对较大，远期高峰小时单向最大断面客流量在3.73万~4.20万人次之间，宜采用大运量的地铁制式；4、5、6号线为辅助线网，远期高峰小时单向最大断面客流量在3.17万~3.46万人次之间，可采用大中运量的地铁或轻轨；1号线东延伸段远期高峰小时单向最大断面客流量1.89万人次，独立运行时可采用中运量的轻轨制式，西延伸段与1号线合并运营时系统制式应统一采用地铁系统。

11.11.2 运营管理

（1）列车运行方式

各条线的列车应分别采取独立运行方式，列车运行为右侧行车制式。在进行列车运行组织时，为提高系统运输效率，减少车辆购置数量，应采取长短交路套跑的运输组织形式，短交路基本安排在城市中心区域，跨越中心区两端，并将大部分换乘站包含在内。

西安城市轨道交通网络基本运行方式可分为以下三种：

①全线独立运营方式。全线独立运营是本线网最基本的运营方式，城市轨道交通网络各正线原则上应采用独立运营方式，并根据线路长短和客流分布情况，采用分区运行。地铁各线的旅行速度不低于35km/h。

②分段运行方式。1号线的三段线路，市区段（后围寨—纺织城）与西延伸段（后围寨—

咸阳)贯通运行,东延伸段(纺织城—临潼)单独运营,与1号线和6号线换乘。

③"Y"形线的运行方式。5号线北端主线和支线为"Y"形交叉,由于主线北段和支线客流相对较小,建议采用并线混合运行方式,即东段线路为主线、北段和支线的列车共用线路混合运行。

(2)系统管理构架

针对线网的规划情况,作为一个覆盖西安市域范围主要交通走廊的骨架交通网络,需要进行统一管理的内容应包括客运计划的制订、票务政策、票务清算、车辆维修、设备更新、线网运行监控、电网运行监控、运营数据统计、事故和灾害处理等。对于具体到每一条线路的列车运行、设备运行、车站管理、票务管理、车辆和设备的检修等内容,可以由各条线路的运营管理部门独立进行管理。

(3)收费管理

由于城市轨道交通系统和城市公交系统所提供的服务水平和质量是有所差别的,因此其在收费管理的结合上主要考虑为乘客提供最大限度的方便。目前很多城市正在准备试行的一卡通收费就是很典型的方式。

(4)系统维护

城市轨道交通的系统维护主要包含车辆和固定设备的维护和修理。为了停车和检修的方便,线网在每条线路的适当位置都规划了车辆段和停车场。根据线网规划的停车检修能力,2号线的北客站车辆检修基地具备承担地铁1、2、3号线的厂、架修车辆及本线定修、月检的任务;另外,预留4号线韦曲车辆检修基地,具备承担4、5、6号线路的厂、架修车辆及本线定修、月检的任务;其他车辆段承担本线及部分本线定修、月检的任务。设备系统的综合维修在规划阶段考虑分散在各条线路中,当网络形成一定规模后,应考虑采取统一管理,分散配置的原则。

(5)组织机构

为了对路网的运营进行统一的协调管理,应该成立城市轨道交通线网的管理中心,包括计划管理、运营管理、票务管理、车辆设备维护管理、安全控制、人员培训等部门。管理中心下辖各条线路的控制中心和运营管理部门。

11.12 联络线规划

1号线和2号线:在2号线和1号线的交叉点北大街西北象限设单线联络线。

2号线和3号线:在2号和3号线的交叉点小寨东北象限设单联络线。

4号线和5号线:在4号线与5号线交叉点雁塔南路西南象限设单联络线。

4号线与6号线:在4号线和6号线的交叉点大差市西南象限设单联络线。

4号线和2号线:在4号线与2号线交叉点张家堡的东北象限设单联络线。

北客站车辆检修基地和铁路北客站:在北客站车辆检修基地与铁路北客站铁路相接,以满足地铁施工和运营期间的运输需要。

第12章 城市轨道交通线路设计案例

本章以西安地铁8号线曲江段为例介绍城市轨道交通线路设计要点。

12.1 设计原则与技术标准

12.1.1 设计原则

(1)以《西安市城市总体规划》《西安市城市轨道交通线网规划》及《西安市城市轨道交通建设规划(2019—2024年)》为依据,结合城市的历史特点,使地铁建设与城市改造、古城保护相结合,缓解城市交通紧张状况,提高城市公共交通体系的运营服务水平,改善投资环境,促进城市的快速发展。

(2)线路基本走向须符合城市总体规划和轨道交通线网规划的要求,合理选择线路路径,充分发挥其交通运输骨干作用,并与其他交通方式合理分工,相互衔接。

(3)根据项目沿线的地形、地貌、工程地质及水文地质条件,地面与地下建(构)筑物和地面交通状况等情况,合理选择线路位置及敷设方式,减少拆迁及施工过程中对城市交通的干扰,合理利用城市土地,并尽量与城市景观和沿线物业相结合。

(4)线路平面宜布设于道路红线范围内,结合施工方法优化线路与道路横断面关系,因地制宜,优先选择较大的曲线半径,在工程投资增加不大时线形力求顺直。线路平面曲线半径应因地制宜,由大到小合理选用。困难条件下,经技术经济比选后方可选用最小曲线半径。

(5)车站分布应考虑沿线既有、规划的主要客流集散点和各类交通枢纽,并应与城市综合交通线网规划相协调,以利于最大限度地吸引客流,方便乘客,降低工程投资,提高运营效益。

(6)线路敷设方式的选择应围绕城市总体规划、沿线环境及景观要求、工程实施条件及工程投资等因素综合研究确定。

(7)结合车站埋深和地形条件合理运用"高站位,低区间"的原则设计纵断面,车站尽量设在凸形纵断面上,有条件时宜采用节能坡以降低运营成本。

(8)配线的分布及布置形式应满足各种工况下列车运营及折返的需求。

(9)根据《西安市城市轨道交通线网规划》,合理预留线路未来发展、衔接的条件。

(10) 对于古城,结合城市特点,认真分析研究地铁与文物保护区的关系,尽量采取绕避方案。必须穿越的,应认真研究其敷设方式,并在确保其安全的前提下,充分研究技术先进、经济合理的工程措施。

(11) 对线路所经过的地裂缝等不良地质情况应予以充分重视,分析现状及其发展规律,研究安全、经济、合理的工程措施,线路平纵断面设计中应充分考虑地裂缝变形后线路调整的可行性,结构、轨道、接触网及相关配套专业的设计应能适应地裂缝活动所产生的变形,确保安全。

(12) 地下区间线路纵断面设计要充分考虑到控制性因素的影响,同时还要考虑轨道交通本身各系统(如防护、防灾、排水、施工竖井等)的综合要求。高架段线路应满足道路净空要求,维护地面道路的交通功能。

(13) 高架线地段应加大对城市景观的关注,注重结构造型,控制建筑体量,注意高度、跨度、宽度的和谐比例,弱化视觉冲击,力求与城市景观融为一体,线路坡度宜舒缓。

12.1.2 主要技术标准

1) 正线数目

正线为双线,采用右侧行车制。

2) 车辆选型及编组

采用 A 型车、6 辆编组。

3) 设计最高行车速度

线路设计最高行驶速度为 80km/h。

4) 轨距

轨距采用 1435mm。

5) 线路平面

(1) 最小曲线半径

正线:一般 $R \geqslant 350$m,困难时 $R \geqslant 300$m。

配线:一般 $R \geqslant 250$m,困难时 $R \geqslant 150$m。

(2) 夹直线最小长度

正线、联络线及车辆基地出入线上,两相邻曲线间,无超高的夹直线最小长度应按表 12-1 确定。

夹直线最小长度 λ(单位:m)　　　　　表 12-1

正线、联络线、出入线	一般情况	$\lambda \geqslant 0.5V$	
		A 型车	B 型车
	困难时最小长度	25	20

注:V 为列车通过夹直线的运行速度(km/h)。

(3) 圆曲线最小长度

在正线、联络线及出入线上,A 型车不宜小于 25m,困难情况下不得小于一节车辆的全轴距。

(4) 缓和曲线长度

线路正线曲线半径 $R \leqslant 3000$m 时,圆曲线与直线间应根据曲线半径、超高设置及设计速度等设置缓和曲线连接,其长度可按表7-8采用。

(5)线间距

①直线线间距(两线间无中隔墙):两线间无构筑物时,直线地段最小线间距为3800mm。

②直线线间距(两线间有中隔墙):两线间有墙柱时(两线间设置疏散平台),最小线间距为5300mm(4800mm+墙柱厚度400mm+施工误差100mm)。

③曲线地段线间距:应在直线线间距的基础上,按不同曲线半径、超高以及车辆的有关尺寸,根据相关规范计算确定。

(6)道岔

①正线和配线采用9号道岔,车场线采用7号道岔。

②道岔应设在直线地段,道岔端部至曲线端部距离不宜小于5m。

③在车站端部接轨,宜采用9号道岔,其道岔前端,道岔中心至有效站台端部距离不宜小于22m;其道岔后端,道岔警冲标或出站信号机至有效站台端部距离不应小于5m。

(7)折返线有效长度

折返线有效长度根据发车间隔、信号设置、列车长度和保护距离计算确定。

(8)安全线设置及安全距离

①车辆基地出入线,在车站接轨点前,线路不具备一度停车条件,或停车信号机至警冲标之间小于50m时,应设置安全线。采用"八"字形布置在区间与正线接轨时,应设置安全线。

②列车折返线及停车线末端应设置安全线,其长度应符合表12-2的规定。

折返线、故障列车停车线有效长度(单位:m) 表12-2

配线名称	有效长度+安全距离(不含车挡长度)
尽端式折返线、停车线	远期列车长度+50
贯通式折返线、停车线	远期列车长度+60

③安全线自道岔前端基本轨缝(含道岔)至车挡前长度应为50m(不含车挡)。

6)线路纵断面

(1)线路纵坡

①区间正线最大纵坡一般为30‰,困难地段为35‰;联络线、出入线最大纵坡为40‰,设计坡度均不计坡度折减。

②地下线区间线路最小纵坡一般为3‰,困难地段在确保排水的条件下,可采用2‰;地面和高架区间,当具有有效排水措施时,可采用平坡。

③车站站台范围内的线路应设在一个坡道上,坡度宜采用2‰。当具有有效排水设施或与相邻建筑物合建时,可采用平坡。

④具有夜间停放车辆功能的配线,应布置在面向车挡或区间的下坡道上,隧道内坡度宜为2‰,在地面和高架桥上坡度不宜大于1.5‰。

⑤道岔宜设在不大于5‰的坡道上,困难情况下可设在不大于10‰的坡道上。

(2)最小坡段长度

最小坡段长度不宜小于远期列车长度,且相邻竖曲线间夹直线长不小于50m。

(3)坡段连接

相邻坡段的坡度代数差大于或等于2‰时,应以圆曲线形竖曲线连接,竖曲线半径应符合表12-3的规定。

竖曲线半径表　　　　　　　　　表12-3

级　　别		一般情况(m)	困难情况(m)
正线	区间	5000	2500
	车站端部	3000	2000
联络线、出入线、车场线		2000	

（4）车站站台有效长度和道岔范围内不得设置竖曲线,竖曲线离开道岔端部的距离不小于5m。

（5）竖曲线与缓和曲线或超高顺坡段在有砟道床地段不得重叠。

7) 钢轨

正线及配线均采用60kg/m的钢轨。

12.2　边界条件

1) 周边规划

该区域内线路沿线主要规划为居住用地及商业用地。

2) 周边道路条件

曲江池东侧主要分布有曲江池北路、寒窑路、雁南五路三条横向道路,曲江池东路、新开门南路及芙蓉东路三条纵向道路。所有道路均已实现规划,道路红线宽度均为30m。

3) 控制因素

（1）换乘节点

曲江池西站为本线与已运营4号线的换乘车站,4号线沿芙蓉西路南北向敷设,为地下二层车站,车站东侧预留8号线"T"形换乘节点工程,8号线沿雁南四路东西向布设,地下三层岛式车站,站后设置有单渡线。

（2）不良地质

曲江池内分布有地裂缝,线路设计时尽可能绕避,若必须相交,则需控制线路与地裂缝交叉角度不小于30°,有条件的位置尽量增大交叉角度,纵断面设计时需考虑预留调线调坡条件。

（3）建构筑物

位于南湖东北角的凯悦大酒店,地下2层地下室,承台桩基础,桩长约35m;位于雁南五路与新开门南路西北角的金水湾小区,地下1层,地上18层,桩基础长约33m等控制性建（构）筑物。

12.3　线路走向及线路平面方案

12.3.1　线路整体走向

西安地铁8号线为轨道交通线网中的骨干线,是线网中的唯一一条环线,也是重要的换乘线路,贯穿雁塔区、新城区、灞桥区、未央区、莲湖区5个行政区以及高新区、曲江新区、浐灞生态园区、经开区4个开发新区,先后沿丈八东路、雁展路、雁南四路、寒窑路、南三环、长鸣路、幸福林带、广运潭大道、浐灞一路、凤城二路、朱宏路、大兴路、西二环、沣惠路及唐延路布设。

12.3.2 曲江池段方案比选

曲江池西站为4号线、8号线换乘站,线路自曲江池西站引出后,需找寻走廊折向南三环向东行进。该段沿线居住人口密集,是集商贸、旅游、居住、文化教育等为一体的繁华地带,高层建筑鳞次栉比,如何合理布设线站位,把众多客流集散点有效串联,确保工程安全可行,同时对周边建、构筑物干扰最小,是该段线路走向需要重点解决的问题,结合周边道路及本次设计共研究三个方案,如图12-1和图12-2所示。

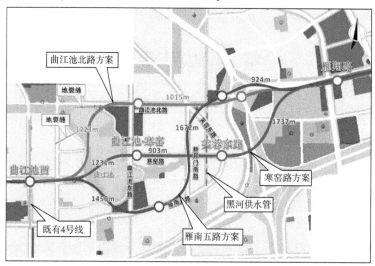

图12-1 曲江池段三方案规划图

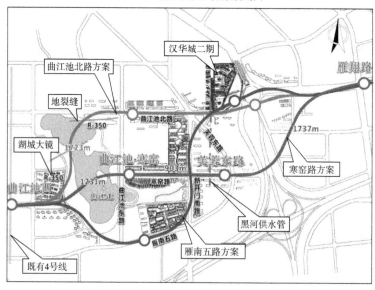

图12-2 曲江池段三方案现状图

1)方案一:雁南五路方案

该方案与线网规划中线路路由一致。线路自曲江池西站(地下三层站)引出,采用一组 $R=400m$ 曲线右转沿曲江池西岸向南敷设,下穿阅江楼辅楼后线路进入雁南五路,于曲江万众国际南侧设置雁南五路站(由于地势及站后下穿金水湾小区原因,该站埋深约35m),出站后以 $R=400m$ 半径下穿金水湾小区已建成高层(地上18层、地下1层,基础采用管桩,桩长30~35m)地块,进入新开门南路自南向北敷设,后采用 $R=400m$ 曲线下穿德泰国际幼儿园,侧穿曲江意境高层建筑物,折向曲江池北路向东走行,下穿汉华城二期沿街商业后,于曲江大道转盘西侧设置曲江大道(站前黑河水管为钢筋混凝土压力管道,内径2.4m,管壁厚度0.24m,埋深约12m,为保证安全距离,该站设置为地下三层站),出曲江大道站后,线路沿南三环北侧辅道敷设,于雁翔路交叉口东侧、南三环北侧设雁翔路站。

该方案(曲江池西—雁翔路段)线路长度为4.42km,设置4座车站,设置4处 $R=400m$ 曲线。

方案优点:

(1)区间绕避曲江池。

(2)站间距较为均衡。

方案缺点:

(1)线路迂回,线路长度增加500m。

(2)区间侧穿阅江楼(图12-3),下穿金水湾小区高层建筑物(图12-4)、德泰国际幼儿园(图12-5)及汉华城二期5F建(构)筑物(图12-6),侧穿紫薇曲江意境高层,工程风险大。

图12-3 阅江楼

图12-4 金水湾小区

图12-5 德泰国际幼儿园

图12-6 汉华城二期

(3)由于线路于金水湾小区桩基下通过,雁南五路站埋深约35m,需考虑暗挖施工,且车站提升高度大,功能较差。

(4)运营期间对金水湾小区存在振动影响。

2)方案二:曲江池北路方案

线路自曲江池西站(地下三层站)引出,采用一组$R=350m$曲线切湖城大境地块(1栋别墅、2栋6层建筑、2座会所)、穿越2条f13地裂缝、下穿曲江池后进入曲江池北路敷设,于曲江池东路路口西侧设置曲江池北站(地下三层站),出站后,线路穿越f13地裂缝继续向东,下穿黑河供水管,于曲江大道桥桩间隙通过,之后于转盘南侧设置曲江大道站(地下三层站),而后线路向东进入南三环敷设,于雁翔路路口东侧设置雁翔路站(暗挖两层)。

该方案(曲江池西—雁翔路段)线路长度为4.05km,设置4座车站,最小曲线半径为350m。

方案优点:

曲江池北路为地下三层站,较雁南五路站功能好。

方案缺点:

(1)线形较差,采用一组$R=350m$曲线。

(2)区间穿越曲江池地裂缝段,采用明挖工法,协调难度大;若考虑采用暗挖施工,工程风险大。

(3)下穿湖城大境地块建筑物。

3)方案三:寒窑路方案

线路自曲江池西站引出后,采用一组$R=450m$曲线下穿曲江池后进入寒窑路自西向东敷设,于曲江池东路交叉口东设曲江池·寒窑站,于芙蓉东路交叉口设芙蓉东路站,出站后线路继续向东行进,采用一组$R=450m$曲线,绕避万科·金域曲江(图12-7)、民政小区(图12-8),斜穿地块后线路折向南三环自西向东敷设,于雁翔路路口设置雁翔路站。

图12-7 万科·金域曲江

图12-8 民政小区

该方案(曲江池西—雁翔路段)线路长度约为3.90km,设车站3座,最小曲线半径为450m。

方案优点:

(1)线路长度最短。

(2)基本可绕避沿线既有建(构)筑物,盾构下穿曲江池,工程风险小。

(3) 与建设规划方案路由一致。

方案缺点：
(1) 线路切割地块较大。
(2) 贴文物(寒窑)一般保护区，需重点协调。

4) 比选结论

将三个方案综合比较，结果见表12-4。

曲江池段方案综合比较表　　　　表12-4

项　目	方案一(雁南五路方案)	方案二(曲江池北路方案)	方案三(寒窑路方案)
线路长度	4.42km	4.05km	3.92km
车站数量	4座	4座	4座
车站形式	2座三层站、2座暗挖站	3座三层站、1座暗挖站	3座三层站、1座暗挖站
最小曲线半径	400m	350m	450m
工程风险	(1)下穿金水湾小区2栋19层住宅。 (2)雁南五路站埋深约35m。 (3)暗挖下穿德泰国际幼儿园，侧穿紫薇曲江意境高层，风险大。 (4)下穿黑河供水管	(1)穿越湖城大境2栋6层住宅，1栋3层别墅，2栋2层的会所。 (2)曲江池内分布有2条地裂缝，区间下穿曲江池段长约600m，区间施工风险很大。 (3)下穿黑河供水管	(1)盾构穿越曲江池，风险较小。 (2)下穿黑河供水管

综上分析，雁南五路方案线路较长，穿越金水湾小区高层建筑(30m 管桩)，雁南五路埋深较深，车站需考虑暗挖，功能较差。

曲江池北路方案较雁南五路方案线路长度较短，采用一组小曲线半径，线形相对较差，穿越曲江池地裂缝段大断面暗挖实施工程风险较大。

寒窑路方案线路条件较好，以盾构工法穿越曲江池，工程风险整体较小，可实施性强，因此考虑推荐寒窑路方案。

12.4　线路平面设计

线路平面设计应力求顺直，慎用小半径曲线，选线前应充分调查线路周边用地性质、权属及重要构筑物，评估相关工程风险，避免穿越敏感区域，并应考虑联络通道所处位置的施工条件，并尽量缩短联络通道的长度。

12.4.1　主要控制点分析

(1) 地铁4号线已预留节点工程

8号线与4号线于曲江池西站换乘，4号线沿芙蓉西路南北向敷设，为地下二层车站(东侧预留8号线"T"形换乘接口)，8号线沿雁南四路东西向布设，地下三层岛式车站，站后设置有单渡线，如图12-9所示。

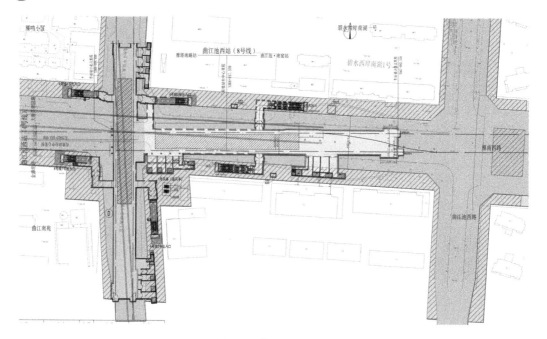

图 12-9　曲江池西站总图

(2)西安曲江观光轻轨

西安曲江观光轻轨是曲江国家 5A 级景区建设的旅游观光配套项目,连接大雁塔北广场、大唐不夜城、唐城墙遗址公园、曲江遗址公园、大唐芙蓉园等曲江新区旅游景点,线路全长约 9.5km。

根据资料显示,曲江轻轨为轨道梁,采用钢箱梁,跨度约 20m,基础为钻孔灌注桩,桩径 1m,桩长约 9m。线路下穿曲江池时,需考虑线路与其桩基的关系,确保线路与桥桩间的安全距离,如图 12-10 所示。

 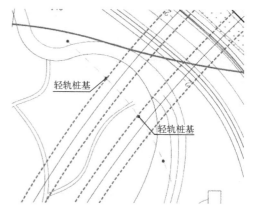

图 12-10　线路与轻轨桥桩关系图

12.4.2　平面设计方案

线路利用 4 号线已预留节点自曲江池西站引出,采用一组 $R=450m$ 曲线下穿曲江池,绕避曲江轻轨桥桩,侧穿金地·湖城大境 3 号地小区、轻轨桩基、芸阁、荷廊及连桥、隑洲桥,下穿南湖及云昭居后进入寒窑路,于曲江池东路路口东侧设置曲江池·寒窑站,如图12-11所示。

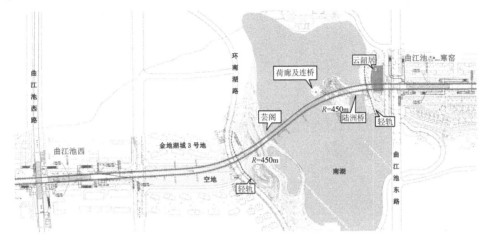

图12-11 平面设计示意图

12.5 线路纵断面设计

线路纵断面的设计受沿线地形地貌、工程地质、施工方法、地上及地下构筑物、运营条件等因素的制约,并受到规划道路和规划用地性质的影响,此外还需考虑轨道交通线路间的换乘和联络要求。

纵断面设计中尽可能地设计为"高站位、低区间"的节能坡形式,根据区间隧道的消防要求,为满足乘客在区间隧道中疏散的需要,两条单线区间隧道之间,当隧道连贯长度大于600m时,应设置联络通道,根据纵断面设计及区间隧道防排水要求,在区间线路最低点处应设置废水泵站,并尽可能与联络通道合建。

12.5.1 主要控制点分析

(1)曲江池

曲江池全池水面约0.7km²,池形曲折,南北长,东西窄,湖底为200mm厚的混凝土铺砌,衬砌底高程约为440.88,常水位约2m,区间隧道与南湖衬砌最小竖向净距约为5.03m(图12-12)。

(2)云韶居

云韶居,修建于2007年,地上2层,局部3层(后加盖1层,现为地上3层,局部4层),框架结构,独立基础,基础最大埋深3.0m。综合考虑区间下穿曲江池、云韶居的安全性,曲江池·寒窑站设置为地下三层(图12-13)。

12.5.2 纵断面设计

曲江池西为地下三层站,受曲江池控制,曲江池·寒窑设置为地下三层站,车站设置于

2‰的坡度上。综合考虑盾构下穿南湖、云韶居的方案安全可行,结合车站轨面埋深,曲江池西至曲江池·寒窑段采用630m/5‰+250m/28‰的坡度连接,并于南湖东侧设置联络通道1座(图12-14)。

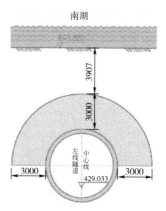

图12-12　线路与曲江池关系图(尺寸单位:mm)

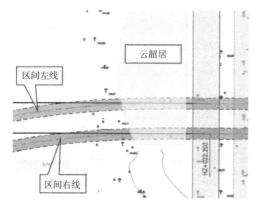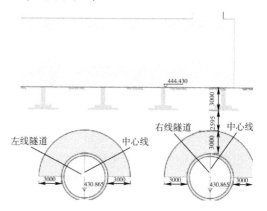

图12-13　线路与云韶居关系图(尺寸单位:mm)

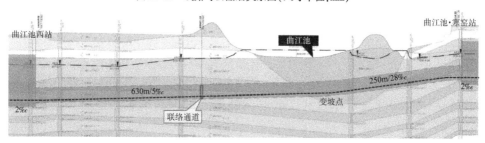

图12-14　线路纵断面设计

第13章 城市轨道交通车站设计案例

本章以西安地铁 8 号线曲江池·寒窑站为例介绍城市轨道交通车站设计要点。

13.1 边界条件

13.1.1 站址环境

西安地铁 8 号线曲江池·寒窑站位于寒窑路与曲江池东路交叉口东侧,沿寒窑路东西走向布置。该区域属于曲江南湖旅游区东侧。丁字路口西侧为南湖旅游区、凯越酒店;东北象限为金地湖城大境八号地天锦小区、综合体金地广场;东南象限为中海白贤府小区、寒窑遗址公园、W 酒店。

寒窑路、曲江池东路现状道路宽 30m,规划道路红线宽 30m,如图 13-1 和图 13-2 所示。寒窑路、曲江池东路两侧有现状 15m 绿化带,已实现规划,并分布有公交站点。站点周围规划以居住、绿地及部分商业用地为主。

图 13-1 寒窑路现状

图 13-2 曲江池东路现状

13.1.2 设计边界条件

1)现状条件
(1)周边主要影响建筑物
丁字路口东北象限为金地湖城大境八号地天锦小区 1 号楼(3 层叠墅);东南象限为中

海白贤府小区(联排别墅)。

(2)控制性管线

寒窑路:DN1000 雨水管,埋深 4.0～5.5m;DN500 热力管两根,埋深 2.6m;1000mm×1400mm 电力管沟,埋深 2.0m;DN160 燃气管,埋深 2.0m;DN400 污水管,埋深 3.8～4.7m;DN800 雨水管,埋深 3.0～3.9m,如图 13-3 所示。

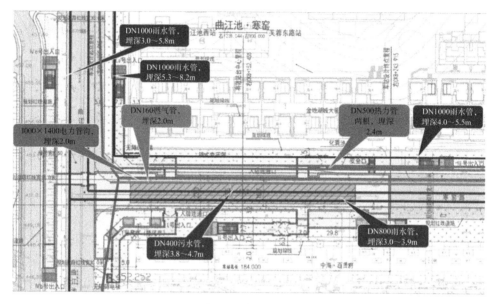

图 13-3　控制性管线

曲江池东路:DN1000 雨水管,埋深 3.0～5.8m;DN400 污水管,埋深 3.8～4.7m;1000mm×1400mm 电力管沟,埋深 2.0m;DN1000 雨水管,埋深 5.3～8.2m。

2)用地规划

车站周边 500m 客流吸引范围内基本以规划的居住用地、绿地、商业为主,如图 13-4 所示。

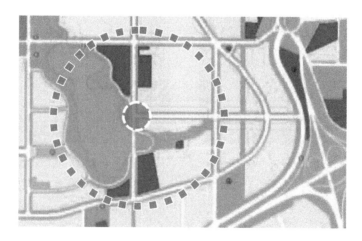

图 13-4　周边规划用地图

3) 设计客流

根据行车提供的"列车运行交路图",本线初、近、远期行车对数见表13-1。

西安市地铁8号线初、近、远期行车对数表　　表13-1

交路	初期列车对数（对/h）	近期列车对数（对/h）	远期列车对数（对/h）	系统设计规模列车对数（对/h）
大交路	20	24	28	30
合计	20	24	28	30

西安地铁8号线全线没有小交路,根据客流数据对比,初、近、远期早高峰客流均分别大于其相应的晚高峰客流,故应计算对比初、近、远期早高峰客流数据(表13-2),明确控制期客流。

各特征年预测早高峰客流及超高峰系数表(单位:人/h)　　表13-2

特征年	外环(逆时针)			内环(顺时针)			超高峰系数
	上车	下车	断面流量	上车	下车	断面流量	
初期(2027年)	1621	151	8622	1330	714	11117	1.26
近期(2034年)	1490	235	14190	1479	571	12048	1.26
远期(2049年)	1693	286	16055	1524	952	15449	1.26

初期车站设计客流:$(1621+151+1330+714)\times1.26/20 = 3816\times1.26/20 = 241$(人/min)。
近期车站设计客流:$(1490+235+1479+571)\times1.26/24 = 3775\times1.26/24 = 199$(人/min)。
远期车站设计客流:$(1693+286+1524+952)\times1.26/28 = 4455\times1.26/28 = 201$(人/min)。

通过计算对比初、近、远期早高峰客流数据,明确初期早高峰客流为控制期客流,其中:

上车设计客流量:$(1621+1330)\times1.26 = 3719$(人/h)。
下车设计客流量:$(151+714)\times1.26 = 1090$(人/h)。
车站的设计客流量:$3719+1090 = 4809$(人/h)。

4) 施工工法

本站为明挖施工,两端区间均为盾构法施工。

5) 与地面交通衔接情况

寒窑路、曲江池东路均规划为双向二车道,规划道路宽30m。路口北、东、南有公交站点。车站实施后与过街出入口实现地面交通衔接。

13.2　车站建筑方案设计

13.2.1　控制因素分析

(1) 结合站前区间下穿曲江池,确定轨面埋深及车站层数

曲江池北站前区间下穿曲江池,埋深较大,轨面埋深在23m左右,确定为地下三层站。

(2)结合道路现状、规划及控制性管线确定本站站位

综合分析管线分布情况,尽可能减少管线改迁。站位北侧寒窑路绿带内分布有东西向 DN160 燃气管,埋深 2.0m;DN500 热力管两根,埋深 2.4m;DN1000 雨水管,埋深 4.0~5.5m;1000mm×1400mm/10kV 电力管沟,埋深 2.0m;路中分布 DN400 污水管,埋深 3.8~4.7m;DN800 雨水管,埋深 3.0~3.9m。

曲江池东路南北向分布 DN1000 雨水管,埋深 3.0~5.8m;DN1000 雨水管,埋深 5.3~8.2m。

(3)重点解决车站主体、附属避让管线处理措施、车站过街功能

寒窑路北侧 DN1000 雨水管、DN500 热力管、DN160 天然气管与附属出入口冲突,需永迁;路中埋深 3.8~4.7m 的 DN400 污水管影响车站主体埋深,需永迁;车站主体覆土 4~4.2m,除路中局部管线需要迁改外,其他均设置于主体顶板上方,减少管迁工程量。

南侧风亭需考虑与周边住宅、建筑物环评距离及消防间距。

车站设置于道路交叉口东侧下方,需要根据情况考虑在站内非付费区过街连通。

13.2.2 设计思路

(1)线路条件及路面高差对站位及轨面埋深的影响

曲江池·寒窑站站前区间下穿曲江南湖及公园入口处的云韶居(3 层),车站轨面埋深 23.2~28.6m。由于曲江池东路与相邻南湖公园车行道地面最深处高差接近 7m,且曲江池东路为曲江主要道路,现状宽度 18m(前往北侧综合体金地广场车辆多在此掉头),因此考虑站位偏丁字路口东侧设置。

(2)区域环境对车站方案的影响

由于曲江池·寒窑站处于唐代著名的曲江皇家园林所在地曲江新区,曲江新区为我国的文化产业国家及示范区,5A 级景区和生态区,鉴于这种特殊的地理位置和周边环境,为使车站后期的装修可以有较好的特点并与周边环境相适应,现阶段考虑土建设计为车站创造特色装修预留条件。利用本站穿越南湖较大的轨面埋深,推出站厅公共区无柱,顶板起拱的地下两层方案,为公共区创造开阔大气的装修空间预留土建条件。

(3)控制性管线对站位影响

寒窑路主体上方有东西向管径 400mm 的污水管,埋深 3.8~4.7m;管径 800mm 的雨水管,埋深 3.0~3.9m;绿带内管径 1000mm 的雨水管,埋深 5.5~6.5m 深;两根管径 500mm 的热力管,埋深 2m;1000mm×1400mm/10kV 电力管沟,埋深 2m,影响出入口通道。由于车站最宽处包括桩径已达到约 30m 宽,基本与规划道路红线等宽,绿化带宽度 15m,留给管迁路径宽度非常困难。曲江池东路有埋深 3.5m 的 DN1000 雨水管,及埋深 3.8m 的 DN800 污水管,由于过街通道覆土层较大,不影响车站设置。

(4)环评距离对附属风亭设置的影响

站位周边为联排别墅及多层别墅等高档住宅区,对噪声要求较高。宽度为 30m 的道路红线及 15m 的绿化带,使得风亭与建筑物的距离无法满足 1 类区域 30m 的间距要求。在满足基本环评要求的 15m 间距的基础上,采取措施(取消地面冷却塔,采用蒸发冷凝系统,利用寒窑路东西地面近 6m 的高差,在站厅顶板上方夹层放置蒸发冷凝机房)使其满足规范对 1 类功能区的评价要求。

13.3 车站规模确定

13.3.1 计算公式

车站站台宽度计算公式：

$$B_d = 2b + n \cdot z + t \tag{13-1}$$

$$B_c = b + z + t \tag{13-2}$$

其中，

$$b = \frac{Q_{\text{上}} \cdot \rho}{L} + b_a \tag{13-3}$$

或

$$b = \frac{Q_{\text{上下}} \cdot \rho}{L} + M \tag{13-4}$$

两个 b 中取大者为站台计算宽度。

上述式中：B_d——岛式站台宽度，m；

B_c——侧式站台宽度，m；

b——侧站台宽度，m；

n——横向柱数；

z——纵梁宽度（含装饰层厚度），m；

t——每组楼梯与自动扶梯宽度之和（含与纵梁间所含的空隙），m；

$Q_{\text{上}}$——远期2047年每列车高峰小时单侧上车设计客流量，人/列；

$Q_{\text{上下}}$——远期2047年每列车高峰小时单侧上下车设计客流量，人/列；

ρ——站台上的人流密度（$0.33 \sim 0.75 \text{m}^2$/人），本站取 0.5m^2/人；

L——站台计算长度，m，本站取 136m；

M——站台边缘至站台门立柱内侧的距离，m，本站取 0.26m；

b_a——站台安全防护宽度，取 0.4m，采用站台门时用 M 替代 b_a 值。

13.3.2 车站站台宽度

(1) 初期

客流等候时：

$$b = \frac{Q_{\text{上}} \cdot \rho}{L} + b_a = 1621 \times 1.26 \times 0.5/20/136 + 0.25 = 0.55(\text{m})$$

客流交换时：

$$b = \frac{Q_{\text{上下}} \cdot \rho}{L} + M = (1330 + 714) \times 1.26 \times 0.5/20/136 + 0.25 = 0.63(\text{m})$$

(2) 近期

客流等候时：

$$b = \frac{Q_{\text{上}} \cdot \rho}{L} + b_a = 1490 \times 1.26 \times 0.5/24/136 + 0.25 = 0.54(\text{m})$$

客流交换时：

$$b = \frac{Q_{\text{上下}} \cdot \rho}{L} + M = (1479 + 571)1.26 \times 0.5/24/136 + 0.25 = 0.65(\text{m})$$

（3）远期

客流等候时：

$$b = \frac{Q_{\text{上}} \cdot \rho}{L} + b_a = 1693 \times 1.26 \times 0.5/28/136 + 0.25 = 0.53(\text{m})$$

客流交换时：

$$b = \frac{Q_{\text{上下}} \cdot \rho}{L} + M = (1524 + 952) \times 1.36 \times 0.5/28/136 + 0.25 = 0.66(\text{m})$$

客流控制期为远期早高峰客流，侧站台宽度<2.5m。本站取 $b=2.5$，故 $B_d = 2b + n \cdot z + t = 2 \times 2.5 + 2 \times 1.0 + 5.3 = 12.3(\text{m})$

根据计算本站站台宽取13.0m，满足要求。

13.4 车站建筑设计

13.4.1 总平面设计

车站位于寒窑路与曲江池东路丁字路口东侧，沿寒窑路东西走向布置。该区域属于曲江南湖旅游区东侧。丁字路口西侧为南湖旅游区、凯悦酒店；东北象限为金地湖城大境八号地天锦小区、综合体金地广场；东南象限为中海白贤府小区、寒窑遗址公园、W酒店。

车站总平面图

站台宽度为13.0m，计算站台长度为140m岛式站台车站。总建筑面积约20342.77m²，其中主体建筑面积14942.35m²，附属建筑面积5400.42m²。车站共设4个出入口（含过街口），2组风亭。风亭均设于寒窑路、曲江池东路两侧规划红线的绿地中。考虑周边为1类声环境区域，采用蒸发冷凝系统，机房设置于地下局部三层的夹层位置。

车站西侧吸引南湖的客流，北侧吸引金地广场的客流。

13.4.2 车站公共区及设备管理用房区的功能分区和平面布局

1）站厅层

站厅层设在地下一层，有3个出入口、1个安全口，以及自动售票机、自动检票机等设施；站厅付费区设3台上行扶梯、2台下行扶梯和2座1.5m宽的楼梯通往站台层，另在付费区内设1台垂直电梯供需要人士使用；站厅层两端布置有设备用房。

站厅层平面图

2）站台层

站台层设在地下三层，采用13.0m岛式站台，在有效站台范围两端布置了部分设备用房。

3）站厅层上方夹层

利用起终点里程长度方向的地面3%坡度产生的高差，在大里程端出入口与终点里程之间，站厅上方设置夹层，将蒸发冷凝机房与消防泵房放置在这个区域，小里程端站厅上方夹层设置活塞风道。

站台层平面图

4）车站交通组织及流线设计

曲江池·寒窑站共设置3个出入口，分别位于公共区西、东北、东南侧，出入口过街吸引南湖客流进出站，东北侧、东南侧出入口吸引周边住宅小区、寒窑遗址公园的客流。

站厅层上方夹层平面图

5）车站防火设计

(1)防火分区

车站地铁部分共划分为6个防火分区，车站站厅层及站台层公共区为防火分区1，防火分区面积4883.5m²，其中站厅公共区面积为2738.3m²，站厅层小里程端设备用房为防火分区2，防火分区面积767.9m²，站厅层大里程端设备用房为防火分区3，防火分区面积1285.6m²；站台层西侧为第4防火分区，防火分区面积148.0m²，站台层东侧为第5防火分区，防火分区面积546.51m²；站厅层大里程端上方夹层设备管理用房为防火分区6，防火分区面积1330.5m²。

每个防火分区分别设置相应的消防设备和设施，主要设备管理区(有人区)设置直通地面的疏散通道。

每个防火分区之间采用耐火极限为3h的防火墙分隔；除站台和站厅公共区外，每个防火分区最大允许使用面积不大于1500m²。防火墙上的门均为甲级防火门，且向通道或公共区开启，内外均设把手。

车站控制室、变电所、电源设备室、通信及信号机房、环控电控室等受气体灭火保护的重要设备房间，采用耐火极限不低于3h的隔墙和耐火极限不低于2h的楼板与其他部位隔开，隔墙上的门为甲级防火门。

管道穿过防火墙、楼板及防火分隔时，采用防火封堵材料将管道周围的空隙填塞密实，并达到防火分隔物的耐火极限。

(2)防烟分区

车站站厅站台公共区内每个防烟分区面积不宜超过2000m²，站厅划分为两个防烟分区。防烟分区不得跨越防火分区。站厅层公共区与出入口通道之间、站台层公共区的楼、扶梯口周围亦应设挡烟垂帘或垂壁。每个防烟分区采用挡烟垂壁或钢筋混凝土梁进行分隔，防烟垂壁或梁的高度不少于500mm(吊顶面下)。挡烟垂壁应采用燃烧性能为A级且耐火极限不低于0.5h的材料。

车站管理和设备用房区的防烟分区面积亦不应超过750m²，可以用到顶的隔墙进行防烟分隔。公共区的栅栏每隔一定距离开一扇疏散门。通道口设置挡烟垂壁。

6）车站人防设计

车站按6级人防分段隔绝式防护的要求进行设计，防化等级为丁级。本工程平时为地铁车站，在拟定的核武器、生化武器、常规武器袭击和袭击后的城市次生灾害作用下，可保障工程内人员及设备的安全,并能作为紧急人员待蔽部及战时物资储备库。

7)车站防淹设计(防洪、防涝)

车站防洪设计的暴雨频率按百年一遇暴雨重现期的标准设防。出入口平台面高出室外地坪至少0.45m,同时满足防洪高程的要求(按当地50年一遇暴雨强度计算),必要时设临时防淹闸槽。闸槽高度为平台面以上800mm。

敞口风亭风口下沿以及通至车站内的其他开口的高程均高出室外地坪1m,高风亭风口下沿不应低于地面2m,进一步依据防洪涝专题报告进行设计及设防,以满足防洪要求。

8)车站无障碍设计

在车站的出入口平台及台阶前、楼梯起终点与休息平台、进出站路线拐弯处、售票处、检票处、无障碍专用厕所、无障碍电梯以及站台候车区域均应考虑设置提示盲道,提示盲道间设行进盲道,采用宽300mm、燃烧性能为A级的材料,盲道的设计应符合《无障碍设计规范》(GB 50763—2012)的有关规定。

本工程地面至出入口通道内部设垂直电梯1部,设在车站2号出入口通道内,提升高度为10.5m,与地面之间通过1:12的无障碍坡道联系,方便有需要的乘客至站厅层。站厅至站台设无障碍电梯一部,提升高度为12.0m。站台边设盲道,短直便捷。

无障碍电梯其内部设施按《无障碍设计规范》(GB 50730—2012)中表7.7.3内容设置,并设消防按钮和事故电话,电梯专业应按此原则设计。

站台层设置无障碍专用厕所,与公共区直接相连,内部设施应符合《无障碍设计规范》(GB 50730—2012)中表7.8.2的要求。

13.4.3 站台至站厅楼扶梯通过能力计算

(1)出站楼扶梯宽度、数量复核

1m宽自动扶梯最大通过能力为7300人/h。

$B = (286 + 952) \times 1.26 = 1560/7300 = 0.21(\text{m})$

实际设置:

站台至站厅:1.0m宽自动扶梯3部,满足要求;

站厅至地面:1.0m宽自动扶梯6部,其中上行扶梯3部,满足要求。

(2)进站楼扶梯宽度、数量复核

$B = (1693 + 1524) \times 1.26 = 4053/3700 = 0.56(\text{m})$

实际设置:

站厅至站台:1.7m宽楼梯2部,满足要求;

站厅至站台:1.0m宽自动扶梯2部,满足要求;

地面至站厅:2.4m宽楼梯3部(每个出入口每段1部),满足要求;

站厅至地面:1.0m宽自动扶梯6部,其中下行扶梯3部,满足要求。

13.4.4 站厅付费区检票机和栅栏门疏散能力计算

自动扶梯通过能力:7300(人/h)。

楼梯上行通过能力:3700(人/h)。

本站付费区上行楼扶梯的通过能力(3 部 1m 宽扶梯,2 部 1.5m 宽楼梯):

$7300 \times 3 + 3700 \times 3.0 = 33000$(人/h)

下行楼扶梯的通过能力(2 部 1m 宽扶梯,2 部 1.5m 宽楼梯):

$7300 \times 2 + 4200 \times 3.0 = 27200$(人/h)

平开栅栏门和闸机的通过能力(2 樘 1.5m 宽平开门,16 部 0.55m 宽闸机,2 处 0.9m 宽双向通道):

$5000 \times (2 \times 1.5 + 16 \times 0.55 + 2 \times 0.9) = 68000$(人/h)

由于 68000>34480,故闸机及栅栏门的设置数量满足疏散要求。

13.4.5 车站出入口通道、楼扶梯通过能力计算

车站远期设计客流量:

$(1693+286+1524+952) \times 1.26 = 5612$(人/h)

根据技术要求:

1m 宽楼梯:双向混行 3200 人/h;下行 4200 人/h;上行 3700 人/h。

1m 宽自动扶梯:不大于 7300 人/h。

车站的出入口均设置有两部扶梯和一部 2.4m 宽的楼梯。

楼梯宽度计算按照 0.55 倍数,本站取 $0.55 \times 4 = 2.2$(m)<2.4m。

$2 \times 7300 + 2.2 \times 3200 = 21640$(人/h)

$(2 \times 7300 + 2.2 \times 3200) \times 4 = 86560$(人/h)>5612 人/h,满足人员进出要求。

事故状态下出入口通道均为单向通行,疏散能力大于正常使用情况下的疏散能力,所以能满足事故疏散要求。

13.4.6 车站事故疏散时间计算

车站每个防火分区内都设有至少两个疏散口通往安全区域,车站公共区按客流量设有足够宽度的通道及楼梯,满足紧急疏散要求。每个出入口口部附近均有较开阔的空间,通道和出入口无影响乘客疏散的障碍物。

事故状态下疏散能力核算如下:

本站站厅到站台共设置 6 台扶梯(其中上行扶梯 4 台,下行扶梯 2 台),2 部楼梯,总宽度 3.4m。

按《地铁设计防火标准》(GB 51298—2018)中的公式进行计算。

$$T = \frac{Q_1 + Q_2}{0.9[A_1(N-1) + A_2 B]} \leq 4\min \tag{13-5}$$

式中:Q_1——远期或客流控制期中超高峰小时最大客流量时一列进站列车的载客人数,人;

Q_2——远期或客流控制期中超高峰小时站台上的最大候车乘客人数,人;

A_1——一台自动扶梯的通过能力,人/min·台;

A_2——单位宽度疏散楼梯的通过能力,人/min·m;

N——用作疏散的自动扶梯数量,台;

B——疏散楼梯的总宽度,m,每组楼梯的宽度应按 0.55m 的整倍数计算。

初期早高峰：
$$\frac{(1297+1064)\times 1.26+9284}{20}=613(人)$$
近期早高峰：
$$\frac{1.26\times(1490+1479)+14190}{24}=747(人)$$
远期早高峰：
$$\frac{(1693+1524)\times 1.26+16055}{28}=719(人)$$
疏散时间计算受近期早高峰客流控制。

超高峰小时列车断面客流：

$Q_1=14190/24=592(人)$

超高峰小时站台候车人员：

$Q_2=(1490+1479)\times 1.26/24=156(人)$

本站设计中：楼梯宽度1.5m，按照0.55倍数取1.1m。

自动扶梯：车站共设置扶梯6台，其中上行扶梯3台，下行扶梯2台(不参与计算)。

1m宽的楼梯疏散时单向上行通过能力：

$3700\div 60=61.7(人/min)$

扶梯疏散时单向上行通过能力：

$7300\div 60=122(人/min)$

站台—站厅疏散时间：

$$T=\frac{592+156}{0.9\times[122\times(3-1)+61.7\times 2.2]}=2.19(min)<4min$$

经过计算，车站楼扶梯的宽度满足紧急疏散的要求。

第14章 城市轨道交通换乘站设计案例

杨家庄站是西安地铁8号线第21座车站,为8号线与10号线同期建设的换乘中心站,8号线采用6A车辆编组形式,10号线采用6B车辆编组形式。车站位于凤城二路与经九路交叉路口,8号线前承堡子村站,后接余家寨站,沿凤城二路东西向敷设,10号线前承太元路站,后接环园中路站,沿经九路南北向敷设。两线共设6个车站出入口、2个物业出入口、4组风亭、7个安全出口及2座无障碍电梯,6个出入口分别设置在路口四个象限,风亭均为矮风亭。

8号线为地下二层岛式车站,有效站台宽度为16m,车站规模为391m×25.1m,轨面高程为379.631m,车站底板埋深约16.83m,标准断面顶板覆土约2.50m。总建筑面积22687.58m²,其中主体建筑面积20464.20m²,附属建筑面积2223.38m²。车站起点里程右YCK26+884.280,计算站台中心里程为右YCK27+119.776,终点里程右YCK27+275.308。

10号线为地下三层岛式车站,有效站台宽度16m,车站规模为285m×24.9m,轨面高程为369.722m,车站底板埋深约29.04m,标准断面顶板覆土约3.0m。总建筑面积26749.90m²,其中主体建筑面积20516.85m²,附属建筑面积6233.05m²。车站起点里程右YK8+952.664,计算站台中心里程为右YK9+130.714,终点里程右YK9+237.664。

8号线设计年限为:初期2027年,近期2034年,远期2049年。

10号线设计年限为:初期2026年,近期2033年,远期2048年。

8号线杨家庄站和10号线杨家庄站同步设计、同步施工。

14.1 控制因素及设计思路

14.1.1 控制因素分析

1)周边主要影响建筑物、构筑物

本站周边规划主要以居住、教育用地为主,尚未完全实现规划。十字路口东北和东南象限为已建成的珠江新城小区(图14-1和图14-2),小区退让道路红线5m;西北和西南象限均为空地。

2)地下管线

杨家庄站位于凤城二路和经九路的交叉路口处(图14-3)。车站站位范围主要控制管线为:沿经九路南北向敷设DN2400雨水管(埋深约5.8m)和DN1800污水管(埋深约11.4m)两根控制性管线,现场北侧已完成4口顶管工作井(7×8)。

图14-1 东北象限珠江新城小区

图14-2 东南象限珠江新城小区

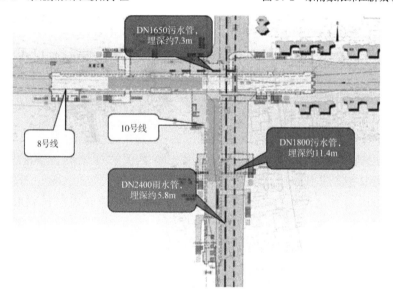

图14-3 车站控制性管线总平面示意图

沿凤城二路东西向敷设DN1650污水管(埋深约7.3m)。

3)线网规划

根据西安市轨道交通线网规划,杨家庄站为同期建设的8号线与10号线换乘车站,本站考虑节点换乘方式。8号线站前带出入场线,设计为地下二层岛式车站,10号线站前设单停车线,为地下三层岛式车站。车站线网规划如图14-4所示,车站周边规划用地如图14-5所示。

4)周边规划条件

凤城二路规划宽度40m,经九路规划宽度50m,凤城二路已实现规划,经九路未实现规划。车站周边规划主要以居住用地为主,教育用地为辅。车站周边500m客流吸引范围内基本规划为住宅、教育科研及少量商业用地。

5)地面交通及交通接驳

(1)步行衔接设施

本次规划车站出入口通道满足过街功能,过街客流部分转入地下通道,部分通过地面人行横道过马路,车站出入口规划行人疏散广场,并在周边规划连续的步行道。

图 14-4 车站线网规划图

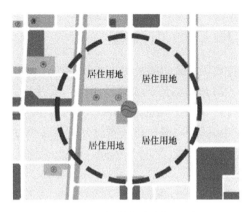

图 14-5 车站周边规划用地图

(2) 非机动车衔接布局

非机动车衔接规划主要包括自行车(含公共自行车、共享单车)及电动自行车,通过设置非机动车停放处的方式衔接。现状车站周边尚未规划公共自行车租赁点,随着 8 号线的建设,统筹考虑,结合出入口共规划 6 处自行车停放处。

(3) 公交衔接设施布局

本站公交与轨道交通衔接通过调整公交停靠点位置,缩短出入口与公交停靠站之间换乘距离进行衔接。车站周边设公交车停靠站 4 处,设置公交停靠港湾,分别位于经九路南北两侧、凤城二路东西两侧。

(4) 出租车衔接布局

本站出租车与轨道交通衔接通过设置候客点和扬招点的方式衔接。车站周边设出租车候车点 4 处,并设置出租车停靠港湾,分别位于经九路南北两侧、凤城二路东西两侧。

6) 地形地貌

8 号线车站纵向位于 2% 的道路坡道上,车站大小端地面高差近 4m,大里程端按照最小覆土 2.5m 设计,小里程端通过顶板上抬加大层高方式减少覆土;受该地面高度控制,8 号线有效站台中心顶板覆土为 2.5m,对应位置轨面高程为 379.631mm;10 号线有效站台中心顶板覆土约为 3.07m,对应位置轨面高程为 369.722mm。

7) 换乘便捷性

经分析,8 号线换乘客流与上下车客流总数的比例在远期达到 60.86%,10 号线换乘客流与上下车客流总数的比例在远期达到 60.14%,因此本站的客流服务重点在于换乘客流的组织上。

8) 其他影响车站形式的因素

(1) 配线因素

杨家庄 8 号线站前带出入场线,车站规模较大,设计为地下二层站;10 号线站前设单停车线,为地下三层站。

(2) 站位附近地质情况

本站范围内地貌单元属于渭河二级阶地,主要地层自上而下为素填土、新黄土、古土壤、粉质黏土等。地下水位水位埋深 17.80~22.17m,水位年变幅 2m 左右。

14.1.2 设计思路

(1)8 号线站前带出入场线,设计为地下二层,10 号线为地下三层。
(2)车站均避让大管径雨污水管及顶管工作井。
(3)车站东侧已建成的珠江新城小区距道路红线仅 5m,且 8 号线小里程端设出入场线,侵入地块较多,故 8 号线车站站位优先考虑西侧。
(4)8 号线、10 号线为同一建设规划期线路,8 号线、10 号线车站土建同期实施,车站应选择节点换乘。

14.2 车站总平面布置

14.2.1 站位研究

通过控制性因素分析,本站主要对四个站位进行研究,四个站位均考虑避让大管径雨污水管与顶管工作井。站位一:8 号线设置于交叉路口西侧,10 号线设置于交叉路口南侧,两线采用"L"形节点换乘。站位二:8 号线设置于交叉路口西侧,10 号线设置于交叉路口北侧;两站采用"L"形节点换乘,但 10 号线侵入南北两侧地块,对地块影响大;东北象限附属设置困难。站位三:8 号线设置于交叉路口西侧,10 号线跨路口设置,两站采用"T"形节点换乘,但 10 号线侵入南北两侧地块,对地块影响大;东北象限附属设置困难;本站客流大,"T"形换乘易拥堵;沿凤城二路东西向敷设的 DN1650 埋深约 7.3m 的污水管无改迁路径,故对此站位不深入研究。站位四:8 号线设置于交叉路口西侧,两站采用十字换乘,但 10 号线车站整体入侵西北和西南象限地块,且换乘客流集中在换乘节点处,对换乘节点造成拥堵,换乘效率低,故对此站位不深入研究。

14.2.2 车站总平面布置

根据站位分析,得出两个车站方案。站位一对应为方案一,站位二对应为方案二。

方案一总平面图

1)方案一(10 号线设置于路口南侧,两线采用"L"形节点换乘)
(1)方案概述
本方案 8 号线车站主体设置于交叉路口西侧,10 号线主体设置于交叉路口南侧,避让经九路路中沿南北向敷设 DN2400 雨水管(埋深约 5.8m)和 DN1800 污水管(埋深约 11.4m)两根控制性管线,以及现场北侧已完成 4 口顶管工作井(7m×8m)。

8 号线车站小里程端设置出入场线,车站较长,考虑为地下二层,10 号线考虑为地下三层站。8 号线车站地下一层为站厅层及预留空间,地下二层为站台层;10 号线地下一层为站厅层及预留空间,地下二层为设备层,地下三层为站台层。

方案二总平面图

8 号线车站设置 3 个出入口、2 组风亭(8 号线和 10 号线共用新排风井)和 1 座无障碍电梯;10号线设置3个车站出入口及2个物业出入口,3组风亭(车站和物业共用新排风井)和2座无障碍电梯。Ⅰ、Ⅱ号出入口及1、2、3号风亭组设置于西南象限现状空地内;Ⅲ号出入口设置于东南象限现状空地内,Ⅳ、Ⅴ号出入口及4号风亭设置于现状珠江新城小区广场内,Ⅵ号出入口设置于西北象限现状空地内。

(2)方案优缺点分析

优点:

①车站避让大管径管线,附属设置条件好。

②客流组织顺畅,人流交叉少,且两站非付费区贯通,可兼顾过街功能,满足客流要求,功能好。

缺点:车站侵入西南象限地块,8号线预留物业部分设置风亭与出入口较为困难。

2)方案二(10号线设置于路口北侧,两线采用"L"形节点换乘)

(1)方案概述

本方案8号线车站主体设于交叉路口西侧,为地下二层双柱岛式车站;10号线主体设于交叉路口北侧,为地下三层双柱岛式车站,两线采用"L"形节点换乘。

8号线车站设置3个出入口、2组风亭及1座无障碍电梯;10号线设置2个车站出入口、3组风亭、2个物业出入口及1座无障碍电梯;Ⅰ、Ⅱ号出入口及1号风亭组设置于西南象限现状空地内;Ⅰ、Ⅱ号物业出入口及2号风亭设置于现状珠江新城小区广场内,Ⅲ号出入口设置于道路红线内,Ⅳ、Ⅴ号出入口及3、4、5号风亭组设于西北象限现状空地内。

(2)方案优缺点分析

优点:

①车站避让大管径管线,客流组织比较顺畅,能满足客流要求。

②两站非付费区贯通,可兼顾过街功能,满足客流要求,功能好。

缺点:

①10号线侵入南北两侧地块(西北侧为教育用地),对地块影响大。

②东北象限附属设置困难。

③10号线车站起点里程设有渡线,车站规模大,造价高。

④8号线预留物业部分设置风亭与出入口较为困难。

3)方案比选

两个方案的比较分析见表14-1。

车站方案分析表 表14-1

对比内容	方 案 一	方 案 二
车站规模	8号线:22687.58m^2;10号线:26749.90m^2	8号线:23268m^2;10号线:28672m^2
站台宽度	两线均为16m	同方案一
结构形式	8号线:地下二层岛式;10号线:地下三层岛式	同方案一
施工工法	两线均为明挖顺作法	同方案一
客流吸引	兼顾四个象限客流	同方案一
市政过街	满足四个象限过街功能	同方案一

续上表

对比内容	方案一	方案二
交通疏解	满足占一还一	同方案一
建筑功能	好	较好
管线改迁	避让主要管线	避让主要管线
换乘模式	"L"形节点换乘,能适应大量换乘客流	"L"形节点换乘,能适应大量换乘客流
房屋拆迁	车站需拆迁道路南侧村民自建房约47299m²,区间需拆迁约9000m²	区间需拆迁南侧村民自建房约9000m²
施工风险	小	同方案一
土建投资估算	8号线:24756.90万元;10号线:35649.48万元。合计:60406.38万元	8号线:25057.36万元;10号线:36493.34万元。合计:61550.70万元

综合比较方案一、方案二的功能和可实施性,方案一:附属设置条件较好,对地块影响较小,出入口又兼顾过街功能,车站功能好。故采用方案一("L"形节点换乘)为推荐方案。

14.3 车站建筑设计

14.3.1 车站形式

8号线为地下二层双柱三跨岛式车站,有效站台长度140m,站台宽度16m,车站有效站台中心里程为右YCK27+119.776。

10号线为地下三层双柱三跨岛式车站,有效站台长度120m,站台宽度16m,车站有效站台中心里程为右YK9+130.714。

14.3.2 车站建筑主要特征

8号线为地下二层岛式车站,有效站台宽度为16m,车站规模为391m×25.1m,轨面高程为379.631m,车站底板埋深约17.329m,标准断面顶板覆土约3.04m。总建筑面积22687.58m²,其中主体建筑面积20464.20m²,附属建筑面积2223.38m²。车站地下一层为站厅层,标准段净高5.7m;地下二层为站台层,净高4.7m。

10号线为地下三层岛式车站,有效站台宽度为16m,车站规模为285m×24.9m,轨面高程为369.722m,车站底板埋深约29.04m,标准断面顶板覆土约2.98m。总建筑面积26749.90m²,其中主体建筑面积20516.85m²,附属建筑面积6233.05m²。车站地下一层为站厅层,标准段净高7.7m;地下二层为设备层,净高6.65m;地下三层为站台层,净高4.75m。

车站主导客流为通勤类,建筑等级为C类乙级;设计使用年限为100年;抗震设防烈度为8度;地下车站、风道耐火等级应为一级;地面出入口、风亭等附属建筑耐火等级不得低于二级;本站按6级人防标准设防。

14.3.3 换乘方式和实施情况以及资源共享

(1)换乘方式和实施情况

根据西安市轨道交通线网规划,杨家庄站为同期设计 8 号线与 10 号线换乘车站,本站设计为"L"形节点换乘,实现"厅—厅""台—台"换乘功能。

(2)资源共享

车站节点交叉处设置两线共用排风井(两线新排风系统分开,便于管理)。车站资源共享总平面示意图如图 14-6 所示。

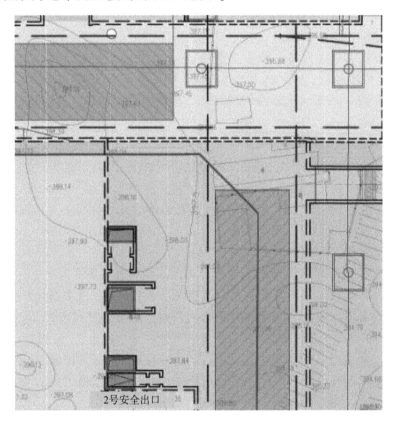

图 14-6 车站资源共享总平面示意图

14.3.4 车站配线及两端区间施工工法

8 号线站前设置出入段线,两线大小里程端区间均为盾构施工。
10 号线站前设置单渡线加单停车线,站前暗挖,站后为盾构。

14.3.5 车站公共区及设备管理用房区功能分区

1)站厅层功能分区

站厅层由中间的公共区和两端的设备管理用房区组成。

(1) 公共区

公共区是乘客完成集散、售检票、验票的区域,分付费区与非付费区,付费区面积为 3357m²,非付费区面积为 3378m²。

站厅层平面图

在非付费区设有自动售票机、验票机、人工售票点;在付费区 8 号线部分设 8 部自动扶梯、3 部楼梯、1 部无障碍电梯通往站台,在 10 号线部分设 6 部自动扶梯、2 部楼梯、1 部无障碍电梯通往站台。

付费区与非付费区之间设进、出站闸机、票务处(兼问询功能)。根据客流走向,两线付费区中部均设置进站闸机,出站闸机设于付费区的两端及节点中部。根据计算,设进闸机 12 台,出闸机 22 台,双向闸机 4 台。并设置无障碍通道和员工通道。设自动售票机 17 台,自动验票机 3 台。

(2) 两端设备管理用房区

8 号线大里程端布置大部分设备及管理用房,主要有车站控制室、站长室、综合监控设备室、会议室、男女更衣室、安全办公室、值班休息室、工作人员洗手间、照明配电室、票务管理室、消防泵房、气瓶间、排烟机房等。

10号线设备层、8号线站台层平面图

2) 10 号线设备层、8 号线站台层

10 号线设备层设于地下二层,主要布置通风空调机房、通风空调电控室、通信、信号、混合变电所等主要设备及管理用房。

8 号线站台层设于地下二层,车站两端均布置设备、管理用房。8 号线车站有效站台长度 140m,站台宽度 16m,站台门长度 136m。

3) 10 号线站台层

10 号线站台层由中间的公共区、换乘楼梯和两端设备管理用房区组成。车站有效站台长度 120m,站台宽度 16m,站台门长度 113m。两端设备管理用房主要布置照明配电室、污水泵房、气瓶间、站台门控制室、工务用房等。10 号线横剖面图如图 14-7 所示。

8 号线车站东西两端地面高差近 4m,大里程端按照最小覆土 2.5m 设计,小里程端通过顶板上抬加大层高方式减小埋深,局部顶板下沉避让埋深 5.8m 的雨水管,8 号线有效站台中心顶板覆土为 3.04m,对应位置轨面高程为 379.631,10 号线有效站台中心顶板覆土为 2.98m,对应位置轨面高程为 369.722。8 号线横剖面图如图 14-8 所示。

10号线站台层平面图

10号线纵剖面图

8号线纵剖面图

14.3.6 车站交通组织及客流设计

(1) 客流分析

杨家庄站主要以周边 500m 范围内居住、教育客流为主。

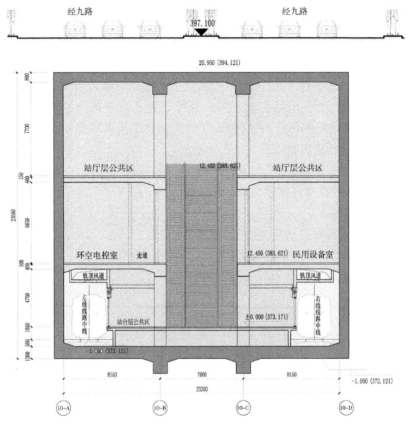

图 14-7　10 号线横剖面图（尺寸单位：mm）

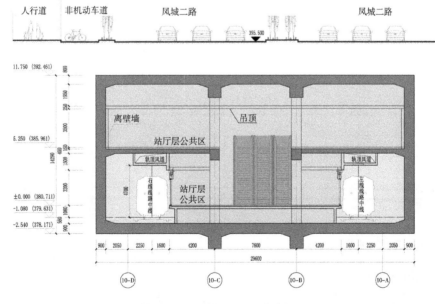

图 14-8　8 号线横剖面图（尺寸单位：mm）

两线车站共设置6个出入口,每个出入口能承接各个主要区域的客流,乘客进出站便捷。车站内合理布置付费区,非付费区,售、检票系统和楼、扶梯;进、出站客流分流清晰,乘客进、出车站便捷,最大限度地减小了客流交叉。

(2)进出站客流组织

乘客经任一出入口通道进入站厅层非付费区,经进站闸机进入付费区,通过付费区楼梯到达站台乘车;出站客流下车后通过设置在付费区内的楼、扶梯到达站厅付费区,经出站闸机后到非付费区,然后到各个出入口出站。

换乘节点平面图

(3)换乘客流组织

8号线换乘10号线:8号线站台→换乘楼梯→10号线站台。

10号线换乘8号线:10号线站台→站厅→8号线站台。

(4)设备数量及布置

杨家庄站设备数量与布置情况见表14-2和表14-3。

车站设备数量统计表　　　　表14-2

类　型	位　置	提升高度(m)	数　量	备　注
自动扶梯	站厅至站台(一)	5.25	8	8号线
	站厅至站台(二)	12.45	6	10号线
	Ⅰ号出入口	8.7	2	
	Ⅱ号出入口	12.15	2	
自动扶梯	Ⅲ号出入口	8.25	2	
	Ⅳ号出入口	8.7	2	
	Ⅴ号出入口	8.7	2	
	Ⅵ号出入口	8.7	2	
无障碍电梯	站厅至站台(一)	5.25	1	8号线
	站厅至站台(二)	12.45	1	10号线
	Ⅰ号出入口	8.7	1	
	Ⅱ号出入口	12.15	1	

AFC终端设备统计表　　　　表14-3

设备名称	数　量	设备名称	数　量
自动售票机(台)	17	进站闸机(通道)	12
出站闸机(通道)	22	双向闸机(宽通道)	4
双向闸机(通道)	4	自动查询机(台)	3
半自动售票机(台)	3	便携式验票机(台)	3

14.3.7　车站防火设计

(1)防火设计基本原则

车站的防灾主要指对火灾、水淹、地震、雷击、防风等灾害的防范措施。

本站设备区位于两个安全出口之间的房间疏散门,疏散门与最近安全出口的最小距离小于40m,位于袋形走道两侧或尽端时,其疏散门与安全出口的距离小于22m,本站出地面安全出口分别位于大、小里程端设备区尽端。

地下车站应采用防火分隔物划分防火分区,除车站公共区外,站厅层设备管理用房防火分区最大允许的使用面积不超过1500m²,相邻防火分区之间连通的防火门可作为第二个安全出口,竖井爬梯出口不得作为安全出口。

车站公共区应充分利用楼板下混凝土梁划分防烟分区,除公共区防烟分区的建筑面积不应超过2000m²外,其他各设备、管理用房区的防烟分区建筑面积不应超过750m²(不得跨越防火分区),梁高度不小于500mm。无条件采用梁分隔时,应采用固定式挡烟垂壁。

站内每个防火分区之间(包括楼、电梯结构墙体)均设置防火墙,其耐火极限不小于3h。防火墙上的门采用甲级防火门,门的开启方向朝向疏散方向(即安全区)。

防火墙墙体砌筑至该层顶板底面,墙体厚为240mm,采用耐火极限不小于3h的砌体。

管道穿防火墙、楼板及防火分隔物时,应采用有效的防火材料实施封堵。

车站防洪设计的洪水频率按西安市百年一遇洪水频率标准设防要求执行。

车站应有可靠的防雷接地措施。

(2)防火分区

车站共划分为19个防火分区,8号线车站站厅层及站台层公共区为第一防火分区,面积6516m²;站厅层大里程端设备区为第二防火分区和第三防火分区,面积分别为1433m²和390m²;站厅层小里程端预留空间为第四防火分区,面积1728m²;站台层大里程端设备区为第五防火分区,面积733㎡;站台层小里程端设备区为第六防火分区,面积265m²;10号线车站站厅层及站台层公共区为第七防火分区,面积4606m²;站厅层小里程端设备区为第八防火分区,面积558m²;站厅层小里程端预留空间为第九防火分区和第十防火分区,面积分别为1330m²、581m²;设备层节点北侧为第十一防火分区,面积108m²;设备层节点南侧为第十二、十三、十四防火分区,面积分别为1257m²、1269m²、1255m²;站台层小里程端设备区为第十五防火分区,面积428m²;站台层大里程端设备用房为第十六防火分区,面积155m²;8号线与10号线站厅层节点处设备用房为第十七防火分区,面积870m²;10号线设备层小里程端通风空调机房为十八防火分区,面积375m²;10号线站厅层大里程端设备区为第十九防火分区,面积96m²。两线车站设备区防火分区有人区设置直通地面的安全出口,无人区设置联系楼梯或通向相邻的防火分区,满足疏散要求。

(3)防烟分区

防烟分区:除公共区防烟分区的建筑面积不应超过2000m²外,其他各设备、管理用房区的防烟分区建筑面积不应超过750m²(不得跨越防火分区)。在设备管理用房区,采用隔墙到顶的形式分隔。在公共区,采用吊顶上方设挡烟板分隔(包括楼、扶梯洞口处),挡烟板周围采用空透性吊顶。通道口设置挡烟垂壁。

14.3.8 车站人防设计

本站按6级人防分段隔绝式防护的要求进行设计,防化等级为丁级。本工程平时为地铁车站,平站结合,在拟定的核武器、生化武器、常规武器袭击和袭击后的城市次生灾害作用下,保障工程内人员及设备的安全,并能作为紧急人员待蔽部。

14.3.9 车站防淹设计

地下车站的地面工程应按 1/100 的洪水频率标准进行设计。地下车站出入口的地面高程应高于就近道路面的暴雨积水高程,一般高出室外地面 450mm,必要时还要预留防洪设施。

本次设计中车站出入口地面平台高程为 394.405~398.490mm,满足设防要求。

14.3.10 车站无障碍设计

按规范和全线统一要求,为方便无障碍人士乘坐本线地铁,本站下列部位考虑无障碍设计:进入车站在Ⅰ号出入口与Ⅱ号出入口设置无障碍电梯及无障碍坡道,在站厅层的付费区布置垂直电梯,方便到达站台,付费区及非付费区之间设双向宽通道检票机,方便坐轮椅乘客使用。在站台层设置无障碍卫生间。同时在车站装修设计时考虑在无障碍流线上设计盲人导向带,无障碍部位设置国际通用标志。具体要求应符合《无障碍设计规范》(GB 50763—2012)的有关规定,以方便行动不便人士在不需站务员协助的情况下可自由进出车站。

14.3.11 车站周边及广场设计

本站设置集散广场 8 处,总面积约 4m²,充分满足行人方便、快捷地到达附近地铁出入口,减少行人过街对机动车的影响。

本站周边出行以步行和公交为主,各个方向进出站客流均匀,通过集散广场、步行道和过街设施,确保各方向步行系统的连续和安全,确保两侧道路步行道宽度不小于 3m。同时考虑在出入口附近设置自行车停车场,方便市民出行。

14.4 站台宽度、设施通行能力、紧急疏散时间计算

14.4.1 行车及车站客流资料

(1)行车对数

根据行车资料,西安地铁 8 号线初、近、远期行车对数见表 14-4。

西安地铁 8 号线初、近、远期行车对数表　　　　表 14-4

初期列车对数 (对/h)	近期列车对数 (对/h)	远期列车对数 (对/h)	系统设计规模列车对数 (对/h)
20	24	28	30

根据行车资料,西安地铁 10 号线初、近、远期行车对数见表 14-5。

西安地铁 10 号线初、近、远期行车对数表　　　　表 14-5

初期列车对数 (对/h)	近期列车对数 (对/h)	远期列车对数 (对/h)	系统设计规模列车对数 (对/h)
15	24	30	30

(2) 8号线车站乘降客流

8号线杨家庄站超高峰系数取1.21,各高峰小时客流见表14-6和表14-7。

8号线杨家庄站早高峰小时预测客流表(单位:人/h)　　　表14-6

特征年	外环(逆时针)			内环(顺时针)		
	上车	下车	断面客流	上车	下车	断面客流
初期(2027年)	3980	1356	22773	6510	952	14371
近期(2034年)	6624	2507	24579	9555	1484	16650
远期(2049年)	8302	2894	26858	10204	2024	23433

8号线杨家庄站晚高峰小时预测客流表(单位:人/h)　　　表14-7

特征年	外环(逆时针)			内环(顺时针)		
	上车	下车	断面客流	上车	下车	断面客流
初期(2027年)	991	5474	18186	1754	3278	22883
近期(2034年)	1795	9367	25465	2961	5211	22540
远期(2049年)	2121	10294	28589	3807	7034	24478

结合上述客流资料确定车站站台宽度以及疏散时间,计算客流受控时期,计算过程详见表14-8。从计算结果来看,8号线站台宽度受近期晚高峰客流控制,疏散时间计算受近期早高峰客流控制。

8号线杨家庄站客流受控时期计算　　　表14-8

计算项目	初期(2027年)	近期(2034年)	远期(2049年)
高峰小时列车开行对数(对/h)	20	24	28
(单侧上车+下车)/列车开行对数 (控制国标站台宽度计算)	(5425+793)/20=311 (早高峰)	(9555+1484)/24=460 (早高峰)	(10204+2024)/28=437 (早高峰)
(单侧上车+下车)/列车开行对数 (控制国标站台宽度计算)	(991+5474)/20=324 (晚高峰)	(1795+9367)/24=466 (晚高峰)	(2121+10294)/28=444 (晚高峰)
(上车+单侧断面客流)/ 列车开行对数 (控制疏散时间计算)	(3317+5425+18881)/20= 1382 (早高峰)	(6624+9555+24579)/24= 1699 (早高峰)	(8302+10204+26858)/28= 1621 (早高峰)
(上车+单侧断面客流)/ 列车开行对数 (控制疏散时间计算)	(991+1754+22883)/20= 1282 (晚高峰)	(1795+2961+25465)/24= 1260 (晚高峰)	(2121+3807+28589)/28= 1251 (晚高峰)

(3) 10号线车站乘降客流

10号线杨家庄站超高峰系数取1.23,各高峰小时客流见表14-9和表14-10。

10号线杨家庄站早高峰小时预测客流表(单位:人/h)　　　表 14-9

特 征 年	南—北			北—南		
	上车	下车	断面客流	上车	下车	断面客流
初期(2026年)	5230	0	0	0	0	9892
近期(2033年)	6858	0	0	0	0	14319
远期(2048年)	6011	2287	10128	2159	12864	27842

10号线杨家庄站晚高峰小时预测客流表(单位:人/h)　　　表 14-10

特 征 年	南—北			北—南		
	上车	下车	断面客流	上车	下车	断面客流
初期(2026年)	9127	0	0	0	0	4469
近期(2033年)	12145	0	0	0	0	6844
远期(2048年)	11774	1967	15295	2151	7044	13791

结合上述客流资料确定车站站台宽度以及疏散时间,计算客流受控时期,计算过程详见表 14-11。

10号线杨家庄站受控时期计算　　　表 14-11

计算项目	初期(2026年)	近期(2033年)	远期(2048年)
高峰小时列车开行对数(对/h)	15	24	30
(单侧上车+下车)/列车开行对数 (控制国标站台宽度计算)	5230/15=349 (早高峰)	14319/24=597 (早高峰)	(2159+12864)/30=501 (早高峰)
(单侧上车+下车)/列车开行对数 (控制国标站台宽度计算)	9127/15=609 (晚高峰)	12145/24=507 (晚高峰)	(11774+1967)/30=459 (晚高峰)
(上车+单侧断面客流)/ 列车开行对数 (控制疏散时间计算)	(5230+9892)/15= 1009 (早高峰)	(6858+14319)/24= 883 (早高峰)	(6011+2159+27842)/30= 1201 (早高峰)
(上车+单侧断面客流)/ 列车开行对数 (控制疏散时间计算)	(9127+4469)/15=907 (晚高峰)	(12145+6844)/24=792 (晚高峰)	(11774+2151+15259)/30= 974 (晚高峰)

从计算结果来看,10号线站台宽度受初期晚高峰客流控制,疏散时间受远期早高峰客流控制。

(4)远期换乘客流

杨家庄站远期高峰小时换乘流预测结果如图 14-9 所示。

8号线杨家庄站设计客流为:

$(8302+2894+10204+2024)\times1.21=28344(人/h)$

10号线杨家庄站设计客流为:

$(6011+2287+2159+12864)\times1.23=28685(人/h)$

8号线换乘10号线客流:

$(1397+522+2388+353)\times1.21=5639(人/h)$

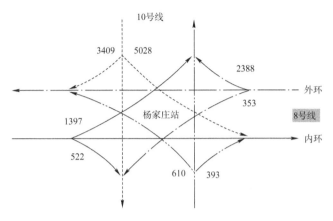

图 14-9　杨家庄站远期换乘客流示意图(单位:人/h)

10 号线换乘 8 号线客流:

$(3409+5028+610+393) \times 1.23 = 11612$(人/h)

根据客流数据分析,8 号线换乘客流与上下车客流总数的比例在远期达到 60.86%,10 号线换乘客流与上下车客流总数的比例在远期达到 60.14%,见表 14-12。因此,本站的客流服务重点在于换乘客流的组织上。

远期杨家庄站换乘客流比例　　　　　表 14-12

项　　目	换乘客流(人/h)	上下车客流(人/h)	换乘客流占上下车客流的比例
8 号线	17251	28344	60.86%
10 号线	17251	28685	60.14%

14.4.2　站台宽度计算

(1)8 号线

根据前文对车站控制期客流判断,本站站台宽度计算控制期客流为近期晚高峰。

根据《地铁设计规范》(GB 50157—2013),岛式站台宽度计算公式为:

$$B_\mathrm{d} = 2b + n \cdot z + t \tag{14-1}$$

其中,

$$b = \frac{Q_{上下} \cdot \rho}{L} + M \tag{14-2}$$

式中:B_d——岛式站台宽度,m;

　　　b——侧站台宽度,m;

　　　n——横向柱数,本站为 2;

　　　z——纵梁宽度(含装修层厚度),m,本站为 0.9m;

　　　t——每组人行梯和自动扶梯宽度之和,m,本站为 6.6m;

　　　$Q_{上下}$——远期或客流控制期每列车高峰小时单侧上下车设计客流量,本站为:$(1795+9367) \times 1.21/24 = 563$(人);

　　　ρ——站台上人流密度(0.33~0.75m²/人),本站为 0.5m²/人;

　　　L——站台计算长度,m,本站为 136m;

M——站台边缘至屏蔽门立柱内侧的距离,m,本站为 0.26m。

根据上述公式计算:

$b = (563 \times 0.5)/136 + 0.26 = 2.40(\text{m})$,侧站台实际宽度 3.75m,满足要求。

$B_d = 2 \times 3.75 + 2 \times 0.9 + 6.7 = 16(\text{m})$,满足要求。

(2)10 号线

根据前文对车站控制期客流判断,本站站台宽度计算控制期客流为初期晚高峰。

根据《地铁设计规范》(GB 50157—2013)中的公式计算:

$b = (749 \times 0.5)/113 + 0.26 = 3.58(\text{m})$,侧站台宽度取值为 4m,满足要求。

$B_d = 2 \times 4 + 2 \times 1 + 6.0 = 16(\text{m})$,满足要求。

14.4.3 站台至站厅楼扶梯通行能力计算

(1)8 号线

远期上车设计客流量为:

$(8302 + 10204) \times 1.21 = 22393(\text{人/h})$

远期下车设计客流量为:

$(2894 + 2024) \times 1.21 = 5951(\text{人/h})$

本站站厅—站台设置 4 部上行扶梯、4 部下行扶梯、3 部疏散楼梯,宽度分别为 2.75m、2.2m、1.65m。

楼扶梯疏散能力分别为:

1m 宽楼梯:双向混行 3200 人/h;下行 4200 人/h;上行 3700 人/h。

1m 宽自动扶梯:7300 人/h。

楼梯宽度计算按照 0.55 整数倍取值,本站取 $2.75 + 2.2 + 1.65 = 6.6(\text{m})$。

车站公共区下行楼、扶梯运送能力计算:

$4200 \times 6.6 + 7300 \times 4 = 56920(\text{人/h}) > 22393(\text{人/h})$

满足下行客流要求。

车站公共区上行扶梯运送能力计算:

$7300 \times 4 = 29200(\text{人/h}) > 5950(\text{人/h})$

满足上行客流要求。

(2)10 号线

远期上车设计客流量为:

$(6011 + 2159) \times 1.23 = 10050(\text{人/h})$

远期下车设计客流量为:

$(2287 + 12864) \times 1.23 = 18365(\text{人/h})$

本站站厅—站台设置 4 部上行扶梯、2 部下行扶梯、2 部 1.65m 宽的步梯。

楼梯宽度计算按照 0.55 倍数,本站取 $1.65 + 1.65 = 3.3(\text{m})$。

车站内下行楼、扶梯运送能力的计算:

$4200 \times 3.3 + 7300 \times 2 = 28460(\text{人/h}) > 10050(\text{人/h})$。

满足下行客流要求。

车站内自动扶梯运送能力的计算：

7300×4=29200(人/h)>18365(人/h)

满足上行客流要求。

14.4.4 站厅付费区检票机和栅栏门疏散能力计算

(1)自动售票机

AFC系统储值票使用率近期按45%考虑,远期按30%考虑。

车站售检票设备计算处理能力：

自动售票机:5人/(min·台)；

出站检票机:20人/(min·通道)；

进站检票机:20人/(min·通道)；

双向检票机:20人/(min·通道)。

根据本站客流,自动售票机需要台数计算：

8号线远期早高峰进站设计客流量为：

(8302+10204)×1.21－(3409+5028+610+393)×1.23=10781(人/h)

8号线远期早高峰出站设计客流量为：

(2894+2024)×1.21－(1397+522+2388+353)×1.21=312(人/h)

10号线远期早高峰进站设计客流量为：

(6011+2159)×1.23－(1397+522+2388+353)×1.21=4411(人/h)

10号线远期早高峰出站设计客流量为：

(2287+12864)×1.23－(3409+5028+610+393)×1.23=7024(人/h)

两线车站所需自动售票机：

(10781+4411)×0.3/300=16(台)

本站设计考虑自动售票机24台,8号线车站西侧设置4台,10号线南侧设置9台,节点处设置11台。

(2)自动检票机

两线车站进站自动检票机需要台数计算：

远期:(10781+4411)/1200=13(台)

两线车站出站自动检票机需要台数计算：

远期:(312+7024)/1200=7(台)

根据与楼梯、自动扶梯的通过能力相匹配的原则,本站设进站自动检票机17台,出站自动检票机24台,另加6台双向自动检票机。

(3)闸机和疏散平开栅栏门紧急疏散通过能力与公共区楼扶梯疏散能力计算

参考《城市轨道交通工程设计规范》(DB 11/995—2013)车站自动检票机和栏栅疏散门的通过能力不应低于楼扶梯的通过能力,并应按照下列公式计算：

$$A_{jm} \cdot N_j + B_m \cdot A_m \geq 0.9 \times [A_1(N-1) + A_2 B] \tag{14-3}$$

式中：N_j——自动检票机的数量；

A_{jm}——每台自动检票机打开时的通行能力；

A_m——栏栅疏散门的通行能力;

B_m——栏栅疏散门的净宽度总和,按每股人流 0.55m 的整数倍计算。

闸机和疏散平开栅栏门紧急疏散通过能力为:

$47 \times 37 + 4.4 \times 67 = 2033$(人/min)

公共区楼扶梯疏散能力(两线):

$0.9 \times [121.7 \times (8-1) + 61.7 \times 9.9] = 1317$(人/min)≤2033(人/min)

由此可见,闸机和疏散平开栅栏门紧急疏散通过能力大于公共区楼扶梯疏散能力,满足要求。

14.4.5 出入口通道、楼扶梯通过能力计算

(1)出入口通道宽度计算

本站设置 6 个独立出入口,通道宽度为 $6.5 \times 5 + 4.5 = 37$(m),1m 宽双向混行通道通过能力为 4000 人/h。据客流资料,远期早高峰进出站客流量为:

$28344 + 28685 = 57029$(人次/h)

通道宽度为:

$57029/4000 = 14.3$(m)

本站出入口通道实际宽度为 37m,满足高峰小时客流进出站需求。

(2)出入口楼扶梯宽度计算

站外进站扶梯运送能力的计算:

$7300 \times 6 = 43800 > 17004$(人/h)

满足进站客流需求。

站内出站扶梯运送能力的计算:

$7300 \times 6 = 43800 > 9327$(人/h)

满足出站客流需求。

经过计算,出入口扶梯宽度与数量已满足客流进出站需要,另外在出入口各设置 1 部 2.6m 宽的楼梯,共计 6 部,完全满足进出站要求。

14.4.6 车站事故疏散时间计算

(1)8 号线

根据前文对车站控制期客流的判断,本站事故疏散时间计算控制期客流为近期早高峰。

根据《地铁设计防火标准》(GB 51298—2018)要求,车站设计应保证在远期或客流控制期中超高峰小时最大客流量时,一列进站列车所载乘客及站台上的候车乘客能在 4min 内全部撤离站台。

按《地铁设计防火标准》(GB 51298—2018)中的公式进行计算。

$$T = \frac{Q_1 + Q_2}{0.9[A_1(N-1) + A_2 B]} \leq 4\min \tag{14-4}$$

式中:Q_1——远期或客流控制期中超高峰小时最大客流量时一列进站列车的载客人数,人;

Q_2——远期或客流控制期中超高峰小时站台上的最大候车乘客人数,人;

A_1——自动扶梯通过能力,人/(min·m),本站 =7300/60 =121.7 人/(min·m);

A_2——人行楼梯通过能力,人/(min·m),本站 =3700/60 =61.7 人/(min·m);

N——自动扶梯台数,N 的取值按一台上行扶梯处于检修状态考虑,其余下行扶梯停止并且不按楼梯参与疏散考虑;

B——人行楼梯总宽度,m,每组楼梯的宽度应按 0.55 的整数倍计算,本站取 B =2.2 + 2.75 +1.65 =6.6(m)。

超高峰小时列车断面客流:

Q_1 =24597/24 =1025(人)

超高峰小时站台候车人员:

Q_2 =(6624 +9555)×1.21/24 =816(人)

行车间隔时间内站台上总候车人数:

$Q_1 + Q_2$ =1025 +816 =1841(人)

台—厅:

0.9 ×[121.7 ×(4 -1) +61.7 ×6.6] =695(人/min)

T =1841/695 =2.7(min)≤4min

满足疏散时间满足要求。

(2)10 号线

根据前文对车站控制期客流的判断,本站事故疏散时间计算控制期客流为远期早高峰。按《地铁设计防火标准》(GB 51298—2018)中的公式进行计算。

本站 A_1 =7300/60 =121.7(人/min·m)

本站 A_2 =3700/60 =61.7(人/min·m)

本站 B =3.3m

超高峰小时列车断面客流:

Q_1 =27842/30 =929(人)

超高峰小时站台候车人员:

Q_2 =(6011 +2159)×1.23/30 =335(人)

行车间隔时间内站台上总候车人数:

$Q_1 + Q_2$ =929 +335 =1264(人)

台—厅:

0.9 ×[121.7 ×(4 -1) +61.7 ×3.3] =512(人/min)

T =1264/512 =2.47(min)≤4min

可见本站疏散时间满足要求。

14.4.7 车站换乘设施能力计算

据客流资料,远期(2047 年)高峰小时 8 号线换乘 10 号线客流量:

(1397 +522 +2388 +353)×1.21 =5639(人/h)

本站台—台换乘楼梯宽度按 5.8m 宽设置。

1m 宽的通道双向通过能力为 4000(人/h)

$T = 5.8 \times 4000 = 23200(人) \geqslant 5639(人)$

本站厅—厅换乘设置 4 部扶梯和 2 部楼梯

高峰小时 10 号线换乘 8 号线客流量：

$(3409 + 5028 + 610 + 393) \times 1.23 = 11612(人/h)$

$T = 7300 \times 4 + 3700 \times 1.65 \times 2 = 41410(人/h) \geqslant 11612(人/h)$

经过计算，车站换乘通道宽度满足换乘乘客通过的要求。

参 考 文 献

[1] 邱志明,周晓勤.城市轨道交通系统规划与建设——中国武汉与日本部分城市的案例研究[M].北京:北京交通大学出版社,2005.
[2] 毛保华.城市轨道交通规划与设计[M].2版.北京:人民交通出版社,2011.
[3] 毛保华,姜帆,刘迁,等.城市轨道交通[M].北京:科学出版社,2001.
[4] 蔡君时.城市轨道交通[M].上海:同济大学出版社,2000.
[5] 何宁.城市快速轨道交通规划系统分析[D].上海:同济大学,1996.
[6] 何宗华.城市轨道交通发展方向的技术策略[J].城市轨道交通研究,2001(1):1-6.
[7] 刘斌,龙江,许爱农,等.城市轨道交通的发展阶段与特征研究[J].上海铁道大学学报,1998(5):3-5.
[8] 沈景炎.对城市轨道交通线网规划的认识、实践、再认识[J].城市轨道交通研究,2018,21(05):16-28.
[9] 沈景炎.城市轨道交通客流预测的评估和抗风险设计[J].城市轨道交通研究,2002(2):26-31.
[10] 沈景炎.城市轨道交通线网总体规划的研究与评价[J].都市快轨交通,2003(5):1-7.
[11] 姜波.城市轨道交通线网规划与实证研究[D].长春:吉林大学,2005.
[12] 刘菁.城市大容量快速轨道交通沿线地利用研究——以武汉轨道交通2号线为例[D].武汉:华中科技大学,2005.
[13] 马超群,王玉萍.城市轨道交通效益的产生与作用机理分析[J].铁道运输与经济,2006(7):10-12.
[14] 刘迁.辩证分析城市快速轨道交通TOD功能[J].都市快轨交通,2004(02):22-26.
[15] 王放.中国城镇化与可持续发展[M].北京:科学出版社,2000.
[16] 杨京帅.城市轨道交通线网合理规模与布局方法研究[D].成都:西南交通大学,2006.
[17] 陈旭梅,李凤军,等.城市轨道交通线网方案综合评价指标体系研究[J].城市规划,2001(10):61-64.
[18] 邓聚龙.灰预测与灰决策[M].武汉:华中科技大学出版社,2002.
[19] 赵和生.城市规划与城市发展[M].南京:东南大学出版社,2000.
[20] 陆化普.交通规划理论与方法[M].北京:清华大学出版社,1998.
[21] 肖秋生,徐慰慈.城市交通规划[M].北京:人民交通出版社,1998.
[22] 沈景炎.城市轨道交通线网规划的结构形态基本线形和交点计算[J].城市轨道交通研究,2008(06):5-10.
[23] 马超群.城市轨道交通网络规划理论与方法研究[D].西安:长安大学,2007.
[24] 陆化普,朱军,王建伟.城市轨道交通规划的研究与实践[M].北京:中国水利水电出版社,2001.
[25] 王炜,杨新苗,陈学武.城市公共交通系统规划方法与管理技术[M].北京:科学出版

社,2002.

[26] 吴祖峰,沈菲君.轨道交通客流预测方法研究[J].宁波高等专科学校学报,2004(4):24-28.

[27] 欧阳志坚,马小毅.城市轨道道交通客流规模影响因素分析[J].城市轨道交通研究,2004(3):63-65.

[28] 吴小萍.可持续发展战略指导下的轨道交通规划与评价方法[D].长沙:中南大学,2003.

[29] 罗小强.城市轨道交通线网布局规划理论与方法研究[D].西安:长安大学,2010.

[30] 杨涛,孙俊,郭军.城市活动区位建模:反思与更新[J].东南大学学报,1996(4):97-102.

[31] 王炜,徐吉谦,杨涛,等.城市交通规划[M].南京:东南大学出版社,1999.

[32] 唐凤华.浅析影响轨道交通客流规模的因素[J].江苏交通,2002(12):7-8.

[33] 陈必壮.轨道交通网络规划与客流分析[M].北京:中国建筑工业出版社,2009.

[34] 上海市城市综合交通规划研究所.上海市综合交通年度报告2010[R].上海:上海市城市综合交通规划研究所,2010.

[35] 李霞.城市通勤交通与居住就业空间分布关系模型与方法研究[D].北京:北京交通大学,2010.

[36] 马超群,杨富社,王玉萍,等.轨道交通对沿线住宅房产增值的影响[J].交通运输工程学报,2010,10(4):91-96.

[37] 雷磊,罗霞.关于城市轨道交通线路合理长度的讨论[J].都市快轨交通,2008(04):12-15.

[38] 郭鹏,徐瑞华.基于引力场模型的城市轨道交通与城市发展的相关性[J].系统工程,2006(1):36-40.

[39] 沈景炎.客运强度与城市轨道交通线网的合理规模[J].城市轨道交通研究,2009,12(07):2.

[40] 肖斌.城际轨道交通客流及运营特征探讨[J].铁道勘测与设计,2002(4):37-38.

[41] 何明卫.城市居民出行目的地选择的非集计行为模型研究[D].昆明:昆明理工大学,2007.

[42] 何宁.城市快速轨道交通规划系统分析[D].上海:同济大学,1996.

[43] 张秀媛.城市轨道交通运营统计分析[M].北京:北京交通大学出版社,2011.

[44] 边经卫.大城市空间发展与轨道交通[M].北京:中国建筑工业出版社,2006.

[45] 沈丽萍.城市轨道交通系统规划[M].成都:西南交通大学出版社,2013.

[46] 刘迁,徐双牛,吴爽,等.我国城市轨道交通线网规划实践与思考[M].北京:人民交通出版社股份有限公司,2015.

[47] 王玉萍.城市轨道交通客流预测与分析方法[D].西安:长安大学,2011.

[48] 邵春福.交通规划原理[M].北京:中国铁道出版社,2004.

[49] 钱堃.城市轨道交通线网规划——基于客流强度特征和换乘组织的实证研究[M].哈尔滨:东北林业大学,2017.

[50] 罗芳.城市轨道交通客流预测不确定性分析[D].西安:长安大学,2016.
[51] 过秀成,吕慎.基于合作竞争类OD联合方式划分轨道客流分配模型研究[J].中国公路学报,2000,13(4):91-94.
[52] 马超群,陈宽民,王玉萍.城市轨道交通客流预测方法[J].长安大学学报(自然科学版),2010,30(5):69-74.
[53] 周刚,王炜.地铁线路客流分配方法与算法研究[J].广东公路交通,2001(4):32-35.
[54] 叶霞飞,明瑞利,李忍相.东京、首尔轨道交通客流成长规律与特征分析[J].城市交通,2008,6(6):16-20.
[55] 何宇强.高速客运专线客流分担率模型及其应用研究[J].铁道学报,2006,28(3):18-22.
[56] 马小毅.广州轨道交通网络客流特征及成长规律[C]//北京交通发展研究中心,2009.提高城市轨道交通客流预测水平研讨会论文集.北京:北京交通发展研究中心,2009.
[57] 丁成日.城市空间规划——理论、方法与实践[M].北京:高等教育出版社,2007.
[58] 张秀媛.城市轨道交通客流分析[M].北京:北京交通大学出版社,2011.